investment studying

주린이를 위한 1일 1페이지
투자공부 365

초판 1쇄 발행 | 2021년 4월 30일

지은이 | 한국비즈니스정보
펴낸이 | 이원범
기획 · 편집 | 김은숙
마케팅 | 안오영
표지 및 본문 디자인 | 강선욱

펴낸곳 | 어바웃어북 about a book
출판등록 | 2010년 12월 24일 제2010-000377호
주소 | 서울시 강서구 마곡중앙로 161-8(마곡동, 두산더랜드파크) C동 1002호
전화 | (편집팀) 070-4232-6071 (영업팀) 070-4233-6070
팩스 | 02-335-6078

ⓒ 한국비즈니스정보, 2021

ISBN | 979-11-87150-86-2 03320

* 이 책은 어바웃어북이 저작권자와의 계약에 따라 발행한 것이므로 본사의 서면 허락 없이는 어떠한 형태나 수단으로도 책의 내용을 이용할 수 없습니다.
* 이 책은 독자 분들께 주식투자에 관한 기본 지식과 소양을 제공하기 위한 목적으로 집필한 것입니다. 따라서 투자에서 발생한 손실에 대해 집필진과 출판사는 별도로 법적인 책임을 지지 않습니다.

주린이를 위한 1일 1페이지

inVestment studying
투자공부
365

한국비즈니스정보 지음

MON	TUE	WED	THU	FRI	SAT	SUN

주식투자	국내외 경제	업종전망	회계 공시	유망종목	언택트 바이오	K-뉴딜

어바웃북

프롤로그

'주린이'란 딱지를 떼어주는
365개의 열쇳말

"부동산으로는 돈을 버는데 주식으로는 허구한 날 돈을 잃는다면, 그건 공부가 부족해서일 게다. 집을 살 때에는 몇 달을 투자해 공부하지만, 주식을 고르는 일은 몇 분 만에 이뤄지기 때문이다."
미국의 대표적인 펀드매니저 피터 린치가 한 말이다. 그는 1977년부터 1990년까지 13년이 넘는 세월 동안 마젤란펀드를 운용하면서 연평균 29.2%라는 경이적인 수익률을 올린 투자계의 거물이다. 미국 증시 역사상 최대 폭락장 가운데 하나로 기억되는 블랙먼데이(1987년) 때도 플러스 수익률을 올렸으니 그를 레전드라 하지 않을 수 없다.
그런데 피터 린치가 강조하는 '이기는 투자법'이란 결코 특별한 게 아니다. 하루도 빠짐없이 꾸준히 시장과 업황을 공부하는 게 전부다. 피터 린치는 '이기는 투자자' 이전에 '성실한 투자자'이자 '공부하는 투자자'였던 것이다. 즉 '성실하게 공부하는 투자자'였기에 '이기는 투자자'가 된 셈이다.
올해 초 국내 증시 사상 처음으로 코스피지수가 3000포인트를 돌파하면서 '투자의 시대'가 열렸다. '투자의 시대'에 뒤처지지 않으려고 남녀노소 누구나 당장 증권 계좌 개설에 나서고 있다. 스마트폰으로 어렵지 않게 증권 계좌를 만든 뒤 투자할 종목을 뒤지기 시작한다. 어떤 종목을 사야 남들처럼 짭짤하게 투자수익을 거둘 수 있을까? 시시때때로 이 종목 저 종목에 투자하라는 출처불명의 문자메시지가 쇄도한다. 반도체 업황이 좋다는데, 바로 삼성전자 주식을 시작으로 매수에 들어간다. 증시가 워낙 활황이니 이제 주식투자로 돈을 버는 일만 남은 걸까?

그런데, 순서가 잘못됐다. 증권 계좌 개설보다 먼저 해야 할 게 있다. '투자공부'다. 잘 모르면 질 수밖에 없다. 투자에서 진다는 건 손해를 본다는 얘기다. 잘 모르고 투자에 나섰으니 당연하다. 책 한 번 제대로 들여다보지 않고 시험장에서 문제지를 받아본 학생과 다를 바 없다.

그러면 뭐부터 공부해야 하나? 증시에 쏟아지는 말들은 전문용어 투성이다. 증권사의 애널리스트가 발표한 리포트는 한 문장을 읽는 것조차 버겁다. 당장 주식 관련 전문용어부터 깡그리 외워야 하나? 눈앞이 캄캄하다.

처음은 누구에게나 막연한 법이다. 이 책은 주식투자의 세계에 첫발을 내딛는 이른바 주린이들을 위한 투자공부 입문서이지만, 기존에 나온 책들과는 분명히 다른 구성과 내용을 담고 있다. 주식투자를 위해 꼭 알아둬야 할 365개의 열쇳말(키워드)을 월·화·수·목·금·토·일 별로 나누어 구성했다. 월요일은 '주식용어', 화요일은 '국내외 경제이슈', 수요일은 '업종전망', 목요일은 '회계와 공시', 금요일은 '유망종목', 토요일은 '언택트와 바이오', 일요일은 'K-뉴딜'에 관한 열쇳말이 요일별로 당신과 만난다.

이 책에 소개된 365개의 열쇳말은 단순히 개념을 설명하는 데 그치지 않는다. 이를테면 하루에도 셀 수 없을 정도로 자주 경제기사에 등장하는 '인플레이션'이란 말을, 화폐가치가 하락해 물가가 상승하는 현상 정도로만 이해해선 투자에 도움이 되지 않는다. 투자자들이 알고 싶은 건 따로 있다. 인플레이션으로 인해 어떤 업종이 호재를 누리고 반대로 어떤 업종이 악재에 시달리는지, 인플레이션으로 인해 오히려 실적과 주가가 오르는 '인플레이션 수혜 종목'에는 어떤 기업들이 있는지를 이 책은 낱낱이 밝힌다. 한걸음 더 들어가 금리가 오르면 왜 성장주에 불리한지까지 명쾌하게 풀어낸다.

외계어만큼 난해한 주식용어와 회계·공시도 마찬가지다. 보통주와 우선주의 구별 등 기초지식에서 (역)헤드앤숄더 차트 패턴분석법은 물론, 기업공시에 자주 등장하는 액면분할(병합), 손상차손, 유·무상 증자(감자)에 이르기까지, 아무리 어렵고 복잡한 개념이라 해도 1페이지면 충분하다.

주식용어(월)와 국내외 경제이슈(화), 회계·공시(목)로 투자를 위한 기초체력을 다졌다면 수요일과 금요일에는 본격적으로 업종과 종목을 공부한다. 업종전망(수) 파트에서는 국내 거의 모든 업종을 52개로 나눠 각 업종마다 알아둬야 할 투자포인트를 포착했다. 이어 유망종목(금) 파트에서는 삼성전자에서 현대자동차, 셀트리온, 네이버, 카카오, SK바이오사이언스, 빅히트엔터테인먼트 등 업종을 주도하는 52개 대장주들의 사업과 실적을 분석한 뒤 목표주가를 제시했다.

주말에도 투자공부는 멈추지 않는다. 토요일에는 코로나19 사태로 전 세계가 주목하는 언택트와 바이오 관련 핵심 이슈들을 짚었다. 그리고 일요일에는 우리나라가 미래 성장 어젠더로 삼은 K-뉴딜 관련 유망 투자처들을 찾아내 분석했다.

이 모든 게 각각 1페이지 안에 쉽고 일목요연하게 정리되어 있는데, 1페이지를 읽는데 1~2분이면 충분하다. 짧은 시간으로 주식용어(월)와 국내외 경제(화), 회계·공시(목) 등 투자를 위한 기초체력에서, 투자 유망업종(수)과 종목(금)까지 움켜쥐는 것이다. 아울러 주식시장에서 가장 뜨거운 투자처인 언택트와 바이오(토) 및 그린과 디지털 뉴딜(일)까지도 꿰뚫는 것이다.

결국 '이기는 투자'에 필요한 건 '무모한 돈'과 '출처불명의 정보'가 아니라 '투자공부'인 것이다. 여기서 말하는 공부는 거창하지도 전문적이지도 않다. 성실한 마음만으로 충분하다. 하루 하루 꾸준히 책 장을 넘기다보면 처음에 느꼈던 막막함과 캄캄함이 사라지는 경험을 하게 된다. 당신이 '주린이' 딱지를 떼어내는데, 이 책에서 다루는 365개의 열쇳말이면 충분하다. '주린이'란 딱지를 떼어내는 순간, 비로소 '이기는 투자자'로서의 진면모가 드러나게 되는 것이다.

52주 요일별 맞춤 투자공부법

이 책은, 주식투자 입문에 반드시 알아둬야 할 365개의 열쇳말을 [월]주식용어, [화]국내외 경제이슈, [수]업종전망, [목]회계와 공시, [금]유망종목 발굴, [토]언택트·바이오, [일]K-뉴딜 등으로 나누어, 매주 다양한 투자 이슈와 핵심 투자처를 공부할 수 있도록 구성하였다.

MON 주식투자
- 보통주와 우선주, 배당 등 투자에 필요한 기초지식 해설
- 헤드앤숄더, 추세선, 봉차트 등 주식차트 읽는 법 정리
- PER, PBR, ROE, EPS 등 주가와 기업가치 분석

TUE 국내외 경제
- 양적완화, 유동성 등 돈의 흐름을 꿰뚫는 이슈 해설
- 인플레이션, 경상수지 등 실물경기와 주가의 관계 분석
- 뉴노멀, 디커플링 등 주가에 민감한 트렌드 읽기

WED 업종전망
- 국내 거의 모든 업종(52개) 분석 및 전망
- 투자에 필요한 업종별 체크포인트 짚어내기
- 업종마다 숨어있는 소부장주, 저평가주 발굴

THU 회계·공시
- 공시와 재무제표를 통해 기업 경영의 속내 들여다보기
- 자산, 부채, 손익 등 기업의 기본 평가가치 분석
- 상장, 분할, 인수·합병 등 주가 상승 포인트 분석

FRI 유망종목
- 52개 업종을 대표하는 대장주를 선별해 분석
- 유망종목의 영업이익, 지배구조 등 투자포인트 정리
- 증권사 리포트별 평균 목표주가 제시

SAT 언택트·바이오
- 메타버스, NFT, 이커머스, 마이데이터, 핀테크 등 언택트 핵심 투자처 및 관련 주 분석
- 바이오CMO, 진단키트, 백신, 세포치료제 등 바이오 핵심 투자처 및 관련 주 분석

SUN K-뉴딜
- 수소경제, 배터리, 전기차부품, 탄소중립 등 그린뉴딜 핵심 투자처 및 관련 주 분석
- 빅데이터, 지능형반도체, 스마트시티, 자율주행차 등 디지털뉴딜 핵심 투자처 및 관련 주 분석

프롤로그

- '주린이'란 딱지를 떼어주는 365개의 열쇳말 ········· 004
- 52주 요일별 맞춤 투자공부법 ········· 007

001	월 주식투자	보통주·우선주 _ 의결권 프리미엄이 가른 주식의 가치 ········· 024
002	화 국내외 경제	선물거래 _ 파생상품의 미래 가치를 사고파는 고수익·고위험 거래 ········· 025
003	수 업종전망	반도체주 _ 삼성전자가 지분 투자한 소재·장비 회사는 어디? ········· 026
004	목 회계·공시	기업공개(IPO) _ 기업의 증권시장 데뷔 ········· 027
005	금 유망종목	삼성전자 _ 최고점을 찍었다? 아직 아니다?! ········· 028
006	토 언택트·바이오	임상시험 _ 거의 모든 바이오·제약주의 등락을 좌우한다 ········· 029
007	일 K-뉴딜	K-뉴딜 _ K-뉴딜지수 12개 종목의 후방 기업들을 주시해야 ········· 030
008	월 주식투자	주가 _ 수요와 공급의 힘겨루기로 결정되는 다섯 개의 가격 ········· 031
009	화 국내외 경제	유동성 _ 시중에 돈이 넘쳐흐르면 주가가 오른다? ········· 032
010	수 업종전망	게임주 _ 대작 출시와 중국 정부의 판호에 달렸다 ········· 033
011	목 회계·공시	공시 _ 주가의 향방을 알려주는 가장 공신력 있는 정보 ········· 034
012	금 유망종목	네이버 _ 투자시점을 앞당겨 잡아야 하는 종목 ········· 035
013	토 언택트·바이오	인터넷은행 _ 은행업의 게임체인저가 분명하다 ········· 036
014	일 K-뉴딜	수소경제 _ 우주 질량의 75%인 수소가 떠받치는 산업체계 ········· 037
015	월 주식투자	주가지수 _ 주가 흐름과 경제 상황을 나타내는 지표 ········· 038
016	화 국내외 경제	통화스와프 _ 주가에 영향이 큰 외환시장이 궁금하다면 ········· 039
017	수 업종전망	바이오주 _ 고령화사회로 갈수록 투자매력도 커진다 ········· 040
018	목 회계·공시	영업이익 _ 기업의 핵심 역량을 보여주는 실적 ········· 041
019	금 유망종목	현대자동차 _ 신차와 전기차 출시에 선행해 매수해야 ········· 042
020	토 언택트·바이오	바이오시밀러 _ 지금보다 더 좋아진다! 최고 수혜주는? ········· 043
021	일 K-뉴딜	빅데이터 _ 데이터경제 시대의 가장 유망한 투자처 ········· 044

022	월	주식투자	**시가총액** _ 기업의 투자가치와 규모를 가늠하는 기준 ················ 045
023	화	국내외 경제	**어닝쇼크·어닝서프라이즈** _ 호재보다 악재를 주시해야 ········· 046
024	수	업종전망	**통신주** _ 통신장비 저가주를 주목해야 ······························ 047
025	목	회계·공시	**연결재무제표** _ 투자한 종목의 손익이 궁금하다면 ················· 048
026	금	유망종목	**셀트리온** _ 렉키로나주의 효능이 관건이다 ·························· 049
027	토	언택트·바이오	**사물인터넷** _ 실적과 시총은 미약하지만 알토란 IoT 최선호주는? ········ 050
028	일	K-뉴딜	**ESG** _ '착한기업'의 주가가 오를 수밖에 없는 이유 ················ 051
029	월	주식투자	**거래량** _ 오를지 내릴지, 거래량은 답을 알고 있다! ················· 052
030	화	국내외 경제	**양적완화** _ 실물경제가 나빠도 주가가 오른다면 ···················· 053
031	수	업종전망	**소부장주** _ 단기 접근보다 장기 안목이 필요한 투자처 ··············· 054
032	목	회계·공시	**유형자산·무형자산** _ 개발비는 왜 비용이 아니고 자산일까? ········ 055
033	금	유망종목	**카카오** _ IPO로 세력 확장에 나선 플랫폼제국 ······················· 056
034	토	언택트·바이오	**클라우드게임** _ 게임 생태계를 바꾸는 '파괴적 혁신' ················ 057
035	일	K-뉴딜	**2차전지** _ 핵심소재인 '양극재' 공급 업체를 주목해야 ··············· 058
036	월	주식투자	**기준일** _ 권리를 행사할 때 꼭 기억해야 할 '체결'과 '결제'의 시차 ······ 059
037	화	국내외 경제	**시장점유율** _ 점유율이 상승해도 주가가 오르지 않는 이유 ········· 060
038	수	업종전망	**엔터주** _ 대표적인 저평가 업종, 적극적인 매수 기회 노려야 ········· 061
039	목	회계·공시	**감가상각** _ 대규모 설비투자 후에 주가가 급락하는 이유 ············ 062
040	금	유망종목	**삼성바이오로직스** _ 바이오CMO 세계 1위, 내실경영으로 이익률 30% 눈앞 ········ 063
041	토	언택트·바이오	**가상현실·증강현실** _ 엔터와 게임 업계의 고부가가치 수익 모델 ······· 064
042	일	K-뉴딜	**수소차** _ 연료전지 스택 회사가 핵심 투자처 ························ 065
043	월	주식투자	**매매 주문** _ 주식을 원하는 조건에 매매하는 일곱 가지 방법 ········· 066
044	화	국내외 경제	**블루웨이브** _ 조 바이든 미국 대통령 수혜 업종은 어디? ············ 067

045	수 업종전망	자동차주 _ 지난해 기저효과와 신차효과로 소폭 상승 기대 ········· 068
046	목 회계·공시	액면분할 _ 콧대 높은 '황제주'에서 '국민주'로 변신하는 방법 ········· 069
047	금 유망종목	SK텔레콤 _ 실적과 목표주가 모두 상향 조정 ········· 070
048	토 언택트·바이오	진단키트 _ 코로나19 종식 이후에도 성장성 높아 ········· 071
049	일 K-뉴딜	자율주행차 _ 대장주 뒤에 숨은 소프트웨어 회사들을 주목해야 ········· 072
050	월 주식투자	매매 체결 원칙 _ 주식 거래를 체결하는 3원칙, 가격·시간·수량 ········· 073
051	화 국내외 경제	실적장세 _ 실적이 좋은 기업 위주로 주가가 오른다 ········· 074
052	수 업종전망	자동차부품주 _ 차량용 반도체 수급 상황을 주의 깊게 살펴야 ········· 075
053	목 회계·공시	액면병합 _ '동전주' 이미지를 탈피하기 위한 몸부림 ········· 076
054	금 유망종목	KT _ 배당수익률과 주당배당금 상승이 기대된다 ········· 077
055	토 언택트·바이오	핀테크 _ '카카오'와 '네이버' 간 빅테크 전쟁의 승자는? ········· 078
056	일 K-뉴딜	커넥티드카 _ '애플카 논쟁'의 수혜주는 따로 있다 ········· 079
057	월 주식투자	반대매매 _ '빚투' 개미가 조정장세를 버틸 수 없는 이유 ········· 080
058	화 국내외 경제	뉴 노멀 _ 언택트와 바이오, 친환경으로 돈이 몰리는 일상 ········· 081
059	수 업종전망	전기차주 _ 2025년이면 전 세계 자동차 4대 중 1대가 전기차 ········· 082
060	목 회계·공시	M&A _ '규모의 경제'와 '범위의 경제' 효과를 기대하는 경영 전략 ········· 083
061	금 유망종목	LG유플러스 _ 한참 저평가된 대형 통신주 ········· 084
062	토 언택트·바이오	바이오CMO _ 투자자들이 몰릴 수밖에 없는 이유 ········· 085
063	일 K-뉴딜	텔레매틱스 _ LG전자의 방심과 삼성전자의 야심 ········· 086
064	월 주식투자	봉차트 _ 차트를 이용한 기술적 분석의 첫걸음 ········· 087
065	화 국내외 경제	인덱스펀드 _ 지수의 등락에 수익률도 함께 출렁인다 ········· 088
066	수 업종전망	스마트폰주 _ 애플의 반등, 삼성의 부진, 화웨이의 추락 ········· 089
067	목 회계·공시	적대적 M&A _ 상대 기업의 동의 없이 강행하는 M&A ········· 090
068	금 유망종목	현대모비스 _ 전기차부품 사업 호조로 확실한 회복세 ········· 091

069	토	언택트·바이오	바이오CDMO _ 성공 확률 낮은 만큼 잘 되면 잭팟	092
070	일	K-뉴딜	수소연료전지 _ 에너지 시장의 게임체인저 혹은 시기상조?	093
071	월	주식투자	연결봉 _ 매수·매도 타이밍을 알려주는 주가 패턴	094
072	화	국내외 경제	승자의 저주 _ 과유불급의 부메랑	095
073	수	업종전망	스마트폰부품주 _ 카메라모듈 업체를 주목해야	096
074	목	회계·공시	공개매수 _ 고래 싸움에 낀 새우가 차익을 실현할 기회	097
075	금	유망종목	엔씨소프트 _ 주가 상승 타이밍은 신규 대작 출시	098
076	토	언택트·바이오	인공지능(AI) _ AI의료기기 시장을 주목해야	099
077	일	K-뉴딜	전고체배터리 _ 이슈만 보지 말고 실적까지 살펴야	100
078	월	주식투자	이동평균선 _ 주가 흐름의 대전환을 예고하는 십자가	101
079	화	국내외 경제	밸류에이션 _ 기업의 가치를 평가해 적정 주가를 산정한 값	102
080	수	업종전망	디스플레이주 _ 퇴물 취급 받던 LCD의 역습이 시작됐다	103
081	목	회계·공시	흡수합병 _ GS홈쇼핑 주주들이 합병 때문에 뿔난 사연	104
082	금	유망종목	LG전자 _ 애플카의 핵심 벤더가 될 수 있을까?	105
083	토	언택트·바이오	5G _ 초연결성으로 언택트 최고 수혜 기술로 등극	106
084	일	K-뉴딜	수소충전소 _ 수소차 성공의 필수전제조건	107
085	월	주식투자	추세선 _ 주가 차트에 나타난 투자심리 꿰뚫기	108
086	화	국내외 경제	펀더멘털 _ 투자의 안목은 결국 펀더멘털을 읽는 눈이다	109
087	수	업종전망	OTT주 _ 드라마와 웹툰 등 콘텐츠 제작사들의 수혜 이어진다	110
088	목	회계·공시	손상차손 _ 효자에서 골칫거리가 된 자산의 뒤처리	111
089	금	유망종목	LG이노텍 _ 아이폰의 카메라모듈을 책임지는 애플 최선호주	112
090	토	언택트·바이오	로봇 _ 연평균 성장률이 30%를 웃도는 고부가가치 시장	113
091	일	K-뉴딜	수전해 _ 수소를 뽑아내는 핵심기술	114
092	월	주식투자	헤드앤숄더 _ 주가의 하락세 전환을 예고하는 패턴	115

093	화	국내외 경제	모멘텀 _ 주가 상승을 알리는 시그널	116
094	수	업종전망	방송·미디어주 _ 시청률과 광고 없인 주가 상승도 없다	117
095	목	회계·공시	대손충당금 _ 신한금융그룹을 1위에서 밀어낸 주범	118
096	금	유망종목	삼성전기 _ MLCC 수요 급증, 가격 인상 소식에 주가도 상승	119
097	토	언택트·바이오	의료용 로봇 _ 언택트와 바이오를 융합한 투자처	120
098	일	K-뉴딜	수소발전의무화제도 _ 최대 수혜주는 수소연료전지 회사	121
099	월	주식투자	역헤드앤숄더 _ 주가가 바닥을 치고 상승할 것을 예고하는 패턴	122
100	화	국내외 경제	인플레이션 _ 인플레이션 수혜주가 존재한다는데	123
101	수	업종전망	건설주 _ 정부의 부동산 정책 헛발질이 건설주를 상승시킨다?!	124
102	목	회계·공시	충당부채 _ LG에너지솔루션이 '코나' 리콜에 떠는 이유	125
103	금	유망종목	SK하이닉스 _ 올해도 어닝서프라이즈는 계속될까?	126
104	토	언택트·바이오	카메라모듈 _ 스마트폰 진화를 이끄는 킬러 부품	127
105	일	K-뉴딜	ESS _ 글로벌 시장 성장세에 따른 최대 수혜주는?	128
106	월	주식투자	코스피·코스닥 _ 안정성이냐 성장성이냐, 그것이 문제로다!	129
107	화	국내외 경제	MSCI _ 코스피지수 전체를 올리려면 신흥국지수 족쇄부터 풀어야	130
108	수	업종전망	건설기계주 _ 국내외 건설경기 호조로 실적에 청신호	131
109	목	회계·공시	물적분할 _ LG화학 분할에 왜 개미들의 원성이 자자했을까?	132
110	금	유망종목	LG화학 _ 배터리 사업 호황이 주가 상승 견인	133
111	토	언택트·바이오	마일스톤 _ 신약 개발 단계별 성과보수	134
112	일	K-뉴딜	인터넷플랫폼 _ 다음 정차할 곳은 금융플랫폼	135
113	월	주식투자	K-OTC _ '따상'을 염원하는 투자자가 주목하는 시장	136
114	화	국내외 경제	도덕적 해이 _ 피해는 고스란히 개인투자자 몫	137
115	수	업종전망	건자재주 _ 전통적인 저평가주, 주가 상승여력 충분	138
116	목	회계·공시	인적분할 _ 내가 투자한 기업이 인적분할하면 주식은 어떻게 될까?	139

117	금 유망종목	SK이노베이션 _ 배터리 관련 주가는 생산능력에 달렸다 ·········	140
118	토 언택트·바이오	라이선스아웃 _ 이익과 주가를 끌어올리는 비즈니스 모델 ········	141
119	일 K-뉴딜	시스템반도체 _ 4차 산업혁명의 근간을 이루는 뇌세포 ··········	142
120	월 주식투자	기관투자자 _ 국내 증시 3분의 1을 쥐고 있는 자본시장의 큰손 ·········	143
121	화 국내외 경제	폰지사기 _ '안전한 고수익'이라는 사기의 기원 ·············	144
122	수 업종전망	시멘트주 _ 아파트 분양 물량이 늘수록 주가에 호재 ··········	145
123	목 회계·공시	자기자본비율 _ 자산 중 내 돈의 비율이 50% 이상이면 A$^+$? ·········	146
124	금 유망종목	삼성SDI _ 증권사마다 목표주가를 상향 조정 중 ············	147
125	토 언택트·바이오	에지 컴퓨팅 _ 주변이 좀 더 안전할 수 있다 ···············	148
126	일 K-뉴딜	OLED _ 계속되는 슈퍼사이클, 소부장을 주목해야 ···········	149
127	월 주식투자	프로그램 매매 _ 선물 만기일에 주가가 출렁이는 이유 ·········	150
128	화 국내외 경제	영업비밀 _ LG와 SK간 배터리 싸움의 원인 ···············	151
129	수 업종전망	석유화학주 _ 의료용 플라스틱 수혜주를 주목해야 ············	152
130	목 회계·공시	유동비율 _ 재무제표를 1초만 볼 수 있다면, 봐야 할 지표 ········	153
131	금 유망종목	유한양행 _ 기술수출 호실적으로 주가 상승 기대 ············	154
132	토 언택트·바이오	트래픽 _ 언택트 시대에 뜨는 트래픽 수혜주들 ·············	155
133	일 K-뉴딜	지능형 메모리반도체 _ 데이터 폭발사고를 대비한 고성능 반도체 ···	156
134	월 주식투자	EPS(주당순이익) _ 주식 1주가 순이익을 얼마만큼 올렸는가? ·······	157
135	화 국내외 경제	국가채무 _ 주식투자하면서 나랏빚까지 걱정해야 할까? ········	158
136	수 업종전망	정유주 _ 국제유가와 정제마진이 중요한 체크포인트 ···········	159
137	목 회계·공시	부채비율 _ 너무 높아도 탈! 너무 낮아도 탈! ··············	160
138	금 유망종목	SK바이오사이언스 _ 코로나19 백신 최선호주 ·············	161
139	토 언택트·바이오	미니LED-TV _ OLED의 단점을 보완해 최상의 화질 구현 ·······	162
140	일 K-뉴딜	D램 _ 차량용 반도체 수요 부족으로 장기 호황 이어져 ·········	163

141	월	주식투자	PER(주가수익비율) _ 가성비 높은 종목을 고르는 기준 ················ 164
142	화	국내외 경제	테슬라 요건
			_ 상장 요건에 미달되더라도 과거 테슬라처럼 성장성만 인정된다면 ············ 165
143	수	업종전망	화섬주_ 중국의 소비 시장에 달린 운명 ····································· 166
144	목	회계·공시	EV/EBITDA _ 인수대금을 회수하는 데 몇 년이 걸리는가? ············ 167
145	금	유망종목	CJ NENM _ 커머스와 미디어 호재에도 영업이익 감소 우려············ 168
146	토	언택트·바이오	덴탈·임플란트 _ 중국 임플란트 시장 1위가 한국 기업 ············ 169
147	일	K-뉴딜	낸드플래시_ 슈퍼사이클! 이보다 더 좋을 순 없다 ···················· 170
148	월	주식투자	PBR(주가순자산비율) _ 저평가주는 어디 있을까? ···················· 171
149	화	국내외 경제	디커플링_ 실물경제는 어려운 데도 주가가 계속 오른다면 ············ 172
150	수	업종전망	항공주_ 코로나19 이전으로 돌아가려면 2024년은 되어야 ············ 173
151	목	회계·공시	자사주 매입_ 주가 상승을 부르는 시그널 ····························· 174
152	금	유망종목	빅히트 _ BTS 월드투어 재개 전에 매수해야 ························· 175
153	토	언택트·바이오	ARPU _ 통신사의 수익지표이자 통신주의 가늠기준 ············ 176
154	일	K-뉴딜	파운드리_ 국내 유일의 파운드리 전문업체는 어디? ·················· 177
155	월	주식투자	ROA(총자산이익률)
			_ 자기 돈과 빌린 돈을 이용해 얼마나 많은 돈을 벌었는가? ············ 178
156	화	국내외 경제	헤지펀드 _ 게임스톱 주가 폭등 사태의 원흉 ························· 179
157	수	업종전망	해운주_ 해운지수가 경기선행지표로 활용되는 까닭 ················ 180
158	목	회계·공시	자사주 처분_ 주가가 오를 만큼 올랐다는 시그널 ···················· 181
159	금	유망종목	쿠팡 _ 미 증시 입성 소식에 급등한 쿠팡 수혜주는? ················ 182
160	토	언택트·바이오	코스메슈티컬_ 화장품과 의약의 행복한 조우 ···················· 183
161	일	K-뉴딜	팹리스 _ 높은 이익률이 매력적인 공장 없는 반도체 기업 ············ 184
162	월	주식투자	ROE(자기자본이익률) _ 워런 버핏이 신뢰하는 지표············ 185

163	화	국내외 경제	사모펀드 _ 피해는 결국 개인투자자들의 몫?!	186
164	수	업종전망	조선주 _ 드디어 장기적인 호황국면에 진입하는가?	187
165	목	회계·공시	자사주 소각 _ 투자자가 가장 환호하는 자사주 처리	188
166	금	유망종목	LG그룹 _ 계열 분리 최대 수혜주는 어디?	189
167	토	언택트·바이오	원격의료 _ 합법화될 경우 최대 수혜주는 어디?	190
168	일	K-뉴딜	탄소배출권 _ 탄소배출권 가격이 크게 요동친 이유	191
169	월	주식투자	공모주 청약 _ '하늘의 별 따기'만큼 어려운 공모주 배정	192
170	화	국내외 경제	국채 _ 채권 금리가 오르면 주가가 떨어진다?	193
171	수	업종전망	철강주 _ 잠자던 철강주가 기지개를 펴는 이유	194
172	목	회계·공시	유상증자 _ 유상증자를 하면 왜 주가가 뚝 떨어질까?	195
173	금	유망종목	카카오뱅크 _ 상장 이후 기업가치 10조 원 예상	196
174	토	언택트·바이오	미용성형 _ 톡신과 필러 대장주를 주목해야	197
175	일	K-뉴딜	탄소중립 _ 거스를 수 없는 대세, 투자매력 높다	198
176	월	주식투자	공모주 청약 기회 확대 _ '기울어진 운동장' 바로잡기	199
177	화	국내외 경제	경기선행지수 _ 주가와 경기흐름은 서로 무관하다?	200
178	수	업종전망	비철금속주 _ '닥터 코퍼'의 행보가 중요한 이유	201
179	목	회계·공시	신주인수권증서 _ 유상증자 시 청약을 포기해도 남는 것	202
180	금	유망종목	두산퓨얼셀 _ 수소발전의무화제도의 최선호주	203
181	토	언택트·바이오	마이데이터 _ 핀테크의 새로운 먹거리	204
182	일	K-뉴딜	CCS·CCU _ 이산화탄소를 모아 연료로 만드는 기술	205
183	월	주식투자	콜옵션·풋옵션 _ 손정의의 40억 달러 콜옵션 매입이 일으킨 파장	206
184	화	국내외 경제	광군제 _ 화장품주 투자자들의 'D-day'	207
185	수	업종전망	방산주 _ 팬데믹 기저효과로 주가 상승 기대	208
186	목	회계·공시	무상증자 _ 자금력 있는 우량기업이 할 수 있는 주주 환원 정책	209

187	금 유망종목	현대건설 _ 수주 실적이 매출화되는 시기가 왔다	210
188	토 언택트·바이오	O2O _ 언택트 시대에 날개를 단 주문앱들	211
189	일 K-뉴딜	풍력 _ 지구상에 바람이 불지 않는 곳은 없다	212
190	월 주식투자	ETF(상장지수펀드) _ 종목 선정이 어려운 주린이에게 추천하는 펀드	213
191	화 국내외 경제	테이퍼링 _ 돈을 푸는 속도를 조절해야 할 때	214
192	수 업종전망	유틸리티주 _ 한국가스공사의 배당수익률을 주목해야	215
193	목 회계·공시	권리락 _ 신주 배정, 배당 등의 권리가 사라진 상태	216
194	금 유망종목	GS건설 _ 재건축 규제 완화 최고 수혜주	217
195	토 언택트·바이오	웹툰 _ 만화가 곧 돈이 되는 세상	218
196	일 K-뉴딜	태양광 _ 지구상에 해가 뜨지 않는 곳은 없다	219
197	월 주식투자	ELS(주식연계증권) _ 예금과 주식의 매력을 두루 갖춘 펀드	220
198	화 국내외 경제	변동성지수 _ 주가 하락의 공포지수를 체크해둬야	221
199	수 업종전망	이커머스주 _ 쿠팡의 밀접 협력업체가 바로 최선호주	222
200	목 회계·공시	주식배당 _ 저금리 시대에는 적금보다 배당주!	223
201	금 유망종목	삼성물산 _ 삼성전자 지분이 주가에 민감한 이유	224
202	토 언택트·바이오	에듀테크 _ 걸음마 단계로 성장여력 높다	225
203	일 K-뉴딜	원전 해체 _ 2050년까지 수명 다한 원전만 300개 넘어	226
204	월 주식투자	ETN(상장지수증권) _ 유가 하락세에 검은 눈물 흘린 ETN 투자자들	227
205	화 국내외 경제	랩어카운트 _ 증시가 호황일 때 노려볼 만한 상품	228
206	수 업종전망	홈쇼핑주 _ 암울한 업황에도 돈 되는 투자처는 존재한다	229
207	목 회계·공시	무상감자 _ 투자자들이 호환마마보다 무서워하는 감자	230
208	금 유망종목	KB금융 _ 배당성향이 매력적인 금융지주사	231
209	토 언택트·바이오	K-주사기 _ 핵심소재인 PP 생산업체를 주목해야	232
210	일 K-뉴딜	해수담수화 _ 물 부족 사태에 대처하는 핵심기술	233

211	월 주식투자	ELW (주식워런트증권)	
		_기초자산을 약정한 조건에 거래할 수 있는 권리가 붙은 증권	234
212	화 국내외 경제	골디락스 _너무 뜨겁지도 차갑지도 않은, 미지근한 투자환경이란?	235
213	수 업종전망	대형마트주 _업황은 흐리지만 대장주 이마트는 맑음	236
214	목 회계·공시	유상감자 _주주들이 환호하는 감자	237
215	금 유망종목	키움증권 _동학개미 신드롬의 최고 수혜주	238
216	토 언택트·바이오	라이브커머스 _2023년 10조 원 규모 시장으로 급성장	239
217	일 K-뉴딜	지열에너지 _지진 발생 위험만 제거한다면	240
218	월 주식투자	인버스·곱버스 _상승장에 울려 퍼진 개미들의 곡소리	241
219	화 국내외 경제	엔젤산업 _중국 젊은 엄마들의 지갑을 열다	242
220	수 업종전망	백화점주 _대규모 신규 출점으로 주가가 요동친다	243
221	목 회계·공시	메자닌 채권 _주식과 채권의 장점을 섞은 채권계의 짬짜면	244
222	금 유망종목	삼성화재 _사회적 거리두기 덕분에 주가 상승	245
223	토 언택트·바이오	음성인식 _언택트에 맞춰 시장 고공행진, 주가도 우상향	246
224	일 K-뉴딜	화이트바이오 _대규모 환경폐기물을 자연분해하다	247
225	월 주식투자	테마주 _이슈를 따라 움직이는 종목군	248
226	화 국내외 경제	더 큰 바보이론 _천재과학자 뉴턴이 바보가 된 사연	249
227	수 업종전망	편의점주 _점포 재계약 건이 쏟아지는 2022년까지 호황	250
228	목 회계·공시	교환사채(EB) _회사채시장에서 EB가 희귀한 이유	251
229	금 유망종목	한화솔루션 _태양광의 모든 사업부문에 진출하다	252
230	토 언택트·바이오	MCN _유튜브 생태계의 매력적인 수익 모델	253
231	일 K-뉴딜	그린스완 _보험주를 위협하는 녹색 백조	254
232	월 주식투자	스몰캡 _제2의 테슬라를 찾는다면 주목!	255
233	화 국내외 경제	풀필먼트 _물류의 수익성을 끌어올리는 혁신 모델	256

234	수	업종전망	교육주 _ 온라인강의 사업에 강점이 있는 회사를 주목해야 …… 257
235	목	회계·공시	전환사채(CB)
			_ 이자를 꼬박꼬박 받으면서 시세차익이라는 덤도 챙길 수 있는 사채 …… 258
236	금	유망종목	두산중공업 _ 그린뉴딜 최선호주의 자격이 충분하다 …… 259
237	토	언택트·바이오	미디어렙 _ 전통 광고사들의 저성장성에 실망했다면 …… 260
238	일	K-뉴딜	삼불화질소 _ 반도체와 OLED의 슈퍼사이클 수혜 기대 …… 261
239	월	주식투자	공매도 _ 개인투자자들이 공매도를 '악(惡)'으로 규정한 이유 …… 262
240	화	국내외 경제	경상수지 _ 주가와의 관계가 궁금하다 …… 263
241	수	업종전망	은행주 _ 금리와 대출금, 순이자마진을 주목해야 …… 264
242	목	회계·공시	신주인수권부사채(BW)
			_ 주가 상승에 대한 희망을 사고파는 사채 …… 265
243	금	유망종목	효성첨단소재 _ 탄소섬유 생산으로 수소경제 최선호주 …… 266
244	토	언택트·바이오	메타버스 _ 아바타의 세상이 창출하는 무한한 부가가치 …… 267
245	일	K-뉴딜	프로그래매틱 광고
			_ 마케팅의 총알이 '비용'에서 '데이터'로 바뀌다 …… 268
246	월	주식투자	배당 _ 찬바람 불면 배당주를 담아라! …… 269
247	화	국내외 경제	불마켓·베어마켓 _ 강세장과 약세장을 빗댄 우화 …… 270
248	수	업종전망	증권주 _ 증시로의 머니무브에 따른 호황은 언제까지? …… 271
249	목	회계·공시	리픽싱 _ 나중에 더 싼 값에 주식을 줄 테니 투자해줘, 제발! …… 272
250	금	유망종목	대한항공 _ 항공 산업이 죽을 쒀도 오르는 대장주 …… 273
251	토	언택트·바이오	HMR _ 코로나19 효과로 10조 원 시장 탄생 …… 274
252	일	K-뉴딜	스마트팜 _ 첨단유리온실 시장을 주목해야 …… 275
253	월	주식투자	버핏지수 _ 증시의 고공행진은 언제까지 계속될 것인가? …… 276
254	화	국내외 경제	팻핑거 _ 굵은 손가락 탓에 벌어진 주가 폭락 …… 277

255	수	업종전망	보험주 _ 금리 인상과 실손보험료가 올라야 호재 ················· 278
256	목	회계·공시	콜옵션(중도상환청구권) _ 빌린 돈 값을 테니 주식 전환은 없었던 일로!···· 279
257	금	유망종목	HMM _ 실적 고공행진에 최고가 경신, 매도 타이밍 고민 ············ 280
258	토	언택트·바이오	건강기능식품 _ 한때 계륵에서 지금은 알토란 수익모델 ··········· 281
259	일	K-뉴딜	스마트홈 _ 누전차단기 부품 독점 업체를 주목해야 ················ 282
260	월	주식투자	가치투자 _ 남이 버린 꽁초를 주워 공짜로 담배 피우기 ············ 283
261	화	국내외 경제	핫머니 _ 출처불명의 뜨거운 돈에 화상을 입지 않으려면 ·········· 284
262	수	업종전망	종합상사주 _ 원자재 가격과 해상 물동량에 민감하다 ············· 285
263	목	회계·공시	풋옵션(조기상환청구권) _ 주식 전환할 필요 없으니 내 돈 일찍 갚아줘! ····················· 286
264	금	유망종목	한국조선해양 _ 이산화탄소 규제로 가스연료선 수주 이어져 ······· 287
265	토	언택트·바이오	디지털치료제 _ 의료 산업에서 무한성장 중인 디지털 기술 ········ 288
266	일	K-뉴딜	스마트그리드 _ 원전 7기를 대체하는 지능형 전력망 ·············· 289
267	월	주식투자	상장폐지 _ 투자한 주식이 하루아침에 휴짓조각이 되는 날벼락 ···· 290
268	화	국내외 경제	레버리지 _ 주가가 올라야 비로소 지렛대 효과를 볼 수 있다 ······· 291
269	수	업종전망	택배주 _ 매출이 늘어도 영업이익이 줄면 '빛 좋은 개살구' ········ 292
270	목	회계·공시	자본잠식 _ 누에(결손금)가 뽕잎(자본금)을 갉아 먹었다네! ········ 293
271	금	유망종목	삼성에스디에스 _ 반도체와 배터리 호황으로 덩달아 실적 UP ····· 294
272	토	언택트·바이오	코요테모멘트 _ 인플레이션 버블이 터지는 순간 ·················· 295
273	일	K-뉴딜	3D프린터 _ 조금 과장해서 말하면, 만들지 못할 게 없다 ·········· 296
274	월	주식투자	관리종목 _ 주식시장 퇴출 가능성이 농후한 기업에 보내는 경고장 ········ 297
275	화	국내외 경제	스톡옵션 _ 미래의 보너스 혹은 연봉 깎기 위한 꼼수 ············· 298
276	수	업종전망	부동산리츠주 _ 세상은 넓고 투자처는 많다 ······················· 299
277	목	회계·공시	감사의견 _ 기업과 투자자의 목숨줄을 쥐고 있는 한 줄의 의견 ····· 300

278	금	유망종목	한화에어로스페이스 _ 미래 먹거리 우주항공 산업의 최선호주 ····· 301
279	토	언택트·바이오	바이오베터 _ 바이오시밀러보다 '더 나은(better)' 투자가치 ············· 302
280	일	K-뉴딜	폴더블 _ 애플이 들어오기 전에 선점해야 ································· 303
281	월	주식투자	투자위험 종목 _ 작전세력 출현을 알리는 경고음 ······················· 304
282	화	국내외 경제	기저효과 _ 현재의 경제지표와 주가에 착시를 일으키는 ············· 305
283	수	업종전망	IT서비스주 _ 스마트팩토리와 디지털전환을 주목해야 ················ 306
284	목	회계·공시	우회상장 _ 비상장사가 주식시장으로 진입하는 뒷문 ················· 307
285	금	유망종목	한국전력 _ '연료비 연동제' 도입으로 주가가 오른 사연 ············ 308
286	토	언택트·바이오	황의 법칙 _ 지는 '인텔'과 뜨는 '엔비디아'의 교훈 ···················· 309
287	일	K-뉴딜	게임퍼블리셔 _ 개발과 서비스를 이원화 하는 이유 ···················· 310
288	월	주식투자	미국 3대 주가지수 _ 서학개미를 웃고 울리는 지수 ··················· 311
289	화	국내외 경제	테슬라네어 _ 주식투자로 백만장자가 되는 방법 ······················· 312
290	수	업종전망	타이어주 _ 침체의 터널 탈출 신호가 감지되다 ························ 313
291	목	회계·공시	스팩(SPAC) _ 우량한 비상장사의 우회상장 지름길 ··················· 314
292	금	유망종목	CJ대한통운 _ 택배비 올라도 투자·관리 비용이 관건이다 ········· 315
293	토	언택트·바이오	디지털세 _ 언택트로 인해 도입하자는 주장이 더욱 커져 ··········· 316
294	일	K-뉴딜	판호 _ 게임주를 들썩이게 하는 대륙의 편지 ··························· 317
295	월	주식투자	미국 주식시장 _ 주식도 직구 시대! 서학개미 되어볼까? ·········· 318
296	화	국내외 경제	출구전략 _ 원래대로 되돌리는 타이밍이 중요하다 ···················· 319
297	수	업종전망	광고주 _ 디지털 환경에서 판가름이 난다 ······························ 320
298	목	회계·공시	지주회사 _ 지주회사를 만드는 공식, '인적분할 + 유상증자' ······ 321
299	금	유망종목	LG생활건강 _ '저평가 대장주'라는 프리미엄 ··························· 322
300	토	언택트·바이오	보복소비 _ 백화점주와 패션주의 단기 상승 신호 ····················· 323
301	일	K-뉴딜	우주항공 _ 제프 베조스와 일론 머스크가 지갑을 연 시장 ········· 324

302	월	주식투자	사이드카 _ 과열된 주식시장에 보내는 옐로카드 ················· 325
303	화	국내외 경제	K자형 회복 _ 회복이 아니라 양극화 ························· 326
304	수	업종전망	식품주 _ 해외사업과 HMR에서 판가름 난다 ····················· 327
305	목	회계·공시	주식매수청구권 _ 합병하려거든 내 주식을 회사가 사가시오! ············ 328
306	금	유망종목	이마트 _ 주가가 'SSG.COM' 실적에 달렸다 ······················· 329
307	토	언택트·바이오	NFT _ 성장성 밝지만 거품에 유의 ·························· 330
308	일	K-뉴딜	드론 _ 미래 성장성을 보는 안목으로 접근해야 ·················· 331
309	월	주식투자	서킷브레이커 _ 롤러코스터 탄 주가를 진정시키는 일시정지 버튼 ········ 332
310	화	국내외 경제	므두셀라 투자법 _ '인내심'과 '유연함'이라는 투자덕목 ·············· 333
311	수	업종전망	라면주 _ 가격 인상 딜레마에 빠지다 ························ 334
312	목	회계·공시	지분법 회계 _ 영업이익과 당기순이익 격차의 주범 ················ 335
313	금	유망종목	LG상사 _ LG그룹의 지주사 분할 수혜주 ······················ 336
314	토	언택트·바이오	사이버보안 _ 천문학적인 사이버 피해를 미연에 방지하려면 ··········· 337
315	일	K-뉴딜	스마트팩토리 _ 4차 산업혁명 기술의 집합체 ····················· 338
316	월	주식투자	컨센서스 _ 투자 좌표가 되어주는 증권사의 실적 전망치 평균 ·········· 339
317	화	국내외 경제	포모증후군 _ 삼성전자 주가 상승의 비밀 ······················ 340
318	수	업종전망	제과주 _ 장기 침체에 빠졌지만 알토란 종목은 있다 ················ 341
319	목	회계·공시	분식회계 _ 부실기업을 우량기업으로 탈바꿈하는 재무제표 화장술 ········ 342
320	금	유망종목	CJ제일제당 _ 외국인과 기관 투자자들이 선호하는 회사 ·············· 343
321	토	언택트·바이오	mRNA _ 글로벌 제약 시장의 성패를 가르는 물질 ··················· 344
322	일	K-뉴딜	탄소섬유 _ 전기·수소차에서 항공기에 이르기까지 미래 핵심소재 ········ 345
323	월	주식투자	소수점 거래 _ 커피 한 잔 값으로 삼성전자 주주가 되는 방법 ··········· 346
324	화	국내외 경제	디폴트·모라토리엄 _ 먼 나라의 디폴트 소문만으로 당신의 주식을 휴지로 만들 수 있다 ······· 347

| 325 | 수 | 업종전망 | 음료주 _ 우유는 흐림, 탄산과 생수는 맑음 ········· 348
| 326 | 목 | 회계·공시 | 올빼미 공시 _ 악재를 연휴 전날 은근슬쩍 공시 ········· 349
| 327 | 금 | 유망종목 | 농심 _ 시장점유율 부동의 1위, 영업이익률은 고민거리 ········· 350
| 328 | 토 | 언택트·바이오 | 면역항암제 _ 돈이 몰리는 3세대 항암제 ········· 351
| 329 | 일 | K-뉴딜 | 그래핀 _ '꿈'의 신소재, 다만 투자는 '현실'이다 ········· 352
| 330 | 월 | 주식투자 | 오버슈팅·언더슈팅
_ 경제 변수들의 시차를 이용해 매매 타이밍 잡기 ········· 353
| 331 | 화 | 국내외 경제 | 퍼플오션 _ 시뻘건 레드오션에 '혁신'이란 파란색을 덧칠하면 ········· 354
| 332 | 수 | 업종전망 | 주류주 _ 코로나19 직격탄 속에서도 이익 급증한 주류회사는? ········· 355
| 333 | 목 | 회계·공시 | 흑자도산 _ 이익을 냈는데 금고는 '텅텅' ········· 356
| 334 | 금 | 유망종목 | KT&G _ 안정적인 실적에도 성장성이 약하니 주가도 별로 ········· 357
| 335 | 토 | 언택트·바이오 | 세포치료제 _ 성장성 높지만 단기 투자는 위험 ········· 358
| 336 | 일 | K-뉴딜 | 데이터센터 _ 구글이 '서버 호텔'에 돈을 아끼지 않는 이유 ········· 359
| 337 | 월 | 주식투자 | 스튜어드십 코드 _ 기관투자자의 적극적인 경영 참여 ········· 360
| 338 | 화 | 국내외 경제 | 구독경제 _ '소유의 시대'에서 '가입과 이용의 시대'로 ········· 361
| 339 | 수 | 업종전망 | 화장품주 _ 세계 최대 화장품 ODM 기업을 주목해야 ········· 362
| 340 | 목 | 회계·공시 | 5%룰 _ 단 1%라도 지분 변동이 발생하면 공시하라! ········· 363
| 341 | 금 | 유망종목 | 오리온 _ 모든 업종 통틀어 영업이익률 1위 회사 ········· 364
| 342 | 토 | 언택트·바이오 | 항체치료제 _ 투자에 신중해야 하는 이유 ········· 365
| 343 | 일 | K-뉴딜 | 지정폐기물 _ 진입장벽이 매우 높아 장기 투자처로 유리 ········· 366
| 344 | 월 | 주식투자 | 주식양도세 _ 재테크로 재산을 불렸다면, 다음 차례는 세테크 ········· 367
| 345 | 화 | 국내외 경제 | 달걀모형 _ 주식은 언제 사고팔아야 하는가? ········· 368
| 346 | 수 | 업종전망 | 패션주 _ 스포츠웨어와 방호복 및 중국 사업에 강한 업체 주목 ········· 370
| 347 | 목 | 회계·공시 | 3%룰 _ 대주주 목소리는 낮추고, 소액주주 목소리는 높이고 ········· 371

348	금	유망종목	하이트진로 _ 백신 효과가 커질수록 실적 상승 기대 ········· 372
349	토	언택트·바이오	신약재창출 _ 혈장치료제 '렘데시비르'가 코로나19 치료제로도 활용 ······ 373
350	일	K-뉴딜	스마트시티 _ 정부 주도 사업인 만큼 실현가능성 높아 ········· 374
351	월	주식투자	윈도드레싱 _ 기관투자자들의 벼락치기 수익률 관리 ········· 375
352	화	국내외 경제	브렉시트 _ 해외증시에서 영국 기업들 투자 비중 늘어나 ········· 376
353	수	업종전망	제지(종이)주 _ 온라인쇼핑 활황으로 박스와 포장용 백판지 수요 폭증 ···· 377
354	목	회계·공시	10%룰 _ 경영 참여 주주에 대한 단기매매차익 반환의무 ········· 378
355	금	유망종목	롯데칠성음료 _ 기관투자자들이 매수에 나선 이유 ········· 379
356	토	언택트·바이오	마이크로바이옴 _ 임상 성과가 나오면 개발사 주가 급등 ········· 380
357	일	K-뉴딜	디지털트윈 _ K-뉴딜의 핵심과제 가운데 하나 ········· 381
358	월	주식투자	산타랠리 _ 연말·연초 주가를 끌어올리는 산타 ········· 382
359	화	국내외 경제	정보비대칭 _ 기업 내부자의 내밀한 정보로 주가가 출렁 ········· 383
360	수	업종전망	집콕탈출주 _ 코로나19 직격탄을 맞은 종목의 반격 ········· 384
361	목	회계·공시	차등의결권 _ 창업주의 피·땀·눈물을 인정해주는 제도 ········· 385
362	금	유망종목	넷플릭스 _ 콘텐츠 기업들의 돈줄이 되다 ········· 386
363	토	언택트·바이오	전자약 _ 국내에서는 아직 블루오션인 유망 투자처 ········· 387
364	일	K-뉴딜	가상발전소 _ 테슬라가 진출한 차세대 에너지 관리 시스템 ········· 388
365	월	주식투자	유사투자자문업 _ 유동성 장세에서 주린이를 노리는 하이에나 ········· 389

■ 분야별 365 키워드 찾아보기 ········· 390
■ 365 키워드별 수혜주 찾아보기 ········· 397

보통주·우선주

의결권 프리미엄이 가른 주식의 가치

주식(株式)은 주식회사가 자금을 조달할 때 발행하는 증서다. 주식을 사면 그 회사의 주인이 되어 주식을 가진 만큼 권리를 행사할 수 있다. 그래서 주식을 산 사람들을 '주식의 주인'이라는 의미에서 주주(株主)라고 부른다.

주식, 수표, 어음, 채권 등 재산 가치가 있는 증서를 유가증권, 줄여서 증권이라고 한다. 증권을 내용과 형식에 따라 분류한 것이 종목이다. 대개 종목은 발행회사 이름을 따라 붙인다. 그런데 'LG화학'이라는 발행회사 이름으로 검색해보면, 'LG화학'과 'LG화학우' 두 가지 종목이 나온다. 발행회사 이름 뒤에 붙은 '우'는 우선주의 약자다.

주식은 종류에 따라 보통주와 우선주로 나눌 수 있다. 보통주는 주주총회에 참석해 기업의 주요 경영사항에 대해 의결권을 행사하고 배당도 받는 등 주주의 권리, 즉 의결권을 행사할 수 있는 주식이다. '본주'라고도 한다.

우선주는 의결권이 없는 대신 보통주보다 이익, 배당, 잔여재산 분배 등에서 우선적 지위가 인정되는 주식이다. 즉 우선주를 가지고 있으면 의결권을 행사할 수 없지만, 보통주보다 배당은 더 많이 받을 수 있다. 투자자 입장에서는 많은 배당을 기대할 수 있고, 회사 입장에서는 경영권 위협 없이 자금을 조달할 수 있는 주식이 우선주다.

우선주는 통상 보통주 대비 주가가 낮다. 보통주와 우선주의 주가 차이를 나타내는 지표를 '괴리율'이라고 하는데, 괴리율이 클수록 우선주가 저평가되어 있다고 해석할 수 있다. 기업의 이익이 매년 증가하고 배당률이 높아지는 종목은 우선주 투자가 매력적일 수 있다. 하지만 우선주는 주식수와 거래량이 적어 주가 변동성이 크기 때문에 시세 조종 위험이 보통주에 비해 높다.

선물거래

Tuesday 002

파생상품의 미래 가치를 사고파는 고수익·고위험 거래

경제 기사나 뉴스에는 '선물'이란 말이 자주 등장한다. 주식 열풍 속에 어린 자녀에게 적금통장 대신 주식계좌를 선물(膳物)하는 부모가 있다는데 물론 그 선물은 아니다. 여기서 '선물(先物, futures)'이란, 계약만 먼저 해두고 상품의 인도는 나중에 하기로 날짜를 정해뒀다가 약속한 날이 되면 계약을 이행하는 것을 말한다. 금융시장에서의 선물거래는 주로 채권, 외환, 주식 등을 기초자산으로 하는 파생상품의 미래 가치를 사고파는 것이다.

선물의 핵심은 상품을 거래하기로 한 시점이 되면 그 사이 상품 가격의 등락에 상관없이 약속대로 거래를 이행해야 한다는 점이다. 하지만 상품 시세는 늘 변동하기 때문에 선물거래를 통해 큰돈을 벌 수도 있고, 반대로 손실을 입을 수도 있다.

세계 최초의 선물거래소는 1848년에 문을 연 미국 시카고상품거래소가 꼽힌다. 이곳에서 옥수수, 밀 등 주요 농산물을 선물로 거래하기 시작했다. 이후 1970년대 들어 급변하는 경제 환경에 대처하기 위한 수단으로 채권선물, 외환선물 등 다양한 선물 관련 파생상품들이 쏟아져 나오면서 지금에 이르고 있다. 우리나라도 1996년에 주가지수 선물시장을 개설한 데 이어 1999년에 선물거래소가 부산에서 개장했다.

한편, 선물은 미리 정한 가격으로 거래를 약속한 것으로 가격이 변동함으로써 발생하는 위험을 줄이는 목적으로 고안된 것이지만, 금융시장 규모가 상상을 초월할 정도로 커지면서 고수익을 노리는 고위험 상품들이 횡행하고 있다. '하이 리턴 하이 리스크(High Return High Risk)'라는 말은 선물시장을 두고 하는 지적이라 해도 지나치지 않게 된 것이다.

Wednesday
003

반도체주

삼성전자가 지분 투자한 소재·장비 회사는 어디?

스마트폰과 PC에서부터 TV, 냉장고, 에어컨 등 가전은 물론이고 자동차와 항공기에 이르기까지 빠지지 않고 들어가는 핵심부품이 있으니 바로 '반도체'다. 산업계에서 반도체를 '마법의 돌'이라 부르는 이유다.

반도체는 일반적으로 정보를 저장하고 기억하는 메모리반도체와 연산과 추론 등 논리적인 정보처리 기능을 담당하는 시스템반도체(비메모리반도체, 142쪽)로 나뉜다. 규모면에서는 시스템반도체가 전체 시장의 66%로 메모리반도체(34%)를 압도한다. 성장성도 시스템반도체가 월등하다. 시스템반도체는 데이터를 단순히 저장만 하는 메모리반도체와 달리 논리적인 정보처리를 가능하게 한다. 5G, 인공지능, 사물인터넷, 빅데이터로 대표되는 4차 산업혁명 시대에 시스템반도체는 선택이 아닌 필수 아이템이 되었다.

그런데 안타깝게도 삼성전자는 메모리반도체에서는 세계 1위이지만, 시스템반도체는 그렇지 못하다. 삼성전자는 2030년까지 133조 원을 투자해 시스템반도체 세계 1위에 오르겠다는 비전을 발표하면서 연구 개발 및 시설 확충 투자에 집중하고 있다. 뿐만 아니라 대통령이 직접 정부 차원의 지원을 공식 선언하고 나설 만큼 시스템반도체의 열기는 뜨겁다.

반도체 시장은 당분간 호황을 누릴 전망이다. 언택트 시대에 맞춰 디지털 산업이 호재를 누리면서 IT기기에 쓰이는 반도체 수요가 폭발적으로 증가하고 있기 때문이다. 투자적 입장에서는 삼성전자와 SK하이닉스 등 대장주만 바라볼 게 아니라, 반도체 소재·장비 회사들을 주목할 필요가 있다. 특히 솔브레인, 동진쎄미켐, 에스에프에이, 원익IPS 등 삼성전자가 지분 투자한 반도체 소재·장비 회사들에 대해 장기적인 안목을 가질 필요가 있다.

기업공개(IPO)

기업의 증권시장 데뷔

Thursday 004

기업공개(IPO : Initial Public Offering)란 기업이 상장하기 위해 공개적으로 주주를 모집하는 것이다. 즉 회사를 설립한 개인이나 소수 주주가 자신의 주식 일부를 일반투자자에게 팔거나(구주 매출), 일반투자자를 대상으로 회사가 새로운 주식을 발행하거나(신주 발행), 기존 주주들이 가지고 있던 주식과 새롭게 발행한 신주를 섞어 시장에 내놓는다(구주 매출+신주 발행). 상장회사가 되면 기업에는 주주 배당이나 경영 사안 공시, 소액주주 보호, 주가 관리 등의 의무가 생긴다.

기업은 왜 상장회사가 되려할까? 공모로 신주를 발행해 대규모 자금을 확보할 수 있고, 증권시장을 통해 안정적으로 자금을 조달하기가 쉬워지기 때문이다. 또 주식회사로서 신뢰도 향상 등 '상장사' 타이틀은 경영 전반에 도움이 된다.

기업은 기업공개에 앞서 기업공개 업무를 도와주고 진행해 줄 주관사(증권사)를 선정한다. 주관사는 기업의 사업 내용과 자산가치, 수익가치, 먼저 상장한 유사한 업종과의 비교 평가를 통해 기업의 주당 공모가 범위(희망공모가액)를 결정한다. 최종 공모가격은 대량으로 주식을 사는 기관투자자들이 어느 정도 가격에, 얼마큼의 공모주를 받고 싶어하는지를 조사(수요예측)해 결정한다. 수요예측에 참여하는 기관이 적거나 낮은 가격을 제시하는 기관이 많으면 공모가 범위 하단에서, 반대의 경우에는 공모가 범위 상단에서 최종 공모가격이 결정된다.

최종 공모가격이 결정되면 청약한 일반투자자, 기관투자자, 우리사주조합 등에 주식을 배정한다. 청약이 끝나면 기업은 거래소에 상장신청서를 제출하고 신청 후 5영업일 내에 주식 매매가 시작된다.

삼성전자

최고점을 찍었다? 아직 아니다?!

코로나19 여파로 전 세계적으로 언택트 시대가 열리면서 반도체와 스마트폰, 가전 시장이 호황을 누리고 있고, 이와 함께 삼성전자의 실적도 고공행진하고 있다. 반도체를 비롯한 가전과 스마트폰은 삼성전자를 업계 세계 1위로 올려놓은 효자 사업이다. 실적이 좋으니 주가도 오르는 게 당연하겠지만, 삼성전자 주식이 오르는 또 다른 이유도 지나칠 수 없다.

우리나라에서 주식투자를 처음 시작하는 사람에게 어떤 종목을 사겠냐고 물으면 대부분 삼성전자를 꼽는다. 국내 주식시장의 상징이자 '대장주의 대장주'로 삼성전자를 꼽는데 이의를 제기할 사람은 많지 않다. 결국 최근 삼성전자의 주가 상승을 이끄는 핵심 요인은, 이른바 '동학개미'로 불리는 개인투자자들, 그 가운데서도 수많은 주린이들이 삼성전자 주식으로 투자의 문을 열어젖혔기 때문이다. 개인투자자들이 주식 매수를 주도하는 근래 국내 시황에서 삼성전자로 개인 매수가 몰리고 있는 것이다.

경제 뉴스마다 국내 유동성 증가율이 전년 대비 사상 최고치를 기록했다는 보도가 나오고 있는데, 유동성이 증가한다는 얘기는 시중에 돈이 늘어나고 있음을 뜻한다. 시중에 풀린 돈이 주식시장, 그 중에서도 특히 '대장주의 대장주'인 삼성전자 주식 매수에 몰리고 있는 것이다.

삼성전자의 목표주가를 12만 원까지 예상한 증권사 리포트가 나올 만큼 삼성전자의 주가는 당분간 뜨거울 전망이다. 심지어 2021년 삼성전자 주가수익비율(PER)이 15배로 글로벌 경쟁사들에 비해 저평가됐다는 해외 리포트도 적지 않다. 삼성전자의 질주는 그룹 총수의 구속 악재에도 굴하지 않을 것이란 게 증권가의 공통된 주장이다.

임상시험

Saturday 006

거의 모든 바이오·제약주의 등락을 좌우한다

바이오와 제약 업종 주식에 투자할 때 가장 주의 깊게 봐야 할 키워드는 단연 '임상시험'이다. 임상시험이란 새로운 약을 시중에서 공식적으로 사용하기 전에 안전성과 약효를 검증하기 위해 실험 단계에서 사람에게 적용하는 절차로, 모두 3단계로 진행된다. 1상에서는 소수의 건강한 사람을 대상으로 안전성과 내약성을 검사하고, 2상에서는 소수의 환자를 대상으로 보다 정교하게 용법과 용량 등을 평가한다. 2상까지 통과하면 신약 개발의 마지막 관문이라 할 수 있는 3상이 기다린다. 3상에서는 다수의 환자를 대상으로 안전성과 유효성을 종합적으로 점검한다.

임상시험은 대단히 복잡하고 변수가 많다. 또 나라마다 기준과 조건도 제각각이다. 글로벌 제약 업계에서 가장 영향력이 큰 미국의 임상시험은 까다롭기로 악명 높지만, 마지막 단계까지 통과하면 엄청난 수혜가 주어진다. 당장 해당 제약사의 주가가 천정부지로 치솟는다.

반대로 임상을 통과하지 못하면 해당 제약사는 물론이고 자칫 제약 업계 전체에 악재로 작용할 수 있다. 예를 들어 과거 신라젠의 임상3상 중단 소식은 국내 제약주 전체의 가치를 떨어트렸다는 평가를 받았다. 당시 신라젠은 임상3상 중단으로 인해 3일 연속 하한가를 기록하며 임상 결과 발표 전 대비 3일 만에 주가가 무려 70%나 하락하는 참변을 겪었다. 당시 코스닥 제약지수는 12%, 코스피 의약품지수는 16% 동반 하락했다. 신라젠의 임상 중단 이슈는 해당 회사만의 문제로 끝나지 않았다. 바이오·제약주 전체의 신뢰를 반감시키는 결과를 가져온 것이다. 임상 결과가 바이오·제약주 등락에 얼마나 중요한지 방증하는 대목이다.

K-뉴딜

Sunday 007

K-뉴딜지수 12개 종목의 후방 기업들을 주시해야

한국판 뉴딜로 불리는 'K-뉴딜'은 정부가 2020년 7월 14일 코로나19 사태 이후 경기 회복을 위해 마련한 '미래 성장을 위한 어젠더'다. 1929년 미국 루스벨트 대통령이 경제 대공황으로 인한 극심한 경기 침체에서 벗어나기 위해 추진했던 뉴딜(New Deal) 정책을 우리 정부가 벤치마킹한 것이다.

K-뉴딜은 비대면 수요의 급증으로 디지털 경제로의 전환 가속화(디지털뉴딜), 저탄소 친환경 경제에 대한 요구 증대(그린뉴딜), 경제·사회 구조 대전환과 노동시장 재편(사회안전망 강화) 등으로 구성된다. 정부는 해당 분야에 2022년까지 67조7000억 원을 투입해 일자리 88만7000개를, 2025년까지 160조 원을 투입해 일자리 190만1000개를 창출한다는 계획이다.

한국거래소는 K-뉴딜에 해당하는 대표 종목군으로 만든 'K-뉴딜지수'를 내놓았는데, 정확한 명칭은 'BBIG K-뉴딜지수'다. BBIG은 배터리, 바이오, 인터넷, 게임의 영문 이니셜이다. K-뉴딜지수는 각 산업군의 시가총액 상위 3종목씩 모두 12개 종목으로, 배터리(LG화학·삼성SDI·SK이노베이션), 바이오(삼성바이오로직스·셀트리온·SK바이오팜), 인터넷(네이버·카카오·더존비즈온), 게임(엔씨소프트·넷마블·펄어비스) 등이다. 지수 종목은 매년 2월과 8월에 변경된다.

투자적 관점에서는 K-뉴딜지수에 해당하는 12개 종목보다도 그 후방 기업들을 살펴볼 필요가 있다. 예를 들어 배터리의 경우, LG화학과 삼성SDI, SK이노베이션에 납품하는 솔브레인, 일진머티리얼즈, 엘앤에프 같은 회사가 여기에 해당된다. 특히 동박(일렉포일) 사업을 30년 넘게 영위해온 일진머티리얼즈가 돋보인다. 동박은 구리를 얇게 만든 막으로 배터리의 핵심소재 가운데 하나다.

주가

수요와 공급의 힘겨루기로 결정되는 다섯 개의 가격

HTS나 MTS 등 증권거래시스템에 들어가 삼성전자의 시세를 확인해보면 대략 다섯 개의 가격이 나온다. 다섯 개의 가격은 무엇을 의미하는 걸까?

삼성전자 005930 코스피	2021.02.09 기준(장마감) 월시간 기업개요		
82,700 전일대비 ▼300 │ -0.36%	전일 83,000	고가 84,800 (상한가 107,500)	거래량 20,548,328
	시가 84,000	저가 82,700 (하한가 58,100)	거래대금 1,719,408 백만

그림에서 가장 크게 보이는 '현재가'는 시장가격을 의미한다. 장중에는 계속 바뀐다. 정규 시장(오전 9시~오후 3시 30분)이 끝날 때 가격을 '종가'라고 하는데, 그림은 2021년 2월 9일 장이 마감된 후에 조회한 결과이기 때문에 현재가가 종가다. '전일가'는 거래일 하루 전날 종가다. 삼성전자의 2월 8일 종가(전일가)는 8만3000원이니 하루 전보다 300원 하락했다. 전일 종가와 당일 종가 차는 전일대비에 표시된다. '시가(始價, opening price)'는 시작가격 또는 시초가의 줄임말로, 아침 9시 정규 시장이 열렸을 때 해당 종목의 첫 거래가다. '고가'는 당일 장중 가장 높았던 가격이고, '저가'는 당일 장중 가장 낮았던 가격이다. 고가와 저가 옆에 '상한가'와 '하한가'라는 가격이 더 있다. 우리나라 주식시장은 시장의 변동성을 줄이고 투자자를 보호하기 위해 장이 열리는 하루 동안 종목마다 오르거나 내릴 수 있는 가격에 제한을 두고 있다. 우리나라 주식시장의 하루 가격제한폭은 전거래일 종가 대비 ±30%다. 장중 오를 수 있는 최고한도가 상한가(+30%), 내려갈 수 있는 최저한도가 하한가(-30%)다. 미국 주식시장은 하루 가격제한폭이 없다. 변동 폭이 큰 만큼 위험과 기회가 공존한다고 볼 수 있다.

Tuesday

009

유동성

\시중에 돈이 넘쳐흐르면 주가가 오른다?

경제 기사나 뉴스에 자주 등장하는 말 중에 유동성이란 용어가 있다. 유동성(流動性)은 사전적 의미로 형편이나 경우에 따라 이리저리 변동될 수 있는 성질을 뜻하는 데, 그것이 마치 액체의 성질과 같다 하여 영어로 'liquidity'로 표기한다. 이 말이 경제 분야로 넘어오면서, 기업이나 금융기관 등 경제주체가 자산을 현금으로 바꿀 수 있는 능력을 가리키게 되었다. 흔한 물만큼 현금을 많이 보유하고 있다면 유동성이 풍부한 것이 된다.

기업의 경우, 단기간에 현금으로 전환할 수 있는 자산이 많으면 유동성이 높다고 평가 받는다. 예금과 유가증권 등 당좌자산과 1년 이내에 현금화할 수 있는 외상매출금, 대여금, 받을어음 등이 많을수록 유동성이 높다.

반대로 기업이 현금화할 수 있는 자산이 부족하거나 금융기관으로부터 돈을 빌리기 어려운 상황에 놓이면 유동성 위기에 빠졌다고 말한다. 따라서 매출액이 많더라도 유동성이 부족하면 부도 위기로 몰릴 수 있다. 따라서 주식투자자는 기업의 유동성을 면밀히 살피지 않으면 곤란하다. 주식을 가지고 있는 해당 기업의 부채비율(160쪽)과 유동비율(153쪽)에 관심을 가져야 하는 이유다. 기업의 부채액은 적어도 자기자본액 이하인 것이 바람직하므로 부채비율은 100% 이하, 유동비율은 150% 이상이 적합하다.

한편, "주식시장 과열로 빚을 내어 투자하는 '빚투'가 성행하자 금융당국이 유동성 차단 조치에 나섰다"는 뉴스에서의 유동성은, 그 의미가 다르다. 주식투자를 목적으로 하는 대출을 규제해 주식시장으로 현금이 과도하게 흘러가는 것을 막겠다는 얘기인데, 아무튼 주식투자자로서는 유동성이란 말이 꽤 신경 쓰일 수밖에 없다.

게임주

대작 출시와 중국 정부의 판호에 달렸다

Wednesday
010

주식시장에는 '코로나19 특수'라는 게 있다. 팬데믹이라는 세계적인 대재앙이 오히려 주가 상승을 이끌었던 업종들이 여기에 해당한다. 대표적인 것이 바로 게임 산업이다. 사회적 거리두기 여파로 외출이 줄고 집에서 보내는 시간이 길어지면서 게임 수요가 큰 폭으로 증가한 것이다. 한국콘텐츠진흥원에 따르면 2021년 한국 게임 시장 매출은 18조 원을 넘어설 것으로 예상된다. 지난해 보다 7% 늘어난 규모다.

게임주에서 가장 중요한 이슈는 '대작 출시'다. 그런데 게임사마다 대작 출시가 자꾸 지연되고 있다. 갈수록 경쟁이 심화되는 가운데 동일 장르에서의 차별화가 어려워지면서 게임사마다 이렇다 할 대작을 제때 내놓지 못하고 있는 것이다.

게임주 투자자들은 대장주인 엔씨소프트, 넥슨, 넷마블 즉, '3N'의 대작 출시 스케줄을 유심히 살펴봐야 한다. 그 가운데 엔씨소프트의 모바일게임 〈블레이드앤소울2〉, 넷마블의 〈세븐나이츠 레볼루션〉 등이 특히 중요하다. 이와 함께 위메이드의 〈미르〉 시리즈와 펄어비스의 〈붉은사막〉도 관심을 두어야 할 게임으로 꼽힌다.

게임주 전반에 영향을 끼칠 이슈로 중국 시장 진출도 매우 중요하다. 중국은 한국 게임에 판호(版号)를 허락하지 않고 있다. 판호는 게임·서적 등을 중국 내에서 서비스할 수 있도록 허가해주는 고유번호다(317쪽). 중국의 외국 게임에 대한 판호 발급 건수는 2017년 467건에서 2019년 185건으로 크게 줄었다. 중국은 게임사에게 있어서 엘도라도 같은 시장이다. 게임주 투자자들이 중국 시장에 대한 시선을 거두지 말아야 하는 이유다.

Thursday 011

공시

주가의 향방을 알려주는 가장 공신력 있는 정보

"이발사에게 이발할 때가 됐는지 물어서는 안 된다." '투자의 대가' 워런 버핏의 얘기다. 이 말에는, 투자에 대한 판단은 투자자 스스로 하는 것이 가장 옳다는 의미가 담겨 있다. 현명한 투자 전략을 세우는 데 가장 도움이 되는 정보가 '공시(公示)'다.

공시는 상장기업이 시시각각 발생하는 영업실적, 재무 상태, 합병, 증자·감자, 계약 등 중대한 경영활동 상황을 이해 관계자(주주, 투자자, 채권자)에게 공개적으로 알리는 제도다. 주식 거래와 가격에 영향을 줄 수 있는 중요한 사항을 모든 사람에게 똑같은 시간에 공평하게 알림으로써 공정한 가격을 형성하는 것이 공시 제도의 주목적이다. 금융감독원의 '다트(DART)'와 한국거래소가 운영하는 '카인드(KIND)'에 접속하면 실시간으로 상장사의 공시를 볼 수 있다.

공시는 상장사들의 의무다. 한국거래소는 법적으로 주어진 기한에 공시해야 할 내용을 신고하지 않거나 사실이 아닌 내용을 공시했을 때, 공시한 내용을 취소 또는 변경했을 때 '불성실공시법인'으로 지정한다. 또 한국거래소는 언론 보도나 풍문 등에 관해 그것이 사실인지 해당 기업에 '조회공시'를 요구할 때도 있다. 조회공시를 요청 받은 기업은 정해진 시한까지 답변할 의무가 있다. 불성실공시법인에는 벌점이 부과되고, 벌점이 쌓이면 최악의 경우 상장폐지(290쪽)까지 갈 수 있다.

주가 차트가 주가의 오르내림이 완료된 뒤 나타나는 후행적 정보라면, 공시는 기업의 중요한 이슈를 미리 알려주는 선행적 정보다. 일반투자자가 접할 수 있는 정보 중 가장 공신력이 높고 객관적인 정보가 공시 안에 있다.

네이버

투자시점을 앞당겨 잡아야 하는 종목

Friday 012

국내 1위 인터넷 검색 포털과 글로벌 모바일 메신저 '라인'을 축으로 하여 광고, 쇼핑, 간편결제, 클라우드, 콘텐츠 등 사이버 공간에서 네이버가 미치지 않는 분야는 거의 없다. 네이버는 사회적 거리두기 강화로 이커머스와 핀테크 시장이 커지면서 그 어느 때보다 호황을 누리고 있다. 특히 새롭게 진출한 인터넷금융 분야에서도 높은 성장이 예상된다.

네이버웹툰은 글로벌 MAU* 6700만 명, 미국 MAU 1000만 명을 넘어서면서 외형이 더욱 커질 전망이다. 최근 넷플릭스를 통해 흥행중인 〈스위트홈〉처럼 웹툰IP의 멀티 사용을 통한 수익화 역시 빠르게 진행되고 있다.

네이버는 일본 내 라인과 야후재팬의 경영 통합 및 웹툰을 중심으로 해외 매출 상승도 기대를 모은다. 메신저와 검색, 이커머스를 결합한 일본 최대 플랫폼이 탄생하는 것이다. 무엇보다 코로나19 여파로 일본에서도 플랫폼 기업들의 실적이 빠르게 상승할 것으로 전망된다.

다만 2019년 1분기부터 2020년 4분기까지 8개 분기 연속해서 영업이익이 정체했던 건 아쉬운 부분이다. 영업이익 정체는 비용 부담 때문이다. 네이버페이 거래대금 증가와 네이버 멤버십 가입자 증가에 따른 포인트 지급 부담, 네이버웹툰의 글로벌 브랜드 마케팅, 라인 망가의 일본 마케팅비 집행 등이 비용 상승 요인으로 꼽힌다.

네이버의 주가 상승은 영업이익이 개선되는 2021년 하반기 정도에 기대해볼 만 하다. 그렇다면 투자 시점은 그보다 훨씬 앞서 잡아야 할 것이다.

* MAU(Monthly Active Users) : 한 달 동안 해당 서비스를 이용한 순수한 이용자수를 나타내는 지표.

인터넷은행

은행업의 게임체인저가 분명하다

오프라인 점포 없이 온라인 네트워크를 통해 비대면(untact) 방식으로 영업하는 은행이다. 금융 거래에서 매우 중요한 절차인 실명확인을 화상통신, 생체인식(지문, 홍채) 등으로 대체함으로써 고객이 은행직원을 만나지 않고 금융서비스를 이용할 수 있다.

국내 1호 인터넷은행인 K뱅크는 2017년 4월부터 정식 영업을 시작했고, 2호인 카카오뱅크도 같은 해 7월 출범했다. K뱅크에는 우리은행, KT, GS리테일 등이 주요 주주로 등재되어 있고, 카카오뱅크는 카카오와 한국투자밸류운용, KB국민은행 등이 주요 주주로 참여하고 있다.

출범 4년차를 맞은 지금 두 은행의 실적은 크게 갈린다. 카카오뱅크는 카카오톡 고객을 기반으로 영업 규모를 빠르게 확장해 출범 후 20개월 만에 흑자 전환에 성공했고, 2년 만에 1000만 고객을 확보했다. 반면 K뱅크는 자금난으로 신규 대출 영업을 할 수 없는 장기간 '개점휴업' 상태에서 3년 연속 마이너스 실적을 벗어나지 못하고 있다. 2020년 말 기준 케이뱅크의 총자산은 카카오뱅크의 10분의 1 수준인 2조6000억 원에 머무르고 있다.

결국 국내 인터넷은행 시장은 카카오뱅크를 중심으로 성장해 나갈 전망이다. 투자적 관점에서는 카카오뱅크의 IPO(기업공개)를 눈여겨봐야 한다. 카카오뱅크는 2020년 말 1조 원대 유상증자를 실시했을 때 1주당 발행가가 2만3500원이었다. 이를 시가총액으로 환산하면 약 9조3200억 원 수준이다. 2020년 10월 말 기준 월간순이용자수(MAU)가 1247만4000여 명으로 전체 은행 중에서 1위다. 가입자수도 무려 1300만 명에 이른다. 카카오뱅크는 상장과 동시에 은행 업종 대장주에 등극할 전망이다.

수소경제

우주 질량의 75%인 수소가 떠받치는 산업체계

Sunday 014

미국의 경영학자 제레미 리프킨은 자신의 책 『수소경제』에서, 우주 질량의 75%를 차지할 만큼 고갈의 위험이 없는 '수소(hydrogen)'를 미래 에너지원으로 꼽았다. 즉, 물이 전기에 의해 기본 원소들로 분해되는 원리를 이용해 수소 원소를 강한 동력원으로 이용할 수 있다는 것이다. 수소에너지는 원자력과 같은 위험성도 없고, 태양열이나 풍력처럼 제한적이지도 않다.

그린경제가 글로벌 산업의 화두로 떠오르면서 각국 정부는 미래의 어젠더로 수소경제를 내 걸고 있다. 수소경제란, 수소를 생산하고 이를 운송·저장하는 인프라 구축을 통해 수소를 직접 연소하거나 연료전지를 이용하여 소비하는 에너지구축시스템에 기반한 경제를 말한다.

수소의 중요성이 부각되면서 전 세계 주식시장이 용광로처럼 들끓고 있다. '수소 관련 주'가 거대한 투자시장을 형성하게 된 것이다. 수소 투자의 생태계는 크게 '수소 생산', '수소 운송·저장' '수소 활용'이라는 세 가지 섹터로 나뉜다. 수소경제의 거대한 생태계에 전 세계적으로 수많은 회사들이 포진해 있음은 두 말할 것도 없다. 다만, 투자적 관점에서는 가까운 미래에 수익을 낼만한 곳을 찾아야 한다.

수소의 생산과 유통(운송·저장)이 생태계를 떠받치는 건 사실이지만, 현재로선 국내 주식시장에서 뚜렷한 투자 유망주를 식별하기가 쉽지 않다. 결국 투자적 관점에서 수소경제는 '수소 활용' 섹터에 해당하는 수소차와 수소연료전지로 모아진다. 특히 수소차가 중요한 이유는, 국내에 세계 수소차 1위 현대자동차가 있기 때문이다. 투자적 관점에서는 현대자동차에 연료전지 스택을 납품하는 상아프론테크를 눈여겨봐야 한다(65쪽).

Monday 015

주가지수

주가 흐름과 경제 상황을 나타내는 지표

코스피시장에는 921개, 코스닥시장에는 1481개의 종목이 상장되어 있다(2021년 2월 기준). 투자자들이 2400여 개 종목의 변동 상황을 매일같이 확인하는 것은 사실상 불가능하다. 그래서 개별 종목들의 주가 움직임을 한 번에 볼 수 있도록, 시장별로 '코스피지수', '코스닥지수'라는 종합주가지수를 만들어 사용하고 있다.

코스피지수는 전체 상장종목의 시가총액 합계를 기준시점 시가총액 대비 몇 배인지 계산해 표시한다. 단위는 포인트(P)다. 2021년 1월 7일 코스피지수는 사상 처음으로 3000P를 돌파했다. 이것은 코스피지수의 기준시점인 1980년 1월 4일(이때 시가총액을 100으로 놓음)보다 코스피시장 시가총액이 30배 커졌다는 의미다.

국내 주식시장에서는 코스피와 코스닥 지수 외에 코스피200, 코스피100, 코스닥50, KRX100 등 다양한 주가지수들이 함께 사용된다. 코스피200은 상장종목 중 대표적인 우량종목 200개를 골라 만든 지수다. 편입 종목 범위를 더 좁힌 것이 코스피100이다. 선물·옵션주가지수 운영위원회에서 1년에 두 차례 9개의 산업군에서 대표성·시가총액·거래량을 고려해 코스피200에 들어갈 종목을 선발한다. 코스피200 정기 변경은 산업군의 경향을 알려줄 뿐 아니라, 지수를 사고파는 ETF(상장지수펀드) 등 다양한 파생상품에도 영향을 미친다. 코스피와 코스닥 두 시장을 합쳐 대표 우량종목 100개의 주가 움직임을 보여주는 통합주가지수가 KRX100이다.

주가지수는 경기를 반영하기 때문에 주가의 흐름뿐만 아니라, 물가나 경기지수처럼 경제의 전반적인 상황을 나타내는 지표로도 활용된다.

통화스와프

주가에 영향이 큰 외환시장이 궁금하다면

Tuesday 016

'물물교환'을 뜻하는 '스와프(swap)'는 두 쌍 이상의 부부가 배우자를 바꿔 가며 성행위를 하는 속어로 쓰이다가 지금은 경제에서도 심심찮게 등장하는 말이 되었다. 번역상 흔히 '스왑'이라고도 한다. 즉, '스와프 거래'란 미래의 특정한 날짜나 기간을 정해 어떤 상품이나 금융자산을 상대방의 것과 일정비율로 바꾸는 것이다. 따라서 통화스와프는 말 그대로 통화를 교환(swap)한다는 뜻으로, 서로 다른 통화를 미리 약정된 환율에 따라 일정한 시점에 상호 교환하는 외환거래다. 이를테면 우리나라가 미국과 통화스와프를 맺을 경우, 미국 중앙은행에 원화를 맡기고 달러화를 가져온 뒤 나중에 되갚는 방식이다.

통화스와프 계약은 보통 만기가 1년 이상이며, 금융시장에서 환위험을 피하고 필요통화의 자금을 조달하는 수단으로 이용된다. 환율 변동에 따른 위험을 줄이려는 개인이나 기업들이 있기 때문이다.

한국은행은 2020년 12월 17일 미국 중앙은행인 연방준비제도(연준)와 600억 달러 규모의 통화스와프 계약을 2021년 9월 30일까지 6개월 연장했다. 코로나19에 따른 외환시장의 불확실성에 미리 대응하기 위해 통화스와프 계약을 연장한 것이다.

우리나라는 미국 외에도 캐나다, 스위스, 중국, 오스트레일리아 등 8개국과 양자 통화스와프, 아세안(ASEAN)+3 국가들(13개국)과 다자 통화스와프 계약을 통해 총 1962억 달러의 자금을 확보해 놓고 있다.

외환시장이 불안하면 주가가 적지 않은 영향을 받는다. 외환시장의 안정을 위해서는 정부의 통화스와프 정책이 중요하다. 주식투자자라면 경제뉴스에 심심찮게 등장하는 통화스와프라는 말을 알아둘 필요가 있다.

바이오주

Wednesday 017

고령화사회로 갈수록 투자매력도 커진다

정부가 추진하는 미래 성장 어젠더인 'K-뉴딜'에는 배터리(Battery), 바이오(Bio), 인터넷(Internet), 게임(Game) 등 4개 핵심 산업군이 포진해 있는데, 이들 중 코로나19와 관련하여 특히 주목을 끄는 업종이 '바이오'다. 화학에서 '생(生)'을 뜻하는 접두어인 바이오는, 생물 자체 또는 그들이 가지는 고유의 기능을 높이거나 개량하여 자연에는 극히 미량으로 존재하는 물질을 대량으로 생산하는 선진국형 고부가가치 산업이다.

2020년에는 팬데믹으로 인해 코로나19 진단키트와 백신 및 치료제 회사가 주목 받았다면, 2021년에는 바이오의약품 위탁생산(CMO) 기업(85쪽)을 눈여겨봐야 한다. 2021년부터 코로나19 백신 투여와 치료가 본격적으로 이뤄지고 있기 때문이다.

국내 바이오CMO 기업 중에서는 삼성바이오로직스와 SK바이오사이언스, 녹십자 등이 주목을 끈다. 삼성바이오로직스는 글락소스미스클라인과 비어 바이오테크놀로지의 코로나19 치료제의 위탁생산을 맡고 있다. SK바이오사이언스는 아스트라제네카 노바백스와 코로나19 백신 CMO 계약을 체결했고, 녹십자도 전염병예방혁신연합(CEPI)과 코로나19 백신 CMO 계약을 맺은 바 있다.

증권가에서는 당분간 코로나19 백신과 치료제 CMO 기업들이 바이오 업종의 대장주 역할을 할 것으로 보고 있다. 정부 주도의 K-뉴딜에서 바이오가 한자리를 차지하고 있는 것을 감안하건대, 바이오주에 대한 장기적인 투자도 고려해 볼 필요가 있다. 한국처럼 고령화사회일수록 바이오 산업의 성장성이 대단히 높기 때문이다.

영업이익

기업의 핵심 역량을 보여주는 실적

실적 발표 시즌이 되면 '기업의 경영 성적표'인 재무제표에 투자자들의 이목이 쏠린다. 기업가치를 산정하는 가장 기본이 실적이기 때문이다. '매출액', '영업이익', '당기순이익'은 재무제표에서 가장 먼저 파악해야 하는 실적이다. 매출액은 기업이 상품 매출과 용역 제공 등 영업활동을 통해 벌어들인 수익의 합계로, '영업수익'으로도 부른다. 전 분기, 전년 동기 매출액을 비교하면 기업의 영업활동이 어떠한지를 가늠해볼 수 있다. 매출액에서 매출원가, 판매관리비 등 영업활동에 투입된 비용(영업비용)을 뺀 것이 '영업이익'이다. 그리고 영업이익에서 영업활동과 무관하게 발생한 수익(영업외수익)과 비용(영업외비용), 법인세비용을 뺀 것이 당기순이익이다. 영업외수익은 투자주식처분이익, 이자수익, 유형자산처분이익 등이 있고, 영업외비용은 투자주식처분손실, 이자비용, 유형자산처분손실 등이 있다.

매출액, 영업이익, 당기순이익 가운데 영업이익은 기업의 핵심 역량을 반영하는 실적으로, 주가에 가장 큰 영향을 미친다. 당기순이익은 본업이 아닌 일에서 발생한 손익까지 포함하기 때문이다. 기계설비를 매각해 발생한 이익, 자사주 매각으로 발생한 이익, 환율 변동으로 발생한 외환차손 등은 본업과 무관하며 일시적인 손익일 수 있다.

영업이익을 매출액으로 나누면 영업이익률을 구할 수 있다. 본업에서 얼마나 수익성이 나는지를 알려주는 지표다. 영업이익률은 매출총이익(매출액-매출원가)이 높을수록, 판매관리비가 적게 들수록 높아진다. 영업이익률은 업종별로 다를 수 있기 때문에, 업계 평균을 웃도는지 밑도는지 살피는 것이 중요하다.

현대자동차

신차와 전기차 출시에 선행해 매수해야

국내 자동차 1등 대장주 현대자동차(이하 '현대차')가 지난해 코로나19 여파에도 견조한 실적을 달성할 수 있었던 건 고급 모델 '제네시스'와 SUV 판매량 증가 덕분이다. 2020년 현대차의 완성차 판매대수는 374만4737대로 전년 대비 15.4% 감소했다. 내수 판매는 78만7854대로 전년 대비 6.2% 증가한 반면, 해외 판매는 295만6883대로 전년 대비 19.7% 줄었다.

현대차는 2021년을 전기차 사업 수익 원년으로 삼고 있다. 2020년에 전기차 판매량이 10만 대를 돌파했는데, 이는 전년 대비 55%나 상승한 성적이다. 현대차는 2021년 전기차 판매 목표를 전년 대비 약 60% 증가한 16만 대로 잡고 있다.

현대차그룹이 개발한 전기차 전용 플랫폼 'E-GMP'를 기반으로 생산한 '아이오닉5'는 사전계약 일주일만에 3만5000대를 기록하며 사전계약만으로 올해 국내 판매 목표(2만6500대)를 이미 초과 달성했다. '제네시스' 브랜드 역시 'G80'을 기반으로 한 전기차와 E-GMP를 적용한 중소형 SUV 차량을 선보인다. E-GMP 플랫폼이란 전기차량 제조의 표준화 시스템으로, 이를 통해 전동화 부품 및 소재 비용을 줄여 수익성을 올리게 된다.

현대차 주가는 신차와 전기차 출시에 선행해 움직일 가능성이 높다. 따라서 투자적 관점에서는 현대차의 신차와 전기차 연간 출시 일정을 체크해 둘 필요가 있다. 현대차의 2021년 연결 영업이익은 전년 대비 무려 110% 상승해 5.8조 원에 이를 전망이다. 이에 따라 증권가에서는 현대차의 목표주가를 30만 원대까지 상향 조정하고 있다.

바이오시밀러

지금보다 더 좋아진다! 최고 수혜주는?

Saturday
020

바이오시밀러를 이해하려면 먼저 바이오의약품에 대해 알아야 한다. 바이오의약품은 쉽게 말해 생물체의 세포·조직·호르몬 등을 이용해 유전자를 재조합하거나 세포 배양기술을 통해 개발한 의약품을 말한다. 화학적인 합성이 아니라 생물학적인 방식으로 제조하므로 훨씬 인체친화적이다.

바이오시밀러(biosimilar)는 이러한 바이오의약품을 복제한 약을 뜻한다. 화학적 합성의약품의 경우, 특허를 낸 제품과 같은 성분을 사용하면 이른바 '제네릭(generics)'이라 불리는 복제약품을 쉽게 생산할 수 있다. 그러나 살아있는 세포 등으로 만드는 바이오시밀러의 경우 오리지널인 바이오의약품과 똑같은 약을 복제하는 것은 불가능하다. 즉, 바이오의약품과 유사한(similar) 수준의 복제약을 만들 수 있을 뿐이다. 그래서 명칭이 바이오'시밀러'인 것이다

글로벌 제약 시장의 흐름은 기존 화학합성의약품에서 바이오의약품 쪽으로 급물살을 타고 있다. 하지만 까다로운 생산공정 탓에 고가인 바이오의약품을 대체할만한 (상대적으로 저렴한) 바이오시밀러가 주목 받고 있는 것이다.

바이오시밀러 시장은 아직 초기 단계에 있다. 따라서 바이오시밀러 신제품이 출시될 때마다 해당 기업은 오랫동안 성장세를 이어간다. 국내 바이오시밀러 산업은 세계 최고 수준이다. 전 세계 바이오시밀러 3개 중 2개가 한국 기업이 생산한 것인데, 셀트리온 3개, 삼성바이오에피스(비상장사로 삼성바이오로직스가 50% 지분 보유) 4개 제품이 미국 FDA 승인을 받았다. 미국 바이든 정부는 약품 수급과 재정 부담을 덜기 위해서라도 바이오시밀러 도입을 늘릴 수밖에 없다. 국내 바이오시밀러 대장주 삼성바이오로직스와 셀트리온에게는 더 없이 좋은 소식이다.

빅데이터

Sunday 021

데이터경제 시대의 가장 유망한 투자처

우리는 지금 단 1초에도 어마어마한 정보가 오가고 쌓이는 '데이터경제 시대'에 살고 있다. 초 단위로 묶어도 엄청난 데이터의 양을 일(日) 단위로 환산하면 가히 천문학적이다. 정보와 데이터의 양을 어림잡아 측정해 봤더니 60초 동안 구글에서는 200만 건의 검색어가 생성되고, 유튜브에서는 72시간의 동영상이 재생되며, 트위터에서는 27만 건의 대화가 오간다.

거대한 양의 데이터를 만드는 것 못지않게 저장과 관리가 중요하다. 또 선별해 정리한 뒤 경우에 따라 삭제하는 것도 만만한 일이 아니다. 그러한 과정에서 비즈니스 기회가 생기면서 거대한 산업이 형성됐다. 바로 '빅데이터' 시장이다. 전 세계적으로 폭발한 빅데이터 시장 규모는 2000억 달러를 넘어섰다. 연평균 성장률을 보수적으로 잡더라도 20%가 넘는다.

지금은 미국이 빅데이터 시장을 주도하고 있지만, 중국이 무서운 기세로 미국의 자리를 넘보고 있다. 중국이 데이터 부자나라로 성장하는 데는, 스마트폰 보급 확대로 인한 인터넷 트래픽(traffic, 서버에 전송되는 모든 통신, 데이터의 양, 155쪽)의 급격한 증가가 가장 큰 요인으로 꼽힌다. 중국의 인터넷 보급률은 전체 인구의 60%를 넘어섰고, 네티즌수도 9억 명에 육박한다. '데이터와 인구는 비례한다'는 IT 업계의 대원칙이 중국을 통해서 다시 한 번 입증되고 있는 것이다.

빅데이터 분야별 시장 비중은 스토리지가 26%로 가장 높고, 소프트웨어(23%), 서버(22%), 서비스(21%), 네트워크(8%) 순이다. 빅데이터 관련 유망주로는, 데이터 트래픽 장비 회사 이수페타시스, 삼성전자에 빅데이터 보안 솔루션을 제공하는 오픈베이스, 의료 빅데이터 솔루션 업체 소프트센 등이 있다.

시가총액

기업의 투자가치와 규모를 가늠하는 기준

Monday 022

시가총액은 전체 주식의 가치를 시장가격(현재 주가)으로 평가한 금액으로, 기업의 규모와 가치를 나타내는 지표다. 현재 주가에 총발행주식수를 곱해 구할 수 있다. 주가가 매일 달라지기 때문에 시가총액도 매일 바뀐다.

시가총액은 발행주식수에 따라 차이가 난다. 주가가 비슷하더라도 발행주식수가 더 많으면 시가총액이 커진다. 반대로 1주당 가격은 높은데 시가총액이 작다면, 발행주식수가 적다는 걸 의미한다. 예를 들어 2021년 3월 25일 기준으로 삼성전자(8만1200원)와 기아차(8만1300원), 두 기업은 주가가 비슷하지만, 시가총액은 삼성전자가 훨씬 높다. 이유는 삼성전자(596만9783주)가 기아차(40만5363주)보다 발행주식수가 14배 이상 많기 때문이다.

시가총액으로 시장의 트렌드를 가늠할 수도 있다. 20년 전인 2001년 2월 26일 시가총액 1위 삼성전자, 2위 한국통신공사, 3위 SK텔레콤, 4위 한국전력, 5위 외환은행(2우B), 6위 포항제철, 7위 한통프리텔, 8위 국민은행, 9위 현대차, 10위 신한은행이었다. 2021년 2월 26일 시가총액 1위 삼성전자, 2위 SK하이닉스, 3위 NAVER, 4위 삼성전자우, 5위 LG화학, 6위 현대차, 7위 삼성바이오로직스, 8위 삼성SDI, 9위 카카오, 10위 셀트리온이다. 시가총액 상위 업종이 2001년 철강, 통신, 은행, 공기업에서 2021년 반도체, 바이오, 인터넷플랫폼으로 변화했다. 이처럼 시가총액은 성장하는 산업과 시장의 기대치가 높은 산업을 보여준다.

시가총액은 전체 주식시장의 값어치를 따질 때도 활용된다. 상장된 모든 종목의 시가총액을 더하면 그날의 유가증권 시장 시가총액을 구할 수 있다. 국가별 시가총액은 각국의 자본시장 규모를 비교하는 지표로 활용된다.

어닝쇼크 · 어닝서프라이즈

호재보다 악재를 주시해야

어떤 회사가 예상했던 것보다 훨씬 저조한 실적을 발표하여 시장에 '충격'을 주는 상황을 가리켜 '어닝쇼크(earning shock)'라고 한다. 반대로 회사가 '놀랄' 만큼 예상치를 상회하는 실적을 발표해서 주가 상승에 큰 영향을 미치는 경우를 '어닝서프라이즈(earning surprise)'라고 한다. 쇼크와 서프라이즈라는 말은 시장에 쏟아지는 수많은 뉴스에 일희일비하는 일부 투자자들의 '참을 수 없는 가벼운 성향'을 빗댄 말이기도 하다.

사전적 의미로 '소득', '수입'을 뜻하는 '어닝(earning)'은, 주식시장에서는 기업의 실적을 의미한다. 따라서 해마다 4개 분기마다 경영실적을 발표하는 시기를 가리켜 '어닝시즌'이라고 부른다.

경영실적 성적표는 해당 기업의 주가와 직결되는 경우가 많기 때문에 기업이나 투자자 모두 어닝시즌만 되면 촉각을 곤두세운다. 어닝시즌이 다가오면 증권사마다 발표하는 리포트의 수도 상당히 늘어난다. 증권사는 대체로 어닝쇼크 위기에 처한 기업보다는 어닝서프라이즈 조짐이 큰 기업에 관한 리포트를 많이 내놓기 마련이다. 따라서 막상 기업이 매 분기 어닝시즌에 어닝쇼크에 해당하는 공시를 내놓게 되면, 해당 주식을 보유한 투자자들은 큰 낭패를 보게 된다. 투자자 입장에서는 어닝서프라이즈보다는 어닝쇼크의 조짐이 보이는 기업들에 좀 더 관심을 두고 살펴봐야 한다.

하지만 기업의 실적을 정확하게 예측해내는 건 쉽지 않은 일이다. 기업 입장에서는 실적 악화 소식들이 시장에 퍼지지 않도록 신중하게 처신하기 때문이다. 반대로 경영실적에 호재가 되는 뉴스거리는 다양한 홍보 채널을 통해 증권가와 미디어에 적극적으로 알린다.

통신주

통신장비 저가주를 주목해야

인간의 정보에 대한 욕망은 끝이 없어 보인다. 사람들은 LTE가 출현한지 불과 10년도 되지 않아 5세대 이동통신(5G)을 세상에 소환했다. 4G 기술만으로는 빅데이터 시대에 급증하는 모바일 트래픽(traffic, 서버에 전송되는 모든 통신·데이터의 양. 155쪽)을 처리하는 데 한계에 도달했기 때문에 그 대안으로 5G가 출현한 것이다. 미국의 IT 관련 기업 Cisco가 발표한 보고서에 따르면, 2016년부터 2021년까지 전 세계 데이터 사용량이 해마다 50% 가까이 늘어나는 것으로 분석됐다.

데이터 사용량의 급증에도 불구하고 2020년 통신주는 신통치 않았다. 코스피 상승장에서도 주춤한 모습을 보였던 통신주가 다시 기지개를 켤 수 있을지 궁금하다. 증권가에서는, 통신주가 당장 탄력적인 반등세를 나타내긴 어렵겠지만 점진적인 상승이 예상되므로 매수를 고민해 볼 것을 권한다. 실제로 통신 '빅3' SK텔레콤, KT, LG유플러스의 2020년 4분기 연결 영업이익 합계가 전년 동기 대비 15% 가까이 증가했다. 앞으로 통신 3사의 실적이 더욱 기대를 모으는 이유는 마케팅 비용 증가 폭이 크게 줄었기 때문이다. 반면, 5G 가입자수가 꾸준히 늘어나면서 이동통신 사업부문 실적이 점차 개선될 전망이다.

통신주에 관심이 있다면, 대장주인 통신 3사에서 시야를 넓혀 통신장비 관련 회사들을 주목해 볼 것을 권한다. 광네트워크 장비 업체 다산네트웍스, 오이솔루션, 쏠리드 및 기지국 업체 케이엠더블유와 에이스테크, 그리고 네트워크 계측장비 업체 이노와이어리스 등이 통신장비 유망주로 꼽힌다. 특히 지난해 영업이익이 3억 원에 그쳤던 다산네트웍스의 실적이 급등할 전망이다. 이 회사의 주가는 1만 원대 안팎의 매력적인 저가주다.

연결재무제표

Thursday 025

투자한 종목의 손익이 궁금하다면

'주가는 이익의 함수'라는 말이 있다. 기업의 이익이 늘어나면 주가는 상승하기 마련이다. 그래서 주식투자를 할 때 가장 먼저 살펴봐야 할 것이 기업의 손익을 비중있게 다루는 재무제표다. 재무제표는 크게 연결재무제표, 별도재무제표, 개별재무제표 세 가지가 있다.

2020년 12월 31일 기준으로 포스코는 포스코건설 지분 52.8%를 보유하고 있다. 보유 지분율이 50%를 초과하는 경우 일반적으로 지배력이 있다고 본다. 포스코는 '지배기업', 포스코건설은 '종속기업'이다. 포스코건설의 사업보고서를 보면 연결재무제표와 별도재무제표, 두 가지가 있다. 지배기업 포스코는 종속기업인 포스코건설의 자산 및 부채, 수익 및 비용 등을 합산한 연결재무제표를 작성한다. 즉, 지배기업과 종속기업을 한 몸처럼 인식해 작성하는 것이 연결재무제표다. 별도재무제표는 연결재무제표를 작성할 의무가 있는 기업(지배기업)이 연결 회계를 적용하지 않고 만드는 자기만의 단독 재무제표다. 포스코 사업보고서 속 별도재무제표는 포스코만의 단독 재무제표다. 개별재무제표는 연결할 대상이 없는 기업이 만드는 재무제표다. 포스코처럼 매출 규모가 큰 자회사를 많이 보유한 회사는 연결재무제표와 별도재무제표 간에 실적 차이가 큰 편이다.

그런데 한화는 지분 33.34%를 보유한 한화에어로스페이스를 종속기업으로 분류하고 연결재무제표를 작성한다. 보유 지분 50%가 지배-종속 관계를 결정하는 절대적 기준은 아니다. A사의 B사 보유 지분이 50% 이하여도 A사가 B사의 주요 의사결정에 지배적 영향을 미칠 수 있다고 보면, B사를 A사의 종속기업으로 분류한다.

셀트리온

렉키로나주의 효능이 관건이다

Friday 026

바이오 업종에서 코로나19와 관련하여 가장 뜨거운 종목은 단연 셀트리온이다. 이 회사는 생명공학기술 및 동물세포 배양기술을 기반으로 항암제 등 각종 단백질 치료제를 개발·생산하고 있다.

증권가에서는 셀트리온의 주가가 코로나19 항체치료제(365쪽) '렉키로나주'의 임상 결과에 적지 않은 영향을 받을 것으로 보고 있다. 코드명 CT-P59인 렉키로나주는 유전자재조합 중화항체 치료제로, 경증부터 중증 수준의 코로나19 환자를 대상으로 90분간 정맥에 투여한다. 코로나19 완치자의 혈액에서 코로나19 바이러스를 무력화하는 중화항체 유전자를 선별·채취하여 대량 생산이 가능한 숙주 세포에 삽입(재조합)해 제조한다. 렉키로나주는 국내 식품의약품안전처에 허가심사 및 미국 FDA와 유럽 EMA에 긴급승인을 신청해 승인이 나면 곧바로 판매할 수 있다. 수출의 경우 1인당 해외시장 약가를 200만 원으로 가정하면, 2021년까지 45만 명 분량 매출액이 9000억 원 이상 발생할 것으로 추산된다.

미국 정부가 30억 달러가 넘는 비용으로 미국 소재 제약회사 리제네론의 항체 치료제 150만 도스 구매 계약을 체결한 경우를 감안하건대, 렉키로나주의 해외 매출은 예상치를 상회할 것으로 보인다. 특별한 부작용 없이 임상을 무난히 통과했을 때 그러함은 두말할 나위 없다(365쪽). 전 세계적으로 코로나19 치료가 한동안 이어질 것으로 예상됨에 따라 렉키로나주는 당분간 셀트리온 주가에 가장 중요한 이슈로 작용할 전망이다. 따라서 셀트리온에 관심이 있는 투자자라면 렉키로나주를 '킬러 키워드'로 주목해야 할 것이다.

Saturday
027

사물인터넷

실적과 시총은 미약하지만 알토란 IoT 최선호주는?

"물건과 물건이 인터넷을 통해 대화를 나눈다!"
1999년 MIT의 연구원 캐빈 애시톤이 처음 밝힌 '사물인터넷(Internet of Things: IoT)'에 관한 정의다. 사물인터넷은 물건, 즉 사물에 센서를 부착해 실시간으로 데이터를 인터넷으로 주고받는 기술이나 환경을 일컫는다.

인터넷 시스템을 활용하는 기기는 주변에서 적잖게 볼 수 있다. 하지만 사물인터넷은 다르다. 지금까지는 인터넷에 연결된 기기들이 정보를 주고받으려면 인간의 '조작'이 개입되어야 했다. 하지만 사물인터넷 환경에서 인터넷에 연결된 기기는 사람의 도움 없이 서로 알아서 정보를 주고받으며 소통한다. 언택트에 가장 부합하는 기술이 바로 사물인터넷이다. 인간이 원활한 의사소통을 위해 공통의 언어를 사용해야 하는 것처럼 사물끼리도 공통의 언어가 필요한데, 센싱기술이 사물 간의 소통을 연결하는 언어가 된다. 예를 들어, 사람의 조작 없이 스마트폰과 자동차가 센싱기술을 통해 서로 소통하면서 정해진 시간에 시동을 걸고 또 위성 정보를 주고받으며 막히지 않는 곳으로 자율주행한다.

사물인터넷은 단일 시장 규모를 헤아릴 수 없을 정도로 수많은 산업에 연결돼 있다. IBM은 500억 개의 사물이 인터넷에 연결되어 시스템과 서비스를 만들어간다고 추산한다. 사물인터넷은 앞서 예를 든 자율주행차 말고도 스마트가전, 스마트팩토리, 스마트전력망, 스마트홈, 헬스케어, 스마트팜 등 전방위 산업에서 엄청난 부가가치를 창출하고 있다. 가온미디어, 블루콤, HDC아이콘트롤스, 코콤, 솔루에타 등은 시가총액이나 매출액은 작지만 사물인터넷 유망주로 꼽힌다.

ESG

Sunday 028

'착한기업'의 주가가 오를 수밖에 없는 이유

이제 매출과 이익만 높은 기업에 투자하는 시대는 지났다. 전 세계 경제 전문가들은 21세기에 기업의 투자적격성을 판단하는 우선순위 중 하나로 'ESG'를 꼽는다. ESG는 환경(Environment), 사회(Social), 지배구조(Governance)를 뜻한다. 언뜻 ESG는 당장 기업에 이윤을 가져다주는 게 아닌 것처럼 보인다. 기업의 이미지를 쇄신하는 윤리적 판단 기준 정도로 생각하기 쉽다. 그래서 ESG를 가리켜 '비재무적 투자 요소'라고도 한다.

하지만, 시대가 변했다. 투자계의 큰손들이 앞 다퉈 기업가치 평가로 ESG를 강조하고 나선 것이다. 단발적이고 근시안적인 이윤이 아니라 지속가능한 투자를 위해서는 '상생'이 절실한데, 이를 위해서는 ESG라는 공공선이 핵심과제라고 판단한 것이다. 세계 최대 규모 자산운용사 블랙록과 투자자문사 엔진넘버원 등은 ESG를 등한시하는 기업에 투자를 줄일 것이라고 발표했고, 또 기업마다 ESG 조직을 꾸리는 등 적극적인 조치에 나설 것을 독려했다. ESG를 투자의 잣대로 삼겠다는 것이다. 이제 ESG를 무시한 기업으로 낙인찍혔다가는 주가 폭락을 감수해야만 한다.

글로벌 자본시장에서 ESG는 거대한 투자처로 변모했다. 전 세계 ESG 투자 규모는 30조 달러를 뛰어넘었고, 향후 20년간 ESG 펀드에 20조 달러 규모의 신규 자금이 유입될 전망이다. 국내 재계에서도 ESG가 경영의 핵심가치로 자리 잡고 있다. SK, 롯데, 네이버와 카카오, KT&G, 현대제철 등 대기업들이 'ESG 경영'을 도입하고 있다. 2025년부터 자산총액 2조 원 이상 기업에 ESG 공시가 의무화 된다. 주식시장에서도 ESG 관련 종목이 비중 있게 다뤄질 정도로, ESG는 새로운 투자 로드맵을 만들어나가고 있다.

거래량

오를지 내릴지, 거래량은 답을 알고 있다!

거래량은 주가지수와 함께 장세를 판단하는 중요 지표 가운데 하나다. 거래량은 하루 동안 거래된 주식의 수를 가리키는데, 매수가 100주 매도가 100주 발생하면 거래량은 100주다. 이 거래량에 매매 체결 가격을 곱하면 거래대금이 나온다.

'주가는 거래량의 그림자'라는 증시 격언이 있다. 거래량은 주식을 사려는 투자자(수요)와 팔려는 투자자(공급)가 치열한 공방을 펼쳐 나타나는 결과물이다. 거래량 흐름은 주가 흐름보다 선행되어 나타나기 마련이므로, 먼저 움직이는 거래량 흐름을 잘 분석하면 이를 반영해 나타나는 주가 흐름을 예측할 수 있다.

일반적으로 거래량이 증가할 경우 주가는 오르고, 거래량이 감소할 경우 주가는 하락한다. 주가가 횡보하는 가운데 거래량이 늘어나면 조만간 주가가 상승할 가능성이 높다고 본다. 반면 주가가 상승하는 가운데 거래량이 감소하면 주가 상승세가 막바지에 이르렀음을 예측할 수 있다. 이는 현재 주가가 투자자들이 매수하기에 부담을 느끼는 수준이라고 해석할 수 있기 때문이다. 단기간 상승한 종목이 거래량이 대폭 늘면서 종가가 시초가보다 낮은 채 장이 마감됐을 경우, 주가가 하락할 가능성이 높다고 본다.

하지만 거래량이 많은 종목을 항상 우량 종목이라고 판단할 수는 없다. 1주에 100만 원이 넘는 황제주와 1000원 미만의 동전주를 비교해보면, 동전주의 거래량이 월등히 높다. 그래서 황제주들은 유통주식수를 늘리고 주당 가격을 낮춰 투자 접근성을 높일 목적으로, 액면분할(69쪽)을 선택하기도 한다.

# 양적완화

실물경제가 나빠도 주가가 오른다면

Tuesday 030

중앙은행은 경제가 침체에 빠지면 금리를 내려 경기를 조절한다. 일반적으로 중앙은행이 금리를 인하하면 시중은행의 대출금리에 영향을 미쳐 시중에 돈이 많이 풀리고, 투자와 소비가 늘면서 경기가 상승하고 물가도 오른다. 그런데 금융위기나 팬데믹에 버금가는 큰 경제위기가 일어나 중앙은행이 정책금리를 0% 수준까지 낮췄는데도 추가로 경기부양이 필요한 경우에는 더 이상 금리인하 정책을 펼 수가 없다. 양적완화란 이처럼 제로금리에 가까운 상황이라 금리를 추가로 인하해 시중에 돈을 풀 여지가 없을 때 중앙은행이 화폐를 찍어 시중에 직접 공급하는 것을 말한다.

2020년 3월 23일 미국 중앙은행인 연준은 코로나19에 대응하기 위해 무제한 양적완화를 실시했다. 연준은 2008년 리먼브라더스 파산으로 촉발된 글로벌 금융위기 때의 수준과 속도를 훨씬 뛰어넘는 조치를 쏟아냈다.

그런데 팬데믹으로 전 세계 실물경제가 엉망인데도 주가는 왜 오르는 걸까? 다양한 이유가 있겠지만, 중앙은행이 양적완화로 푼 시중의 돈이 대거 주식시장으로 흘러들어간 것도 중요한 원인이 될 수 있다. 미국의 나스닥과 S&P500 지수는 역사적인 신고가 행진을 이어가고 있고, 한국의 코스피지수도 3000을 훌쩍 넘어섰다.

금리가 떨어질수록 대출을 늘려 자금이 주식투자에 몰리면 주가는 더 치솟고 시장은 과열되기 마련이다. 결국 중앙은행으로서는 양적완화 규모를 줄여 유동성(32쪽) 조절에 나설 수밖에 없게 된다. 중앙은행이 양적완화를 줄인다는 것은 금리를 올리고 대출도 규제하겠다는 뜻이다. 대출금으로 주식을 사는 '빚투'가 중앙은행의 양적완화 소식에 민감할 수밖에 없는 이유다.

소부장주

단기 접근보다 장기 안목이 필요한 투자처

소재, 부품, 장비 관련 주를 가리킨다. 제조업 중에 소재, 부품, 장비가 필요하지 않은 산업은 없다. 소재, 부품, 장비는 제조업의 세포와 같은 존재다. 그럼에도 불구하고 국내 산업에서 소재, 부품, 장비는 늘 찬밥이었다. 반도체장비보다는 반도체가, 자동차부품보다는 자동차가, 디스플레이소재보다는 디스플레이 자체가 주목을 받았다. 주식시장도 다르지 않다. 반도체 핵심 소재를 생산하는 원익머트리얼즈란 회사는 생소해도 세계 반도체 1위 회사 삼성전자를 모를 순 없다.

소부장이 주목을 끌기 시작한 건 2019년 터진 일본의 무역보복 조치가 도화선이 됐다. 일본정부는 한국 대법원의 강제징용 배상 판결이 나오자 이에 대한 보복으로 반도체 핵심소재인 고순도 불화수소, 포토레지스트 등의 한국 수출을 막았다. 이로 인해 소부장의 국산화에 대한 중요성이 전국민적으로 고조되면서, 국내 소재·부품·장비 기업들에 대한 관심과 지지, 그리고 투자 분위기가 확산됐다.

국내 소부장 업계는 코로나19 사태에도 불구하고 양호한 성적을 이어가고 있다. SK머티리얼즈, 원익머트리얼즈, 한솔케미칼, 덕산네오룩스, 서울반도체, 비에이치, 원익IPS, AP시스템, 테크윙, 유니셈 등 반도체 관련 소재·부품·장비 회사들이 그 주인공이다. 코로나19 여파에 따른 언택트 경제활동 증가로 반도체가 많이 쓰이는 IT와 데이터기기 수요가 급증하면서 소부장 회사들도 큰 수혜를 누리고 있는 것이다.

소부장 회사들은 대부분 성장 가능성이 높은 중소형주에 해당하므로, 투자적 관점에서는 단기적인 접근보다는 장기적인 안목을 갖는 것이 중요하다.

유형자산 · 무형자산

개발비는 왜 비용이 아니고 자산일까?

자산은 앞으로 회사에 경제적 효과와 이익을 가져다줄 수 있는 것이다. 재무제표에 자산으로 기재하려면 그 가치를 신뢰성 있게 측정할 수 있어야 한다. 재무제표에서 자산을 구성하는 2대 항목이 '유형자산'과 '무형자산'이다.

유형자산은 영업활동에 반복적으로 사용할 수 있는 물리적 실체가 있는 자산이다. 토지, 건물, 기계 설비, 선박, 차량, 공구나 기구, 건설 중인 자산 등이 유형자산에 해당한다. 유형자산 가운데 건설 중인 자산은 오랜 시간에 걸쳐 하나하나 완성해 나가야하는 생산라인의 대형설비나 플랜트 같은 것으로, 건설 단계에서는 사용할 수 없는 자산이다. 장부에 기재하는 건설 중인 자산의 가치는 건설에 투입한 자재비와 기계류 구입액, 인건비 등을 다 합산한 것이다. 유형자산은 사용기간이 길어지면 취득가격에 비해 가치가 하락한다. 토지를 제외한 유형자산의 가치 하락분을 추산해 비용으로 반영하는 것을 감가상각(62쪽)이라고 한다.

무형자산은 유형자산처럼 눈에 보이는 실체는 없지만, 이 자산을 소유함으로써 미래에 경제적 효익을 얻을 수 있고, 취득을 위해 필요한 원가를 신뢰성 있게 측정할 수 있는 자산이다. 상표권, 특허권, 사용권, 영업권, 개발비 등이 무형자산이다. 개발비는 왜 비용이 아니고 자산일까? 개발비를 지출함으로써 나중에 수익 창출이라는 경제적 효익을 기대할 수 있기 때문에 개발비 지출액만큼을 무형자산으로 기록한다. 무형자산으로 처리했던 개발비는 개발이 완료돼 수익을 창출하는 시점부터 해마다 나눠서 비용으로 전환된다. 무형자산도 시간이 지나면 가치가 떨어지는데, 무형자산을 획득하는 데 들어간 지출을 일정기간 동안 나누어 비용 처리한다.

카카오

IPO로 세력 확장에 나선 플랫폼제국

국내 1위 메신저 카카오톡(MAU: 4579만 명)을 포함한 다양한 모바일 서비스를 기반으로, 광고, 게임, 뮤직, 커머스, 핀테크 등 다양한 영역에서 수익을 창출하고 있다. 카카오는 2020년에 매출 4조1289억 원, 영업이익 4497억 원을 기록했다. 이는 전년 대비 각각 34%, 118% 증가한 수치다. 카카오가 연매출 4조 원을 넘긴 것은 이번이 처음이다.

카카오의 실적을 끌어올린 1등 공신으로는 성과형 광고인 카카오 비즈보드가 꼽힌다. 카카오톡 채팅창 상단에 있는 배너광고인 비즈보드는 카카오톡 샵탭과 카카오페이지, 웹툰 등에도 붙어 있다. 최근에는 카카오T에도 광고가 붙기 시작했다. 비즈보드는 일평균 매출 10억 원을 돌파했다. 톡비즈 사업은 카카오 전체 영업이익률보다 높기 때문에 광고 부문 매출의 성장과 비중 확대는 카카오 전체 영업이익 향상에도 크게 기여할 것으로 보인다.

카카오는 콘텐츠 사업에서 웹툰과 웹소설을 중심으로 카카오페이지를 키워 나가고 있다. 아울러 카카오M과 합병 계획을 밝히면서 종합 엔터테인먼트 기업으로의 도약을 선언했다. 해외에서는 웹툰 플랫폼인 픽코마의 성장세가 두드러진다. 신사업인 카카오모빌리티는 최근 가맹택시 확대에 따라 매출 성장이 빠르게 증가하고 있다.

카카오는 2020년 카카오게임즈를 시작으로 다수의 자회사들이 기업공개(IPO)를 앞두고 있는데, 자회사마다 상장을 통해 현재 기업가치보다 더 높게 평가될 가능성이 높다. 2021년 카카오페이, 카카오뱅크, 카카오페이지에 이어, 2022년 카카오M, 카카오모빌리티, 카카오엔터프라이즈 등이 상장될 것으로 예상된다.

클라우드게임

게임 생태계를 바꾸는 '파괴적 혁신'

Saturday
034

'클라우드게임(cloud game)'이란 게임을 서버에 저장한 채 각각의 단말기 사용자들이 서버에 접속해 게임을 불러내 즐기는 시스템이다. 신종 게임들을 내 컴퓨터에 깔지 않고 일정 비용을 지불하고 클라우드 서비스에 접속하면 된다. PC, TV, 스마트폰 등 다양한 IT기기로 이용할 수 있다.

게임 유저들에게 클라우드게임이 매력적인 이유는, 클라우드 서버가 게임 플레이에 필요한 연산을 대신해주는 형태이기 때문에 사용자 디바이스의 성능과 상관없이 고사양의 게임을 즐길 수 있다는 점이다. 따라서 유저들이 고성능의 게임PC 혹은 콘솔기기를 구매하지 않아도 된다.

클라우드게임의 성장 가능성은 넷플릭스 사례에서 찾을 수 있다. 전문가들은 넷플릭스가 영상 콘텐츠 산업의 트렌드를 바꾸어 놓은 것처럼 클라우드게임이 게임 산업의 '파괴적 혁신'으로 작용할 수 있다고 진단한다. 넷플릭스는 영상 콘텐츠를 구매하는 대신 월정액을 내고 자유롭게 이용 가능한 '구독' 방식의 수익 모델을 도입함으로써 빠르게 이용자를 확보하면서 성장했다(구독경제, 361쪽). 클라우드게임 또한 게임을 구매하는 대신 일정 수준의 월정액을 지불하고 여러 종류의 게임을 다양하게 이용하는 형태가 될 것으로 예상된다.

클라우드게임을 향한 글로벌 디지털 공룡들의 행보도 주목을 끈다. 구글플레이가 '스태디아'라는 클라우드게임 서비스를 시작했고, 마이크로소프트와 텐센트도 각각 클라우드게임 서비스인 'X클라우드'와 '스타트'를 공개했다. 클라우드게임 시장에서 가장 기대되는 국내 게임사로는 단연 엔씨소프트가 꼽힌다.

Sunday 035

2차전지

핵심소재인 '양극재' 공급 업체를 주목해야

자동차 산업에서 전기차가 대세가 될 것이란 얘기는 두 말할 나위 없다. 전기차 1위 회사 테슬라의 주가가 천정부지로 치솟았고, 국내 대표 자동차 메이커인 현대자동차도 전기차 사업 비중을 크게 늘려나가고 있다.

전기차 시장이 커질수록 덩달아 성장하는 산업이 있으니 바로 2차전지다. 전기차 제조원가에서 배터리 비중이 40%나 되는 데, 여기에 쓰이는 배터리가 바로 2차전지이기 때문이다.

2차전지는 외부 전원으로 공급 받은 전류가 양극과 음극 사이에서 물질의 산화·환원 반응을 일으키는 과정에서 생성된 전기를 충전한다. 한 번 쓰면 재사용이 불가능한 1차전지와 달리 2차전지는 여러 번 충전해 반영구적 사용이 가능하다. 2차전지 중에 가장 많이 사용되는 건 리튬이온전지다. 리튬은 세라믹, 유리, 윤활유 등을 만드는 데 쓰이는 저부가가치 소재였는데, 2차전지에서 사용이 급증하면서 전 세계 자원전쟁의 핵으로 부상했다.

2차전지는 성장 폭이 훨씬 커질 전망이다. 정부가 추진하는 K-뉴딜에서 선정한 산업 가운데 하나인 배터리는 2차전지를 가리킨다. 미국 바이든정부에서 친환경 정책을 강조하면서 2차전지가 글로벌 큰손들의 선택을 받고 있는 것도 간과할 수 없는 대목이다. 이를 반영하듯 올해 초 국내 2차전지 대장주인 LG화학과 삼성SDI, SK이노베이션의 주가가 나란히 큰 폭으로 올랐다.

2차전지의 핵심소재는 양극재, 음극재, 전해질, 분리막으로 나뉘는 데, 그 중에 양극재가 2차전지 원가의 30%를 차지한다. 2차전지 대장주에 양극재를 공급하는 업체를 주목해야 하는 이유다. 포스코케미칼, 엘앤에프, 에코프로비엠이 양극재 '빅3'로 꼽힌다.

기준일

권리를 행사할 때 꼭 기억해야 할 '체결'과 '결제'의 시차

Monday
036

증자나 감자, 배당, 주식연계채권 발행일 등의 공시에 빠짐없이 등장하는 게 '기준일'이다. 기준일을 이해하려면 먼저 '체결일'과 '결제일'부터 알아야 한다. 주식을 매매한다는 것은 주식과 현금을 바꾼다는 의미다. 매매자 간에 주식과 대금(현금)을 교환해 거래가 완료되는 것을 '주식 거래를 결제한다'고 표현한다. 그런데 주식은 매수·매도한 시점에 바로 결제되지 않는다.

HTS나 MTS 등 증권거래시스템에서 '주식 거래가 체결되었다'는 것은 주식과 대금을 교환하기로 매수자와 매도자가 약속했다는 얘기다. 체결일을 포함해 3일째 되는 날에 주식과 대금을 교환해 결제가 이루어진다. 즉 주식을 매도하면 체결일 포함 3일째 되는 날 돈이 들어오고, 주식을 매수하면 체결일 포함 3일째 되는 날 주식이 들어온다.

2021년 2월 3일에 매매가 체결됐다면, 이날을 포함해 3거래일째인 2월 5일에 결제가 된다. 2월 5일 매매가 체결됐다면, 2월 9일에 결제가 된다(토요일과 일요일, 공휴일, 연말 마지막 날에 휴장). 기준일은 결제일이다. 유상증자 기준일이 2월 5일이라면, 2월 3일까지 주식을 사서 2월 5일에 결제가 이루어져야 증자 참여권을 받을 수 있다는 의미다. 권리가 사라지는 것을 '권리락(216쪽)'이라고 하는데, 주식을 사도 증자 참여권을 받을 수 없는 2월 4일이 권리락일이다.

			2 February			
일	월	화	수	목	금	토
31 휴장일	1	2	3 (매매 체결)	4	5 (결제) (매매 체결)	6 휴장일
7 휴장일	8	9 (결제)	10	11 휴장일	12 | 설날 휴장일	13 휴장일

시장점유율

Tuesday 037

점유율이 상승해도 주가가 오르지 않는 이유

업계의 순위를 매길 때에는 해당 산업에 나타나는 시장점유율이 중요한 지표로 활용된다. 시장점유율(market share)은 특정 업종의 제품시장에서 취급되는 전체 거래량 중에서 특정 기업이 차지하는 비율을 말한다.

기업마다 시장점유율을 중요하게 여기는 이유는, 시장점유율이 올라갈수록 시장에서의 브랜드 가치를 견고하게 끌어올릴 수 있기 때문이다. 이런 이유로 업계마다 치열한 점유율 경쟁을 치르고 있는 기업들이 적지 않다. 하지만 지나친 경쟁은 오히려 기업에 손실을 초래한다. 경쟁에서 이기기 위해 마케팅에 막대한 비용을 쏟아 붓게 되면, 매출이 상승해도 이익이 줄 수밖에 없다. 시장점유율 상승이 곧바로 주가에 반영되지 않는 이유다.

시장점유율은 독과점과도 밀접한 관련이 있다. 공정거래위원회는 시장점유율을 독점도를 측정하는 유력한 지표로 사용한다. 대한항공과 아시아나항공의 기업결합 심사에서 공정거래위원회가 주의 깊게 보는 것은 두 회사의 인수·합병으로 인한 독점적 지위 여부 문제다. 원칙적으로 공정거래위원회는 기업결합 후 시장점유율이 50% 이상이면 독점적 지위를 우려해 결합을 승인하지 않는다. 국내 항공 업계에서, 1위 대한항공의 시장점유율이 22.1%, 2위 아시아나항공이 15.1%다. 그 뒤를 제주항공(9.4%), 진에어(5.5%) 등 저가 항공사들이 포진해 있고, 또 외국 항공사들도 32.5%의 시장점유율을 차지하고 있다.

대한항공과 아시아나항공의 인수·합병이 성사되면, 대한항공의 시장점유율 독주체제는 훨씬 더 견고해지겠지만, 이로써 주가까지 끌어올릴지는 두고 볼 일이다.

엔터주

Wednesday 038

대표적인 저평가 업종, 적극적인 매수 기회 노려야

'엔터주'는 엔터테인먼트(entertainment) 관련 주의 약칭이다. 엔터테인먼트가 주로 K-POP과 방송예능을 통칭한다면, K-콘텐츠는 드라마와 영화, 웹툰 등을 가리킨다.

엔터주에게는 2020년이 쉽지 않은 한 해였다. 물론 코로나19 때문이다. 국내 엔터주는 아이돌과 일부 스타에 의존하는 수익구조의 한계가 코로나19로 인해 적나라하게 드러나고 말았다. 코로나19로 아이돌 스타의 국내외 오프라인 콘서트 및 행사가 크게 줄면서 엔터테인먼트 회사마다 가혹한 보릿고개를 넘어야만 했다.

하지만 지난해 하반기부터 엔터테인먼트 업계는 새로운 수익 모델을 찾은 듯하다. 비록 오프라인 콘서트 시장은 위축됐지만, 비대면 활동으로 '집콕'이 늘면서 K-POP 아이돌의 글로벌 인지도가 오히려 상승했고, 해외 팬덤 규모도 커졌다. 엔터주 '빅4'인 **빅히트**, **SM**, **YG**, **JYP**는 이 기회를 포착해 과감한 투자로 온라인 콘서트를 열고, V-LIVE, 영상통화 팬 사인회 등을 통해 글로벌 팬들에게 앨범 구매 유인을 제공하면서 반등을 꾀했다. 2020년 4분기 주요 엔터주 4사의 앨범 판매량은 전분기 대비 무려 254%나 급증했는데, 이는 전년 동기 대비 225.1% 늘어난 성적이다. 국내 엔터테인먼트 업계는 온라인 콘서트 등 언택트 비즈니스 모델을 통해 글로벌 팬들의 소비 패턴 변화를 이끌어냈고, 이로 인해 주가도 상승세로 반전시켰다.

BTS, 블랙핑크 등 아이돌의 세계적인 명성에 비해 국내 엔터주는 해외 동종 업종에 비해 저평가되었다는 분석이 지배적이다. 아직 주가 상승여력이 남아 있음을 감안하건대, 적극적으로 매수 기회를 노려볼 만하다.

Thursday
039

감가상각

대규모 설비투자 후에 주가가 급락하는 이유

토지를 제외한 건물이나 기계장치 등 물리적 형태가 있는 유형자산(55쪽)을 대상으로 시간이 흐름에 따라 자산가치 감소분을 추산해 비용으로 반영하는 것을 '감가상각'이라고 한다. A사에서 2020년 기계설비를 300만 원에 구매했다고 해보자. A사는 이 기계를 3년 정도 사용할 수 있을 것으로 예상하고 있다. 기계를 3년 동안 매출 올리는 데 사용할 수 있다는 의미다. 만일 이 기계를 1년 뒤 중고시장에 내놓으면 취득가보다 싼 값에 매매될 것이다. 이처럼 유형자산이 시간이 지나면서 가치가 떨어지는 것을 '감가'라고 한다.

A사는 기계에 대해 어떻게 회계 처리해야 할까? 기계를 구매한 2020년에 300만 원을 한 번에 비용으로 반영해 대규모 적자를 만드는 게 합리적일까? 3년 동안 매출을 올리는 데 사용할 기계이니, 수익 창출에 사용할 수 있는 기간 동안 비용을 분산 배분하는 것이 손익을 평가하는데 더 합리적일 것이다. 이렇게 감가분을 추산해 비용으로 책정하는 행위를 감가상각이라고 하고, 감소하는 가치를 '감가상각비'라고 부른다.

A사가 예상한 기계의 추정 사용기간 3년을 '내용연수'라고 한다. A사가 300만 원짜리 기계를 정액법(해마다 균등한 금액으로 상각)으로 3년 동안 감가상각한다면, 해마다 100만 원을 감가상각비로 처리하면 된다. 다시 말해 3년간 해마다 가치가 감소한 만큼(연 100만 원) 재무상태표에서 기계의 장부 가치를 하향 조정한다. 동시에 손익계산서에는 3년간 해마다 100만 원을 감가상각비로 반영한다.

회계 관점에서 기업이 짧은 시간에 대규모 설비투자를 단행할 경우, 감가상각비가 증가해 영업이익과 당기순이익에는 부정적인 영향을 미친다.

삼성바이오로직스

바이오CMO 세계 1위,
내실경영으로 이익률 30% 눈앞

삼성바이오로직스 주식을 사기 전에 알아둬야 할 용어가 '바이오CMO'다. Contract Manufacturing Organization의 이니셜인 CMO는, 바이오의약품 위탁생산을 뜻한다(85쪽). 자체 생산역량이 부족하거나, 의약품 R&D 및 마케팅에 사업역량을 집중하기 위해 생산을 전략적으로 아웃소싱하는 글로벌 제약사들을 고객으로 바이오의약품을 위탁 받아 생산하는 것이다. 삼성바이오로직스가 아스트라제네카, 글락소스미스클라인 등 대형 다국적 제약사와 코로나19 위탁생산 수주계약을 체결한 경우가 여기에 해당한다.

2011년 4월 설립해 2016년 한국거래소에 상장한 삼성바이오로직스는, 최대주주 삼성물산(43%)과 삼성전자(31%)의 전폭적인 지원으로 현재 글로벌 바이오CMO 1위에 올라있다. 전 세계 바이오의약품의 28%를 삼성바이오로직스가 생산한다. 인천 송도에 10만 평 규모로 제2바이오캠퍼스 건립을 추진 중이며, 2019년에는 미국 샌프란시스코에 R&D 센터를 구축한 데 이어 앞으로 보스턴과 유럽, 중국 등에도 순차적인 진출을 계획하고 있다.

2020년 매출이 전년 대비 무려 48% 올라 1조 원을 넘겼고, 영업이익은 전년 대비 140% 상승했다. 2021년에는 영업이익률이 30%에 이를 것이란 분석이 나오고 있는데, 그동안 집중해온 외형 성장에서 내실 있는 경영으로 돌아서고 있음을 방증하는 대목이다.

지난해 3월 19일에 연최저가로 35만2000원을 찍은 뒤 올해 1월 11일 사상 최고가로 88만3000원까지 올랐다. 향후 사업 실적을 감안해 12개월 목표주가로 1백만 원을 제시한 증권가 리포트들도 눈에 띈다.

가상현실 · 증강현실

엔터와 게임 업계의 고부가가치 수익 모델

가상현실은 컴퓨터로 만든 가상세계에서 현실과 같은 체험을 가능하게 하는 기술을 말한다. 머리에 장착하는 디스플레이기기 HMD를 활용해 체험할 수 있다. 증강현실은 사용자가 눈으로 보는 현실세계에 가상 물체를 겹쳐 보여주는 기술이다. 투자 관련 뉴스에서 VR이나 AR이 나오면 가상현실(Virtual Reality)과 증강현실(Augmented Reality)을 가리키는 것이다.

가상현실이 가장 두각을 나타내는 분야는 엔터테인먼트와 게임, 교육 등 콘텐츠 산업이다. 영화 속 환경이 마치 주변에서 일어나는 상황처럼 느껴지고, 뮤직비디오 감상이 실제 공연장에 있는 듯한 느낌을 준다. 영상매체에 현장감이 부여되는 것이다. 운동과 여행 등 활동의 공간적 제약도 줄어든다. 스크린 골프장이 실제 필드처럼 생생해지고, 여행을 가지 않고도 여행을 다녀온 듯한 경험을 하게 된다. 온라인쇼핑을 오프라인쇼핑처럼 현장감 있게 할 수도 있다. 증강현실은 한 발 더 나아간다. 증강현실기기를 착용하면 실제공간에 3차원 입체 홀로그램을 띄워놓는 것이 가능해진다. 한마디로 언택트 시대에 최적화된 시스템이다.

2021년 1월경 정부가 가상·증강 현실 관련 규제 혁신 로드맵을 통해 게임과 교육 중심에서 제조·교통·의료 분야로까지 적용 분야를 확대하는 계획을 발표하면서 관련 기업들의 주가가 일제히 급등했다. 배터리팩 전문기업 이랜텍, 광모듈 회사 아이엠, 온라인게임사 드래곤플라이와 한빛소프트, 위치기반서비스 업체 팅크웨어, 정밀화학 제조회사 나노캠텍, 미디어 업체 위지윅스튜디오 등 다양한 분야의 기업들이 여기에 속한다. 가상·증강 현실이 산업 곳곳에 포진해 있음을 방증하는 대목이다.

수소차

연료전지 스택 회사가 핵심 투자처

수소차는 가솔린 내연기관 대신 수소와 공기 중의 산소를 반응시켜 얻은 전기를 이용해 모터를 구동하는 방식으로 운행하는 자동차다. 수소와 산소가 결합해 에너지를 만든 후 이산화탄소 등의 탄화수소물이 아닌 H_2O(물)가 배출되기 때문에 수소차를 대표적인 친환경차로 꼽는다.

수소차의 핵심인 전기 발생 원리는, 물을 전기분해 하면 양(+)극에서 산소가 생성되고 음(-)극에서 수소가 생성되는데, 이것을 반대로 하여 수소를 이용해서 물을 만들면 그 과정에서 전기가 생성되는 것이다.

글로벌 수소차 시장을 주도하는 나라는 미국도, 중국도 아닌 한국이다. 수소차 1위 기업인 현대자동차가 포진해 있기 때문이다. 정부가 미래 성장동력으로 내건 '수소경제(37쪽)'를 이끄는 사업도 수소차이기 때문에 국내에서 수소차 산업의 미래는 매우 밝다.

한편, 수소는 배터리보다 더 높은 무게당 에너지 밀도를 갖고 있어서 장거리 및 무거운 차량에 유리하다. 따라서 승용차보다 수소버스와 수소트럭이 충전과 전력효율, 운반능력 등에서 경쟁력이 있다. 글로벌 컨설팅 그룹 맥킨지에 따르면 2030년까지 글로벌 기준 최대 4백만 대의 수소트럭이 보급될 전망이다.

수소차의 핵심 모듈 중 가장 중요한 것은 '연료전지 스택'이다. 수소와 산소의 화학반응을 통해 전기를 생산하는 장치로, 수소차 제조원가에서 차지하는 비중이 무려 40% 이상이다. 연료전지 스택을 주력 사업으로 하는 회사(현대모비스, 상아프론테크)를 유망 수소차주로 꼽는 이유가 여기에 있다. 상아프론테크의 경우 지난해 실적이 주춤했지만 주가는 올해 2월 2일 사상 최고가(6만2000원)을 기록했다. 수소차 시장의 미래가치가 주가에 반영된 것이다.

매매 주문

주식을 원하는 조건에 매매하는 일곱 가지 방법

주식을 매매하기 위해 주문을 내는 방법은 대략 일곱 가지다. ①지정가 주문은 투자자가 원하는 종목의 수량과 가격을 지정해서 내는 것이다. 'A종목을 주당 1만 원에 30주 매수 주문한다'와 같은 방식의 주문이다. 개인투자자들이 가장 많이 이용하는 주문 방식이다. ②시장가 주문은 투자자가 원하는 종목과 수량만 지정하고, '시세가격'으로 매매해 달라는 것이다. 해당 종목을 가격에 구애 받지 않고 바로 팔거나 사고자 할 때는 유용하지만, 높은 가격에 매수하거나 낮은 가격에 매도될 위험이 있다.

③조건부지정가 주문은 장중에 지정가로 주문을 냈지만 거래가 체결되지 않았을 때, 장이 마감되기 10분 전인 3시 20분에 시장가 주문으로 전환되는 방식이다. 'A종목을 조건부지정가로 주당 1만 원에 30주 매수 주문한다'와 같이 주문을 내면, 장중에는 A종목을 주당 1만 원에 매수하고, 만약 거래가 체결되지 않으면 시장가로 매수한다. ④최유리지정가와 ⑤최우선지정가 주문은 투자자가 종목과 수량만 지정한다. 최유리지정가는 주문시스템이 매도 주문은 가장 높은 매수호가 가격으로, 매수 주문은 가장 낮은 매도호가 가격으로 주문을 낸다. 최우선지정가는 가격이 얼마가 됐든 가장 빨리 매매하고 싶을 때 적합한 방법이다. 주문시스템이 매도는 가장 낮은 가격으로, 매수는 가장 높은 가격으로 주문을 낸다.

조건부, 최유리, 최우선 지정가로 주문을 낼 때 특별한 조건을 붙이는 조건부여 주문을 활용하면 원하지 않는 거래를 취소할 수 있다. ⑥IOC 주문은 매매될 물량이 있으면 거래를 체결하고 남는 물량은 주문을 취소한다. ⑦FOK 주문은 주문한 수량을 전부 매매하지 못하면 주문 전체가 취소된다.

블루웨이브

조 바이든 미국 대통령 수혜 업종은 어디?

블루웨이브(blue wave)란, 미국에서 대통령선거와 상하원선거 모두를 파란색을 상징으로 삼는 민주당이 압승을 거둬 백악관과 의회를 장악하는 것을 뜻한다. 반면 미국 공화당이 대선과 상하원 선거에서 모두 승리하는 것은 공화당의 상징인 빨간색을 따 '레드 웨이브'라고 한다.

블루웨이브가 국내외 주식시장에 자주 등장하는 이유는, 조 바이든 미국 대통령과 의회 다수당을 차지한 민주당이 주목하는 산업이 주식시장에서 크게 각광 받고 있기 때문이다. 미국 증권가에서는 바이든 대통령이 여러 차례 강조한 친환경에너지 정책의 직접적인 수혜를 받을 업종에 큰 기대를 걸고 있다. 풍력, 태양광, 수소차, 2차전지 등이 대표적인 친환경에너지 업종으로 꼽힌다. 실제로 대선 승리 직후 바이든 대통령은 친환경에너지 인프라 구축에 총 4조 달러(약 4414조 원)의 재정지출을 약속했다.

블루웨이브는 태평양 건너 한국 증시에도 엄청난 영향을 끼쳤다. 국내에서는 전기·수소차 관련 주가 급등했다. 2차전지 대장주인 LG화학은 미국 대선 이후인 2020년 11월경부터 2021년 연초까지 50% 이상 오르면서 사상 처음 1주당 100만 원선을 넘기기도 했다. 같은 기간 SK이노베이션과 삼성SDI 주가도 각각 99%, 63% 상승했다. 다만, 씨에스윈드, 효성중공업, 한화솔루션 등 풍력과 태양광 관련 주는 기대에 미치지 못했다.

블루웨이브 열풍으로 미국의 펀드시장에서 수익률 상위에 풍력·태양광 관련 상품이 다수 포진된 것을 감안하건대, 국내 풍력·태양광 시장에도 머지 않아 호재로 작용할 전망이다. 국내 풍력과 태양광의 대장주들이 해외 동종기업들에 비해 저평가되었다는 분석도 투자매력을 높인다.

자동차주

지난해 기저효과와 신차효과로 소폭 상승 기대

2020년 코로나19 영향으로 국내 완성차 생산량이 7억5400만 대로 2019년 대비 17% 줄었다. 그나마 내수시장은 개별소비세 인하 정책과 신차 효과, SUV 수요 호조세 등에 힘입어 판매량이 소폭 증가했지만 글로벌 수요는 코로나19 확산 이후 30% 가까이 급감했다.

자동차 업황은 2021년에도 코로나19 여파로 쉽지 않아 보인다. 코로나19 확산 이전 수준으로 글로벌 자동차 수요가 회복되기까지는 상당한 시일이 걸릴 전망이다. 2021년에는 2020년 기저효과로 판매량이 어느 정도 증가세를 보이겠지만, 백신을 통해 집단면역 상황이 앞당겨지더라도 2022년 이후에나 2019년 수준으로 복귀할 수 있을 것으로 업계는 관측하고 있다. 다만, 중국시장은 회복 속도가 가장 빠르게 진행될 것으로 예상된다. 중국정부의 강력한 방역 정책으로 실물경기가 안정세로 접어들고 있기 때문이다.

국내 완성차 대장주인 현대차와 기아차는 녹록치 않은 국내외 상황에도 불구하고 우수한 재무구조를 유지해나갈 것으로 보인다. 2020년 9월 말 기준 현대차와 기아차의 합산 순현금은 16조8000억 원으로 집계됐다. 아울러 내수시장의 주요 경쟁자인 한국GM, 르노삼성, 쌍용자동차 등이 신차 출시 지연, 파업에 따른 조업 차질, 경영정상화 문제 등 안팎으로 내홍을 겪으면서, 이에 따른 반사효과로 현대차와 기아차의 브랜드 가치가 더욱 상승했다는 평가다.

현대차와 기아차의 분투는 주식시장에서도 호재로 작용할 전망이다. 특히 개인투자자들의 매수가 업종별 대장주를 중심으로 몰리는 상황을 감안하건대, 현대차와 기아차의 목표주가는 상향 조정이 예상된다.

액면분할

Thursday 046

콧대 높은 '황제주'에서 '국민주'로 변신하는 방법

2021년 2월 17일 '검은사막' 개발사 펄어비스는 액면분할 결정을 공시했다. 액면분할은 주식의 액면가액을 일정한 비율로 나누어 발행주식수를 늘리는 것이다. 예를 들어 액면가 5000원 짜리 주식 1주를 둘로 나누어 2500원 짜리 2주로 만드는 것이다. 이 경우 시가총액(현재주가×총발행주식수)은 액면분할 전후로 같지만, 주식수가 증가하면서 1주당 가격이 낮아진다. 통상적으로 액면가를 기재하지 않고(무액면주식) 주식을 발행하는 외국에서는 액면분할 대신 '주식분할'이라는 표현을 쓴다.

기업이 액면분할을 하는 이유는 대부분 유통주식수를 늘려 거래를 활성화하기 위해서다. 1주당 가격이 높게 형성되어 있으면 투자자들이 선뜻 매수에 나서기 어렵고, 거래량도 부진할 수밖에 없다. 액면분할을 하면 분할비율만큼 주가가 내려가기 때문에 이전보다 주식이 훨씬 싸 보이기 마련이다.

삼성전자는 주식투자를 시작하는 사람이 가장 먼저 매수하는 '국민주'이지만, 2018년 액면분할을 하기 전까지는 1주 가격이 너무 비싸서 쉽게 살 수 없는 '황제주'였다. 2018년 삼성전자는 액면가를 5000원에서 100원으로 낮추는 50:1의 액면분할을 단행했다. 당시 삼성전자 주식 1주 가격은 260만 원 안팎으로, 50:1 액면분할을 통해 1주당 가격이 5만 원 선으로 내려갔다. 삼성전자의 총발행주식수는 액면분할 전 1억2838만 주(우선주는 1807만 주)에서 액면분할 후 64억1932만 주(9억362만 주)로 늘어났다.

액면분할이 기업가치를 바꾸는 것은 아니므로, 액면분할 공시가 나오면 주가는 공시 당일이나 그 다음 날까지 하루 이틀 올랐다가 기업의 원래 펀더멘털 수준으로 회귀한다.

SK텔레콤

실적과 목표주가 모두 상향 조정

국내 통신 대장주다. KT 및 LG유플러스와의 경쟁이 치열하지만, 이동통신(무선) 시장점유율만큼은 독보적이다(2020년 말 기준 47%). 매출액(18조 원대 중반) 기준으로는 KT(23조 원대 후반)에 밀리지만, 시가총액, 주가상승률, 영업이익, 순이익 등에서 SK텔레콤이 모두 앞선다. SK텔레콤의 시가총액은 20조 원에 근접한 데 비해, KT는 6조 원대 중반, LG유플러스는 5조 원대 중반에 머물러 있다. 특히 지난해 연간 주가상승률에서 SK텔레콤이 8%대인데 비해, KT와 LG유플러스는 모두 마이너스를 기록했다.

SK텔레콤은 지난해 연간 매출액 18조6247억 원으로 전년 대비 5% 이상 증가했다. 돋보이는 건 영업이익(1조3493억 원)과 순이익(1조5005억 원)이다. 영업이익은 전년 대비 21.8% 늘었고, 순이익은 SK하이닉스의 지분법이익으로 전년 대비 74.3% 증가했다. 특히 5G 가입자가 2020년 말 기준 약 548만 명을 기록했는데, 2021년에는 900만 명을 넘어설 전망이다.

투자적 관점에서 SK텔레콤의 관전포인트는 매출액이 20조 원을 돌파할 수 있을지 여부다. 무조건 매출액만 늘리는 게 능사는 아니지만, 마케팅비를 효율적으로 절감하면서도 매출액을 늘릴 수 있다면 기업가치를 크게 끌어올릴 수 있다. 기업가치 상승은 곧바로 주가에 반영된다. 증권가에서는 SK텔레콤의 2021년 말 목표주가를 30만 원까지 보고 있다.

커머스 사업을 맡고 있는 자회사 원스토어의 상장 여부도 눈여겨볼 대목이다. SK텔레콤 자회사 가운데 처음으로 IPO(기업공개)를 추진하는 것이다. 원스토어는 꾸준한 이용자 증가로 10분기 연속 거래액이 상승했으며, 지난해 당기순이익이 흑자전환에 성공했다.

진단키트

코로나19 종식 이후에도 성장성 높아

Saturday 048

주가에 호재로 작용하는 여러 요인 가운데 빠지지 않는 것이 '수출'이다. 수출을 통한 '외화벌이'야말로 주가를 이끄는 미담이 아닐 수 없다. 팬데믹 시대에서 K-방역 제품 수출액이 전년보다 589% 증가했는데, 이 가운데 진단키트는 전 세계 179개국으로 수출되면서 무려 2989% 늘었다. 진단키트가 포함된 품목인 기타정밀화학제품(PCR방식)은 지난해 수출 상위 품목 50위에서 7위로, 의약품(신속항원방식) 역시 45위에서 9위로 각각 상위 10대 품목에 처음 진입하며 새로운 수출동력으로 부상했다.

진단키트는 코로나19 말고도 활용도가 매우 넓다. 만성질환 유병률 증가, 고령자 인구 증가, 소형화 디바이스와 무선 기술과의 융합, 재택 검사키트 등으로 시장이 확대되고 있다. 현재 상업화되고 있는 검사로는 당뇨, 급성 심근경색, 호르몬, 콜레스테롤 등이 있다. 향후 인공지능 기반 감염병 예측 플랫폼, 다중질환 진단키트, 동물용 진단키트 등으로까지 수요가 커질 것으로 예상된다. 투자자들은 진단키트 산업이 코로나19 종식과 함께 사라질 염려는 하지 않아도 될 듯하다.

전 세계 진단키트 시장은 2020년 193억4020만 달러에서 연평균 6.6%씩 성장해 2025년에는 266억2250만 달러 규모에 이를 것으로 전망된다. 1962년 당뇨 환자의 혈당검사와 1977년 임신 반응 검사에서 출발한 진단키트가 그 누구도 예측할 수 없었던 코로나19 사태로 인해 어마무시한 시장을 형성한 것이다. 현재 코로나19를 진단하기 위해 해외로 수출 중인 K-진단키트 관련 기업으로는, 분자 진단키트를 생산하는 **씨젠, 나노엔텍, 녹십자엠에스** 등이 있고, 항원 진단키트를 생산하는 **셀트리온, 젠바디**(비상장사) 등이 있다.

자율주행차

Sunday 049

대장주 뒤에 숨은 소프트웨어 회사들을 주목해야

자율주행은 운전자가 핸들과 가속페달, 브레이크 등을 조작하지 않아도 정밀한 지도, 위성항법 시스템(GPS) 등 차량의 각종 센서로 상황을 파악해 스스로 목적지까지 찾아가는 기술을 말한다. 엄밀한 의미에서 사람이 타지 않은 상태에서 움직이는 '무인 자동차'와 다르지만 혼용돼 이해되기도 한다.

자율주행차 시장이 열리면서 자동차부품 산업도 자율주행 시스템 관련 센서와 소프트웨어 중심으로 변모해가고 있다. 차간거리를 자동으로 유지해 주는 HDA 기술을 비롯해, 차선이탈 경보장치, 차선유지 지원장치, 후측방 경보장치, 자동긴급 제동장치 등이 핵심기술로 꼽힌다. 이러한 기술을 실현하기 위해서는 스마트폰보다 1000배 이상 많은 반도체칩이 필요하다. 또 4차 산업혁명의 3대 기술에 해당되는 인공지능(AI), 클라우드, 사물인터넷(IoT) 등도 폭넓게 활용되어야 한다.

자율주행차의 글로벌 시장 규모는 2025년에 약 420억 달러(약 50조 원)에 이른 뒤 2035년이 되면 770억 달러(약 90조 원) 규모로 성장할 전망이다. 아울러 2035년에 세계 자동차 판매량의 25%를 자율주행차가 차지하는데, 이 중 완전 자율주행차는 1200만 대, 부분 자율주행차는 1800만 대에 이를 전망이다. 이 경우 전 세계 자율주행차 보급률이 2025년 4%에서 2030년 41%로, 2035년에는 75%까지 확대될 것으로 예상된다.

자율주행차 관련 대장주는 단연 현대모비스다. 물론 투자적 관점에서는 대장주만 바라볼 게 아니라 후방에 있는 유망종목을 노려야 한다. 라닉스, 파인디지털, 칩스앤미디어, 팅크웨어, 켐트로닉스, 텔레칩스 등이 자율주행차 관련 수혜주로 꼽힌다.

매매 체결 원칙

주식 거래를 체결하는 3원칙, 가격·시간·수량

주식시장에서 사거나 팔려는 주식의 종목·가격·수량을 제시해 거래할 상대를 구하는 행위를 '호가'라고 한다. 사려는 사람이 제시하는 것이 매수호가, 팔려는 사람이 제시하는 것이 매도호가다.

장중(오전 9시~오후 3시 30분)에는 다양한 조건의 주문이 시시각각 쏟아지기 때문에, 한국거래소는 매매 체결 원칙을 세워두고 있다. 장중에는 가격, 시간, 수량 우선 원칙에 따라 매매가 체결된다. '가격 우선 원칙'에 따라 매도호가는 낮은 가격이 먼저 거래되고, 매수호가는 높은 가격이 먼저 거래된다. 예를 들어 ○○종목을 A는 주당 1만 원에 10주, B는 주당 2만 원에 10주 사겠다고 주문을 냈다고 하자. ○○종목 10주를 팔겠다는 주문이 나오면, 매수호가가 높은 B의 주문이 체결된다. 가격이 같은 주문이 계속 나오면 '시간 우선 원칙'에 따라 먼저 접수된 주문부터 체결되고, 호가가 같은 주문이 같은 시간에 여러 개 나오면 '수량 우선 원칙'에 따라 물량이 많은 주문부터 먼저 체결된다.

그러나 개장 전 아침 8시 30분~9시까지, 그리고 장 마감 10분 전인 오후 3시 20분~3시 30분 사이는 '동시호가(同時呼價) 시간대'라고 한다. 이 시간대 주문은 모두 같은 시간에 나온 것으로 간주하고 가격과 수량만을 고려해 한꺼번에 단일가로 체결한다. 즉 시간 우선 원칙은 무시하고 가격과 수량 우선 원칙만 적용해 주문을 체결시킨다. 동시호가 체결가격으로 아침 9시에 장이 시작되고, 오후 3시 30분에 장이 마감된다.

기업공개(IPO) 뒤 처음 상장되는 주식은 공모가의 90~200% 사이 가격으로 아침 동시호가 시간에 주문 받은 다음, 아침 9시 개장과 함께 동시호가 체결가격으로 거래를 시작한다.

실적장세

Tuesday 051

실적이 좋은 기업 위주로 주가가 오른다

침체됐던 경기가 회복세로 접어들고 기업들의 실적이 반등하면서 주가가 상승하는 장세를 말한다. 중앙은행은 경기침체 국면이 계속될 경우 시장에 활력을 불어넣기 위해 시중에 돈을 푸는 통화완화 정책을 추진한다. 이로 인해 통화가치가 떨어지면서 주가가 상승하는 이른바 '유동성 장세'가 펼쳐진다. 곧이어 시장이 전반적으로 살아나면서 투자 환경이 더 나아질 것이라는 기대감이 커지면 기업들의 실적이 반등하면서 '실적장세'로 넘어간다.

증권가에서는 올해 2분기 실적 발표 시즌을 전후로 증시가 실적장세에 진입할 것으로 보고 있다. 코스피지수가 3000에서 더 치고 올라가지 못하고 한동안 정체될 경우 업종을 대표하는 대장주보다는 모멘텀과 경쟁력을 갖춘 개별 종목들 위주로 주가가 오를 수 있다는 분석이다. 유동성 장세에서는 기업의 실적과 관계없이 주가가 상승하는 반면, 실적장세에 접어들면 실적이 좋은 기업들 위주로 주가가 오르면서 종목별 차별화가 뚜렷해진다는 것이다.

실적장세가 오랫동안 이어질 경우 과도한 경기 확장으로 인한 인플레이션(123쪽) 문제가 불거져 나올 수 있음에 유의해야 한다. 이 경우 중앙은행은 유동성 완화 정책을 거둬들이고 긴축 정책을 펴게 된다(출구전략, 319쪽). 이로써 다시 금리가 오르고 주가가 떨어지는 상황이 초래되기도 한다. 지난해 코로나19로 인한 경기침체를 탈출하기 위해 정부에서 유동성 완화 정책을 펴자 증시에서 거의 모든 업종의 주가가 크게 올랐다. 투자자들은 환호했지만 한편으론 상승 랠리가 언제까지 이어질지 불안하다. 증권가에서는 2023년 이후 금리 인상이 본격화될 경우 주가가 전반적으로 조정 받을 것으로 보고 있다.

자동차부품주

차량용 반도체 수급 상황을 주의 깊게 살펴야

자동차부품 업황은 전방산업인 자동차 시장에 달렸다 해도 과언이 아니다. 자동차 생산량이 줄어드는 데 자동차에 쓰이는 자동차부품이 늘어날 일은 만무하다. 팬데믹 영향으로 전 세계 실물경제가 크게 위축되면서 글로벌 자동차 시장도 보릿고개에 처해 있다. 2020년 국내 완성차 생산량이 7억5400만 대로 전년 대비 17% 감소했다. 다행히 내수시장에서는 판매량이 소폭 증가했지만, 글로벌 수요는 전년 대비 30% 가까이 급감했다. 자동차 업황은 2021년에도 회복하기 힘들 것으로 전망된다.

이에 따라 자동차부품 시장도 덩달아 위축될 전망이다. 다만 한두 가지 기회 요인은, 미국 바이든정부가 친환경에너지 정책을 지지하고 나서면서 2021년에 북미 전기차 시장이 급성장할 것이란 기대감이다. 미국향 전기차 관련 부품 기업들에게는 호재가 아닐 수 없다. 국내 자동차부품 대장주인 현대모비스와 현대위아, 만도, 그리고 LG전자 등의 미국향 전기차 사업이 기대를 모으는 이유다. 빠른 경기회복세를 보이는 중국 시장도 주목을 끈다. 엄청난 규모의 중국 자동차 시장이 살아난다면, 현대차와 기아차를 비롯한 글로벌 완성차향 부품 기업들에게 매우 다행스러운 일이 아닐 수 없다.

한편 자동차부품 기업들은 생산 측면에서 리스크 요인을 점검할 필요가 있다. 전장화와 전동화 차량 판매 증가로 차량용 반도체 수요가 크게 늘면서 지난해 12월부터 중국을 시작으로 차량용 반도체 부족에 따른 감산과 생산차질 문제가 불거져 나오고 있다. 현대차와 기아차를 포함한 국내 완성차 업체들의 차량용 반도체 수급 상황은 경쟁사 대비 양호한 편이지만, 중장기적으로는 주의 깊게 지켜볼 필요가 있다.

Thursday 053

액면병합

'동전주' 이미지를 탈피하기 위한 몸부림

엔터테인먼트 기업 키이스트가 2020년 4월 17일 주식병합을 했다. 주식병합은 다른 말로 액면병합이라고 한다. 키이스트는 액면가 100원짜리 주식 5장을 500원짜리 주식 1장으로 만들었다. 액면병합 후 키이스트 총발행주식수는 8535만6831주에서 1707만1366주로 줄어들었다.

액면병합은 여러 개의 주식을 하나로 합쳐 주식수를 줄이고 액면가를 높이는 방법이다. 예를 들어 액면가 500원짜리 주식 10주를 액면가 5000원짜리 주식 1주로 만들고, 주식수가 줄어든 만큼 기준주가를 올린다. 액면가 500원이었을 때 1주 가격이 1000원이었다면, 10주를 병합해 액면가 5000원짜리 주식 1주로 만들면(10:1 액면병합) 주가는 1만 원으로 상향 조정된다.

총발행주식수가 줄어든다는 측면에서 액면병합은 '감자'(230쪽)와 유사하다. 하지만 액면가는 그대로 두고 주식수만 줄이는 감자와 달리, 액면병합은 주식수는 줄이지만 액면가는 올리기 때문에 자본금이 변하지 않는다.

액면병합을 해도 실제 기업가치, 주주의 지분율이나 지위에는 변화가 없다. 그런데도 기업이 액면병합을 하는 이유는 무엇일까? '액면분할'(69쪽)이 가격이 높은 주식을 여러 개로 쪼개서 가격 부담을 낮추고 유동성을 높이는 효과가 있다면, 액면병합은 반대의 효과를 기대한다. 소위 '동전주'들이 이미지 제고를 위해 액면병합을 한다. 가격대가 1000원 미만인 동전주는 '싸구려 주식'이라는 이미지 때문에 투자자들에게 외면을 받는다. 유통주식수가 늘어나면 매매를 자극해 주가를 받쳐주기도 하지만, 때로는 대량의 주식 투매를 유발해 주가를 떨어뜨리기도 한다. 이런 현상 때문에 기업들은 액면병합으로 유통주식수를 줄이기도 한다.

KT

배당수익률과 주당배당금 상승이 기대된다

통신 업계 대장주 KT는 정보통신(ICT) 말고도 다양한 사업을 영위한다. 물론 정보통신 매출 비중이 60% 이상으로 가장 크지만, 금융(비씨카드, 케이뱅크)과 유료방송(올레TV, 스카이라이프), 콘텐츠(지니뮤직) 등 IT와 연계한 사업의 비중도 날로 중요해지고 있다.

통신주에 투자할 때 유심히 살펴볼 키워드는 ARPU(가입자당 평균 매출액, 176쪽)다. ARPU는 통신사의 대표적인 수익지표에 해당된다. KT는 지난 2년 동안 통신 3사 중 가장 높은 ARPU를 유지해오고 있다. 최근 ARPU 지표를 좌우하는 것은 5G 보급률인데, KT는 올해 1월부터 5G 보급률 1위에 올라섰다.

통신주는 주가수익비율(PER, 164쪽)이 아닌 배당수익률에 따라 기업가치가 결정된다. 한마디로 주당배당금(DPS)이 매우 중요하단 얘기다. KT는 지난해 주당배당금을 전년 대비 무려 22% 인상했다. 증권가에서는 KT가 본업인 통신 사업부문 실적이 탄탄하기 때문에 지난해 배당 수준만 유지해도 올해 배당수익률이 6%에 이를 것으로 예상한다. 큰돈이 드는 부동산에 투자해 불확실한 임대수익을 기대하는 것보다 KT 주식에 투자해 안정적이면서 상대적으로 짭짤한 배당수익을 노리는 게 훨씬 유익하다는 증권가의 분석은 경청할 만하다.

KT는 통신 사업부문 순이익의 50%를 배당금으로 지급한다는 원칙을 갖고 있는데, 올해 통신 사업부문 순이익 증가가 거의 확실하다는 게 증권가의 분석이다. 배당수익률과 주당배당금 상승 가능성이 높은 만큼 KT의 주가 상승 여력도 충분하다. 증권가에서는 KT의 12개월 목표주가를 4만 원대 안팎으로 상향 조정하고 있다.

핀테크

'카카오'와 '네이버' 간 빅테크 전쟁의 승자는?

'핀테크(fintec)'는 금융(finance)과 기술(technology)의 합성어로, 금융에 IT기술을 접목한 비즈니스 모델이다. 회계, 결제, 송금, 자산운용, 대출 등 다양한 영역으로 확장되고 있다. 코로나19 이후 비대면 라이프스타일로 인해 온라인쇼핑이 급증하면서 핀테크의 한 축인 간편결제 시장이 거대해졌다. 한국은행에 따르면 결제액 기준 국내 간편결제 시장 규모는 2016년 12조 원에서 2020년 120조 원으로 5년 사이 10배나 커졌다.

핀테크에서 가장 주목을 끄는 대목은 이른바 '빅테크 3'로 불리는 네이버, 카카오, 삼성전자의 금융업 진출이다. 네이버는 네이버파이낸셜을, 카카오는 카카오페이와 카카오뱅크를, 삼성전자는 삼성페이를 통해 금융시장의 문을 두드렸다. 특히 네이버와 카카오의 경쟁이 치열하다. 두 회사는 '포털'과 '카카오톡'이라는 거대한 플랫폼을 통해 핀테크 시장을 움켜쥐었다.

핀테크 열풍은 주식시장에서 상장(IPO, 기업공개)으로 이어지고 있다. 가장 뜨거운 핀테크 IPO 종목으로 카카오페이가 꼽힌다. 증권가에서는 카카오페이의 기업가치를 최대 10조 원까지 보고 있다. 카카오페이는 간편결제를 넘어 증권과 보험 등으로 사업 영역을 넓히고 있다. 또 '마이데이터(204쪽)' 시대를 맞아 지난해 자산관리 서비스에도 진출했다.

네이버는 사내 독립기업 형태의 네이버페이 물적분할을 통해 네이버파이낸셜을 설립했다. 주목할 것은 사명이 '페이(pay)'에서 '파이낸셜(financial)'로 바뀌었다는 점이다. '전자결제'에서 '기술금융'으로 사업을 확장했음을 선언한 것이다. 네이버파이낸셜은 대출과 보험 등 다양한 금융상품을 취급할 계획이다. 증권가에서 평가한 네이버파이낸셜의 기업가치는 최대 5조 원이다.

커넥티드카

'애플카 논쟁'의 수혜주는 따로 있다

Sunday 056

자동차에 IT를 접목시킨(connected) 개념으로, 양방향 인터넷과 모바일 서비스 등이 가능한 차량을 말한다. 커넥티드카는 차량 밖에서 무선으로 자동차를 컨트롤 할 수 있는 시스템을 탑재한 것이다. 즉, 차량 밖에서 모바일기기 등을 이용해 시동을 켜는 것은 물론, 히터나 에어컨 등을 작동시킬 수도 있다. 또 차량 내부의 소프트웨어가 인터넷에 접속하여 이메일을 보내거나 정보를 검색할 수 있고, 온라인쇼핑을 비롯한 다양한 멀티미디어 기능을 수행할 수 있다. 컨넥티드카의 궁극적인 목표는 목적지까지 스스로 달리는 자율주행(72쪽) 시스템의 실현이다.

커넥티드카 시장이 열리면서 애플, 구글 등 IT 기업들과 기존 자동차 제조사들 간의 헤게모니 싸움이 치열하다. 해프닝으로 끝난 현대·기아차와 애플 간의 이른바 '애플카 논쟁'이 대표적이다. 애플은 자동차 시장 진출을 노리고 있지만 공장과 인력 등 생산라인을 가동하기 위해선 어마어마한 투자가 선행되어야 한다. 현대·기아차는 미래 먹거리인 커넥티드카와 자율주행차 개발을 위해 IT 노하우가 절실하다. 양측은 서로에게 필요한 존재이지만 사업의 주도권을 놓고 팽팽할 수밖에 없다.

투자적 관점에서는 모트렉스란 회사가 돋보인다. 커넥티드카의 필수장치에 해당하는 HUD, ADAS 등을 개발하는 곳이다. 애플(카플레이)과 구글(안드로이드 오토)의 자율주행 플랫폼 기술인증을 획득한 뒤로 애플카 수혜주로 거론된다. 투비소프트도 눈여겨 볼만하다. 차량에서 비대면 결제가 이뤄지는 '카커머스(car commerce) 기술로 특허를 취득했다. 코로나19로 '드라이브 스루' 이용이 증가하면서 증시에서 주목을 받고 있다

반대매매

'빚투' 개미가 조정장세를 버틸 수 없는 이유

예수금은 주식 거래를 위해 증권사 계좌에 넣어둔 현금이다. 주식 거래를 하면 주문이 체결되어도 실제 투자금이 계좌에 들어오거나 빠져나가는 것은 매매 체결일(T)을 포함해 3거래일(T+2)이다. 매매 체결일에는 일부 금액만 먼저 빠져나가는데 이를 '증거금'이라고 한다. 증거금은 주식을 매수할 때 최소한 가지고 있어야 하는 현금으로 일종의 보증금이다. 거래에 필요한 증거금은 종목마다 증권사마다 다른데, 대략 주문금액 대비 20~40% 정도다.

당장 매수할 현금이 없어도 주식을 거래할 수 있다. 일단 투자금의 일부(증거금)만으로 주식을 매수하고 나중에 부족한 부분(미수금)을 채워넣는 '미수거래'와 증권사에서 돈을 빌려 주식을 산 뒤 주가가 오르면 차익을 실현해 180일 안에 원금과 이자를 상환하는 '신용거래'를 이용하면 된다.

하지만 미수거래 시 미수금을 T+2일까지 채워놓지 않거나, 신용거래 시 주가가 담보비율 아래로 떨어지거나 상환기한 안에 상환하지 않으면 증권사는 이 주식을 강제로 팔아 채권을 회수한다. 이를 '반대매매'라고 한다. 반대매매 시 증권사는 전일 종가의 하한가로 매도 수량을 산정하고, 장이 개장하기 전에 동시호가로 한 번에 팔아버린다. 전일 종가의 하한가로 주식을 매도하는 만큼 반대매매 조치가 이루어지면 투자자 손실이 매우 커진다.

통상 주가가 상승할 것으로 예상되는 증시 활황기에 미수·신용 거래가 늘어난다. 미수·신용 거래는 빚을 내 투자하는 '빚투'로, 조정장세가 길어질수록 투자자에게 큰 부담으로 작용할 수밖에 없다. 조정장세는 주식 가격 상승에 대한 부담을 해소하는 과정으로, 투자자들의 차익 실현 욕구로 주가가 일정 범위 내에서 하락하는 상황을 가리킨다.

뉴 노멀

Tuesday 058

언택트와 바이오, 친환경으로 돈이 몰리는 일상

뉴 노멀(new normal)을 우리 말로 풀어쓰면 '새로운 일상' 정도가 되겠다. 쉽게 말해 어떠한 경제현상이 전 세계적으로 한동안 이어질 경우, 바로 그 경제현상을 가리켜 새로운 일상, 즉 뉴 노멀이라고 부른다. 코로나19 사태 이후 비대면, 감염공포, 백신경쟁 등이 현재의 뉴 노멀이라 할 수 있겠다.

뉴 노멀의 유래는 IT 버블이 붕괴된 2003년 이후 미국의 벤처투자가인 로저 맥나미가 처음 사용했지만 크게 주목 받지 못하다가, 2008년 금융위기를 거치면서 글로벌 자산운용사 핌코의 CEO 모하메드 엘에리언이 『When Markets Collide』라는 자신의 책에서 저성장국면이 일상이 된 세계경제를 가리켜 뉴 노멀 현상이라고 쓰면서 유명해졌다.

뉴 노멀은 투자 환경에도 커다란 변화를 가져왔다. 이른바 '코로나19 포비아'가 일상이 된 현재의 뉴 노멀에서 글로벌 자본시장에서 가장 뜨거운 키워드는 '언택트'와 '바이오'라 할 수 있다. 전 세계 증시마다 언택트와 바이오 관련 업종들이 테마를 이뤄 거대한 자본을 빨아들이고 있고, IT와 반도체, 게임, 인터넷, 이커머스, 백신, 헬스케어 등을 주력 사업으로 하는 기업들의 실적은 고공행진을 이어가고 있다.

그리고 늘 한발 앞서 움직이는 주식시장은 코로나19 종식 이후, 즉 포스트코로나 시대를 전망하고 있다. 포스트코로나 시대를 지배할 핵심 키워드는 '기후'와 '환경'이다. 미국 바이든정부는 새로운 정책 어젠더로 친환경에너지에 방점을 찍었고, 우리 정부도 K-뉴딜 정책에서 수소경제로의 전환을 강조하고 나섰다. 증시에서는 언택트와 바이오, 친환경에너지로 자본이 몰리고 있는 일상이 하나의 뉴 노멀이 된 것이다.

전기차주

2025년이면 전 세계 자동차 4대 중 1대가 전기차

팬데믹 사태가 2020년에 이어 2021년에도 이어지면서 글로벌 자동차 업황이 밝지 않지만, 전기차는 예외다. 코로나19 여파로 전 세계적으로 자동차 판매량이 급감하고 있지만, 전기차 판매량은 역주행하고 있기 때문이다. 2021년 글로벌 전기차 판매량은 974만 대로, 전년 대비 51% 이상 성장할 것으로 예상된다. 전기차 시장 성장은 당분간 지속될 전망인데, 2025년에는 전 세계 전기차 판매량이 2640만 대에 이를 것으로 추산된다. 2020년부터 2025년까지 전기차 성장률이 무려 400%를 넘길 전망이다. 전망이 실현된다면 화석연료차 대비 시장점유율이 25%를 넘어서면서, 2025년에는 세상에 굴러다니는 자동차 4대 중 1대는 전기차가 되는 것이다.

글로벌 전기차 3대 블록으로 미국과 유럽, 중국이 꼽히는 데, 미국의 경우 바이든정부의 친환경에너지를 향한 강한 의지와 맞물려 전 세계에서 전기차 시장이 가장 성장하는 나라가 될 전망이다. 환경에 민감한 유럽은 전기차가 대중화하기에 최적 지역으로 꼽힌다. 유럽 각 나라마다 이산화탄소 배출 규제가 더욱 강화되면서 전기차 판매량이 자연스럽게 올라가고 있다. 전기차 신흥 시장인 중국의 경우, 구매 보조금 연장 등을 통해 전기차 소비를 늘려 2021년 5%대에 그친 화석연료차 대비 전기차 판매 비중을 2025년 20%까지 끌어올린다는 계획이다.

주식시장에서 전기차 관련 유망종목으로는 완성차보다 배터리 기업이 꼽힌다. 배터리 '빅3' LG화학과 삼성SDI, SK이노베이션이 전기차 최대 수혜주에 해당된다. 여기에 전기차 전장부품 사업에 나선 LG전자의 행보도 주의 깊게 지켜볼 대목이다.

M&A

Thursday 060

'규모의 경제'와 '범위의 경제' 효과를 기대하는 경영 전략

M&A(Mergers & Acquisitions)는 기업 간 인수·합병을 의미한다. '인수'는 대상 기업의 자산이나 주식을 취득해 경영권을 획득하는 것이고, '합병'은 둘 이상의 기업이 결합해 법적으로 하나의 기업이 되는 것이다. 합병이나 인수 대상 기업 대주주와 원만한 협상을 통해 적정한 가격에 경영권을 넘겨받는 것을 '우호적 M&A', 대상 기업의 반대에 불구하고 강행하는 것이 '적대적 M&A(90쪽)'다.

M&A는 미국에서 시작됐다. 남북전쟁 종전 후 미국은 대륙횡단철도가 건설되고 전기·통신망이 확충되면서 대호황을 맞았다. 기업이 우후죽순 생겨나면서 담합이 판을 치자, 1890년 기업의 담합을 금지하는 '반독점법'이 제정됐다. 아이러니하게도 '반독점법'을 피하고자 기업들은 M&A를 선택했다.

M&A는 기업이 기존 시장에서 지배력을 키우거나 새 시장에 진출할 목적으로 성장 전략을 펴는 데 효과적인 수단이 된다. M&A를 하면 기업 규모나 사업 범위가 커져 '규모의 경제'와 '범위의 경제' 효과를 누릴 수 있다. 또 수익성의 한계에 부딪힌 기업이 기술력을 보유한 유망 기업을 M&A해서 안전하게 새로운 시장에 안착할 수 있다. SK그룹은 2011년 하이닉스를 인수하며 사업 영역을 확장하면서, 내수 기업의 한계를 벗어났다. 이처럼 기업가치를 높이는 M&A는 대개 주가에 호재로 작용한다.

하지만 M&A가 늘 좋은 결과로 이어지는 건 아니다. 금호아시아나그룹은 2006년 대우건설, 2008년 대한통운을 잇달아 인수했는데, 인수 자금 대부분을 외부 차입금으로 조달했다. 무리한 M&A로 유동성 위기를 맞은 금호아시아나그룹은 2009년 그룹 경영권을 산업은행에 내줘야 했다(승자의 저주, 95쪽).

083

LG유플러스

한참 저평가된 대형 통신주

LG유플러스는 통신 '빅3' 가운데 늘 3등자리에 있다. 유·무선 사업은 물론, IPTV, 초고속인터넷 사업에서도 그렇다. 통신주 투자자로서는 항상 마음에 걸리는 부분이다. 통신주 투자를 결심했는데, 1, 2등을 제쳐두고 3등에 투자하기가 쉽지 않기 때문이다.

하지만 증권가에서 바라보는 시각은 다르다. 당장 지난해 실적만 놓고 봤을 때 LG유플러스의 수익성이 가장 좋았다. 아무리 3등이라도 성장 가능성이 1, 2등에 비해 더 나을 수도 있다는 얘기다. 주가를 움직이는 건 단순한 순위가 아니라 그 회사의 성장 속도와 내용에 달렸다.

LG유플러스는 지난해 영업이익이 8862억 원을 기록했다. 전년 대비 29% 증가한 수치로 통신 '빅3' 중 가장 가파른 상승세를 보였다. 매출은 13조4176억 원으로 전년 대비 8.4% 늘어났다. 역시 '빅3' 중 가장 높은 증가율이다. LG유플러스의 성장을 이끈 건 무선 사업이다. 무선 매출이 5G 가입자 증가에 힘입어 전년 대비 5.4% 늘어난 5조8130억 원을 기록했다. 같은 기간 전체 무선 가입자 숫자는 1665만 명으로 전년 대비 9.2% 증가했다. 같은 기간 SK텔레콤의 무선 사업부문 매출이 2.7%, KT가 1.3% 늘어난 것과 크게 비교된다. LG유플러스는 내친김에 올해 영업이익 1조 원 달성을 목표로 하고 있다.

LG유플러스의 주가는 1만 원대 초반(2021년 4월 2일 기준)으로 경쟁사에 비해 매우 저평가돼 있다. 단돈 1만 원으로 대형 통신주를 살 수 있는 것이다. 증권가에서는 LG유플러스의 12개월 목표주가를 1만9000원 내외로 보고 있는데, 저평가된 현재 주가와의 괴리율이 50%에 이른다. 그만큼 LG유플러스의 주가 상승여력이 충분하다는 얘기다.

바이오CMO

투자자들이 몰릴 수밖에 없는 이유

Saturday
062

세계 각국 정부마다 코로나19 백신 도입 경쟁이 치열해지면서 뉴스에 자주 등장하는 용어 가운데 '바이오CMO'라는 게 있다. '바이오'는 그런대로 익숙한데, 'CMO'라…… 다시 고개가 갸우뚱해진다. 이를테면 SK바이오사이언스가 아스트라제네카·노바백스와 코로나19 백신 CMO 계약을 체결했다는데, 그게 도대체 뭐냔 얘기다.

'바이오CMO'는 한 마디로 백신과 같은 바이오의약품을 위탁생산하는 사업을 말한다. CMO는 Contract Manufacturing Organization의 이니셜이다. 쉽게 말해서 영국의 아스트라제네카가 한국의 SK바이오사이언스에 코로나19 백신을 대행해 생산하도록 아웃소싱을 맡긴다는 것이다. 코로나19 백신 같은 바이오의약품은 시간을 다투어 대량 생산을 해야 하는데, 백신을 개발한 제약사에서 단기간 내에 엄청난 물량을 생산할 수가 없어서 바이오CMO 기업을 통해 위탁생산하게 하는 것이다.

그런데, 일반적인 의약품과 달리 바이오의약품은 제조하는 데 고도의 전문적인 공정과 기술을 필요로 하므로, 아무 제약사에 함부로 위탁생산을 맡길 수가 없다. 전문 제조공정 시스템을 갖춘 기업만이 바이오CMO를 수행할 수가 있는 것이다. 글로벌 바이오 시장은 기술 개발과 생산을 이원화하여 각각의 분야에서 특화된 기업들이 고성장을 이어나가고 있다. 신약 개발에 특화된 바이오 기업은 엄청난 인력과 시설 투자에 대한 부담을 줄일 수 있고, 바이오CMO 기업은 지난한 신약 개발 부담에서 자유로울 수 있다. 국내에는 삼성바이오로직스, SK바이오사이언스 등 세계적 수준의 바이오CMO 기업들이 여럿 포진해 있다. 투자자들을 설레게 하는 회사들이다.

텔레매틱스

LG전자의 방심과 삼성전자의 야심

텔레매틱스(telematics)란 원거리 통신을 뜻하는 '텔레커뮤니케이션(telecommuni-cation)'과 정보과학을 뜻하는 '인포매틱스(informatics)'의 합성어로, 한마디로 '차량용 무선통신장비'를 뜻한다. 자동차 안에서 이메일은 물론, SNS, 이커머스, 내비게이션, 차량 원격 진단과 정비 등 다양한 정보서비스를 향유하는 시스템으로, 자율주행차 기술의 근간을 이룬다. 최근 수 년 동안 2단계 수준의 자율주행차 보급이 확대되면서 글로벌 텔레매틱스 시장이 지난해 43억 달러(4조7700억 원) 규모에서 2025년 70억 달러(7조7500억 원)로 급증할 전망이다.

텔레매틱스가 국내에서 관심이 큰 이유는, 이 분야 세계 1위가 LG전자'였기' 때문이다. 그렇다. 1위는 어느새 과거형이 되었다. 지난해만 해도 LG전자는 글로벌 텔레매틱스 시장점유율 25%를 영위했지만, 올해 들어 독일의 콘티넨탈에게 1위 자리를 내줬다. LG전자가 시장점유율 18.1%로 살짝 부진한 틈을 타 콘티넨탈은 시장점유율 20.1%를 차지하며 선두로 올라선 것이다. LG는 오랜 기간 GM에 텔레매틱스를 공급해오며 안정적인 우위에 있었지만, 경쟁에서 안일했던 게 사실이다. 그 사이 콘티넨탈은 공격적인 거래처 확보로 게으른 1등의 발목을 잡은 것이다.

LG전자는 선두자리로 복귀할 수 있을까? 상황은 녹록치 않다. 국내 전자 라이벌 삼성전자가 인수한 자동차전장 업체 하만이 어느새 텔레매틱스 시장점유율 13.3%로 3위까지 치고 올라왔기 때문이다. 하만은 BMW, 폭스바겐 등과의 수주계약 체결에 연이어 성공했다. LG로선 선두 탈환이 아니라 2위 자리도 위태로워 보인다.

봉차트

차트를 이용한 기술적 분석의 첫걸음

Monday 064

봉차트란 주가 추이를 봉(막대) 모양으로 표시한 주가 동향 그래프다. 양초처럼 생겼다고 해서 '캔들차트'라고 부르기도 한다. 봉차트는 작성기간에 따라 하루 동안의 주가 흐름을 그리면 일봉차트, 일주일 동안의 주가 흐름을 그리면 주봉차트, 한 달 동안의 주가 흐름을 그리면 월봉차트라고 한다. 일봉차트는 단기 주가 흐름을, 주봉차트와 월봉차트는 중장기 주가 흐름을 파악하는 데 활용한다.

봉 하나에 거래일 하루 동안 형성되는 시가(시초가), 종가, 고가, 저가가 모두 표시된다. 종가가 시가보다 높게 마감했을 경우 양봉이라고 한다. 양봉은 빨간색 또는 막대바를 흰색으로 표시한다. 종가가 시가보다 낮게 끝났을 경우 음봉이라고 한다. 음봉은 파란색 또는 막대바를 검정으로 표시한다. 예를 들어 A사가 5만 원에 시초가를 형성했는데 종가가 5만2000원으로 올라 장이 마감했다면 양봉, 종가가 4만8000원으로 하락해 장이 마감했다면 음봉이 된다. 막대바의 길이도 중요하다. 양봉에서 봉 길이가 길수록, 종가가 시가보다 높다. 즉, 매수세가 강했다는 의미다. 음봉에서 봉 길이가 길수록, 종가가 시가보다 낮다. 즉, 매도세가 강했다는 의미다.

봉 위아래 쪽에 달린 얇은 꼬리선은 '그림자' 또는 '수염'이라고 부른다. 상단 그림자는 하루 중 가장 높게 형성된 가격인 고가를, 하단 그림자는 하루 중 가장 낮은 가격인 저가를 의미한다. 그림자 길이가 길수록 장중의 가격 변동 폭이 컸음을 의미한다.

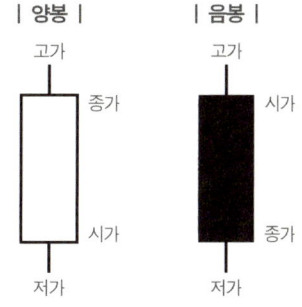

인덱스펀드

지수의 등락에 수익률도 함께 출렁인다

주식이냐, 펀드냐? 코스피가 3000을 돌파하면서 행복한 고민에 빠진 투자자들이 적이 않다. 주가가 크게 오를수록 가지고 있는 펀드를 팔아 직접 주식에 투자하는 투자자들이 늘고 있다. 주식형펀드에 1000만 원을 투자했는데, 운용 주식이 크게 올라 1500만 원에 되팔아 500만 원을 벌었다. 그런데 주변에 더 많은 수익을 올린 주식투자자들을 보면 펀드를 팔아 직접 주식투자에 나서고 싶기 마련이다.

한편 이자가 거의 붙지 않는 적금통장을 깨서 펀드에 가입하는 투자자도 적지 않다. 그런데 펀드는 다양한 종류만큼이나 생소한 용어들이 참 많다. 그중에 특히 많이 등장하는 게 '인덱스펀드'다. 인덱스펀드는 펀드 수익률이 주가지수(인덱스, index) 변화율과 비슷하게 움직일 수 있도록 투자종목을 구성해 펀드자산을 운용함으로써 주식시장 평균치 정도의 수익률을 노리는 상품이다. 인덱스펀드 구성에서 우선 고려해야 할 사항은 펀드가 목표로 하는 인덱스를 선정하는 것이다. 국내에서 발표하는 주요 인덱스에는 코스피지수와 코스피200지수 등이 있다. 코스피는 아무래도 종목수가 많아 코스피200을 대표하는 종목들로 펀드를 만든다.

인덱스펀드가 지수의 등락에 따라 수익률이 함께 움직이는 패시브(passive)펀드라면, 운용사(펀드매니저)가 주식을 선별해 투자하는 액티브(active)펀드도 있다. 액티브펀드는 대개 판매수수료와 거래비용이 인덱스펀드보다 높고 펀드매니저의 능력에 따라 성과가 좌우된다. 특정 테마의 강세가 예상될 때 적극적으로 대응할 수 있어 중소형주, 배당주 등이 강세일 때 좋은 성과를 내기도 하지만, 공격적인 투자 성향상 손실의 위험도 크다.

스마트폰주

애플의 반등, 삼성의 부진, 화웨이의 추락

2021년 글로벌 스마트폰 시장은 5년 만에 성장모드로 돌아설 전망이다. 그동안 스마트폰은 시장 성숙기에 접어들면서 긴 침체기를 보내야 했다. 2021년 스마트폰 출하량은 전년 대비 5.5% 증가한 13억5000만 대로 추산된다. 코로나19 여파에도 불구하고 1분기에만 애플과 샤오미의 출하량 증가에 힘입어 3억4000만 대가 쏟아져 나올 전망이다. 전년 동기 대비 50% 급증한 수치다.

2021년 글로벌 스마트폰 업계에서 가장 중요한 관전 포인트는 삼성전자와 애플의 1위 다툼이다. 삼성전자는 지난해 4분기에 10년 동안 지켜온 글로벌 스마트폰 1위자리를 애플에 내줘야 했다. 애플은 지난해 4분기 글로벌 스마트폰 출하량에서 '아이폰12'의 돌풍으로 삼성전자를 밀어내고 1위에 올랐다. 삼성전자는 지난해 연간 기준으로는 시장점유율 19%로 1위를 수성하긴 했지만 하락 추세를 면치 못했다. 반면 애플(15%)은 화웨이(14%)를 3위로 내리고 2위로 올라섰다. 삼성전자는 2021년 1분기 들어 다시 1위자리를 재탈환했지만(시장점유율 18%대), 당분간 애플과의 치열한 선두 싸움은 계속될 전망이다. 실제로 삼성전자는 애플과의 점유율 경쟁에서 밀리지 않으려고 '갤럭시S21' 출시를 앞당겼을 뿐 아니라 가격까지 인하했다.

미중 무역분쟁으로 불거진 미국 상무부의 화웨이 제재 건도 놓치지 말고 체크해둬야 할 이슈다. 화웨이는 스마트폰의 핵심부품을 공급 받지 못하는 상황에 처하면서 생산 차질에 봉착하고 말았다. 이미 애플과 삼성전자, 샤오미 등이 반사이익을 누리는 중이다. 플래그십 라인에서는 애플과 삼성전자, 중저가 라인에서는 샤오미의 수혜가 예상된다. 트럼프에 이어 바이든 정부에서도 미중 갈등은 좀체 나아질 기미가 없다. 화웨이의 추락이 속절없는 이유다.

적대적 M&A

상대 기업의 동의 없이 강행하는 M&A

적대적 M&A는 합병이나 인수를 마음먹은 기업이 상대 기업 경영진의 반대에도 불구하고 주식 매수 등을 통해 경영권을 장악하는 것이다. 적대적 M&A는 크게 '공개매수', '위임장 대결,' '곰의 포옹' 세 가지 형태를 취한다. 공개매수는 적대적 M&A 대상 기업 주주에게 주식 매수 수량, 기간, 가격을 공개적으로 알린 다음 장외시장에서 주식을 사들이는 것이다. 공개매수를 선언한 세력이 단기간에 시세에 웃돈이 붙은 가격으로 주식을 대량 매수하고, 대상 기업도 주식 매수에 참여해 적극적으로 맞서기 때문에 공개매수 과정에서 주가가 크게 오른다. 합병이나 인수를 원하는 기업이 막대한 자금력이 있을 때 가능한 전략이다. 위임장 대결은 적대적 M&A 대상 기업의 주주들을 설득해 의결권을 위임 받은 다음, 이사진이나 경영진을 교체하는 방법이다. 곰의 포옹 전략은 사전에 예고 없이 합병이나 인수할 기업 이사들에게 편지를 보내 매수를 제의하고 신속한 의사 결정을 요구하는 방법이다. 마치 곰이 몰래 껴안듯이 공포 분위기를 조성한다는 데서 붙여진 이름이다.

적대적 M&A 시점과 대상은 주로 주가가 기업가치 대비 저평가되어 있고, 채산성이 좋거나 주식을 매집하기 쉬운 기업을 대상으로 한다.

적대적 M&A를 당하는 기업은 '백기사 영입' 전략으로 맞설 수 있다. 백기사는 적대적 M&A 공격을 받은 기업이 경영권을 지킬 수 있도록 측면에서 도와주는 우호세력이다. 2008년 메리츠화재가 제일화재에 적대적 M&A를 선언하자, 제일화재의 최대주주 김영혜 의장이 동생 김승연 한화그룹 회장에게 도움을 청했다. 한화그룹 계열의 한화손해보험이 제일화재를 합병하면서, 메리츠화재의 적대적 M&A는 물거품이 됐다.

현대모비스

전기차부품 사업 호조로 확실한 회복세

현대모비스는 현대차와 기아차의 든든한 지원 아래 국내 자동차부품 부동의 1등 자리를 영위하고 있다. 다만 2020년에는 코로나19 여파로 전 세계 자동차 시장이 침체를 겪으면서 현대모비스도 저조한 실적을 경험했다. 매출액은 전년 대비 3.7% 줄어들어 외형 면에서는 그나마 선방했지만, 영업이익이 전년 대비 22.4%나 감소했다.

하지만 지난해 4분기부터 매출과 영업이익이 전년 동기 대비 각각 2.6%, 10.7% 반등하면서 회복세를 보이고 있다. 현대모비스의 빠른 회복세는 전기차부품 사업에서 감지되기 시작했다. 팬데믹 사태에도 불구하고 글로벌 전기차 시장이 성장을 이어가면서 현대모비스는 지난해 4분기 전동화 사업부문에서 매출 1조2569억 원을 달성하며 전년 동기 대비 46.5% 성장했다. 현대모비스는 전동화 사업 확장을 통해 현대차그룹의 전기차 전용 플랫폼(E-GMP)에 PE모듈과 배터리시스템 등 주요 부품을 공급할 예정이어서 앞으로도 꾸준한 성장이 예상된다.

자동차부품주인 현대모비스의 주가는 완성차 업체로부터의 수주 규모에 영향을 크게 받는다. 현대모비스는 지난해 코로나19로 인한 수주 일정 지연 등 어려운 상황 속에서도 17억5800만 달러(약 1조9600억 원) 규모의 수주를 달성했다. 2021년에는 제품 포트폴리오를 다변화해 28억7900만 달러(약 3조2100억 원) 수주를 예상하고 있다. 현대모비스는 2021년에 매출 40조 원 돌파 및 영업이익 2조7000억 원으로 전년 대비 50% 이상 반등이 예상된다. 전동화 부문 연구개발에 1조 원 이상 투자를 감안하건대 50% 이상의 영업이익 증가율은 놀라운 성적이다.

바이오CDMO

성공 확률 낮은 만큼 잘 되면 잭팟

바이오CMO(85쪽)를 공부한 김에 한걸음 더 들어가 바이오CDMO까지 알아둘 필요가 있다. 바이오CDMO는 바이오CMO에서 알파벳 'D'가 더 추가되는데, 여기서 'D'는 'Development'를 뜻한다. 바이오CMO가 바이오의약품 위탁생산에 머무른다면, 바이오CDMO는 바이오의약품의 '(연구)개발'과 생산까지 함께 위탁 받는 사업을 가리킨다. 쉽게 말해서 바이오CDMO는 위탁생산(CMO)과 위탁개발(CDO)이 결합된 개념으로, 다른 제약·바이오 기업과의 위탁계약에 따라 의약품 개발부터 대량 생산까지 포괄적으로 대행하는 원스톱 사업체계를 말한다. 이를테면 항체 바이오의약품의 경우, 세포주를 받아서 생산하면 CMO가 되고, DNA로 받아서 세포주를 만든 다음 생산까지 하면 CDMO가 되는 것이다.

2025년에 500조 원을 넘을 것으로 예상되는 글로벌 바이오의약품 시장에서 절반을 세포·유전자치료제 부문이 차지하며, 그중 다시 50% 이상이 바이오CDMO를 통해 생산될 예정이다. 해외시장에는 이미 다수의 글로벌 바이오 회사들이 CDMO 사업을 통해 적지 않은 실적을 올리고 있다. 국내에서도 바이오 기업들은 물론 전통 제약사들까지도 CDMO 사업에 뛰어들고 있지만, 성공 확률은 높지 않다. CDMO 사업은 생산시설부터 개발 인력 등 막대한 자금력이 꾸준히 뒷받침되어야 하기 때문이다.

투자적 관점에서는, 10종의 항암주사제 라인업을 구축한 삼양바이오팜(삼양홀딩스에 흡수합병), 혈관 치료제로 쓰이는 올리고핵산 신약에 강점이 있는 에스티팜(동아쏘시오홀딩스 계열사), 면역세포 치료제용 세포주 개발 생산에서 노하우를 인정 받은 차바이오텍 등이 바이오CDMO 최선호주로 꼽힌다.

수소연료전지

에너지 시장의 게임체인저 혹은 시기상조?

수소연료전지란 수소와 산소의 전기화학반응을 통해 전기와 열에너지를 생산하는 발전장치를 가리킨다. 수소연료전지의 작동원리는 물 전기분해의 역반응이다. 물에 전기를 더하여 분해하면 수소와 산소를 얻을 수 있다. 반대로 수소와 산소를 전기화학적으로 결합시킬 경우 물과 전기를 얻을 수 있는데, 이를 구현하는 발전장치가 바로 수소연료전지다. '전지'라는 단어 때문에 흔히 배터리를 떠올리지만, 수소연료전지에서의 '전지(cell)'는 에너지발전장치에 가깝다.

수소연료전지가 주목을 끄는 이유는 정부가 추진하는 그린뉴딜의 핵심 아이템이기 때문이다. 특히 내년부터 시행되는 '수소발전의무화제도(HPS, 121쪽)'로 인해 전력 생산·판매 업체는 수소연료전지를 의무적으로 사용해야 한다. HPS 도입 직후인 2023년 수소연료전지 발주는 400MW로 전년 대비 2배 이상 늘어날 전망이다.

수소연료전지는 수소경제 내에서 수송용 엔진, 주택·건물용 열병합발전, 대형 분산발전으로 쓰인다. 이 가운데 대형 분산발전용은 한국이 세계 보급량의 40%를 차지한다.

수소연료전지 대장주는 두산퓨얼셀로 국내 시장점유율 70%를 차지하고 있다. 중소형주 중에서는 에스퓨얼셀이 두드러진다. 에스퓨얼셀은 건물 및 발전용 PEMFC(고분자 전해질 연료전지) 부문 국내 시장점유율 1위 회사다. HPS 도입 직후인 2023년 매출증가율이 100%나 예상될 만큼 높은 성장성이 기대된다. 국책과제로 선박용 수소연료전지를 개발 중이고, 지난해 수소드론을 제조해 화제를 모았다.

연결봉

매수·매도 타이밍을 알려주는 주가 패턴

봉차트에서 여러 개의 봉을 연결해 주가의 방향을 예측해 볼 수 있다. 봉차트를 분석하는 기법 가운데 가장 많이 쓰이는 것이 흑삼병과 적삼병이다.

적삼병(赤三兵)은 주가가 일정 수준에서 유지되다가 양봉 3개(주가가 3일 연속 상승)가 연이어 나타나는 패턴이다. 주가가 오르기 시작했다는 신호다. 주가가 바닥권인데 적삼병이 나타나고, 거래량이 늘면서 매수세가 강해진다면 강력한 매수 신호로 본다. 적삼병이 나타난 직후 하루 주가가 내려가 음봉이 나타나면, '적삼병 후 흑일병'이라고 하며 매수 기회로 본다.

흑삼병(黑三兵)은 적삼병과 반대로 주가가 유지되다가 음봉 3개(주가가 3일 연속 하락)가 잇달아 나타나는 것을 가리킨다. 흑삼병이 나타나면 주가 하락세가 임박했다는 신호로 해석된다. 주가가 많이 오른 상황(천정권)에서 흑삼병이 나타나면 주식을 매도할 강력한 신호로 간주한다. 흑삼병이 나타난 직후 하루 주가가 올라가 양봉이 나타나면, '흑삼병 후 적일병'이라고 하고 매도 기회로 본다.

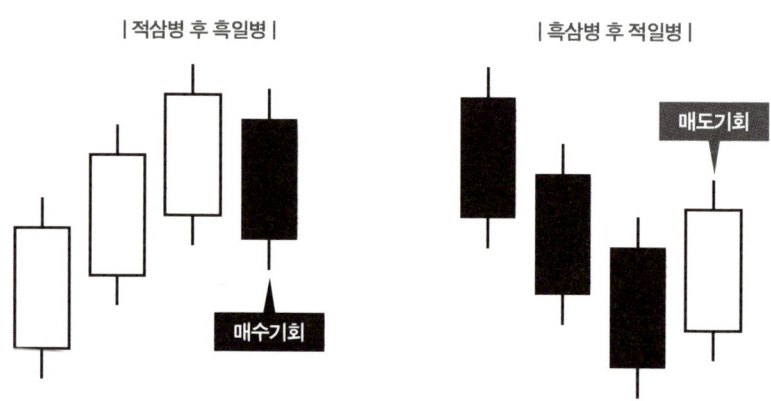

승자의 저주

과유불급의 부메랑

Tuesday 072

입찰 경쟁에서는 이겼지만 승리를 위해 과도한 비용을 치름으로써 재정적 곤란에 처하는 현상을 뜻한다. 입찰자가 자신이 감당할 수 있는 자금 조달 범위를 벗어나 입찰가를 제시하는 경우, 매물을 실제 가치보다 터무니없이 높은 가격으로 인수하는 경우, 그리고 예측불가능한 불황이 갑자기 닥치는 경우가 대표적이다.

'승자의 저주'는 기업의 인수·합병(M&A, 83쪽)에서 자주 등장한다. 국내에서는 특히 금호아시아나그룹이 지독한 '승자의 저주'에 빠졌었다. 금호아시아나는 2006년에 대우건설, 2008년에 대한통운을 인수·합병하며 단숨에 재계 7위로 올라섰다. 그러나 미국발 금융위기와 함께 재무구조가 급격하게 나빠지면서 비싼 값에 인수했던 대우건설과 대한통운을 헐값에 내놔야했다. 이후에도 경영난을 겪다 결국 아시아나항공까지 매물로 내놓았는데, 이번에는 인수 우선협상대상자로 선정된 HDC현대산업개발이 예기치 않은 코로나19 사태로 항공 업황이 크게 위축되자 인수를 포기한 것이다. 이후 대한항공이 아시아나항공 인수에 나섰지만 금호아시아나의 '승자의 저주' 바이러스가 대한항공에게까지 옮겨지는 건 아닌지 항공 업계는 긴장하고 있다.

'승자의 저주'는 당연히 주가에도 민감하게 작용한다. 인수·합병 과정을 차질 없이 마쳤다 하더라도 재무적 부담이 감지될 경우 거물 투자자들은 차갑게 돌아선다. 이에 대해 워런 버핏은 매우 중요한 말을 남겼다. 기업의 인수·합병 과정에서 '승자의 저주'를 피하려면 입찰에서 최고평가액 기준 20%를 낮춰 써내고 거기에 단 1센트도 더하지 말아야 한다는 것이다. 과유불급(過猶不及)의 부메랑을 경계하라는 얘기다.

스마트폰부품주

카메라모듈 업체를 주목해야

2021년 글로벌 스마트폰 시장이 5년 만에 성장모드로 돌아설 전망이 나오면서 정작 증시에서 주목을 끄는 종목은 삼성전자나 LG전자 같은 스마트폰 완성품 회사보다 스마트폰부품 업체들이다. 삼성전자와 LG전자는 스마트폰 말고도 다양한 사업군을 영위하고 있어 스마트폰 업황만으로 두 회사의 투자 포인트를 찾기가 쉽지 않기 때문이다.

스마트폰 출하량이 반등하면 당연히 부품 수요도 늘기 마련이다. 특히 미중 무역분쟁으로 불거진 미국 상무부의 화웨이 제재에 따른 반사효과로 애플과 삼성전자, 샤오미의 글로벌 출하량이 증가할 것으로 예상됨에 따라 이 회사들에 부품을 공급하는 업체들의 수혜가 기대된다. 특히 스마트폰부품 중에 카메라모듈(127쪽) 관련 업체를 눈여겨봐야 한다. 국내 스마트폰부품 대장주인 삼성전기(삼성전자향)와 LG이노텍(애플, LG전자향)의 후방 부품업체들이 여기에 해당된다.

파트론은 카메라모듈과 안테나 등을 제조하는 회사로, 삼성전자향 카메라모듈 수혜주로 꼽힌다. 올해는 고정비 감소 영향으로 영업이익이 전년 대비 80% 이상 급증할 것으로 예상된다. 동운아나텍은 카메라용 핵심부품인 AF Driver IC을 주력 생산하는 기업이다. 2010년 중반부터 현재까지 수량 기준 글로벌 시장점유율 1위를 수성하고 있다.

다양한 IT기기에 쓰이는 PCB 전문업체 대덕전자도 눈여겨봐야 할 회사다. 특히 대덕전자는 스마트폰 통신용 핵심부품인 SAW필터에 강점이 있는 와이솔의 지분 20%을 보유하고 있다. 5G 환경에서 SAW 탑재량이 급증하는 호재가 이어지고 있다.

공개매수

고래 싸움에 낀 새우가 차익을 실현할 기회

Thursday 074

공개매수는 상장회사 주식을 일정한 가격에 얼마큼, 언제까지 사겠다고 미리 신문 광고 등을 통해 알리고 증권시장 밖에서 주식을 사들이는 행위다. 대개 시세에 웃돈을 붙여 공개매수 가격으로 제시한다. 왜 웃돈까지 붙여가며 대놓고 주식을 사들일까?

공개매수 목적은 크게 네 가지다. 첫째, 회사를 인수·합병(M&A)하기 위해서다. 즉 적대적 M&A(90쪽)를 위한 시도인 경우가 많다. 예를 들어 A사 지분 10%를 보유한 '길동이'는 A사 경영권을 인수하고 싶다. 그런데 A사 지분 30%를 보유한 최대주주 둘리는 경영권을 넘길 뜻이 없다. 이럴 때 '길동이'가 A사 주식에 대한 공개매수를 선언하고, 지분을 끌어모아 경영권 획득을 추진할 수 있다.

둘째, 지분율이 취약한 대주주가 경영권을 안정적으로 지키기 위해 공개매수를 할 수도 있다. 이때 대주주는 자기 돈을 투입해 주식을 매입하기보다는, 회사로 하여금 자사주를 매입하게 한다. 자사주는 의결권이 없지만, 경영권 분쟁이 발생했을 때 우호적 제3자에게 넘겨 의결권을 살릴 수 있다.

셋째, 주주들의 경영 간섭, 공시 의무, 주가 관리 비용 등에 부담을 느낀 대주주가 상장폐지를 목적으로 자사 지분을 공개매수하기도 한다.

넷째, 지주회사가 지분율 요건(상장 자회사 지분 20% 이상, 비상장 자회사 지분 40% 이상 보유)을 맞추기 위해 자회사 주식을 공개매수하기도 한다.

적대적 M&A를 위해 공개매수를 선언하면 대개 주가가 상승한다. 공개매수 가격은 시세보다 높기 때문에 공격자와 방어자의 치열한 지분 싸움에서 차익을 보려는 일반투자자들의 매수세가 몰리면 주가가 오른다.

엔씨소프트

주가 상승 타이밍은 신규 대작 출시

게임 대장주 엔씨소프트가 신규 게임을 잇달아 출시한다는 소식은 주가가 오른다는 얘기와 다르지 않다. 게임 산업의 특성상 출시 일정이 지연되는 경우가 대부분인데, 엔씨소프트의 경우 기존 출시 일정이 6개월 이상 앞당긴다는 매우 이례적인 희소식이 전해진다. 게임주의 경우, 출시 시점이 다가올수록 주가 상승의 기대감을 반영하는 게 보통이다.

엔씨소프트는 지난 1월 〈리니지2M〉(모바일)의 대만과 일본 출시를 시작으로 해외시장에서 호실적을 이어가고 있다. 아울러 〈블레이드앤소울2〉 출시로 모바일 IP(지식재산권) 수익에도 청신호가 켜졌다. 엔씨소프트는 2021년 모두 4편의 신작을 내놓을 것으로 예상된다. 1/4분기에만 〈트릭스터M〉(국내 출시), 〈리니지2M〉(대만·일본 출시), 〈블레이드앤소울2〉(국내 출시) 세 편을 내놓았고, 이어 연말에 〈아이온2〉를 출시할 계획이다.

특히 대만 지역에서 〈리니지2〉의 IP파워가 입증됐기 때문에 최상위권 매출을 기록하면서 둔화된 〈리니지2M〉의 실적에도 힘을 보탤 것으로 예상된다. 〈트릭스터M〉도 높은 사전예약자(400만 명 이상)를 바탕으로 고공행진이 기대된다.

엔씨소프트의 실적에서 특히 눈여겨봐야 할 부분은 영업이익 증가율이다. 2020년 연간 영업이익이 8000억 원대에 머문 반면, 2021년에는 무려 1조 2000억 원 이상까지 오를 것으로 예상된다. 영업이익 증가율이 기존 10%대에서 20%대로 2배 이상 급증하는 것이다. 영업이익률도 30%를 웃돌 것으로 추산된다. 이에 힘입어 목표주가가 연초 110만 원 내외 수준에서 120만 원대 이상을 전망한 증권가 리포트도 적지 않다.

인공지능(AI)

Saturday
076

AI의료기기 시장을 주목해야

'인공지능(Artificial Intelligence: AI)'은 1950년경 영국의 컴퓨터과학자 앨런 튜링이 "기계도 인간처럼 생각할 수 있을까?"라고 던진 질문에서 비롯했다. 튜링은 "기계가 인간에 가까워지게 하는 첫 번째 요건은 지능에서 찾아야 한다"고 여겼다.

튜링 이후 인공지능은 이른바 '디지털 재벌 기업'들의 투자를 통해 빠른 속도로 진화하며 엄청난 시장을 형성하게 되었다. 구글딥마인드는 인공지능 플랫폼 '알파고' 개발에 이어 문자·음성 변환시스템 'Tacotron2'를 론칭해 전 세계 인공지능 시장을 주도하고 있다. 페이스북은 자사의 플랫폼에 업로딩되는 방대한 빅데이터 이미지를 이용해, 얼굴인식용 인공지능 솔루션 'Deepface'를 개발했다. IBM은 의료용 인공지능 '왓슨 포 온콜로지'를 통해 방대한 양의 의료 데이터를 분석했다. 삼성전자는 미국 인공지능 회사 Viv Labs를 인수해 '빅스비'라는 음성인식 소프트웨어를 개발해 스마트폰에 탑재했다.

투자적 관점에서는, 얼굴인식 AI 기업 알체라가 주목을 끈다. 최대주주 네이버의 지원 아래 카메라 애플리케이션 스노우를 선보여 화제를 모았다. 라온피플은 스마트폰 등 전자기기의 불량상태를 체크하는 핵심기술 'AI 머신비전 솔루션'을 보유한 회사로, 대기업의 거대한 제조현장에 투입될 경우 실적 반등이 기대된다. 의료AI 전문기업 뷰노도 눈여겨 볼 만하다. 'VUNO Med' 브랜드를 기반으로 국내 1호 AI의료기기 'BoneAge(골연령진단)'를 포함한 7개 제품에 대한 국내외 허가를 보유하고 있다. 의료영상, 병리, 생체신호 등 광범위한 의료 분야를 커버한다. 코로나19 영향으로 주식시장에서 AI의료기기에 대한 관심이 급증하고 있는 것도 체크포인트다.

전고체배터리

이슈만 보지 말고 실적까지 살펴야

2차전지의 양극과 음극 사이에 있는 전해질을 액체에서 고체(solid-state)로 대체한 차세대 배터리다. 기존 2차전지에는 양극재와 음극재, 전해액과 분리막 등 4대 핵심소재가 모두 들어가지만, 전고체배터리는 전해액과 분리막이 필요 없다. 발화물질이 포함된 전해액이 빠짐에 따라 폭발과 화재의 위험성이 낮고, 무엇보다 충전 속도가 빠르며, 고전압 사용도 가능하다.

중요한 건 2차전지는 에너지 밀도가 Kg당 300Wh가 한계인데 반해, 전고체배터리는 500Wh까지 개선되었다는 점이다. 전고체배터리를 장착하면 이로 인해 차량 속 배터리 탑재 공간을 50% 절약하면서 주행거리는 2배가량 늘릴 수 있다.

국내 배터리 3사(LG화학·SK이노베이션·삼성SDI) 가운데 전고체배터리에 가장 적극적인 곳은 삼성SDI다. 전고체배터리 소부장주로는 씨아이에스와 아바코, 동화기업, 이수화학, 한농화성이 꼽힌다. 씨아이에스 주가는 지난해 3월 24일 최저가 2065원에서 올해 1월경 최고가 2만0350원까지 10배 이상 뛰었다. 아바코 역시 같은 기간 최저가 3615원에서 1만8850원까지 올랐다.

투자적 관점에서는 전고체배터리의 양산시기가 중요하다. 삼성SDI는 전고체배터리 양산시기를 2027년 이후로 잡고 있다. 상용화까지 최소 7년 이상이 소요된다. 이 기간 동안 전고체배터리 이슈만으로 관련 종목의 주가 상승을 지탱하기 힘들 수 있다는 얘기다. 빌 게이츠가 투자해 화제가 된 전고체배터리 업체 퀀텀스케이프(QS)는 지난해 11월 말 뉴욕증시 상장 당시 40달러대였던 주가가 1개월 만에 130달러까지 뛰었지만, 그로부터 1개월 뒤 다시 50달러대로 폭락하는 등 랠리 폭이 심했음을 기억해 둘 필요가 있다.

이동평균선

주가 흐름의 대전환을 예고하는 십자가

Monday
078

이동평균선은 일정 기간 주가의 평균가격을 계산해 연결한 선이다. 주가의 진행 방향을 나타내므로 주가 동향을 기술적으로 예측할 수 있는 지표다. 이동평균선은 보통 5, 10, 20, 120, 200일 등의 기간으로 세분되어 있다. 주식 거래가 없는 주말을 제외하면, 1개월 동안 주가 흐름 평균치를 20일 이동평균선이라고 볼 수 있다.

5, 10일 이동평균선은 주가의 단기 추세를 나타낸다. 20, 60일은 중기 추세를 나타낸다. 120, 200일 이동평균선은 '경기선'이라고도 한다. 전체 경기 흐름과 유사하게 움직이는 경향이 있어 주가의 장기 추세를 나타낸다.

단기, 중기, 장기 평균선이 위에서부터 차례로 배열된 채 모두 위로 상승하는 모습이라면 앞으로 주가가 계속 오른다는 신호다(강세 지속). 반대로 모든 평균선이 아래로 향한다면 주가 약세를 예고한다(약세 지속).

단기이동평균선이 중·장기이동평균선을 뚫고 상승하는 현상을 '골든크로스(golden cross)'라고 한다. 예를 들어 5일 이동평균선이 120일 이동평균선을 가로질러 올라가는 경우가 골든크로스다. 골든크로스는 앞으로 주가가 상승할 신호로, 가장 좋은 매수 시점이다. 반대의 경우를 '데드크로스(dead cross)'라고 한다. 데드크로스는 단기이동평균선이 중·장기이동평균선을 뚫고 하락하는 것이다. 주가가 하락할 만한 단기 악재가 있거나 대량 매도가 발생한 때 나타난다. 데드크로스는 주가 하락을 예고하는 신호로 해석한다.

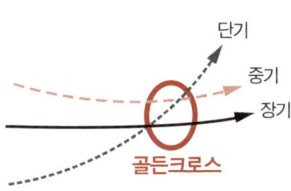

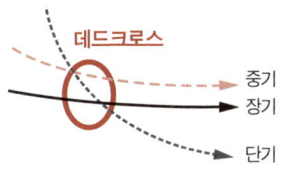

밸류에이션

기업의 가치를 평가해 적정 주가를 산정한 값

"쿠팡의 밸류에이션은 경쟁사들에 비해 상당히 높은 편에 속한다."
"기술수출로 밸류에이션 상승이 예상된다."

하루에도 수십 건씩 쏟아지는 증권사의 리포트를 살펴보면 '밸류에이션 (valuation)'이란 말이 셀 수 없을 정도로 자주 등장한다. 사전적 의미로 '가치', '평가' 등으로 해석되는 밸류에이션은 쉽게 말해 어떤 기업의 평가가치를 가리킨다. 좀 더 구체적으로 설명하면, 증권사를 포함한 금융기관의 애널리스트가 어떤 기업의 가치를 판단해 적정 주가를 산정해 내는 평가를 말한다. 투자자들을 비롯한 시장 참여자들을 위해 기업이 올린 실적을 종합적으로 평가하여 주가에 반영하는 작업이다.

기업가치를 평가하는 밸류에이션 기법은 매우 다양하다. 기업이 현재 거둔 실적(매출, 영업이익, 순이익) 뿐만 아니라 매출 비중과 사업의 성장성, 지분 구조, 자산, 부채, 배당, R&D 투자 규모, 수주계약 및 거래처 등 영업 현황, 심지어 대주주의 성향에 이르기까지 적절한 평가를 위해 유의미한 조건들을 반영한다.

밸류에이션에 사용되는 대표적인 지표에는 PER(주가수익비율, 164쪽)이나 EV/EBITDA(기업가치/상각전영업이익, 167쪽) 등이 있다. 애널리스트는 기업의 자산에서 발생되는 현금 흐름을 바탕으로 자산이나 투자대안의 가치를 평가하기도 한다.

밸류에이션은 해당 기업을 평가하는 애널리스트마다 차이가 나기 마련이다. 애널리스트마다 기업이 처한 상황을 바라보는 시각이 다를 수 있고, 또 어떤 조건을 강조하느냐에 따라 평가기준에 차이가 날 수도 있기 때문이다.

디스플레이주

퇴물 취급 받던 LCD의 역습이 시작됐다

디스플레이는 전방산업인 TV와 스마트폰 및 IT기기 업황에 밀접한 영향을 받는다. 코로나19 여파로 집콕족, 언택트 문화가 확산되면서 TV와 IT기기 수요가 급증해 한때 정체되었던 디스플레이 시장이 성장모드로 바뀌었다.

2021년 디스플레이스 업계에는 이른바 'LCD의 역습'을 주목할 필요가 있다. OLED(149쪽)에 밀려날 거라 예상됐던 LCD가 업그레이드를 통해 시장에서 다시 주목 받고 있는 것이다. 삼성전자는 QLED-TV와 같이 기존 LCD 제품을 보완해 가는 업그레이드된 LCD 전략을 펴고 있는데, 미니LED-TV(162쪽)의 출현이 여기에 해당한다. 미니LED-TV는 기존 LCD-TV의 단점이었던 '빛샘으로 인한 명암비 한계'를 크게 개선시켰다. OLED-TV(LG전자)에 대한 미니LED-TV(삼성전자)의 도전이 어떻게 펼쳐질지 기대된다.

TV가 대형 디스플레이 시장을 이끈다면, 중소형 디스플레이는 스마트폰에 달렸다. 2021년 글로벌 OLED 스마트폰 출하량은 전년 대비 27% 급증해 5.9억 대에 이를 전망이다. OLED패널은 저전력 및 얇은 두께로 글로벌 스마트폰 제조사들의 선호도를 끌어올리고 있다. 무엇보다 주목을 끄는 것은 플렉서블OLED의 가격 하락이다. 생산 효율화 및 삼성디스플레이의 감가상각 종료로 플렉서블OLED 가격이 큰 폭으로 떨어질 전망이다. 이에 발맞춰 애플은 2022년부터 폴더블 스마트폰 시장 진출을 선언하고 나섰다.

투자적 관점에서는 대장주인 LG디스플레이와 비상장사인 삼성디스플레이의 지배회사인 삼성전자만을 바라볼 게 아니라 디스플레이 소재 기업들로 시야를 넓힐 필요가 있다. 덕산네오룩스, 실리콘웍스, 일진디스플레이가 유망종목으로 꼽힌다.

Thursday 081

흡수합병

GS홈쇼핑 주주들이 합병 때문에 뿔난 사연

2020년 11월 GS리테일이 GS홈쇼핑을 흡수합병한다고 발표했다. GS리테일과 GS홈쇼핑의 합병비율은 1:4.22로 결정됐다. GS홈쇼핑 주주들은 합병비율이 기업가치보다 터무니없이 낮다며 강하게 반발했다. 합병에 반대하는 주주들은 2021년 6월 17일까지 주식매수청구권(328쪽)을 행사할 수 있다.

합병이란 두 개 이상의 회사를 하나로 합치는 것이다. 흡수합병은 A사와 B사가 합병하는데, B사의 자산과 부채를 A사로 넘기고 B사는 해산·소멸하는 것이다. 이때 흡수하는 A사를 '존속회사', 흡수되는 B사를 '소멸회사'라고 한다. 신설합병은 A사와 B사를 모두 소멸시키고 두 회사의 자산과 부채, 권리와 의무를 새로운 회사 C로 이전하는 것이다.

대부분의 합병은 흡수합병이다. A사가 B사를 흡수합병하면 B사(소멸회사) 주주들은 B사 주식이 없어지는 대신 A사(존속회사) 주식을 받게 된다. A사는 B사 주주들에게 합병 대가로 주식을 나눠주는 것이다.

GS리테일과 GS홈쇼핑 사례처럼 합병에서 중요한 것이 합병비율 산정이다. A사는 총발행주식이 200주, 주당 가치는 2만 원이다(시가총액 400만 원). B사는 총발행주식이 300주, 주당 가치는 1만 원이다(시가총액 300만 원). 두 회사 모두 액면가는 5000원이다. B사의 주당 가치가 A사의 절반밖에 안 되기 때문에 A와 B의 합병비율은 '1:0.5'가 된다. 소멸하는 B사 주식 1주당 A사 주식 0.5주가 배정된다. B사 주식 10주를 가지고 있는 투자자 K는 A사 주식 5주를 받게 된다. 2만 원짜리 주식 5주가 생겼으니, K의 합병 전후 주식가치는 변함없다. A사는 B사의 시가총액(300만 원)만큼 신주를 발행해 합병 대가를 지급해야 하므로, 신주를 총 150주(300만 원÷2만 원) 발행하면 된다.

LG전자

애플카의 핵심 벤더가 될 수 있을까?

LG전자의 가전제품 만드는 솜씨가 월드클래스급이라는 건 누구나 다 안다. TV는 삼성전자 다음이고, 세탁기와 냉장고도 글로벌 '톱5' 수준이다. 그런데 가전제품 실력만으로 투자자들의 시선을 끌기가 좀체 쉽지 않다. 잘하는 건 훌륭하지만 그것도 오래되면 식상해지기 마련이다. 여기에 스마트폰 사업은 계륵이 된지 오래다. 그럼에도 LG전자 주식을 사야 하는 걸까?

증권가에서는 LG전자의 주식을 사야 한다는 목소리가 크다. 이유는 LG전자가 미래를 위해 공을 들이는 자동차부품(VS) 사업 때문이다. LG전자의 자동차부품 매출 비중은 8% 남짓으로 아직 미약하다. 하지만 지금의 LG전자 주가 상승의 힘은 자동차부품 사업에서 비롯된다고 해도 지나치지 않다. LG전자는 세계 3위 자동차부품 업체 마그나인터내셔널(캐나다)과 전기차 파워트레인 합작법인(JV. 조인트벤처)을 설립하기로 했다. 이미 지난 2018년 차량용 조명시스템 업체 ZKW(오스트리아)를 인수했고, 최근 텔레매틱스 플랫폼 강화를 위해 룩소프트(스위스)와 JV를 약속했다.

특히 주목을 끄는 행보는 마그나와의 합작법인이다. LG전자-마그나(JV)는 2023년까지 전기차에 들어가는 부품의 50%를 생산할 계획이다. 궁극적으로는 전기차에 필요한 모든 부품을 생산하는 게 목표다. 마그나는 이미 중국에서 베이징자동차와 전기차 합작공장을 구축해 연간 15만~18만 대 전기차 생산능력을 확보하고 있다. 글로벌 자동차 업계에서는 LG전자-마그나(JV)가 미래 애플카의 공급사로 선정될 가능성이 적지 않다고 보고 있다. 거의 모든 증권사가 LG전자의 12개월 목표주가를 상향 조정하고 나선 것은, LG전자-마그나(JV)의 성공 가능성이 매우 높다고 판단했기 때문이다.

5G

Saturday 083

초연결성으로 언택트 최고 수혜 기술로 등극

5G를 대표하는 3대 키워드는 '초고속', '초저지연', '초연결성'이다. 사람들은 2~3년 전 5G의 도입기에는 속도, 즉 '초고속'에 주목했다. 5G는 이론상 최대 20Gbps(초당 약 2.5GB) 다운로드가 가능하다. 4G보다 20배나 빠르다. 데이터 송수신 지연은 0.001초(1ms) 이내로 거의 체감할 수 없는 수준이다. 속도와 지연은 이제 어느 정도 해결된 셈이다.

한편, 미국 라스베이거스에서 열리는 지상 최대 가전 박람회 CES2021에서 글로벌 IT 회사의 리더들은 5G의 초연결성을 강조했다. 언택트 시대의 핵심 기술인 사물인터넷은 5G의 초연결성이 담보되지 않으면 존재할 수 없기 때문이다.

전 세계가 코로나19로 뜻하지 않은 언택트 시대를 맞이했던 2020년은 5G의 존재감이 한층 더 도드라진 한 해였다. 5G는 절체절명의 비대면 상황에서 의료, 교육, 유통, 문화 등 거의 모든 영역에서 세상을 연결시켰다. 이로 인해 통신 기업들은 엄청난 실적을 올릴 수 있었다. 국내 통신 3사(SK텔레콤, KT, LG유플러스)가 5G 수혜를 톡톡히 누린 것이다.

5G 산업은 2021년에도 높은 성장이 기대된다. 코로나19가 쉽게 가라앉지 않은 상황에서 비대면 세상은 5G를 더 많이 소환할 수밖에 없기 때문이다. 그 일환으로 5G 스마트폰 보급이 전 세계적으로 급물살을 타면서 많은 사람들이 좀 더 진화한 5G 서비스를 요구할 것으로 예상된다.

투자적 관점에서는 통신장비 기업들을 주목해야 한다. 통신기지국 장비·부품 업체 중에 케이엠더블유, 오이솔루션, 서진시스템이, 광네트워크 운영·장비 업체 중에 이노와이어리스와 다산네트웍스가 유망종목으로 꼽힌다.

수소충전소

수소차 성공의 필수전제조건

Sunday 084

수소차냐, 전기차냐? 현재 시장 상황만 놓고 보면 당연히 전기차가 앞선다. 지난해 친환경차 판매량이 최고치인 50만 대를 기록했는데, 전기차의 영향이 크다. 반면 전기차의 대항마라 할 수 있는 수소차 실적은 저조하다. 내수(5786대)와 수출(995대)을 합해도 7000대에 못 미친다.

그럼에도 정부의 친환경차 지원책은 수소차로 기운다. 정부는 '수소경제 활성화 로드맵'에서 2040년까지 620만 대의 수소차를 생산한다는 계획을 발표했다. 수소택시(8만 대) 및 수소버스(4만 대) 공급과 함께 수소충전소도 대폭 늘릴 계획이다. 정부와 기업이 수소차에 집착하는 이유는 충전과 배터리 문제 때문이다. 전기차는 충전시간이 지나치게 길다. '아이오닉5'의 경우 80% 충전에 18분이나 소요된다. 향후 충전속도를 줄일 가능성이 있지만 고속충전으로 배터리 수명까지 함께 줄어들게 된다. 반면 수소차는 3분이면 충전하고 배터리 수명을 걱정할 필요도 없다.

투자적 관점에서는 효성중공업을 눈여겨봐야 한다. 효성중공업은 국내 수소충전소 시장점유율 1위 기업이다. 지난해 20기의 신규 수소충전소가 구축되면서 현재 전국에 34기의 수소충전소가 운영 중인데, 이중 14기의 수소충전소를 효성중공업이 운영한다. 추가 수주도 이어지고 있다. 정부는 2030년까지 수소충전소를 660기까지 확충한다는 계획을 발표했는데, 수주의 상당 부분이 효성중공업에게 돌아갈 가능성이 높다. 수소충전소 점유율 2위 이엠솔루션(이엠코리아의 종속회사)은 '수전해(114쪽)'를 이용한 수소충전소 설립에 강점이 있다. 이엠솔루션이 보유한 수전해 기술은 수소충전소를 넘어 수소에너지 생산의 핵심설비로 꼽힐 정도로 성장잠재력이 크다.

추세선

Monday 085

주가 차트에 나타난 투자심리 꿰뚫기

주가는 일정 범위 내에서 같은 방향으로 움직이려는 성질이 있다. 주가 흐름을 알아보기 쉽게 줄로 그은 것을 추세선이라고 한다.

매수세가 매도세보다 많아 주가가 꾸준히 올라가면 상승추세선이 생긴다. 반대로 매도세가 매수세보다 많아 주가가 계속 하락하면 하락추세선이 생긴다. 추세선이 어느 방향으로든 기울기가 가팔라지는 것은 매수세 또는 매도세가 강해진다는 의미다.

주가가 일정 선까지만 떨어지고 그 선에 도달할 경우 더는 하락하지 않게 되는 선을 '지지선'이라고 한다. 반대로 주가가 일정 선까지만 오르고 그 이상 오르지 못하는 선을 '저항선'이라고 한다. 보통 지지선은 주가의 저점과 저점을 연결해 그리고, 저항선은 주가의 고점과 고점을 연결해 그린다. 주가가 평행하게 움직일 때(횡보)를 평행추세선이라고 한다. 평행추세선은 주가가 박스 안에 갇혀 움직이는 모양이라고 해서, '박스권'이라고 부르기도 한다.

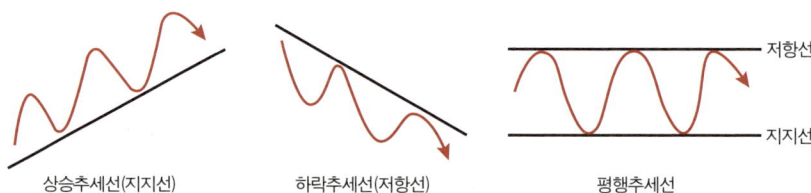

상승추세선(지지선)   하락추세선(저항선)   평행추세선

지지선에는 대기하고 있는 매수세가 존재하기 때문에 주가가 지지선에 다다를 경우 상승할 가능성이 높다. 반대로 저항선에는 대기 매도세가 존재하기 때문에 주가가 저항선에 다다를 경우에는 하락할 가능성이 높다.

펀더멘털

Tuesday 086

투자의 안목은 결국 펀더멘털을 읽는 눈이다

펀더멘털(fundamental)의 사전적 의미는 '기본적인', '근본적인'이다. 이 말이 경제 분야로 이동하면 매우 다양한 의미로 활용된다. 거시경제에서는 한 나라의 경제가 얼마나 건전한 상황인지를 가리키는 용어로 쓰인다. 쉽게 말해 국가경제의 기초체력이 된다. 이때 펀더멘털은 한 나라의 경제상태를 표현하는데 있어서 가장 기초자료가 되는 여러 경제지표로 평가한다. 이를테면 경제성장률, 물가상승률, 경상수지, 외환보유고, 실업률 등이 여기에 해당한다.

펀더멘털은 좀 더 넓은 의미에서 세계경제의 상황을 가늠하는 잣대가 되기도 한다. 환율과 국제금리, 국제유가, 국제원자재가격 등 글로벌 경제를 좌우하는 지표의 변동성이 심할 경우, 세계경제의 펀더멘털(기초체력)이 튼튼하지 못한 상태로 인식되면서 자본시장이 얼어붙게 된다.

펀더멘털은 좁은 의미로는 증시나 단일 업종의 상태를 설명할 때 등장하기도 한다. 이를테면, 연초 코스피지수가 3000선을 돌파했을 때 일각의 거품론에 대해 당시 한국거래소 이사장은 "우리 증시의 펀더멘털에 대한 긍정적 평가가 반영된 결과"라고 말했는데, 이는 주식시장이 거품이 아니라 기초여건이 튼실하다는 얘기다.

펀더멘털은 어떤 기업의 가치를 평가할 때도 자주 등장한다. 펀더멘털이 튼튼한 기업일수록 가시적인 실적보다는 안정적인 거래처, 독자적인 기술력, 낮은 부채비율, 건전한 노사관계 등 눈에 보이지 않는 조건들이 양호하다. 반대로 펀더멘털이 쇠약한 기업일수록 대외환경에 취약해 주가가 크게 요동치는 경우가 잦다. 기업의 펀더멘털을 파악하려면 무엇보다 공시와 재무제표를 이해하는 눈이 필요한데, 정보보다는 공부가 중요하다.

OTT주

드라마와 웹툰 등 콘텐츠 제작사들의 수혜 이어진다

OTT는 'Over The Top'의 이니셜로, 인터넷으로 보는 TV프로그램을 말한다. 'Top'은 TV에 연결되는 셋톱박스를 의미하지만, 넓게는 셋톱박스가 있고 없음을 떠나 '인터넷' 기반의 동영상 서비스 모두를 포괄한다.

OTT의 등장은 초고속 인터넷과 궤를 같이 한다. 인터넷 속도가 보장되어야 동영상을 제대로 감상할 수 있기 때문이다. OTT 사업의 주도권을 방송사가 아닌 통신사가 거머쥘 수밖에 없는 이유다.

전 세계 OTT 최강자 넷플릭스(386쪽)를 가리켜 '코드 커팅(cord cutting)' 신드롬을 일으킨 주인공이라 일컫는다. 코드 커팅이란 기존의 유료방송 시청자가 가입을 해지하고 OTT 등 새로운 플랫폼으로 이동하는 현상을 뜻한다. 기존 케이블 방송 등에 가입하지 않는 것을 두고 '선을 끊는다'는 식으로 표현한 데서 생긴 말이다.

2020년 코로나19 여파로 이른바 '집콕족'이 늘어나면서 전 세계적으로 OTT 시장이 급성장했다. 국내에서도 마찬가지다. 국내 OTT 시장은 2019년 6000억 원에서 2020년 7800억 원으로 커졌다. 2020년 말 기준 국내 OTT 사용자별 순위는 넷플릭스가 독보적으로 1위(758만 명)이고, 웨이브(269만 명), 티빙(237만 명), U⁺모바일TV(226만 명), 왓챠(164만 명), KT의 시즌(146만 명)이 차례로 뒤를 이었다.

OTT 시장이 커지면서 드라마와 웹툰 등 콘텐츠 제작사의 수혜가 예상된다. 〈킹덤〉의 에이스토리, 〈스위트홈〉의 스튜디오드래곤, 웹툰 콘텐츠 제공 업체 키다리스튜디오와 디앤씨미디어, 만화 제작업체 대원미디어 등이 여기에 해당된다.

손상차손

효자에서 골칫거리가 된 자산의 뒤처리

회계에서 '자산'은 기업에 경제적 효과나 이익을 가져다줄 수 있는 것으로, 취득가격을 신뢰 있게 추정할 수 있어야 한다. 기업이 보유한 자산은 유형·무형 자산, 재고자산, 금융자산, 투자부동산 등이다. 여러 가지 이유로 자산의 가치는 하락할 수 있다. 회사는 보유 자산에 손상(가치 하락)징후가 있으면 회수가능액을 추정하는 손상검사를 수행하고, 이를 재무제표에 반영해야 한다. 자산 가치 하락을 기록하는 계정이 '손상차손'이다.

즉, 손상차손은 자산의 미래 경제적 가치가 장부가격보다 현저하게 낮아질 가능성이 있는 경우 이를 재무제표상 손실로 반영하는 것이다. 손상차손은 영업외비용 중 '기타비용' 항목에 반영된다. 따라서 영업이익 산출에는 영향을 주지 않지만, 당기순이익에 영향을 미친다.

2020년 OCI는 태양광 폴리실리콘 국내 생산을 중단하기로 했다. 보조금을 등에 업은 중국 업체들의 과잉 공급으로 폴리실리콘 가격이 급락하며 적자 폭이 커졌기 때문이다. OCI는 군산공장의 폴리실리콘 생산을 중단하면서, 2019년과 2020년 두 해에 걸쳐 폴리실리콘 사업 관련해 1조 원에 육박하는 손상차손을 반영했다.

SK텔레콤은 2020년 2G 서비스를 종료했다. 통신사는 주파수를 이용해 수익을 내기 때문에 주파수이용권은 통신사의 무형자산이다. 따라서 2G 서비스를 종료했다는 것은 2G 서비스에 사용되는 주파수이용권의 자산 가치가 급락했다는 의미다. SK텔레콤은 800메가헤르츠 주파수이용권 중 2G 서비스에 이용되는 일부를 123억8800만 원의 손상차손으로 인식했다.

LG이노텍

아이폰의 카메라모듈을 책임지는 애플 최선호주

카메라모듈, 반도체기판 소재 등 IT기기에 들어가는 다양한 전자부품을 제조하는 회사다. LG전자의 전자부품 계열사이지만 LG이노텍의 주가와 실적을 이끄는 회사는 애플이다. LG이노텍이 세계적인 기업으로 성장한 계기는 바로 애플 '아이폰'에 카메라모듈을 납품하면서부터다. 그전까지만 해도 LG이노텍은 LG전자 등 LG그룹 계열사 매출 의존도가 80%를 차지했다.

LG이노텍 매출 70~80%는 카메라모듈에서 발생하고, 다시 카메라모듈 매출의 60~70%는 애플에서 나온다. LG이노텍 전체 매출 가운데 절반 이상이 애플과 관련이 있다는 얘기다. 한때 LG그룹 의존도가 높았던 것이 딜레마였다면 지금은 애플 의존도를 줄이는 것이 LG이노텍의 과제가 됐다.

지난해 4분기 '아이폰12 시리즈' 글로벌 판매량은 5600만 대에 이른다. 증권가에서는 애플의 올해 스마트폰 출하량이 2억 대를 돌파할 것으로 전망하고 있다. 2015년 이후 최고치다. 이에 따라 애플의 최대 수혜주인 LG이노텍의 실적도 고공행진을 이어갈 것으로 예상된다.

LG이노텍은 이미 지난해 4분기부터 최고 실적을 올리고 있다. 올해 1분기 영업이익도 컨센서스를 상회할 것으로 예상된다. 증권가에서는 LG이노텍의 2021년 영업이익이 전년 대비 20% 상승해 8000억 원을 돌파할 것으로 보고 있다. LG이노텍은 지난 2월 17일에 카메라모듈 관련 신규 투자 계획을 공시했다. 5478억 원 규모다. 애플향 수주가 더욱 늘어날 것에 대한 선제적 대응이다. LG이노텍의 주가는 지난 1월 26일 23만8000원으로 최고점을 찍은 뒤 조정국면에 들어갔지만, 증권사마다 12개월 목표주가를 27만 원까지 보고 있다.

로봇

Saturday 090

연평균 성장률이 30%를 웃도는 고부가가치 시장

'로봇(Robot)'이란 말은 체코 소설가 카렐 차페크가 1921년에 발표한 희곡 『R.U.R: Rossum's Universal Robots』에 등장한 체코어 'Robota'에서 유래한다. 인간 대신 일을 하도록 만들어진 로봇이 인간을 몰아내고 로봇의 세상을 만든다는 공상과학 픽션이다. 체코어로 'Robota'는 '노동'을 의미한다.

그런데, 차페크의 '픽션'이 '논픽션'으로 바뀌고 있다. 로봇이 4차 산업혁명의 핵심기술로 두각을 나타내더니 코로나19로 인한 비대면 시대로 접어들면서 의료, 교육, 서비스, 제조 등 다양한 분야에서 엄청난 부가가치 시장을 창출하고 있다. 전 세계 로봇 시장은 연평균 32%의 성장세를 기록하면서 2025년 1772억 달러(한화 약 194조 원) 규모로 커질 전망이다.

국내 대기업들의 로봇에 대한 투자도 급물살을 타고 있다. 가장 주목을 끄는 건 현대자동차다. 현대자동차는 '로봇 개'로 유명한 미국 로봇 전문업체 보스턴다이내믹스의 지분 80%를 8억8000만 달러(한화 약 9600억 원)에 인수했다. 현대자동차의 로봇 투자로 당시 국내 로봇 관련 주는 일제히 급등했다.

투자적 관점에서 주목해야 할 로봇 유망종목으로는, 산업용 로봇 전문업체 로보스타, 자율주행기술에 강점이 있는 유진로봇, 무인운반차와 무인지게차를 SK하이닉스·현대차·한국항공우주·CJ·노바렉스 등에 공급하는 러셀로보틱스(러셀 자회사)등이 꼽힌다. 의료용 로봇(120쪽) 분야의 미래컴퍼니와 큐렉소도 눈여겨봐야 할 종목이다. 미래컴퍼니의 복강경 수술로봇 '레보아이(Revo-i)'는 세계에서 두 번째로 상용화에 성공하면서 주가 상승을 이끌었다. 글로벌 의료용 로봇 시장은 올해 72억9000만 달러(8조3000억 원)에서 향후 5년 동안 연평균 21% 성장해 2025년에 187억3000만 달러(21조 원)에 이를 전망이다.

수전해

수소를 뽑아내는 핵심기술

수소는 물로부터 얻을 수 있으며 수소를 에너지원으로 사용한 후 다시 물로 돌아가기 때문에 지속가능한 에너지원으로 꼽힌다. 이처럼 수소를 물에서 추출하기 위해서는 '수전해(水電解)'란 기술이 필요하다. 수전해는 말 그대로 물에 전기에너지를 가해 수소와 산소로 분해하는 것을 가리킨다.

하지만 수전해 기술을 활용해 수소를 대량 생산하기까지는 에너지 효율이나 경제성 측면에서 해결해야 할 난제가 적지 않다. 그래서 현재는 화석연료로부터 수소를 추출하는 방법이 주로 사용되지만, 이는 수소생산 과정에서 탄소가 배출되는 문제가 있다.

이처럼 수소 생산 과정에서 탄소 배출이 생기는 경우를 가리켜 '그레이(grey) 수소'라고 한다. 반면, 탄소 배출이 없으면 '그린(green)수소'가 되는데, 수전해는 그린수소를 생산하기 위해 매우 중요한 기술로 꼽힌다.

향후 수전해 이슈로 주가 상승 수혜 가능성이 큰 회사로는 지주회사 SK와 수전해 전문기업 이엠솔루션을 100% 지배하는 이엠코리아가 꼽힌다. 먼저 지주회사 SK는 계열사 SKE&S와 함께 1조6000억 원을 투자해 미국 수소에너지기업 '플러그파워'의 지분 9.9%를 인수하며 최대주주로 올라섰다. 플러그파워는 수전해의 핵심기술인 전해조 및 수소충전소 건설 노하우를 보유한 회사다. 좀 더 직접적인 수전해 관련 주로 꼽히는 이엠코리아는 국내에서 유일하게 수전해 수소충전소를 구축할 수 있는 자체 기술을 보유한 회사다. 효성중공업에 이어 국내 수소충전소 시장점유율 2위에 랭크돼 있지만 '수전해' 수소충전소 기술만큼은 독보적이다. 국내 최대 규모(600Nm³/h)의 수전해 설비를 갖추고 있다.

헤드앤숄더

주가의 하락세 전환을 예고하는 패턴

Monday 092

주가 차트를 보고 증시가 바닥을 칠지 상승할지 알 수 있을까? 패턴분석기법은 주가 그래프가 그리는 특별한 모양을 통해 가격 동향을 예측한다. 투자자들은 오랜 경험을 통해 주가가 오르고 떨어질 때, 주가 그래프가 특정한 모양을 그린다는 걸 알게 되었다. 그래서 주가 그래프가 그리는 모양을 몇 가지로 정형화해 패턴을 만들었다.

'헤드앤숄더(head and shoulder)'는 현재까지 진행된 추세에 변화가 일 것을 예고하는 가장 전형적 패턴이다. 주가의 상승과 하락이 세 번에 걸쳐 반복적으로 일어난 경우다. 헤드앤숄더 패턴은 주가가 상승세에서 하락세로 전환할 때 자주 나타난다.

'목선'이라고 불리는 기준선을 기점으로 가운데 봉우리를 머리, 왼쪽 봉우리를 왼쪽 어깨, 오른쪽 봉우리를 오른쪽 어깨라고 부른다. 헤드앤숄더 패턴의 정석은 왼쪽 어깨보다 오른쪽 어깨의 고점이 더 높은 것이다. 삼봉형, 삼중천정형(triple-top)으로도 부른다.

헤드앤숄더 패턴을 분석할 때 주식 거래량 추이를 주의 깊게 살펴야 한다. 거래량은 왼쪽 어깨를 나타내는 봉우리가 끝나는 시점에서 가장 많다. 이어 머리, 오른쪽 어깨의 봉우리 순으로 거래량이 점차 줄어든다. 특히 마지막 봉우리에서는 주가가 여러 차례 하락하는 과정에서 거래량이 현저하게 줄어드는 특징이 있다.

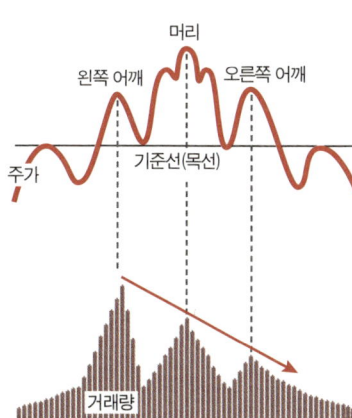

| 헤드앤숄더 |

모멘텀

주가 상승을 알리는 시그널

모멘텀(momentum)은 물리학과 기하학, 경제학 등 다양한 분야에서 등장하는 용어다. 물리학에서는 흔히 물질의 운동량이나 가속도를 의미하고, 기하학에서는 곡선 위에 있는 한 점의 기울기를 나타낸다. 경제학에서는 한계변환율을 가리키는 데, 어떤 재화의 생산을 1단위 늘릴 때 포기해야 하는 다른 재화의 양으로, 생산변환곡선의 기울기로 표시한다.

모멘텀은 증시 관련 리포트나 뉴스에서도 심심찮게 등장한다. 물론 투자적 관점에서는 경제학에서처럼 모멘텀을 어려운 학명으로 이해할 필요는 없다. 주식시장에서 모멘텀이라 함은, 주가가 상승 추세를 이어갈 경우 여기에 가속을 붙여 올라가게 하는 지표가 된다. 즉 주가가 상승세를 타고 있을 때 모멘텀의 기울기에 따라 얼마나 더 상승할 수 있는지, 혹은 주가가 하락하고 있을 때는 얼마나 더 하락할 것인지를 예측할 수 있다.

모멘텀은 주가를 떠받치는 매우 중요한 이슈로 이해되기도 한다. 주가 상승을 이끄는 이슈가 많다면 모멘텀이 튼튼한 것이다. 이를테면 당분간 반도체 슈퍼사이클이 지속된다면 반도체 회사들의 주가에는 상승 모멘텀이 확고하다는 평가를 받게 된다. 다음 분기에 대작 출시가 여럿 대기 중이라면 게임주의 상승 모멘텀 또한 기대해 볼 만하다.

어떤 종목의 주가가 단기적으로 상승하더라도 모멘텀이 부족하다는 평가가 지배적이면 얼마 못가서 상승 추세가 꺾여 하락할 가능성이 높다. 반대로 지금 당장 주가가 시원찮더라도 모멘텀이 풍부하다는 분석이 여기저기서 제기되고 있다면 머지않아 주가가 상승할 가능성이 높다는 시그널로 이해해도 무방할 것이다. 결국 이기는 투자자는 모멘텀에 밝아야 한다.

방송·미디어주

시청률과 광고 없인 주가 상승도 없다

국내 방송·미디어 산업은 어느새 인터넷포털과 OTT가 주인자리를 차고앉은 형국이다. 전통의 방송사와 신문사는 통신사와 포털의 강력한 침투에 밀리고 말았다. OTT(110쪽)는 Over The Top의 이니셜로, 인터넷으로 보는 TV프로그램을 말한다. 여기서 'Top'은 텔레비전에 연결되는 셋톱박스를 의미하지만 넓게는 셋톱박스가 있고 없음을 떠나 '인터넷' 기반의 동영상 서비스 모두를 포괄하는 의미가 있다.

지상파 3사(KBS, MBC, SBS) 중 상장사는 SBS가 유일하다. 케이블을 포함한 유료방송의 경우 tvN 등 17개의 채널을 보유한 CJENM이 코스닥에 상장돼 있지만 방송 말고도 영화와 음악, 이커머스, 드라마 제작 등 여러 사업을 영위하고 있어서 CJENM에 투자하려면 영화 등 관련 시장을 전반적으로 점검해야 한다. 종편에서는 지주사 중앙홀딩스를 통해 JTBC를 지배하는 제이콘텐트리가 코스피에 상장돼 있다. 제이콘텐트리 역시 방송 뿐 아니라 영화(메가박스중앙 등) 사업까지 영위하고 있다.

결국 방송·미디어주로는 CJENM, SBS, 제이콘텐트리 정도로 압축된다. 이 가운데 SBS의 성장세를 주목해 볼 필요가 있다. 지난해 하반기부터 드라마와 예능에서의 시청률 상승세에 힘입어 광고 영업이 호조를 보이고 있다. 미디어 사업의 주 수입은 광고에서 나오며, 광고는 시청률에 절대적인 영향을 받는다. CJENM과 제이콘텐트리의 경우, 영화사업의 비중이 적지 않기 때문에 미디어 부문만 떼어 투자포인트를 얘기하기가 쉽지 않다. 지난해 코로나19 여파로 영화 산업이 크게 위축되었고, 올해 얼마나 회복될 수 있을지도 불분명하기 때문이다.

대손충당금

신한금융그룹을 1위에서 밀어낸 주범

2020년 금융감독원은 2020년 상반기 금융지주사들의 순이익이 11% 감소했다고 발표했다. 코로나19 사태로 인한 경기 불확실성에 대비해 은행지주들이 '대손충당금'을 많이 쌓아놓은 것을 원인으로 분석했다. 2020년 상반기 말 기준 금융지주사의 대손충당금 적립률은 128.62%로 2019년 말보다 5.33%포인트 상승했다.

외상으로 물건을 납품하거나 서비스를 제공하면 '매출채권'이라는 자산이 생긴다. 매출채권 금액을 전액 또는 일부 받지 못하는 경우 손상이 발생한다. 매출채권이 회수하기 어렵다고 판단되면, 매출채권의 가치 하락을 미리 재무제표에 반영해야 한다. 이때 회수할 수 없을 것으로 추정되는 금액을 비용 처리하기 위해 사용하는 계정이 대손충당금이다.

은행은 대출이 주요한 영업활동이므로 대출자금에 대해 회수 가능성을 따져 대손충당금을 설정한다. 거래 기업이 부도나 워크아웃, 법정관리 등의 위기를 맞으면 대손충당금 설정액이 늘어나 손실이 커진다. 한국채택국제회계기준(K-IFRS)에서 대손충당금은 ①거시경제 전망 등이 악화해 전반적인 대출채권의 기대 신용 손실이 커지는 경우, ②연체 등으로 중대한 신용위험이 인식된 경우, ③손상된 대출채권 비중이 커지는 경우 늘어난다.

대손충당금 증감에 따라 기업 실적은 크게 변동한다. 2020년 신한금융그룹이 KB금융에 3년 만에 금융지주 1위 자리를 내줬는데, 잘나가던 신한금융의 발목을 잡은 게 대손충당금이었다. 신한금융은 라임펀드로 인한 손실에 대응하기 위해 4725억 원의 대손충당금을 설정했지만, KB금융은 라임펀드 사태에 연루되지 않아 관련 손실이 거의 발생하지 않았다.

삼성전기

MLCC 수요 급증, 가격 인상 소식에 주가도 상승

스마트폰, 태블릿PC를 비롯한 다양한 IT기기에 들어가는 핵심부품군을 생산하는 회사로, 전방에 삼성전자라는 든든한 수요처를 보유하고 있다.

삼성전기 주가의 투자포인트는 'MLCC'라는 부품에 모아진다. MLCC는 우리말로 '적층세라믹콘덴서' 정도로 해석되는데, 여전히 어려운 개념이다. MLCC를 알기 쉽게 설명하면, 반도체에 전기를 일정하게 공급하는 '댐' 역할을 하는 부품 정도로 이해하면 되겠다. 스마트폰에 전류가 들쭉날쭉하게 들어오면 기계가 망가지기 때문에 MLCC를 통해 전류량을 조절하는 것이다. MLCC는 가로세로 길이가 각각 머리카락 굵기 수준으로 맨눈으로는 작은 점으로 보인다. 하지만 IT기기에 없어서는 안 될 핵심부품으로 가격도 매우 고가여서 삼성전기의 효자제품으로 꼽힌다.

코로나19로 인한 언택트 영향으로 PC와 노트북, 태블릿 등 IT기기 수요가 증가하면서 MLCC도 성장세를 이어가고 있다. 올해 글로벌 스마트폰 출하량이 전년 대비 5.5% 증가할 것으로 예상됨에 따라 MLCC의 수요가 큰 폭으로 늘 전망이다. 증가하는 수요만큼 공급이 따라주지 못하게 되면 가격이 오를 수밖에 없다. MLCC 가격 인상, 공급 부족, 수급불균형 등의 말이 자주 등장할수록 삼성전기의 실적과 주가에 긍정적임을 기억해 둘 필요가 있다.

증권가에서는 삼성전기의 올해 영업이익이 전년 대비 30% 이상 상승해 1조 원을 회복할 것으로 예상하고 있다. MLCC 글로벌 경쟁사들의 높은 밸류에이션 수준을 고려했을 때 삼성전기는 여전히 저평가돼 있다는 분석도 매력적이다. 올해 1월 26일 최고가로 21만7000원을 찍었지만 아직 상승여력이 남아있다는 게 증권가의 지배적인 견해다.

의료용 로봇

Saturday 097

언택트와 바이오를 융합한 투자처

로봇이 다양한 산업에 침투해 들어가고 있다. 그 가운데 주목을 끄는 분야가 의료 서비스다. 이제 수술실에서 외과의사가 메스 대신 로봇을 다루는 환경이 낯설지 않다. 고령화 인구가 늘면서 의료용 로봇 시장의 성장 폭이 날로 커지고 있다. 특히 최근 들어 비대면 의술의 중요성이 부각되면서 의료 환경에서 로봇이 차지하는 비중이 급증하고 있다. 올해 글로벌 의료용 로봇 시장 규모는 72억9000만 달러(8조3000억 원)로 추산되는데, 앞으로 5년간 연평균 21% 성장해서 2025년에는 187억3000만 달러(21조2000억 원)에 이를 것으로 전망된다.

미국의 복강경 수술로봇 전문기업 인튜이티브 서지컬은 '다빈치'라는 로봇 하나로 해마다 5조 원의 매출을 올릴 정도로 의료용 로봇 시장은 뜨겁다. 의료용 로봇은 고부가가치 시장인데다 아직 경쟁이 치열하지 않은 블루오션이다. 다빈치 1대 당 가격이 무려 10억 원에서 비싸게는 24억 원에 팔린다. 특히 복강경 등 로봇수술은 인체에 작은 구멍을 내어 수술하기 때문에 개복수술에 비해 통증이 적고 합병증 발병률도 현저하게 낮다.

국내 의료용 로봇 유망 종목으로, 수술로봇 분야에서는 **미래컴퍼니**와 **큐렉소** 등이 꼽힌다. 재활로봇 분야에서는 **엔젤로보틱스**(비상장사)와 **헥사휴먼케어**(비상장사) 등이 있다. 특히 큐렉소는 자체개발한 수술로봇으로 해외사업에 본격 뛰어들었다. 이미 지난해 인도 최대 임플란트 기업인 메릴헬스케어에 자체개발한 수술로봇 CUVIS-joint를 53대나 납품했다. 2020년 영업이익이 흑자전환 했고, 척추수술에서 인공관절, 보행재활 등 자체개발한 다양한 의료용 로봇을 보유하고 있어 성장성이 매우 높다.

수소발전의무화제도

최대 수혜주는 수소연료전지 회사

수소발전의무화제도(이하 'HPS')는 2022년부터 수소경제 활성화를 위해 전력에너지 판매 업체(한국전력)가 수소연료전지로 생산한 전력의 일정량을 구매하도록 의무화한 정부 주도의 정책이다.

태양광과 풍력 등이 모두 포함된 기존의 '신재생에너지 공급 의무화 제도(이하 'RPS')'에서 수소만 분리해 별도의 의무 공급 시장을 조성하는 것이다. HPS로 인해 한국전력은 2022년부터 전체 전력구매 중 일정비율을 의무적으로 수소연료전지로 생산한 전력으로 구입해야만 한다. 기존에 적용된 RPS는, 발전사업자가 생산하는 전력의 7%를 수소와 태양광, 풍력 등 신재생에너지를 활용하도록 의무화한 것이었다. 하지만 RPS에서 수소 비중은 13% 밖에 되지 않은 탓에 수소경제를 살리기 위해서는 턱없이 부족했다. 결국 다른 신재생에너지에서 수소를 떼어낼 수밖에 없었던 것이다.

발전용 연료전지사업자는 HPS 도입으로 안정적인 판매처를 확보하게 됐다. 당장 HPS가 시행되는 내년부터 수소연료전지 발주가 급증할 전망이다. HPS 비율을 1%로 가정했을 때 300MW 규모의 추가 수소연료전지 발전 설비가 필요하기 때문이다.

투자적 관점에서는 국내 수소연료전지 1위 회사 **두산퓨얼셀**이 최대 수혜주로 꼽힌다. 두산퓨얼셀은 국내 시장점유율 70%를 차지한다. 지난해 매출이 4484억 원에 그쳤지만, HPS 시행 직후인 2023년 예상매출액이 1.5조 원으로 3배 이상 증가할 것으로 예상된다. 다만 늘어나는 수주물량만큼 공장 증설 등 투자비용도 만만치 않게 소요됨에 따라, 매출에 걸맞는 이익을 기대하기가 쉽지 않은 점은 주가에 부담으로 작용할 수도 있겠다.

역헤드앤숄더

주가가 바닥을 치고
상승할 것을 예고하는 패턴

헤드앤숄더의 반대 패턴을 '역헤드앤숄더(inverted head and shoulder)'라고 한다. 머리가 가장 아래 있고 양쪽 옆으로 어깨가 있다. 역헤드앤숄더는 왼쪽 어깨에서 머리, 오른쪽 어깨로 갈수록 거래량이 늘어난다. 역헤드앤숄더 패턴은 주가가 바닥을 쳤을 가능성이 크다는 신호로, 주가가 상승 반전할 것을 암시한다. 주가가 역헤드앤숄더의 목선을 뚫고 상승하면, 랠리(하락된 주가가 크게 상승할 때)가 이어진 경우가 많았다. 삼중바닥형(triple-bottom), 삼봉바닥형 모두 역헤드앤숄더의 다른 표현이다.

헤드앤숄더(역헤드앤숄더) 패턴이 나타났다고 해서 주가가 무조건 급락(급등)하는 것은 아니다. 헤드앤숄더와 역헤드앤숄더 패턴에서 가장 중요한 부분은 목선 돌파 여부다. 목선은 세 개의 봉우리가 그려질 때 바닥을 형성하는 선(저점과 저점을 연결)이다. 이 선을 중심으로 주가의 하락세나 오름세를 예측할 수 있다. 헤드앤숄더 패턴이 나온 후 목선을 이탈할 때 하락추세가 지속된다. 마찬가지로 역헤드앤숄더 패턴이 나온 후 목선(고점과 고점을 연결)을 뚫고 돌파하면서 본격적인 상승세가 지속된다. 주가가 상승추세에서 하락이 예상되는 패턴은 헤드앤숄더형, 이중천정형, 원형천정형, V자형 천정형 등이 있다. 반대로 하락추세에서 상승이 예상되는 패턴은 역헤드앤숄더형, 이중바닥형, 원형 바닥형, V자형 바닥형 등이 있다.

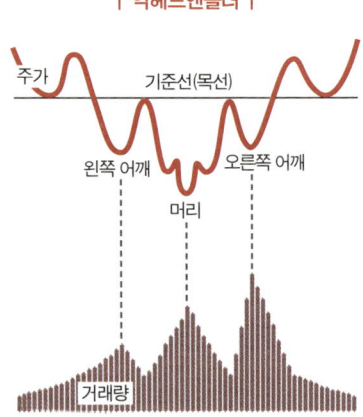

| 역헤드앤숄더 |

인플레이션

인플레이션 수혜주가 존재한다는데

화폐가치가 하락하여 전반적인 물가가 지속적으로 상승하는 현상을 인플레이션(inflation)이라 한다. 물가가 얼마 동안에 몇 퍼센트 이상 상승할 때 인플레이션이라고 하는가에 대해서 명시적으로 정해진 건 없지만, 대체로 소비자물가가 연 4~5%에 이르면 인플레이션 상태에 있다고 본다.

각국 정부가 코로나19 사태로 시중에 돈을 넉넉히 푸는 유동성 정책을 취하면서 인플레이션 우려가 커지고 있다. 화폐 발행이 늘어나는 만큼 화폐가치가 떨어지면 물가 상승을 초래하기 때문이다. 이렇게 되면 중앙은행은 인플레이션을 우려해 금리 인상을 고려하지 않을 수 없게 된다.

금리가 오르면 증시에서 가장 타격이 큰 종목 가운데 하나가 바로 '성장주'다. 성장주는 미래의 가치를 현재 주가에 반영한 종목으로, 투자금 조달이 원활한 유동성 장세에서는 매우 유리하지만 금리 인상으로 시중에 돈줄이 마르면 상황이 곤란해진다. 코로나19 사태로 벌어진 유동성 장세는 이른바 '성장주 시대'를 열었지만, 인플레이션 우려가 현실화될 경우 성장주의 운명도 가혹해 질 수 있음을 기억해둬야 한다.

인플레이션 덕분에 주가가 상승하는 종목도 있다. 정유와 비철금속 등을 다루는 원자재 기업이 대표적이다. 원자재 기업이 이른바 '인플레이션 수혜주'로 꼽히는 이유는 원자재 가격상승분을 상품가격에 전이시킬 수 있기 때문이다. 실제로 이러한 업종에 속한 기업들은 인플레이션의 영향으로 매출과 영업이익이 증가하게 된다. 정유 업계 '빅3'인 S-Oil, SK이노베이션(SK에너지 지배회사), GS(GS칼텍스 지배회사) 및 비철금속 업계 대장주인 고려아연과 풍산이 여기에 해당된다.

건설주

Wednesday 101

정부의 부동산 정책 헛발질이 건설주를 상승시킨다?!

건설주를 바라볼 때 중요한 이슈 하나는 분양 물량이다. 국내 건설사들은 대체로 주택 사업부문 마진이 절대적으로 높기 때문이다. 분양 물량이 늘어날수록 건설사의 영업이익에 호재로 작용한다.

지난해 서울·수도권 집값을 잡지 못한 정부는 1년 내내 부동산 정책 헛발질이라는 오명과 함께 여론의 질타에 시달려야 했다. 차갑게 돌아선 부동산 민심을 누그러 트리기 위해 정부가 꺼낼 수 있는 카드는 많지 않다. 당장 서울·수도권에 주택 공급 물량을 늘려 고공행진 중인 집값을 잡는 것이다. 대규모 분양 계획이 속속 발표되면서 자연스럽게 건설사의 수주도 늘어나고 있다. 이에 따라 증권가에서는 국내 건설경기가 앞으로 2~3년 동안 호조세를 이어갈 것이라 예상한다.

건설 업계 5대 대장주(현대건설, 대우건설, GS건설, DL이앤씨, HDC현대산업개발)의 합산 분양계획은 별도기준 13.1만 세대로 2020년 11.1만 세대 대비 18.2% 늘어났다. 연결기준 5개 사 합산 분양계획은 2021년 약 16만 세대로 전년 대비 29.2% 증가할 것으로 예상된다.

2020년 분양 공급이 많았던 대우건설과 GS건설은 1~2천 세대 증가에 그쳤으나 상대적으로 분양이 저조했던 현대건설과 DL이앤씨가 각각 1.2만 세대, 4천 세대의 분양 계획을 밝혔다. 현대건설의 경우 자회사의 분양계획도 크게 늘었다. 현대엔지니어링은 지난해 8천 세대 공급에서 2021년 2만 세대로 공급물량이 크게 늘어날 전망이다.

분양 시장의 온기는 건설주에 직접적인 호재로 작용할 전망이다. 5대 대장주 가운데 현대건설과 GS건설, 대우건설의 상승세가 두드러질 전망이다.

충당부채

LG에너지솔루션이 '코나' 리콜에 떠는 이유

회계에서 '부채(liability)'는 미래에 현금이나 회사의 자원을 사용해 이행해야 하는 의무다. 결제될 금액을 신뢰성 있게 측정할 수 있어야 재무상태표에 부채로 인식한다. 그런데 누구에게, 얼마를, 언제 지급할지 명확하지 않아도 부채로 잡아야 할 때가 있다. 바로 '충당부채'다. 충당부채는 지출의 시기나 금액이 불확실하지만, 과거의 경험을 바탕으로 추정해 부채로 설정한 것이다. 판매보증충당부채, 하자보수충당부채, 소송비배상충당부채, 포인트충당부채 등이 있다.

예를 들어 삼성전자에서 에어컨을 팔면 앞으로 무상수리에 회사의 현금과 부품 등이 투입될 가능성이 매우 크다. 그리고 무상수리에 소요되는 금액은 오랜 경험을 바탕으로 신뢰성 있게 추정할 수 있다. 따라서 이 금액만큼을 부채와 비용으로 미리 인식해야 한다. 충당부채를 회계상 인식하는 것을 '설정한다'고 표현하는데, 실제로 해당 금액을 은행 같은 곳에 쌓아 두는 것이 아니라 회계 장부에 미리 비용으로 인식하고 부채로 기입해 놓는다는 말이다. 실제로 수리비용이 발생했을 때 투입된 금액만큼을 충당부채로 설정해놓은 금액에서 차감해 부채금액을 줄여나간다.

대규모 충당부채는 기업가치를 계산할 때 악재로 작용한다. 2021년 2월 국토교통부와 자동차안전연구원이 현대차의 코나일렉트릭 화재 원인을 조사해 발표하겠다고 하자, 주식시장은 LG에너지솔루션(LG화학의 배터리 부문 분사)의 실적 악화를 우려했다. 코나에는 LG에너지솔루션의 배터리가 탑재되어 있는데, 화재 원인에 따라 최소 7700억 원 가량의 판매보증충당부채를 설정해야 하는 상황이 벌어질 수 있기 때문이다.

SK하이닉스

올해도 어닝서프라이즈는 계속될까?

삼성전자에 이어 전 세계 메모리반도체 시장 2위에 올라있다. 주력 생산제품은 D램, 낸드플래시, MCP 등이고, 2007년부터 시스템반도체(비메모리) 분야인 CIS 사업에 재진출했다. 지난해 10월 인텔의 낸드플래시 사업 양수를 결정함으로써 보다 공격적인 경영에 나섰다. 글로벌 반도체 시장점유율은 D램 29.4%, 낸드플래시 12.2%다.

SK하이닉스는 2020년 연결기준 실적으로 매출액 31조9004억 원, 영업이익 5조126억 원을 올렸다. 매출이 전년 대비 18% 늘어난 데 비해, 영업이익은 전년 대비 무려 84% 상승했다. 2018년 이후 2년 만에 영업이익 5조 원대를 재탈환했다. 영업이익률도 전년 대비 6% 포인트 증가한 16%로 나타났다. 실적 고공행진의 정점은 지난해 4분기였다. 매출과 영업이익이 각각 7조9662억 원과 9659억 원으로 집계됐다. 전년 동기 대비 각각 15.0%와 298.3% 늘어난 수치다. D램 10나노급 3세대(1Z나노)와 낸드플래시 128단 등 주력 제품을 안정적으로 양산한 것이 어닝서프라이즈로 화답했다.

SK하이닉스는 2021년에도 실적 상승이 기대된다. 글로벌 D램 시장이 신규 데이터센터 투자와 5G 스마트폰 출하량 증가 등으로 우호적이기 때문이다. 낸드 시장은 모바일 기기 고용량 제품 채용 및 SSD 수요 강세, 그리고 재고 해소 등으로 하반기부터 반등할 것으로 예상된다.

2021년 SK하이닉스의 실적에서 주목을 끄는 것은 영업이익이다. 증권가는 매출액은 전년 대비 20% 가까이 상승하지만, 영업이익은 또다시 전년 대비 80% 이상 늘어 9조 원대에 이를 것으로 보고 있다. 이를 반영해 SK하이닉스의 12개월 목표주가는 17만 원대에 이를 것으로 예상된다.

카메라모듈

스마트폰 진화를 이끄는 킬러 부품

Saturday
104

2021년에 출신된 삼성전자의 갤럭시 A시리즈 모델별 평균 카메라 탑재량은 4대다. '갤럭시 A72' 모델에는 펜타(5개) 카메라가 탑재된다. 중저가 모델인 '갤러시 A01'과 '갤럭시 A12'에도 각각 트리플(3개), 쿼드(4개) 카메라가 탑재될 예정이다. 2021년 갤럭시 A시리즈 카메라모듈 출하량은 5억만 대를 훌쩍 넘길 전망이다. 전년 대비 40%가 넘는 규모다.

삼성전자, 애플 등 스마트폰 회사들은, 소비자에게 어필할 수 있는 경쟁력을 카메라에서 찾았다. 스마트폰 카메라모듈 시장이 거대해지는 이유다.

중국 스마트폰 제조사 화웨이가 미국 상무부로부터 무역제재를 받아 핵심부품을 공급 받지 못해 플래그십 제품 생산에 큰 차질을 빚으면서 삼성전자와 애플이 막대한 반사이익을 누릴 전망이다. 이로써 삼성전자에 카메라모듈을 공급하는 삼성전기 및 애플의 카메라모듈 최대 공급사 LG이노텍 등 국내 기업들의 수혜가 예상된다.

삼성전기는 2021년 매출액이 전년 대비 9% 이상 상승해 9조 원대를 넘길 것으로 보인다. 영업이익은 전년 대비 30% 이상 뛰어 1조 원에 육박할 것으로 예상된다. 높은 실적을 반영해 2021년 말 목표주가는 연초 대비 15% 이상 상승해 25만 원에 이를 것으로 예상된다. LG이노텍은 2021년 매출액이 전년 대비 15% 이상 상승해 10조 원을 훌쩍 넘길 전망이다. 영업이익은 전년 대비 무려 20% 가까이 오를 것으로 예상된다. LG이노텍의 2021년 말 목표주가도 27만 원 내외가 예상된다. 삼성전기, LG이노텍 말고도 국내에는 우수한 카메라모듈 중견 기업들이 여럿 있다. 증권가에서는 파트론, 엠씨넥스, 동운아나텍 등을 유망종목으로 꼽는다.

ESS

글로벌 시장 성장세에 따른 최대 수혜주는?

ESS는 Energy Storage System의 이니셜로, 우리말로 에너지저장장치를 가리킨다. 전력이 남아돌 때 저장한 뒤 부족할 때 쓰거나 필요한 곳으로 보내주는 장치다. 신재생에너지 비중이 커질 경우 전력 수급을 안정적으로 운영하는 데 유용하다. 블랙아웃 등 비상시에도 활용할 수 있고, 전기차 보급을 위한 인프라이기도 하다. 가정에서는 심야전력을 저장했다가 피크타임에 쓸 수 있도록 해 전기요금을 아낄 수 있는 제품으로 주목 받고 있다.

ESS는 국내보다는 미국 등 해외시장을 중심으로 크게 성장하고 있다. 글로벌 ESS 시장 규모가 2025년 90GWh로 2020년 12GWh 대비 7배 이상 성장할 것으로 예상된다. 글로벌 전기차 회사 테슬라도 ESS 사업에 적극 뛰어들 정도로 ESS의 미래 성장성은 매우 높다. 특히 미국 바이든정부는 풍력과 태양광 등 신재생에너지 발전 비중을 높인다는 계획을 발표했는데, 전력 공급 및 전력망 안정성 측면에서 ESS의 수요가 급증할 것으로 전망된다. 기술 혁신이 가시화되면서 배터리 가격이 2023년 전후로 한 단계 더 낮아질 전망인데, 아시아 등 신흥국으로 시장이 넓어질 가능성이 크다.

글로벌 ESS 시장은 검증된 기술력을 갖춘 자동차 배터리 상위 업체들이 주도해 나가고 있다. ESS 세계 시장점유율 1위는 삼성SDI다. 삼성SDI의 2021년 ESS 매출액은 전년 대비 70% 상승한 2.5조 원으로 예상된다. 영업이익은 전년 대비 무려 430% 상승할 전망이다. 특히 삼성SDI는 경쟁사와 달리 전기차 배터리와 ESS의 생산라인을 혼용해 활용하고 있어 수익성면에서도 유리하다. 2020년 4분기부터 테슬라에 대규모 ESS 배터리 공급을 시작하는 등 주가 상승을 이끄는 호재가 이어지고 있다.

코스피·코스닥

안정성이냐 성장성이냐,
그것이 문제로다!

우리나라 주식시장은 크게 유가증권시장, 코스닥, 코넥스로 나뉜다. 유가증권시장은 국내에서 가장 오래된 주식시장으로, 비공식 명칭은 코스피(KOSPI : Korea Composite Stock Price Index)다. 비교적 규모가 큰 기업들이 모여 있다. 코스닥(KOSDAQ : Korea Securities Dealers Automated Quotation System)은 규모가 작은 중소기업과 벤처기업이 모여 있는 주식시장이다. 2013년 문을 연 코넥스(KONEX : Korea New Exchange)는 설립 초기 단계의 벤처기업이나 중소기업의 자금 조달을 돕기 위해 개설된 시장이다.

코스피와 코스닥, 두 시장은 진입 요건에 차이가 있다. 코스피에 신규 상장하려면 규모, 경영 성과, 안정성, 건전성 요건을 충족해야 한다. 자기자본 300억 원 이상을 보유하고 최근 매출액이 1천억 원 이상이면서 3년 평균 매출액이 700억 원 이상이거나 시가총액 6천억 원 이상 등의 기준을 충족해야 상장할 수 있다. 반면 코스닥시장은 상대적으로 상장 요건이 느슨하다. 시가총액이 500억 원 이상, 연매출액이 30억 원 이상, 최근 2년 평균 매출액증가율이 20% 이상 등의 요건을 충족해야 한다.

코스피시장은 대다수 펀드가 코스피지수와 코스피200 등을 추종하고 있어서 자금이 안정적으로 유입돼 주가 부양에 더 유리하고, 대규모 자금 조달에 쉬워 이전상장을 추진하는 경우가 많다. 2008년 네이버와 LG유플러스, 2017년 카카오, 2018년 셀트리온이 코스닥에서 코스피 시장으로 이전상장했다.

코스피시장은 무역협상, 정상회담 등 대외 이벤트와 환율 등에 민감하게 반응한다. 코스닥시장은 시가총액과 거래량이 적어서 약간의 호재성 정보나 소문에도 자금 쏠림이 나타나 주가가 큰 폭으로 출렁인다.

MSCI

코스피지수 전체를 올리려면 신흥국지수 족쇄부터 풀어야

경제 뉴스기사를 읽다 영문 이니셜이 등장하면 갑자기 흐름이 툭 끊기는 데, 사실 뜻을 알고 나면 별게 아니다. MSCI도 마찬가지다. MSCI는 한마디로 세계주가지수를 가리킨다. 미국계 투자은행인 모건스탠리의 자회사 모건스탠리 캐피털 인터내셔널이 49개국 증시를 대상으로 주식 시세를 조사해 발표한다. 모건스탠리 캐피털 인터내셔널의 영문 이니셜과 지수를 뜻하는 Index의 이니셜을 합해 MSCI로 부른다. 글로벌 대형 펀드회사 등 세계적인 큰손들이 기준으로 삼는 글로벌 지수 가운데 가장 영향력이 크다. 지수를 구하는 방식은 각국 주식시장 전체의 시가총액 60%를 반영하는 종목을 선정한 다음 이들 종목의 시가총액을 합산하여 구한다.

MSCI는 미국·유럽 등 23개국 선진국시장을 대상으로 한 선진국(DM)지수와 아시아·중남미 등 28개국 신흥시장을 대상으로 한 신흥국(EM)지수로 크게 나뉜다. 한국의 주식시장은 EM지수에 들어간다. MSCI와 더불어 3대 세계 지수로 꼽히는 FTSE와 S&P 글로벌 주가지수에서 한국을 선진국으로 분류하고 있는 것과 차이가 있다.

코스피가 사상 처음 장중 3000선을 돌파서자, 한국 증시가 한 단계 올라서려면 MSCI에서 DM지수에 편입되어야 한다는 지적이 나왔다. 국내시장에 거물급 외국인 투자자들을 적극적으로 끌어들이려면 신흥국 족쇄에서 벗어나야한다는 것이다. 글로벌 투자자들은 MSCI에서 EM에 편입된 시장을 가리켜 성숙하지 않다고 평가하기 때문이다. MSCI EM지수는 DM지수에 비해 평균 40%가량 저평가된다는 점을 감안하건대, 코스피가 지수 수준을 높이려면 MSCI DM지수에 들어가는 게 중요하다.

건설기계주

국내외 건설경기 호조로 실적에 청신호

건설기계 업종에서 가장 중요한 것은 단연 건설경기다. 국내 뿐 아니라 글로벌 건설경기, 특히 미국과 중국의 상황을 예의주시해야 한다. 국내 건설기계 회사들은 미국과 중국향 매출 비중이 적지 않기 때문이다. 국내 건설 업황은 매우 좋다. 대규모 분양 계획이 연이어 발표되면서 건설수주가 증가하고 있기 때문이다. 증권가에서는 국내 건설경기가 앞으로 2~3년 동안 호조세를 이어갈 것으로 보고 있다. 미국과 중국의 건설경기도 밝다. 조 바이든 미국 대통령은 임기 중 4조 달러(약 4400조 원) 규모의 친환경 인프라 투자를 발표했다. 중국 정부 역시 미국 못지않은 규모의 인프라 투자를 단행할 계획이다. 국내 건설기계 업계는 1위 **두산인프라코어**와 2위 **두산밥캣**, 3위 **현대건설기계**가 대장주로 자리잡고 있다. 그런데 현대건설기계의 최대주주인 **현대중공업지주**가 두산인프라코어를 인수하면서 업계에 지각변동이 일어났다. 이번 인수·합병은 전 세계 건설기계 업계에 미치는 영향도 적지 않다. 두산인프라코어는 글로벌 건설기계 9위로, 시장점유율이 3.7% 수준이다. 현대건설기계는 글로벌 순위 20위로 시장점유율은 1.5% 정도다. 단순 합산해 견준다면 5위 볼보건설기계(5.2%)와 비슷해진다. 글로벌 건설기계 1, 2위인 미국 캐터필러(12.6%)와 일본 고마츠(11.9%)에 이어 나머지 상위권 업체 시장점유율이 5%대로 엇비슷한 점을 감안하건대, 두 회사 간 인수·합병이 글로벌 건설기계 시장에 미칠 파장은 대단히 크다. 두 회사는 인수·합병으로 규모가 커지는 만큼 부품 구매계약 등에서 유리해지는 데다 해외 영업망을 공유하는 등 시너지 효과를 누릴 수 있다. 글로벌 건설기계 회사들이 긴장할 수밖에 없는 이유다.

물적분할

LG화학 분할에 왜 개미들의 원성이 자자했을까?

2020년 11월 LG화학이 전기차 배터리로 대표되는 전지 사업부문 분할을 발표하자, 소액주주들이 거세게 항의했다. 논란은 LG화학이 선택한 '물적분할'이라는 분할 방식에서 비롯되었다.

하나의 기업을 쪼개 둘 이상의 기업으로 만드는 기업분할은 주주총회 특별결의를 거쳐야 한다. 참석 주주의 3분의 2 이상이 승인하고, 총발행주식수의 3분의 1 이상이 승인해야 기업을 분할 할 수 있다. 분할 방식에는 물적분할과 인적분할(139쪽)이 있다.

물적분할은 분할로 떨어져 나가는 신설회사가 발행하는 주식 전부를 존속회사가 가지는 방식이다. 즉, 존속회사와 신설회사가 100% '모회사-자회사' 구조로 바뀌는 것이다. 물적분할은 분할비율에 따라 회사의 재산만 나눌 뿐, 주식을 나누지는 않는다. 신설회사 주식 100%를 모회사인 존속회사가 가지기 때문에, 분할 후 주주 가치나 주주 지배력에는 변화가 없다.

LG화학 소액주주들은 왜 물적분할을 반대했을까? '모회사 디스카운트' 때문이다. 모회사와 자회사가 함께 상장돼 있으면, 모회사가 보유한 자회사의 지분 가치를 제대로 평가 받지 못하는 현상이 나타난다. 자회사에 직접 투자할 수 있는데, 모회사를 거쳐 투자할 필요가 없기 때문이다. 전지 사업부문의 성장 가능성을 보고 LG화학에 투자한 투자자들은 물적분할 시 신설회사(전지 사업부문) 주식을 받지 못한다. 오히려 신설회사가 IPO(기업공개)를 하면서 신주를 대거 발행하면, 기존 주주들의 주식가치가 희석(지분율 하락)될 수도 있다. 반면 LG화학이 소액주주의 바람대로 인적분할을 하면 신설회사 주식은 지분율대로 존속회사(LG화학) 주주들에게 배성된다.

LG화학

배터리 사업 호황이 주가 상승 견인

LG화학의 사업부문별 매출 비중은 석유화학(57%)과 배터리(23%), 첨단소재(16%) 등이 대부분을 차지하지만, LG화학의 주가는 배터리가 좌우할 정도로 시장에서 2차전지 사업에 거는 기대가 크다. LG화학은 2020년 12월 1일자로 기존 전지 사업부문을 100% 자회사로 물적분할하여 LG에너지솔루션을 출범시켰다. LG화학은 전지 사업부문 물적분할로 다양한 방식의 자금 유치가 가능해졌다. 아울러 2021년 전기차 시장이 본격화되면서 2차전지 사업 영업이익이 전년 대비 무려 95% 증가할 전망이다.

LG화학의 배터리 사업은 해외시장에서의 성장이 두드러진다. 전기차 시장의 주요 지역별 연평균성장률(2020~2025년)은 유럽 46%, 북미 52%, 중국 39%로 예상되는 바, LG화학은 각 거점 시장에서 골고루 수혜를 누리고 있다. LG화학의 배터리 해외사업 비중은 2020년 92%에서 2022년 95%로 좀 더 커질 전망이다.

증권가에서는 LG화학의 2021년 목표주가를 130만 원대로 예상한다. 전지 사업부문이 LG에너지솔루션으로 물적분할했지만, 2차전지 소재 사업은 여전히 LG화학에서 주도해 나갈 방침이다. 2차전지 세계 1위 기업으로서의 프리미엄이 계속해서 LG화학의 주가 상승을 견인해 나갈 전망이다.

자회사 LG에너지솔루션은 당초 2022년 전후로 IPO가 진행될 예정이었지만 상장 시계가 빨라지면서 2021년 안에 상장을 마무리한다는 계획이다. LG에너지솔루션의 상장 후 기업가치는 최대 100조 원까지 거론된다. 공모금액은 10조 원 이상으로 추정된다. LG에너지솔루션의 2020년 연간 매출액은 13조 원 내외다.

마일스톤

신약 개발 단계별 성과보수

바이오와 제약 종목 투자자들 중에 유독 대박을 노리는 사람들이 많은 이유는, 실제로 주가가 급등하는 제약·바이오주들이 심심찮게 등장하기 때문이다. 제약·바이오주를 쥐락펴락 하는 것은 신약 개발 성과다.

제약·바이오 기업의 신약 개발 단계를 가리켜 '파이프라인(pipe line)'이라 부르는 이유는 신약 개발 과정이 그만큼 길고 지난하기 때문이다. 신약후보 물질을 발굴해내는 것만으로도 엄청난데, 이를 제품화하려면 3단계에 이르는 임상시험(29쪽)을 거쳐야 한다. 심지어 까다롭기로 악명 높은 미국의 식품 의약국(FDA)을 통과해야 글로벌 공신력을 인정 받게 된다.

결국 제약·바이오 기업들은 신약 개발 단계에서 계약금이나 단계별 성과 보수를 받아 개발 자금에 충당하곤 하는 데, 이를 가리켜 '마일스톤'이라 한다. 마일스톤(milestone)의 사전적 의미로는, 도로에서 각 방향이 어느 쪽을 가리키고 있는지를 나타내는 표지 또는 프로젝트 진행 과정에서 특기할 만한 사건을 가리킨다. 제약·바이오 기업이 개발 중인 신약에 관해 기술이전 등 라이선스 계약을 할 때에는 개발 단계별 성취도에 따라 기술료를 지급하는 마일스톤 방식을 취하는 게 보통이다. 신약 개발이 완료되어 제품화 단계에 접어들면 계약금 및 마일스톤과는 별도로 로열티가 발생한다.

한편 증시에서 회자되는 '마일스톤 징크스'라는 말에는 전혀 다른 의미가 있다. 주가지수가 특정 분기점(마일스톤)에 도달하기 직전, 투자자들이 두려움에 차익 실현을 하면서 증시 상승세가 꺾이는 현상을 뜻한다. 이를테면 코스피가 3000선을 넘어서면서 어느 한순간 상승세가 급격하게 꺾였다면 수많은 투자자들 마음속에 마일스톤 징크스가 작용한 것이라 할 수 있다.

인터넷플랫폼

다음 정차할 곳은 금융플랫폼

인터넷서비스 기업 네이버가 영위하는 사업은 참 다양하다. 커머스에서 광고, 금융은 물론 콘텐츠에까지 비즈니스 영토 확장에 지칠 줄 모른다. 한때 정보의 숲으로 들어가는 관문(portal)에 그쳤던 네이버는 어느새 다양한 비즈니스를 연결하는 접점(platform)이 되었다. 인터넷포털에서 인터넷플랫폼으로 진화한 것이다.

인터넷플랫폼 기업의 성장이 무서운 이유는 거침없는 시장침투력 때문이다. 네이버 뿐 아니라 카카오, 구글, 유튜브, 알리바바, 아마존 등 거대 인터넷플랫폼들이 가공할 디지털 기술을 앞세워 다양한 시장으로 침투해 들어오고 있다. 5G가 제공하는 '초연결성' 기술은 인터넷플랫폼의 시장침투력을 훨씬 배가시켰다. 인터넷플랫폼의 최대 강점은 다양한 사업 분야에서 창출되는 빅데이터다. 네이버와 카카오톡이 보유한 엄청난 이용자 데이터는 커머스와 광고, 금융 비즈니스를 성공적으로 론칭하는 토대가 되었다.

인터넷플랫폼의 미래는 밝다. 코로나19 여파로 언택트 라이프스타일이 일상화되면서 인터넷플랫폼의 역할은 훨씬 넓어질고 중요해질 전망이다. 이를 반영하듯 네이버와 카카오의 실적은 고공행진을 멈추지 않고 있다.

네이버와 카카오가 플랫폼 사업에서 특별히 힘을 쏟는 분야는 금융이다. 쇼핑과 결제에 머무르지 않고 대출과 보험, 투자까지 아우르는 종합 금융플랫폼으로의 변신을 꾀하고 있다. 네이버에서 전자결제 사업을 담당하는 네이버페이가 네이버파이낸셜로 사명을 변경한 이유가 여기에 있다. 카카오 역시 금융사업의 쌍두마차인 카카오뱅크와 카카오페이의 상장을 통해 기업가치를 한 단계 더 끌어올리려 하고 있다.

K-OTC

'따상'을 염원하는 투자자가 주목하는 시장

금융투자협회가 운영하는 K-OTC(Korea Over The Counter : 장외주식시장)는 상장하지 못한 장외기업들이 제도권 시장에서 주식을 거래할 수 있는 곳이다. 최근 사업연도 매출이 5억 원(크라우드펀딩 특례 적용 기업은 3억 원) 이상, 감사의견에 문제가 없으며 자본이 전액 잠식(자본금보다 자본총계가 적은 상태)된 기업이 아니라면 등록·지정될 수 있다. K-OTC에서 거래 중인 종목수는 137개, 전체 시가총액은 18조41448억 원이다(2021년 2월 3일 기준).

K-OTC는 등록기업과 지정기업 두 가지가 있다. 등록기업 중에는 코스피나 코스닥 상장을 염두에 두고 시장에 진입하는 경우가 많다. 삼성에스디에스, 미래에셋생명, 제주항공 등이 K-OTC를 거쳐 상장했다.

2020년 K-OTC 연간 거래대금은 1조2766억 원으로 시장이 출범한 2014년 이후 처음으로 1조 원을 넘었다. 2020년 공모주 투자로 '따상(시초가가 공모가의 두 배로 시작한 후 상한가 진입)'을 학습한 개인투자자들이 장외시장에서 유망주를 선점하려는 수요가 반영된 결과다. 장외시장에서는 거액의 청약증거금 없이 해당 종목의 현재가에 해당하는 금액만 납입하면 주식을 매수할 수 있다.

K-OTC에 투자하는 투자자는 주식양도세는 내지 않고 증권거래세만 원천 징수 방식으로 낸다(5000만 원까지 양도소득 기본공제). 증권거래세도 2021년 0.02%p, 2023년 0.08%p 인하해 최종적으로 0.15%로 낮아진다.

K-OTC는 투자자뿐만 아니라 기업에게도 유용한 시장이다. 2020년 K-OTC를 통해 기업은 5133억 원에 달하는 자금을 조달했다. 시장 진입 및 유지를 위한 추가 부담이 없어, 비상장사가 상장을 위한 테스트베드로 활용할 수도 있다.

도덕적 해이

피해는 고스란히 개인투자자 몫

경제기사에 자주 등장하는 '도덕적 해이(moral hazard)'란 용어는 '도덕적'이란 표현 때문에 윤리적으로 나쁜 행동이라는 뜻으로 이해되기도 하지만, 경제학에서 말하는 도덕적 해이는 그 의미가 조금 다르다. 도덕적 해이는 원래 보험에서 비롯됐다. 보험 가입자가 보험금을 타기 위해 고의로 사고를 내거나 사고방지의무를 게을리 하는 것을 일컫는다.

자본시장이 복잡해지면서 도덕적 해이는 경제현장 곳곳에서 일어난다. 그래서 그 의미도, 계약 당사자 중 일방이 오로지 자신의 이익을 위해 불법 또는 탈법적인 행위를 일삼아 상대방에게 손해를 끼치는 행위를 통틀어 부르는 말로 일반화 되었다.

도덕적 해이는 주식시장에서도 다양한 형태로 발생한다. 그 가운데 특히 회사의 상장과 동시에 대량의 주식을 한꺼번에 팔아 차익을 챙긴 대주주들 때문에 개인투자자들이 손해를 보는 경우에 도덕적 해이가 불거져 나온다. 지난해 시장에서 큰 주목을 받았던 빅히트엔터테인먼트의 경우, 3대와 4대 주주인 투자회사가 상장 첫 주에 빅히트 전체 주식의 4%가 넘는 물량을 팔아치운 여파로 빅히트엔터테인먼트의 주가가 곤두박질치며 반 토막 난 경우가 그 예이다. 소액투자자가 피해를 볼 것이 예상되는 상황에서 주요 주주 신분에서 차익 실현을 위해 주식을 대량으로 팔아치운 것은, 비록 법적으로는 문제가 없더라도 이른바 투자윤리적 문제는 짙게 남는다는 게 증권가 전문가들의 견해다. 더구나 해당 투자회사의 대표는 빅히트의 등기임원 신분이었다. 정보력이 취약한 개인투자자로서는 투자기업의 IR설명회만으로 이러한 위험을 미리 감지하는 게 현실적으로 어렵다.

건자재주

전통적인 저평가주, 주가 상승여력 충분

건자재 산업은 목재, PVC, 도료, 창호에서 가구에 이르기까지 건축에 필요한 전방위 재료와 소재를 생산·유통하는 업종으로, 다양한 사업부문에 걸쳐 수많은 기업들이 포진해 있기 때문에 투자적 관점에서 접근하기가 쉽지 않은 섹터다. KCC와 LG하우시스가 대장주 노릇을 하고 있고, 아이에스동서와 동화기업이 그 뒤를 따르고 있다. 가구 사업부문에서는 한샘과 현대리바트가 대장주로 꼽힌다.

건자재주는 2020년까지 건설경기 장기 불황에 코로나19까지 겹쳐 쉽지 않은 시기를 보내야 했다. 다행히도 2021년 이후에는 업황이 나아질 것으로 전망된다. 건자재 업황은 태생적으로 건설경기에 좌우될 수밖에 없는 운명인데, 2021년 건설경기가 반등할 것으로 예상되기 때문이다.

무엇보다 분양 계획이 크게 늘어날 전망이다. 연결기준 5개 대형 건설사(현대건설, GS건설, 대우건설, DL이앤씨, HDC현대산업개발) 합산 분양계획이 2021년 약 16만 세대로 전년 대비 30% 가까이 증가할 것으로 예상된다. 주택 분양 수주 증가는 단발에 그치지 않고 향후 2~3년 간 꾸준히 이어질 것으로 보인다. 솟구치는 집값을 잡기 위해 정부가 내놓은 카드가 서울·수도권 공급 물량 확대인 것을 감안하건대, 분양 수주 증가에 따른 건설경기 호황이 건자재 업황으로까지 이어질 가능성이 매우 높기 때문이다.

따라서 투자적 관점에서 건설주 못지않게 건자재주에도 관심을 가져 볼 만하다. 특히 건자재주는 주식시장에서 전통적인 저평가주에 속한다. 그만큼 주가 상승여력이 높다는 얘기다. 업황 반등이 예상되는 저평가주만큼 투자매력이 높은 섹터는 흔치 않다.

인적분할

내가 투자한 기업이 인적분할하면 주식은 어떻게 될까?

LG그룹은 2020년 11월 LG하우시스, LG MMA, LG상사, 실리콘웍스 등 계열사 4개를 '인적분할'하고 신규 지주사 LG신설지주(LX홀딩스)를 설립한다고 발표했다. LG그룹은 인적분할 후 전자·화학·통신 등의 사업에 주력하기로 했다. LG그룹 인적분할은 선대 회장이 별세하면 장남(구광모 회장)이 그룹 경영권을 이어받고 동생(구본준 고문)들은 계열 분리해 독립하는 LG그룹 전통에 따른 것이다.

인적분할은 분할로 존속하는 회사 주주들에게 신설회사가 발행하는 주식을 지분율대로 배정하는 방식이다. 예를 들어 패션과 코스메틱 사업부를 가지고 있는 (주)뷰티가 패션 사업을 인적분할해 신설회사를 만든다고 해보자. 김철수는 (주)뷰티 지분 3%를 가지고 있다. 분할로 새로 만들어진 패션회사 (주)맵시는 주식을 발행해야 한다. 이 주식은 기존 (주)뷰티 주주들에게 지분율에 비례해 배분된다. 따라서 김철수는 인적분할 후 두 회사(뷰티+맵시) 모두에 대해 3% 주주가 되며, 두 회사에 대한 지배력도 그대로 유지하게 된다.

상장사를 인적분할하면 존속회사는 변경상장 절차를 거쳐 상장사 지위를 유지한다. 분할 신설회사도 재상장하는 경우가 일반적이다. 분할 신설회사는 상장사 내 사업부문이 떨어져 나온 것이라, 재상장 심사 절차는 까다롭지 않은 편이다.

인적분할보다는 물적분할(132쪽)로 기업을 분할하는 사례가 훨씬 많다. 인적분할은 지주회사(321쪽) 체제로 바꾸려는 기업들에서 많이 나타나고, 물적분할은 사내 사업부문을 독립경영체제로 바꾸려는 기업에서 많이 볼 수 있다.

SK이노베이션

배터리 관련 주가는 생산능력에 달렸다

SK이노베이션은 석유사업(SK에너지, SK트레이딩인터내셔널), 화학사업(SK종합화학, SK인천석유화학), 윤활유사업(SK루브리컨츠), 전지사업(SK이노베이션) 등을 영위하는 종합 에너지·화학 그룹이다. 매출 비중을 살펴보면, 정유 사업이 70%, 화학 사업이 20%로 대부분을 차지한다. 이어 윤활유와 배터리가 각각 4%로 미미한 수준이다.

그런데 증권가에서 쏟아내는 SK이노베이션 리포트를 찾아보면 배터리 얘기가 대부분을 차지한다. 이는 SK이노베이션의 주가가 배터리 사업에 좌우되고 있음을 의미한다고 해도 지나치지 않다. SK이노베이션 측에서도 기업의 미래를 배터리 사업에 걸고 있으니 이해 못할 바도 없다.

SK이노베이션의 배터리 사업 투자는 한마디로 '닥치고 공격'이다. 지난해 말에 이미 2차전지 생산능력을 30GWh까지 확보한 데 이어, 올해 1분기에 중국 2개 지역(옌청, 혜주) 공장이 완공되면 생산능력이 40GWh으로 늘어난다. 이게 끝이 아니다. 미국과 헝가리에 신규 공장이 완공되면 2023년 85GWh, 2025년 125GWh로 엄청난 생산능력을 보유하게 될 전망이다.

올해 배터리 예상 매출 3.5조 원에 이어 내년에는 5.5조 원으로, 실적에서도 높은 성장세가 예상된다. 현재 수주잔고가 금액 기준으로 70조 원을 확보하고 있기 때문에 예상 매출액 달성은 무난해 보인다.

현재 증시에서 배터리 관련 주가는 이익보다는 생산능력 확보에 더욱 민감하게 반응한다. 지난해 3월 19일에 5만5100원까지 떨어졌던 주가가 올해 2월 3일 32만7500원까지 급등한 것도 공격적인 배터리 사업 투자와 무관하지 않음을 기억해 둘 필요가 있다.

라이선스아웃

이익과 주가를 끌어올리는 비즈니스 모델

라이선스아웃(License-Out, LO)이란 기업이 보유한 기술, 물질, 제품, 특허, 노하우 등의 지적재산권을 다른 회사에 이전하는 것을 뜻한다. 해당 기업이 가지고 있는 기술력을 의미하는 '라이선스'에 외부로 내보낸다는 '아웃'을 붙인 조어로, 흔히 '기술수출'로 통용된다. 반대로 라이선스인(License-In)은, 글로벌 대형 제약사들이 보유한 기술을 국내로 들여오는 것을 가리킨다.

일반적으로 임상시험 단계에서 라이선스아웃 계약이 체결되지만, 간혹 임상이 끝난 뒤에도 제조 및 판매 계약이 맺어지기도 한다. 국내 제약사들이 직접 자신들이 개발한 신약 물질들을 생산하기보다 기술수출 형태인 라이선스아웃을 선택하는 이유는, 막대한 자금과 시간이 들어가는 신약 개발 부담을 줄일 수 있기 때문이다. 또한 신약 개발 플랫폼의 경우 여러 기업과 계약 체결이 가능해 실패 확률이 높은 신약 상용화의 성공 가능성을 높이기도 한다.

라이선스아웃은 제약사의 영업이익을 끌어올리는 알토란 비즈니스 모델로 꼽힌다. 실제로 지난해 유한양행은 폐암 신약의 라이선스아웃으로 영업이익이 전년 대비 6배 가까이 성장했다. 지난해 유한양행의 영업이익은 843억 원으로 전년보다 572% 증가했다. 순이익도 전년 대비 420% 늘어난 1904억 원을 기록했다. 유한양행은 비소세포 폐암치료제인 '레이저티닙' 기술을 존슨앤드존슨의 자회사 얀센에 수출해 공동 개발하고 있다. 유한양행은 레이저티닙을 포함해 지난해 4분기에만 얀센으로부터 700억 원 이상의 마일스톤(단계별 성공에 따른 기술료, 134쪽)을 받았다. 유한양행의 연간 기술수출에 따른 수익은 1800억 원을 웃돈다. 라이선스아웃이 주가 상승을 이끄는 데는 다 이유가 있는 것이다.

시스템반도체

4차 산업혁명의 근간을 이루는 뇌세포

반도체는 크게 정보를 저장하는 용도로 생산하는 메모리반도체(D램, 낸드플래시 등)와 정보를 처리하는 용도로 생산하는 비메모리반도체로 구분하는데, 후자를 가리켜 시스템반도체라 부르기도 한다.

시스템반도체는 주로 연산이나 추론 등 정보처리 목적으로 활용된다. 컴퓨터의 두뇌에 해당하는 중앙처리장치(CPU), 스마트폰의 CPU라 불리는 애플리케이션프로세서(AP)의 핵심소재가 바로 시스템반도체이다. 뿐만 아니라 자동차, 항공기, 선박, 에너지시설 및 각종 전자기기와 기계류의 다양한 기능을 조정하는 역할을 담당하는 칩(chip)을 가리켜 시스템반도체(SOC: System On Chip)라고 부른다.

4차 산업혁명 시대의 도래로 5G, 인공지능, 빅데이터, 자율주행차, 로봇 등 정보처리의 지능화를 강조하는 기술이 산업을 주도하면서 시스템반도체의 수요가 폭발하고 있다. IT 시스템의 두뇌 역할을 하는 시스템반도체가 전 세계적으로 품귀현상을 빚고 있지만, 최첨단 반도체 칩에 해당하는 시스템반도체를 대량으로 공급할 수 있는 회사는 대만의 TSMC와 미국의 인텔, 그리고 삼성전자 등 몇몇에 불과하다.

투자적 관점에서는 시스템반도체 중에서도 핵심 소부장(소재·부품·장비) 업체들을 주목해야 한다. 국내 유일의 시스템반도체 파운드리 전문업체인 **DB하이텍**, 디스플레이 구동 칩을 설계하여 공급하는 국내 1위 팹리스 업체 **실리콘웍스**, 역시 국내 유일의 시스템반도체 웨이퍼 테스트 전문업체 **테스나** 및 시스템반도체 후공정(패키징, 테스트) 사업에서 경쟁력을 갖춘 **SFA반도체**와 **네패스** 등이 시스템반도체 소부장 수혜주로 꼽힌다.

기관투자자

국내 증시 3분의 1을 쥐고 있는 자본시장의 큰손

Monday
120

주식시장에서 투자 주체는 크게 개인, 외국인, 기관 투자자로 나눌 수 있다. 외국인투자자는 대개 글로벌 투자은행, 헤지펀드 등 해외 기관투자자를 가리킨다. 기관투자자는 대규모 자금으로 투자활동을 하는 주체로, 다수 투자자로부터 자금을 모아 주식에 투자하는 법인 형태의 투자자를 가리킨다. 투자신탁회사, 은행, 증권사, 보험사, 사모펀드, 연기금 등이 기관투자자다. 연금제도에 의해 모여진 자금을 의미하는 연기금은 국민연금, 공무원연금기금, 우체국보험기금, 사학연금기금 등을 가리킨다. 기관투자자는 외국인투자자와 함께 월등한 자금력과 정보력으로 주가에 큰 영향을 미친다.

2021년 2월 청와대 국민청원게시판에 "국민연금은 당장 국내 주식 매도를 중지해달라"는 청원이 올라왔는데, 청원의 요점은 3200포인트를 넘어선 코스피지수가 정체된 원인이 국민연금의 국내 주식 매도세 때문이라는 것이다. 국민연금은 '국민연금 기금운용 중기 자산배분안'의 해외투자 확대 방침에 따라 포트폴리오에서 국내 주식 비중을 줄이고 해외 주식 비중을 늘리고 있다. 2020년 11월 기준으로 국민연금의 자산 규모는 807조 원으로, 국내 증시 시가총액의 3분의 1에 육박한다. 국민연금이 국내투자를 줄이려는 이유는, 국민연금이 보유 자산을 매각해 가입자에게 연금을 지급해야 할 시점에 국내 주식을 과도하게 보유하고 있으면 시장에 커다란 충격을 줄 수 있기 때문이다. 국회예산정책처의 '2019~2060년 국민연금 재정 전망'에 따르면, 국민연금 적립금은 2040년부터 적자로 전환해 2054년 고갈될 것으로 예상된다. 국민연금과 함께 세계 3대 연기금 가운데 하나인 노르웨이 국부펀드는 모든 자산을 해외에 투자하고 있다.

폰지사기

'안전한 고수익'이라는 사기의 기원

'안전'하면서도 '고수익'이 보장된 투자처란 현실적으로 가능할까? 라임과 옵티머스 사태가 한국의 투자시장을 강타하면서 유독 많이 회자된 용어 가운데 '폰지사기'가 있다.

폰지사기는 이탈리아계 미국인 찰스 폰지의 사기극을 가리킨다. 폰지의 사기 행각은 1919년 성탄절 바로 다음날 보스턴에 증권거래회사를 차리는 것으로 시작됐다. 그는 만국우편연합 가입국 어디서나 우표로 교환해 답신할 수 있게 해주는 쿠폰인 '국제우표반신권' 사업을 한다며 "45일에 수익률 50%", "90일에 원금의 2배"라고 선전했다. 나라마다 다른 우편요금 탓에 값이 싼 이탈리아에서 쿠폰을 사서 미국에서 현금으로 바꾸면 큰 수익을 얻을 수 있었다. 처음 50%의 수익을 보장하자 소문은 빠르게 퍼져 초기에 4만 명이 1500만 달러를 투자했다. 요즘 시세로 1억5000만 달러를 웃도는 거금이다. 사람들은 집을 담보로 대출을 받아 투자하는 등 열광했다. 그러나 사기성 거래에 바탕을 둔 비정상적인 수익률이 지속될 수는 없었다. 막대한 자금을 투자할 만큼 쿠폰이 발행되지도 않았다. 폰지는 투자자들한테 약속한 수익률을 보장하기 위해 새로운 투자자들을 끌어 모았고, 결말은 파국이었다. 뒤늦게 뛰어든 이들은 막대한 손해를 볼 수밖에 없었다.

백여 년 전 폰지는 '안전'과 '고수익'을 제시했다. 옵티머스도 마찬가지다. 안전한 공사채에 투자해 2.8%의 수익률을 보장했다. 고객이 가장 좋아하는 단어인 '안전'하고 '높은 수익률'이다. 하지만 한국 공기업들의 채권이자율은 1%대 초반 수준이다. 사기 방식이 매우 치밀한 것 같지만 한걸음 더 들어가 보면 매우 어설픈 것 역시 백여 년 전 폰지사기와 닮았다.

시멘트주

아파트 분양 물량이 늘수록 주가에 호재

시멘트 업황 역시 건자재와 함께 건설경기에 대단히 민감하다. 건설경기가 좋지 않으면 시멘트 업황 개선도 기대하기 어렵다. 다행히 2021년 이후 건설경기가 반등할 것으로 예상된다. 가장 중요한 아파트 분양 물량이 큰 폭으로 늘어나기 때문이다. 시멘트주에서 중요한 키워드는 '착공면적'이다. 착공면적이 커질수록 시멘트 수요가 늘어나기 마련이다. 지난해 아파트 신규 수주가 전년 대비 30% 증가한 덕분에 2021년에 착공면적이 큰 폭으로 늘어날 전망이다. 아파트 분양 계획은 2021년에도 활기를 띨 전망이어서 착공면적 증가는 2022년에도 이어질 것으로 예상된다.

PHC(고강도 콘크리트)파일 수요도 시멘트주 투자에 빠져서는 안 될 체크포인트다. PHC파일은 아파트 등 건축물을 짓기 전 기초공사에 필요한 건축자재로, 시멘트 회사의 캐시카우다. 최근 삼성 반도체 공장 3곳 착공, LH 1.2만 가구 선착공 등으로 PHC파일이 공급 부족을 겪고 있다. 일반적으로 건설사들은 단가표의 40~50%대로 거래해왔는데, 최근 수요 급증으로 단가가 60% 이상 상승했다. 앞으로 수도권 3기 신도시 수요까지 감안하면 가격이 더 오를 것으로 예상된다. 시멘트주에 호재가 아닐 수 없다.

시멘트주는 대표적인 저평가주 가운데 하나다. 건설주 밸류에이션 상승과 비교해봐도 시멘트주는 상승여력이 충분하다. 주식투자의 중요한 지표 중 하나인 PBR(주가순자산비율, 171쪽)을 살펴보면, 대우건설과 GS건설이 PBR 0.5배에서 0.8배로 상승할 때, 한일시멘트와 아세아시멘트는 여전히 PBR 0.4배 수준에 머물러 있었다. 과거 2014년에 착공면적이 증가하면서 0.5배였던 시멘트주 PBR이 0.9배까지 상승했던 기억을 상기해 둘 필요가 있다.

자기자본비율

Thursday 123

자산 중 내 돈의 비중이 50% 이상이면 A⁺?

자산은 '재산'을 회계 용어로 표현한 것으로, 기업이 보유한 재산을 의미한다. 자산의 출처는 '자금의 뿌리'라는 뜻에서 '자본'이라고 한다. 기업의 자본은 누가 출자했는지에 따라 자기자본과 타인자본으로 나뉜다. 자기자본은 기업의 소유자(주식회사의 경우 주주)가 출자한 자본이고, 타인자본은 금융기관 등에서 빌린 남의 돈으로 곧 부채다. 자본은 다른 말로 '순자산'이라고 한다. 자산에서 부채를 빼면 자본이 계산되기 때문이다. 자본은 회사 주인인 주주의 몫으로, 궁극적으로 기업의 모든 활동은 자본을 증가시키기 위한 것이다. 자기자본과 부채의 합은 '총자본', 자산의 총계는 '총자산'이라고 부른다. 자산, 부채, 자본의 관계를 식으로 나타내면 '총자산 = 총자본 = 자기자본 + 부채'다.

자기자본비율은 총자본 가운데 부채를 제외한 자기자본의 비중이 얼마나 되는지를 나타낸 것이다. 기업의 재무 건전성을 가늠할 수 있는 대표적 지표로, 자기자본을 총자본으로 나누어 구한다.

내 돈인 자기자본은 금융비용을 부담하지 않고 장기적으로 운용할 수 있는 안정된 자본이다. 따라서 총자본 가운데 자기자본비율이 높을수록 재무 건전성도 높아진다. 일반적으로 자기자본비율이 50% 이상이면 재무 건전성이 양호하다고 본다. 자기자본비율이 50% 이하면, 총자본 가운데 부채 비중이 높은 구조로 재무 건전성이 낮다고 할 수 있다. 하지만 자기자본비율이 100%라는 것은 자산 활용의 경제성이 떨어졌다는 의미로, 자기자본비율을 극단적으로 높이는 것도 바람직하지 않다.

삼성SDI

증권사마다 목표주가를 상향 조정 중

LG화학(LG에너지솔루션), SK이노베이션과 함께 국내 배터리 업계 '빅3'로 꼽히는 삼성SDI는 글로벌 배터리 시장 호황으로 최대 수혜를 누리고 있다. 지난해 연결기준 매출액이 전년 대비 11.9% 증가한 11조2948억 원을 달성했다. 눈에 띄는 건 영업이익과 순이익이다. 영업이익은 6713억 원으로 전년 대비 무려 45.3%나 상승했다. 순이익도 6310억 원으로 전년 대비 56.8% 증가했다.

증권가에서 예상하는 올해 삼성SDI의 실적 상승 폭은 훨씬 더 가파르다. 매출이 13조 원을 훌쩍 넘어설 전망이다. 무엇보다 영업이익이 1조 원을 넘긴다는 전망치가 놀랍다. 2020년에 비해 50% 이상 폭등한 수치다.

삼성SDI의 실적이 고공행진을 이어가는 이유는 중대형배터리 매출 성장 때문이다. 중대형배터리는 주로 전기차와 ESS(에너지저장장치, 128쪽)에 사용되는데, 글로벌 전기차 시장이 커지면서 중대형배터리 수요도 함께 급증하고 있다. 삼성SDI의 중대형배터리 매출은 2021년 6.8조 원, 2022년 9.4조 원으로 해마다 40% 안팎의 성장세를 이어갈 전망이다.

유럽 전기차 시장 공략의 전진기지로 삼고 있는 헝가리 공장이 지난해 처음 흑자를 낸 것도 주목을 끈다. 삼성SDI 헝가리 공장은 지난해 매출액 1.8조 원, 영업이익 249억 원을 기록했다.

삼성SDI의 주가는 지난해 3월 19일에 18만 원까지 떨어졌다가 올해 2월 17일 81만8000원까지 올랐다. 이미 오를 만큼 올랐다는 평가도 있지만, 배터리 호황과 실적 성장세를 감안하건대 증권사마다 삼성SDI의 12개월 목표주가를 상향 조정하고 있음을 기억해둬야 한다.

Saturday
125

에지 컴퓨팅

주변이 좀 더 안전할 수 있다

네트워크의 가장자리(에지, edge)에서 먼저 데이터를 처리하는 시스템으로, 중앙 서버가 모든 데이터를 처리하는 클라우드 컴퓨팅(cloud computing)과 비교된다. 즉, 에지 컴퓨팅은 중앙 클라우드 서버가 아니라 이용자의 단말기 주변(edge)이나 단말기 자체에서 데이터를 처리한다.

코로나19로 언택트가 확산되면서 데이터 관리가 매우 중요해졌다. 그런데 폭발적으로 증가하는 데이터의 양을 감당하기 위해 데이터센터(359쪽)만 늘리는 건 경제성이 떨어진다. 특히 4차 산업혁명의 개화로 자율주행차와 AI의 시장 규모가 커질수록 기존 클라우드 컴퓨팅만으로는 한계가 있다. 이를테면 자율주행차 기술은 안정성과 신뢰성이 충분히 보장돼야 하는데, 클라우드 컴퓨팅에서의 네트워크 지연이나 데이터 전송 오류는 치명적인 사고로 이어질 수 있다. 클라우드 컴퓨팅은 사용자 영역에서 수집한 데이터를 네트워크를 통해 데이터센터로 보낸다. 데이터센터는 데이터를 분석한 후 다시 사용자 영역으로 결과를 송신하는데, 이 과정에서 속도 지연 등의 리스크가 발생할 수 있다. 반면, 에지 컴퓨팅은 데이터를 수집하는 사용자 영역에서 데이터 분석까지 자체적으로 수행하므로 결과를 바로 도출할 수 있어 안정성이 우선인 자율주행차에 적합하다.

자율주행차 분야 뿐 아니라 최근 다수 기업들이 데이터를 클라우드 서버에 원격 저장하고 처리하는 과정에서 보안상 위험이나 처리 지연 문제를 감수하기보다 단말기별로 저장하는 것을 선호하고 있다. 그런 이유로 국내 통신 3사(SK텔레콤, KT, LG유플러스)를 비롯한 전 세계 IT서비스 기업들이 에지 컴퓨팅 사업에 투자를 늘리고 있다.

OLED

계속되는 슈퍼사이클, 소부장를 주목해야

우리말로 '올레드'라 불리는 OLED는, Organic Light Emitting Diodes의 약자로, 스스로 빛을 내는 유기물질이다. 어려운 말로 '유기발광다이오드'라고 부른다. OLED는 백라이트(BLU)에서 빛을 내는 LCD와 달리 스스로 빛을 내므로 BLU가 들어가지 않아 기판을 훨씬 얇고 가볍게 만들 수 있다. 또 LCD에 비해 응답속도가 1000배 이상 빠르고 화질도 월등하다.

글로벌 OLED 시장을 장악한 삼성전자(삼성디스플레이)와 LG디스플레이는 지난해 4분기 최고 실적을 냈다. 스마트폰과 TV 등에서 OLED 채택이 폭발적으로 늘었기 때문이다. 애플도 지난해 4분기에 출시한 아이폰12에 삼성과 LG의 OLED 패널을 장착했다. 중소형 OLED 시장에서 삼성은 점유율 80% 이상을 차지한다. 대형 OLED 시장은 LG가 점유율 90%로 대세다.

OLED 슈퍼사이클은 올해도 계속된다. 중소형 OLED 시장은 전년 대비 17.9% 증가해 280억 달러(약 30조 원)로 성장할 전망이다. 대형 시장도 장밋빛이다. LG디스플레이의 대형 OLED를 적용한 OLED-TV 제조사가 전 세계적으로 20곳까지 늘었다. 일본의 소니, 미국의 비지오, 중국의 하이센스 등 한·미·일·중 가전 업체들이 모두 OLED-TV에 뛰어들었다.

투자적 관점에서는 OLED 관련 대표 소부장(소재·부품·장비) 업체인 에스에프에이, AP시스템, 덕산네오룩스, 이녹스첨단소재가 수혜주로 꼽힌다. OLED 관련 소부장주는 당장의 실적보다 거래처와 수주액이 중요하다. 에스에프에이는 1998년경 삼성테크윈 자동화사업부가 분사해 설립한 회사로, 삼성디스플레이가 10% 지분투자하고 있다. 가장 안정적인 수주처를 확보하고 있는데, 올해에만 수주액이 1조 원이 넘는 것으로 추산된다.

프로그램 매매

선물 만기일에 주가가 출렁이는 이유

프로그램 매매(program trade)는 투자자가 매매할 종목이나 호가 등을 미리 정해 놓고(프로그램화), 해당 조건이 충족되면 컴퓨터가 자동으로 매수 또는 매도하도록 하는 거래 기법이다. 자금력이 있고 여러 종목을 대량으로 거래하는 기관이나 외국인 투자자들이 주로 활용한다.

프로그램 매매는 지수차익거래와 비차익거래 두 종류가 있다. 지수차익거래는 선물(25쪽)과 현물 중 가격이 높은 것을 매수해 차익을 실현하는 거래다. 선물가격이 현물가격보다 낮은 상태를 백워데이션(backwardation)이라고 한다. 이때는 상대적으로 비싸진 현물을 팔고 선물을 산다. 반대로 선물가격이 현물가격보다 높은 상태를 콘탱고(contango)라고 한다. 이때는 저평가된 현물 매수를 늘리기 위해, 선물을 팔고 현물을 산다.

비차익거래는 15개 종목 이상을 묶어서(바스켓) 한꺼번에 매수 또는 매도하는 거래다. 보통 시가총액 상위 종목 중 15~30개를 골라서 바스켓에 담고, 프로그램을 통해 거래한다.

프로그램 매매는 주가를 흔드는 주범으로 지목되기도 한다. 프로그램 매매의 바스켓 구성 종목이 시가총액 상위 종목에 집중되어 있고, 이들 대형주를 상대로 단기간 대량의 거래가 이루어지기 때문이다. 현물을 사고 선물을 파는 '매수차익거래'가 일어나면, 대형주 매수 주문이 몰려 주가가 급등한다. 반면 현물을 팔고 선물을 사는 '매도차익거래'가 일어나면, 대형주 매도 주문이 몰려 주가가 급락한다. 프로그램 매매가 주가에 미치는 영향이 크기 때문에, 거래가 이뤄지는 동안 프로그램 매매 정보는 HTS와 MTS 등을 통해 공시하게 되어 있다.

영업비밀

LG와 SK간 배터리 싸움의 원인

개인 또는 기업이 비즈니스 환경에서 경쟁자보다 우위에 서기 위해 많은 비용과 인력, 시간 등을 투입하여 개발·축적한 기술 및 경영상 비밀정보를 가리킨다. 법에서는, "상당한 노력에 의하여 비밀로 유지된 생산방법, 판매방법, 그 밖에 영업활동에 유용한 기술상 또는 경영상의 정보를 말한다"고 규정하고 있다(부정경쟁방지 및 영업비밀보호에 관한 법률 제2조 제2호).

영업비밀이 도마 위에 오른 것은, LG화학이 미국 국제무역위원회(ITC)와 연방지방법원에 SK이노베이션을 제소하면서다. LG 측은, 자사 배터리사업부 인력 100여 명이 SK이노베이션으로 이직하는 과정에서 SK 측이 조직적으로 영업비밀을 빼냈다고 주장했다. 반면 SK 측은 LG 출신 인력이 자발적으로 지원했을 뿐 영업비밀을 침해한 적이 없다는 입장이었다.

ITC는 LG화학의 손을 들어줬다. 이로써 SK이노베이션은 10년간 전기차용 리튬이온 배터리를 미국에 수출하지 못하게 됐다. 수입 금지 대상에는 배터리 생산에 필요한 원재료와 배터리 완제품, 셀, 모듈, 팩 등이 모두 포함된다. 두 회사가 협상을 통해 합의에 이를 경우, 업계에서는 SK 측이 LG 측에 합의금으로 2조 원 이상을 물어줘야 한다고 했다. ITC의 이번 조치로 포드와 폭스바겐이 SK이노베이션에서 다른 배터리 업체로 거래처를 바꿀 경우, LG화학과 삼성SDI 등의 수혜가 예상된다.

영업비밀 이슈는 주가에도 적지 않은 영향을 미친다. ITC의 결정이 발표된 이후 LG화학의 주가는 직전 거래일 대비 3% 이상 오른 반면, 같은 시각 SK이노베이션은 직전 거래일 대비 5.4% 이상 떨어졌다. 문제는 파급력이 한동안 이어질 수 있다는 것이다. 투자자로서는 예의주시할 필요가 있다.

석유화학주

의료용 플라스틱 수혜주를 주목해야

국내 석유화학 업계는 크게 4개 기업집단이 시장을 장악하고 있다. LG계열(LG화학), 롯데계열(롯데케미칼, 롯데정밀화학), 한화계열(한화케미칼, 한화종합화학, 한화토탈), SK계열(SKC, SK이노베이션, SK종합화학)이 그 주인공이다. 이어 금호석유화학, 코오롱인더스트리, 효성화학, 이수화학, 애경유화 등이 포진해 있다.

지난해 코로나19 여파로 전 세계 제조업 대부분이 침체를 겪으면서 석유화학 업황도 녹록치 않았다. 2021년부터는 2020년 불황의 기저효과로 몇몇 석유화학 제품을 중심으로 회복세를 보일 전망이다. 특히 플라스틱의 일종인 폴리프로필렌(PP)과 NB라텍스 수요가 급증할 것으로 전망된다. 덕분에 2021년 국내 석유화학제품 수출은 전년 대비 18% 늘어나 32조 원을 기록할 전망이다.

NB라텍스는 합성고무의 일종으로 의료용, 조리용 장갑 재료로 쓰인다. 코로나19 확산으로 전 세계 수요가 급증했다. 지난해 12월 기준 국내 NB라텍스 수출 규모는 1억5400만 달러로 연초 대비 161% 늘면서 사상 최대치를 기록했다. NB라텍스 평균 수출단가는 지난해 1월 톤당 891달러에서 같은 해 12월 1822달러로 2배 이상 올랐다. NB라텍스 시장 호황의 최고 수혜기업은 금호석유화학이 꼽힌다.

PP제품도 호황을 이어가고 있다. 코로나19 백신 보급과 함께 의료용 주사기 수요가 늘어나면서 주원료인 PP의 수요가 덩달아 급증했다(232쪽). 지난해 2분기 PP 평균 가격이 톤당 790달러에서 2021년에는 톤당 1100달러를 넘어섰다. 국내에서는 효성화학과 롯데케미칼이 PP를 주로 생산하고 있다.

유동비율

재무제표를 1초만 볼 수 있다면, 봐야 할 지표

Thursday
130

유동성(32쪽)은 기업이 보유하고 있는 자산을 현금화할 수 있는 능력 또는 부채를 상환하기 위해서 현금을 조달할 수 있는 능력을 가리킨다. 기업을 인체에 비유하면 유동성은 '혈액'과 같은 역할을 한다. 기업은 필요할 때 바로 동원할 수 있도록 현금이나 현금성 자산을 충분히 가지고 있어야 한다. 기업을 운영하다 보면 이익을 내고 있음에도 불구하고 얼마 안 되는 빚에 몰려 부도가 나는 흑자도산(356쪽 참조) 위기에 빠질 수 있기 때문이다. 기업의 유동성, 즉 단기지불능력을 측정하는 지표가 '유동비율'이다.

유동비율은 유동자산을 유동부채로 나누어서 구한다. 유동자산은 1년 이내에 현금으로 바꿀 수 있는 자산, 유동부채는 1년 안에 갚아야 하는 단기부채다. 유동비율은 기업이 유동부채를 상환하기 위해 얼마만큼의 유동자산을 보유하고 있는지 알려주는 지표로, 유동비율이 높을수록 단기지불능력이 안정적이다. 하지만 유동비율이 높을수록 무조건 좋은 건 아니다. 적정 지급능력을 넘어 불필요하게 현금을 많이 쥐고 있으면 자산 활용도가 낮아지고, 기업의 수익성 또한 떨어지기 때문이다. 산업별로 다르지만, 일반적으로 유동비율이 150% 이상이면 안정적인 회사로 판단할 수 있으며, 50% 미만이면 유동성 위기가 올 수도 있는 상황이다. 2019년 기업 유동비율 평균은 140.37%이다(「2019년 기업경영분석」 한국은행).

2020년 9월 말 기준으로 삼성전자는 유동비율이 179.2%, HMM(옛 현대상선)은 유동비율이 67.7%다. 이로써 삼성전자는 1년 안에 갚아야 할 채무보다 들어올 현금이 더 많고, HMM은 1년 안에 갚아야 할 채무가 들어올 현금보다 훨씬 많다.

유한양행

기술수출 호실적으로 주가 상승 기대

유한양행은 매출 기준 국내 제약 업계 순위에서 지난 7년 동안 줄곧 1위를 영위해오고 있다. 물론 셀트리온과 삼성바이오로직스 등 바이오 기업을 포함해 견준다면 매출액 순위에서 밀리겠지만, 전통 제약사 중에서 유한양행을 대표 대장주로 꼽는데 이의를 제기할 사람은 없다.

중요한 건 미래 실적이다. 유한양행은 향후 3년간 연평균 9%대의 안정적 매출 성장이 예상된다. 무엇보다 2021년에 3개의 개량신약 출시가 예정되어 있고, 생활용품 사업부에서는 위생용품에 대한 수요 증가 및 프로바이오틱스 등 신제품 출시를 통해 연평균 20% 이상 고성장이 전망된다.

증권가에서 유한양행의 미래 기업가치를 높게 평가하는 이유는 신약 연구개발, 바이오벤처 투자, 기술수출 등에서 괄목할 만한 성과를 내고 있기 때문이다. 최근 식품의약품안전처로부터 변이 양성 비소세포폐암 치료제 '렉라자(성분명 레이저티닙)'의 조건부 판매 허가를 받고 국내 출시를 앞두고 있는 것도 오랫동안 해온 신약 개발 덕분이다.

과거 유한양행은 국내 매출액 1위 제약사라는 타이틀이 무색하게 도입신약 위주의 판매구조로 유통사에 불과하다는 지적을 받아왔다. 하지만 꾸준한 연구개발 투자가 결실로 나타나고 있다. 2018년 11월 글로벌 제약사 얀센과 12억6000만 달러의 기술수출 계약을 체결하면서 주목 받기 시작하더니, 2019년 1월 길리어드와 7억9000만 달러, 같은 해 7월 베링거잉겔하임과 8억7000만 달러 규모의 기술수출 계약을 따냈다.

증권가에서는 유한양행의 기술수출 및 신약 개발 성과 등을 반영해 12개월 목표주가를 큰 폭으로 상향 조정해 10만 원까지 예상하고 있다.

트래픽

언택트 시대에 뜨는 트래픽 수혜주들

트래픽(traffic)은 전화나 인터넷 연결선으로 전송되는 데이터의 양을 의미한다. 쉽게 말해서 트래픽 양이 많다는 것은 전송되는 데이터의 양이 많다는 것을 뜻한다.

트래픽은 주식시장에서도 심심찮게 등장한다. 심지어 트래픽이 자주 발생할수록 주가에 호재로 작용하는 종목이 따로 있다. 이를 가리켜 '트래픽 수혜주'라 부른다. 이를테면 코로나19 여파로 재택근무가 일상화되면서 회사마다 직원들끼리 통신으로 업무 관련 데이터를 주고받는 일이 잦아지자 많은 양의 데이터를 전송하거나 저장하는데 지장이 없도록 하는 서버관리 및 통신장비 회사들의 역할이 중요해졌다. 이로 인해 실제로 통신장비 회사들의 주가가 큰 폭으로 뛰었다.

코로나19가 확산되기 시작했던 지난해 3월에 전 세계 인터넷 사용량이 전월 대비 30% 이상 늘어나면서 순간 최대 트래픽이 급증했다. 특히 5G가 본격화되면서 4G와는 비교할 수 없을 정도로 데이터의 양과 속도가 요구됨에 따라 데이터 트래픽이 폭증하는 상황이 빈번해지고 있다. 결국 통신사마다 망고도화를 위한 업그레이드 횟수를 늘릴 수밖에 없는데, 이는 고스란히 통신장비 기업들의 호재로 돌아간다.

IT강국답게 한국에는 견실한 통신장비 중견업체들이 여럿 포진해 있다. 그 중에서도 특히 트래픽 수혜주로 꼽히는 종목으로는, FTTx장비와 이더넷 스위치장비 사업에 강점이 있는 다산네트웍스, 광트랜시버 전문업체 오이솔루션, 기지국안테나 회사 케이엠더블유, 네트워크 계측장비 업체 이노와이어리스 등이 있다.

지능형 메모리반도체

데이터 폭발사고를 대비한 고성능 반도체

지능형 메모리반도체(Process In Memory, PIM)는 인공지능(AI), 자율주행차, 지능형 로봇, 사물인터넷, 스마트시티 등 4차 산업혁명을 이끄는 기술의 핵심 부품 가운데 하나로, 데이터를 저장하는 메모리반도체와 연산 기능을 수행할 수 있는 시스템반도체 역할을 한꺼번에 담당한다. 이를테면 데이터를 저장하는 메모리반도체가 인간의 뇌에서 기억능력에 해당한다면, 사고력은 시스템반도체가 담당하는 셈이다.

언택트 라이프스타일이 전 세계로 확산되면서 갈수록 데이터가 폭증하고 있지만, 기존의 반도체만으로는 원활한 처리가 곤란해졌다. 결국 더 많은 데이터를 더 빠르고 효율적으로 처리하기 위해 인공지능(AI)을 탑재해 지능적인 서비스를 하는 반도체를 고안해낸 것이다.

삼성전자는 올해 초 세계 최초로 메모리반도체와 인공지능 프로세서를 하나로 결합한 'HBM-PIM' 제품을 개발했다. 최근 인공지능의 응용 영역이 확대되고 기술이 고도화되면서 고성능 메모리에 대한 요구가 커지고 있지만, 기존 메모리 기술로는 폰 노이만 구조의 한계를 극복하기 어려웠다. 폰 노이만 구조는 대부분의 컴퓨터에서 사용하는 방식으로 중앙처리장치(CPU)가 메모리로부터 명령어를 불러오고 실행하며 그 결과를 다시 기억장치에 저장하는 작업을 순차적으로 진행하는 것이다. 이 과정에서 CPU와 메모리가 주고받는 데이터가 많아지면 작업처리가 지연되는 현상이 생긴다. 삼성전자는 이를 극복하기 위해 PIM 기술을 통해 메모리 내부의 각 뱅크(주기억장치를 구성하는 최소 논리적 단위)에 인공지능 엔진을 장착하고 병렬처리를 극대화해 성능을 높인 것이다.

EPS (주당순이익)

주식 1주가 순이익을 얼마만큼 올렸는가?

"장기적으로 주가 흐름은 기업의 펀더멘털에 의해 결정된다."
경제에서 펀더멘털(109쪽)은 경제성장률, 물가상승률, 실업률처럼 한 나라의 경제 상태를 파악하는데 기초가 되는 거시경제지표를 의미한다. 기업의 펀더멘털은 재무제표 분석을 통해 파악할 수 있다. EPS(Earning Per Share : 주당순이익)는 PER(주가수익비율), PBR(주가순자산비율) 등과 함께 기업의 펀더멘털을 가늠할 수 있는 지표 가운데 하나다.

EPS는 어떤 기업의 주식 1주가 순이익(기업이 경영활동을 통해 올린 수익에서 비용을 빼고 남은 이익)을 얼마만큼 올렸는가를 보여주는 지표다. 일정 기간(보통 1년) 동안 기업이 올린 순이익(당기순이익)을 해당 기업이 발행한 주식수로 나누어 구한다. 순이익 규모가 클수록, 발행주식수가 적을수록 값이 커진다. 2020년 12월 기준으로 네이버의 EPS는 6097원이다. 네이버 주식 1주당 6097원의 순이익을 올린다는 뜻이다.

EPS가 높다는 것은 그만큼 경영실적이 양호하고 배당여력도 많다는 의미다. EPS가 마이너스라는 건, 기업이 손실을 보고 있다는 뜻이다. EPS가 해마다 들쑥날쑥하면, 해당 기업(종목)이 경기에 따라 부침이 크다고 해석할 수 있다.

EPS를 통해 기업의 수익창출능력도 파악할 수 있다. 예를 들어 편의점 CU를 운영하는 BGF리테일의 EPS는 7100원이고, GS25를 운영하는 GS리테일의 EPS는 2187원이다(2020년 12월). BGF리테일이 GS리테일보다 1주당 더 많은 돈을 벌어들였다는 의미다.

국가채무

주식투자하면서 나랏빚까지 걱정해야 할까?

국가채무는 쉬운 말로 '나랏빚'이다. 주식투자를 하면서 나랏빚까지 걱정해야 하냐고 푸념할 수도 있겠지만, 20여 년 전 외환위기 당시 폭망한 주식시장을 생각하면 국가채무를 남의 일로만 여길 수 없다.

국가채무는 정부가 재정적자를 메우기 위해 국내외에서 돈을 빌려서 생긴 빚이다. 국가채무에는 중앙정부 채무와 지방정부 채무가 있지만, 널리 통용되는 국제통화기금(IMF) 기준에서는 정부가 직접적인 원리금 상환의무를 지는 채무만 포함한다. 국가채무가 얼마인지는 기획재정부 홈페이지에 들어갈 것도 없이 네이버 검색창에 '국가채무'라고 입력하면 바로 나온다.

국가채무에는 크게 차입금, 국채, 국고채무부담행위 등이 있는데, 차입금은 다시 한국은행 등을 통해 국내에서 빌린 국내차입금과 해외차관으로 들여온 해외차입금으로 나뉜다. 국채(193쪽)는 국가가 발행한 채권으로, 발행한 액수만큼 나중에 갚아야 하므로 이 역시 빚으로 간주된다. 국고채무부담행위는 정부가 공공사업을 외상으로 진행하면서 생긴 빚이다.

국가채무는 정치권에서 늘 다투는 주제이지만, 최근 코로나19로 여러 차례 정부재난지원금이 발표될 때마다 뉴스의 단골소재로 등장한다. 2021년 1월 22일 기준 국가채무는 728조8000억 원이고, GDP 대비 비율은 38.1%다. OECD 평균 국가채무비율은 약 80%다. 세계 3대 신용평가사 무디스는, 대부분의 나라에서 코로나19로 세수는 줄고 지출은 늘어 국가채무비율이 올라갔지만, 한국은 다른 선진국들에 비해 부채비율이 양호하다고 평가했다. 하지만 무디스의 긍정적인 평가에도 불구하고 지난 10년 동안 국가채무비율이 10% 이상 올랐다며 우려하는 전문가와 언론도 적지 않다.

정유주

국제유가와 정제마진이 중요한 체크포인트

국내 정유 업계는 SK에너지와 GS칼텍스, 현대오일뱅크, S-Oil 등 4개 회사가 시장을 지배하고 있다. 그런데 S-Oil을 제외하면 모두 비상장사다. 따라서 나머지 정유 3사에 대한 주식투자는 지배회사에 해야 한다. SK에너지는 SK이노베이션, GS칼텍스는 GS에너지를 지배하는 지주회사 GS, 현대오일뱅크는 현대중공업지주가 각각 해당된다. 정유 4사의 시장점유율은 내수경질유 기준 SK에너지(31.7%)-GS칼텍스(24.4%)-현대오일뱅크(22%)-S-Oil(20.1%) 순이다.

국내 정유 4사는 코로나19 여파로 지난해 도합 3조 원이 넘는 영업손실을 기록했다. 업체별로는 SK에너지가 -2조5120억 원으로 가장 큰 손실을 입었고, S-Oil이 -1조878억 원, 현대오일뱅크가 -5971억 원의 손실을 냈다. GS칼텍스는 9205억 원으로 유일하게 흑자를 기록했지만, 2019년에 비하면 53% 감소한 수치다. 정유 4사의 실적악화는 역대급 저가를 기록한 유가 탓이다. 서부텍스사유(WTI)는 코로나19 여파로 한때 마이너스를 기록했다.

2021년부터는 국제유가가 반등해 정유 4사의 실적회복이 예상된다. 국제유가가 배럴당 1달러 상승할 경우, 정유사는 약 100~200억 원의 재고평가손익을 볼 수 있다. 정제마진 개선도 정유사에게는 호재다. 투자적 관점에서는 국내 정유 4사 손익분기점 정제마진이 배럴당 4~5달러 수준임을 알아 둘 필요가 있다.

업계에서는 2021년 3분기를 기점으로 정유 수요가 회복될 것으로 보고 있다. 다만, 국내 정유 4사의 주가는 2021년 연초부터 기대감을 반영해 오름세에 있음을 체크해 둘 필요가 있다.

부채비율

너무 높아도 탈! 너무 낮아도 탈!

부채비율은 자기자본 대비 부채가 어느 정도인지를 나타내는 비율이다. 유동비율(153쪽 참조)과 함께 기업 재무구조의 안정성을 측정하는 대표적 지표다. 부채를 자기자본으로 나누어 구한다. 부채비율이 높은 기업은 자산 조달에 자기자본보다 부채를 더 많이 쓴다는 의미이므로, 재무구조의 안정성이 낮아진다. 이런 기업은 불황 시에 부채를 상환하지 못해 위기에 처할 가능성이 상대적으로 높다. 부채비율은 동종 업계 평균과 비교함으로써 부채 수준이 과도한지 아닌지를 판단할 수 있다.

| 업종별 부채비율 | (단위 : %)

제조업	식료품	코크스·석유정제	화학물질·제품	고무·플라스틱	1차 금속	금속가공제품	전자·영상·통신장비	전기장비	기타 기계·장비	자동차
73.5	104.2	124.2	66.8	94.0	59.0	124.7	39.7	104.9	102.1	74.2

비제조업	전기가스업	건설업	서비스업				
			서비스업	도매·소매	운수·창고	정보통신	부동산
157.8	163.4	105.7	167.6	127.9	188.5	78.8	290.4

출처 : 한국은행 「2019년 기업경영분석」, 2020. 11

부채비율에는 부채를 유동부채와 비유동부채(만기가 1년 이상)로 구분하지 않는다는 맹점이 있다. 부채비율이 똑같은 A와 B라는 기업이 있다고 했을 때, A는 유동부채가 80%이고 B는 유동부채가 40%다. A가 단기자금을 더 많이 필요로 하므로 B보다 재무 안정성이 떨어진다고 판단할 수 있다. 부채비율을 보조하는 지표가 유동부채비율과 차입금의존도다. 차입금의존도는 차입금을 자산으로 나누어 구한다. 차입금의존도가 높은 기업일수록 이자 등 금융비용이 증가해 수익성이 떨어지고 재무 안정성도 낮아진다.

SK바이오사이언스

코로나19 백신 최선호주

SK바이오사이언스는 다국적제약사 아스트라제네카 및 노바백스 등과 계약을 맺고 국내에서 코로나19 백신 위탁생산을 맡은 바이오CMO(85쪽) 회사다. SK케미칼이 이 회사의 지분 98%를 소유하고 있다. 연초에는 정부로부터 국내 코로나19 백신 유통관리체계 구축과 운영을 맡는 사업자로 선정되어 크게 주목을 받기도 했다.

SK바이오사이언스는 본래 백신 제조사다. 국내 최초로 독감 3가백신을 개발했고, 4가백신은 세계 최초로 개발에 성공했다. 이어 프리미엄 대상포진백신 '스카이조스터'와 수두백신 '스카이바리셀라'를 보유하고 있다. 선제적 경쟁력 확보를 위해 2012년 경북 안동에 구축한 대규모 백신공장 'L-HOUSE'가 코로나19로 인해 '신의 한수'가 됐다. 연간 백신 4억5000만 도즈(dose, 1회 주사분) 생산이 가능하다.

SK바이오사이언스는 CMO 대량 생산이 본격화되는 2021년 예상 매출이 조 단위를 넘을 것으로 전망된다. 코로나19 백신을 1억 도즈만 생산해도 2021년 연간 매출이 2조 원(공급가 2만 원 가정), 영업이익 6000억 원(이익률 30% 가정)에 이를 것으로 추산된다.

SK바이오사이언스는 올해 상반기 기업공개(IPO) 대어(大魚) 가운데 하나로, 지난 3월 18일에 코스피에 입성했다. SK바이오사이언스는 증거금이 63조 원대에 이르는 등 기록적인 청약 흥행몰이를 이어갔다. 상장일 종가가 공모가(6만5000원)의 2배를 훌쩍 뛰어넘는 16만9000원을 찍은 뒤 록업(look-up)이 풀리면서 조정에 들어갔다. 록업은 상장기업의 주식을 보유한 기관투자자가 일정기간 주식을 팔지 않기로 약속하는 것이다.

미니LED-TV

OLED의 단점을 보완해 최상의 화질 구현

미니LED-TV란 백라이트(BLU)에 들어가는 LED 크기를 줄여(minimalized) 촘촘하게 배치한 TV를 말한다. 미니LED-TV는 BLU에 내장된 LED칩의 크기와 개수가 기존 LCD-TV와 차이가 크다. LCD-TV BLU에는 50~60개 정도 LED칩이 소요된다면, 미니LED-TV의 경우 100~200μm 크기의 LED칩이 무려 1만 5000개까지 깨알같이 박힌다. LED칩이 많이 들어간 만큼 화면이 더 밝아지고 빛의 제어기능도 탁월하다.

2021년에 미니LED-TV의 글로벌 수요가 전년 대비 5배 이상 증가할 것으로 예상된다. 특히 세계 최대 가전 박람회 CES2021을 통해 미니LED-TV가 새로운 가전 트렌드로 부상하면서 관련 부품주도 함께 주목 받고 있다.

OLED가 잔상이 남는 번인(burn-in)문제 등을 모두 해결하지 못한 상태에서 미니LED 방식이 최상의 화질을 구현할 가장 적절한 대안으로 평가 받는다. 삼성전자는 CES2021에 맞춰 '퀀텀 미니LED'를 적용한 네오QLED 제품을 출시했고, LG전자도 미니LED를 장착한 QLED-TV를 선보인 바 있다.

투자적 관점에서는 미니LED 관련 핵심부품주에 주목할 필요가 있다. 미니LED-TV의 LED 원가는 기존 LCD-TV 대비 10배가 넘는다. 따라서 핵심부품인 LED칩과 패키징을 공급하는 회사가 수혜주로 꼽힌다. 서울반도체는 미니LED의 초소형칩 'Wicop'의 제조 기술을 보유해 삼성전자를 비롯한 글로벌 TV 제조사들의 1차 벤더 자리를 지키고 있다. 중대형 패널용 LED 패키징 세계 4위 기업 루멘스 역시 수혜가 예상된다. 루멘스는 삼성전자의 65인치 미니LED-TV 물량의 10%에 해당하는 12만 대에 대한 패키징 공급을 맡고 있다.

D램

차량용 반도체 수요 부족으로 장기 호황 이어져

반도체 시장이 초호황을 이어가는 가운데 전 세계적으로 D램 수요가 폭발적으로 증가해 가격이 큰 폭으로 오르면서 반도체 관련 주가까지 긴 상승 랠리로 이끌고 있다. D램은 반도체 뉴스에 항상 등장하는 단어이지만 그게 뭔지 정확하게 알고 있는 사람은 많지 않다.

간단하게라도 반도체의 분류체계를 알고 있으면 D램을 이해하는데 수월해진다. 반도체는 크게 메모리와 비메모리로 구분되는 데, 메모리반도체는 정보를 저장하는 용도로 사용되는 반면, 비메모리반도체(시스템반도체, 142쪽)는 연산과 논리 등 정보처리를 목적으로 쓰인다. D램은 바로 메모리반도체의 핵심소재다. 용량이 크고 속도가 빨라 컴퓨터를 비롯한 IT기기의 주된 저장장치로 사용된다.

갈수록 거대해지는 데이터의 양을 적절하게 저장하고 관리하는 기술이 강조되는 '빅데이터 시대'에 D램의 수요가 폭증하는 것은 어쩌면 당연한 일인지도 모른다. D램 시장점유율 1, 2위를 달리는 삼성전자와 SK하이닉스의 실적이 고공행진을 거듭하는 이유다. 두 회사의 합산 글로벌 시장점유율은 70%를 훌쩍 넘길 만큼 어마무시하다.

D램의 성장이 무서운 건 급증하는 차량용 메모리반도체 수요 때문이다. 차량용 메모리는 현재 첨단운전자지원장치(ADAS)와 인포테인먼트, 텔레매틱스, 디지털 계기판 등 주로 4개 카테고리에 쓰이지만, 머지않아 자율주행차 개발이 정상궤도에 오르면 반도체 활용 폭이 수십 배로 늘어나게 된다. 업계에서는 차량용 메모리 시장이 앞으로 3년간 연평균 30% 이상 커질 것으로 전망하고 있다.

PER (주가수익비율)

가성비 높은 종목을 고르는 기준

'가격 대비 성능'의 줄임말인 '가성비'는 합리적인 소비를 표현하는 키워드다. 소비자는 단순히 저렴한 가격의 제품이 아니라, 지급한 가격에 비해 성능이 뛰어난 제품에 지갑을 연다고 한다. 주식시장에서도 가성비 높은 종목을 고르는 기준이 있다. 바로 PER(Price Earnings Ratio : 주가수익비율)이다.

PER은 주가를 주당순이익(EPS)으로 나눈 값이다. 즉, 주가가 주당순이익 대비 몇 배인지를 나타낸다. 어떤 기업의 PER이 동종 업계 평균보다 높다면 주가가 고평가된 것으로, 낮다면 저평가된 것으로 볼 수 있다. 예를 들어 2020년 말 A사의 주가가 1만 원, EPS는 1000원이라면 PER은 10배다. B사의 주가가 2만 원, EPS는 똑같이 1000원이라면 PER은 20배다. A사 주가가 저평가되어 있거나, B사 주가가 고평가되어 있다고 볼 수 있다.

PER은 기업 이익에 견줘 현재 주가 수준이 적정한지, 아니면 기업가치가 덜 반영돼 주가가 싼지를 파악할 수 있는 지표다. 단, 어떤 종목의 PER 값만 놓고 가성비를 판단해서는 안 된다. 꼭 시장 전체 PER이나 업종별 PER과 비교해봐야 한다. 보통 성장 속도는 느려도 안정적으로 이익을 내는 기업은 PER이 낮고, 성장 속도는 높지만 수익성에 부침이 큰 기업은 PER이 높다.

예를 들어 2021년 2월 3일 기준 KB금융의 PER은 5.12배, 셀트리온의 PER은 93.92배다. KB금융이 셀트리온보다 PER이 18배 정도 낮지만, 셀트리온보다 저평가됐다고 보기는 어렵다. 하지만 동일 업종 내에서는 평가가 가능하다. 신한지주 4.57, 우리금융지주 4.88, 하나금융지주 4.26으로 금융 업종의 평균 PER은 4.7 정도다. KB금융이 동일 업종 내 다른 기업보다 고평가되어 있다고 평가할 수 있다.

테슬라 요건

**상장 요건에 미달되더라도
과거 테슬라처럼 성장성만 인정된다면**

상장 요건에 미달되더라도 성장잠재력이 있는 기업에게 상장 기회를 주는 제도다. 금융위원회는, 미국 전기차 기업인 테슬라가 적자였음에도 불구하고 성장잠재력을 인정 받아 나스닥에 상장한 뒤 투자자들로부터 기술 개발을 위한 자금을 조달 받아 크게 성장한 사례에 착안해 테슬라 요건이라는 이름을 붙여 2017년경 코스닥 상장특례 제도를 마련했다.

테슬라 요건은, 시가총액이 500억 원 이상인 기업 중에서 직전 연도 매출 30억 원 이상에 최근 2년간 평균 매출증가율 20% 이상 또는 공모 후 자기자본 대비 시가총액이 200% 이상이라는 조건을 충족하는 적자기업을 대상으로 한다.

그런데 최근 금융위원회는 코스닥 뿐 아니라 코스피(유가증권)에서도 테슬라 요건을 마련해 적용하겠다는 방침을 밝혔다. 즉, 시가총액이 일정 기준을 넘으면 유가증권 시장에 상장을 허용하기로 결정한 것이다. 현재 코스피 신규 상장을 위해서는 시가총액 말고도 매출액 등 여러 재무적 요건까지 충족해야 하는데, 이를 바꿔 시가총액만 보고 상장을 허용하겠다는 것이다(시총단독 요건).

시총단독요건을 운영 중인 글로벌 증시로는 미국 나스닥(NASDAQ), 일본 자스닥(JASDAQ), 영국 대체투자시장(AIM) 등이 있다. 특히 나스닥은, 테슬라가 설립 후 여전히 이익이 나지 않자 상장을 통해 투자자들로부터 자금을 조달 받을 수 있도록 했다. 덕분에 테슬라는 애플, 마이크로소프트, 아마존, 페이스북에 이어 전 세계 시가총액 5위 기업이 됐다. 그리고 2020년에는 창사 이래 처음으로 7억2100만 달러의 순이익을 냈다.

화섬주

중국의 소비 시장에 달린 운명

'화섬'은 화학섬유의 줄임말이다. 대표적인 합성섬유인 나일론, 폴리에스터, 아크릴, 스판덱스 등을 생산한다. 주로 의류의 소재로 사용되어온 합성섬유는 기술 진화를 통해 자동차 내장재 및 타이어 소재, 의료용품, 위생재 등 활용 폭이 커지고 있다.

화섬은 다양한 소비재에 쓰이는 탓에 경기변동에 민감하게 반응한다. 특히 글로벌 화섬 시장의 3분의 2를 차지하는 중국의 경기에 막대한 영향을 받고 있다. 지난해 코로나19 여파로 전 세계 화섬 업황은 암울한 시즌을 보내야 했다. 코로나19로 중국 소비 시장이 크게 위축되었던 게 결정적인 요인으로 작용했다. 중국이 예상보다 빨리 코로나19 진정세에 접어들면서 내수 소비가 크게 늘고 있는 것은, 화섬 업계에 매우 다행스런 일이다.

국내 화섬 업계는 효성계열(효성티앤씨, 효성첨단소재)의 시장지배력이 가장 세다. 효성티앤씨는 고부가가치 섬유 소재인 스판덱스 부문 세계 시장점유율 32%로 1위에 올라있다. 효성첨단소재는 세계에서 유일하게 타이어 보강소재 부문 일괄생산 공급체제를 운영하며, 차세대 소재로 각광 받는 탄소섬유(345쪽) 사업에서도 국내에서 독보적인 지위를 영위하고 있다.

효성의 뒤를 따르는 화섬주로는 코오롱인더스트리와 태광산업, 휴비스 등이 거론된다. 산업용 소재에서 효성티앤씨와 라이벌 관계에 있는 코오롱인더스트리는 중국향 수출 비중이 높은 데, 최근 중국 소비 시장이 크게 솟아오르면서 화섬 최고 수혜주로 등극했다. 2021년 영업이익이 전년 대비 50% 이상 상승할 것으로 예상되면서 증권사마다 코오롱인더스트리의 12개월 목표주가를 50% 이상 상향 조정했다.

EV/EBITDA

인수대금을 회수하는 데 몇 년이 걸리는가?

2020년 빅히트엔터테인먼트가 상장할 때, 공모가를 기준으로 계산한 기업가치는 4조8000억 원이었다. 당시 기업가치가 너무 과도하게 책정됐다는 지적이 있었다. 빅히트의 몸값 산정에는 기업가치를 분석하는 지표 가운데 하나인 EV/EBITDA가 쓰였다.

EBITDA(Earnings Before Interest, Taxes, Depreciation and Amortization, 상각전 영업이익)는 이자, 법인세, 감가상각비를 빼기 전의 이익이다. 한 기업이 영업활동 등으로 벌어들이는 현금성 이익의 수준을 보여주는 지표로 사용된다. 이자와 법인세 두 가지 요소를 빼기 전 이익은 사실상 영업이익과 비슷해, EBITDA는 영업이익에 감가상각비를 더해 구한다.

EV(Enterprise Value, 기업가치)는 기업을 매수할 때 매수자가 지급해야 할 금액이다. A사를 100% 지배하려면, A사가 발행한 주식을 모두 사고 A사가 금융회사 등에 진 빚까지 모두 갚아야 할 것이다. 그래서 EV는 시가총액에 순차입금(총차입금-현금성 자산)을 더해서 구한다.

EV를 EBITDA로 나누면 기업가치가 영업활동을 통해 창출할 수 있는 현금성 이익의 몇 배인지를 알 수 있다. EV/EBITDA가 10배라고 하면, 이 회사를 인수했을 때 10년이면 투자원금을 회수할 수 있다는 의미다. 비상장기업의 주당 가치는 유사 상장기업의 EV/EBITDA를 대입해 구한다.

빅히트가 비교 대상으로 삼은 네이버, 카카오, YG플러스, YG엔터테인먼트, JYP엔터테인먼트 5개사의 평균 EV/EBITDA는 42.36배였다. 빅히트의 2020년 예상 EBITDA는 1200억 원 가량으로, 여기에 42.36배를 곱한 뒤 일정한 할인율을 적용해 약 5조 원의 기업가치가 나왔다.

CJENM

커머스와 미디어 호재에도 영업이익 감소 우려

CJENM은 CJ오쇼핑(커머스)이 CJE&M(미디어)을 합병한 통합법인이다. 플랫폼(TV채널, 홈쇼핑)에서 드라마, 영화, 음악, PB상품까지 콘텐츠 산업 전반을 아우른다. 사업부문별 매출 비중은 미디어(44%)와 커머스(38%)가 대부분을 차지하고, 영화와 음악, 드라마 제작(스튜디오드래곤), 유선방송(CJ헬로) 등이 뒤를 바친다.

투자적 관점에서 CJENM을 주목한다면 전방위적인 산업 스펙트럼을 고려하건대, 미디어와 커머스, 콘텐츠 등 해당 분야를 빠짐없이 살펴봐야 한다. 우선 미디어 사업의 경우, 지난해 4분기 영업이익이 전년 동기 대비 무려 800%가 넘는 '경이로운(!)' 성장률을 기록했다. OCN〈경이로운 소문〉과 tvN〈신서유기8〉, Mnet〈쇼미더머니9〉 등이 높은 시청률을 기록하면서 TV 광고 매출이 크게 증가한 덕분이다. 미디어 사업은 올해도 유튜브 자체 채널 및 OTT(티빙) 등에서 높은 성장세가 이어질 전망이다. 프로그램 제작원가가 감소세를 보이는 것도 긍정적으로 읽힌다. 커머스 부문은 자체상품(PB) 취급고 성장이 올해에도 유효할 전망이고, 영화 사업은 코로나19 여파로 당분간 영업손실을 감내해야겠지만, 전체 실적에 견주면 타격이 크지 않아 보인다.

CJENM의 올해 연결기준 예상 매출은 전년 대비 12% 증가한 3조3000억 원, 영업이익은 전년 대비 8% 감소해 2500억 원에 그칠 전망이다. 영업이익이 주는 이유는 티빙에 대한 대대적인 투자비용이 발생하기 때문이다.

지난해 CJENM의 주가는 제법 랠리 폭이 컸다. 증권가에서는 12개월 목표주가를 대체로 상향 조정하는 분위기이지만, 영업이익 감소가 예상되는 부분은 부담스런 대목이다.

덴탈·임플란트

중국 임플란트 시장 1위가 한국 기업

주식시장에서 '덴탈(dental)'이라고 하면, 치과용 의료기기 산업을 가리킨다. 투자적 관점에서는 임플란트 관련 회사가 시장을 주도한다. 임플란트 시장은 세계적인 인구 고령화에 따른 결손치 증가로 지속적인 성장이 가능할 것으로 전망된다.

한국은 임플란트 식립률이 1만 명 당 400명이 넘는 수준으로 세계에서 독보적인 1위를 차지한다. 국내 기업들이 외국 회사들을 대체하여 국내시장의 90% 이상을 점유할 정도로 압도적이다. 건강보험 급여 확대로 연간 300억 원 이상의 신규 시장이 국내에 형성될 전망이다. 보건복지부는 2016년 7월 1일부터 65세 이상 노인에 대해 임플란트 건강보험을 적용하고 있다.

국내 임플란트 업계는 내수시장에 그치지 않고 해외로 눈을 돌리고 있는데, 가장 성장성이 높은 지역은 단연 중국이다. 중국의 덴탈 시장은 고령화 및 가처분소득 상승으로 인한 치과치료 수요 증가로 꾸준한 성장을 이어가고 있다. 국내 임플란트 회사들의 2021년 중국향 합산 매출액은 코로나19에도 불구하고 5000억 원을 넘길 것으로 예상되는 데, 전년 대비 36% 상승한 실적이다.

국내 임플란트 시장은 상위 5개 업체인 오스템임플란트(50%), 덴티움(16%), 디오(12%), 네오바이오텍(8%, 비상장사), 메가젠임플란트(7%, 비상장사)가 장악하고 있다. 완벽한 과점체제에서 새로운 업체가 의미 있는 점유율을 확보할 가능성은 희박하다. 국내 시장 1위 오스템임플란트는 중국에서도 점유율 1위를 차지할 정도로 막강한 시장지배력을 보유하고 있다. 영업이익이 전년 대비 70% 증가할 정도로 실적이 우수하다.

낸드플래시

슈퍼사이클! 이보다 더 좋을 순 없다

전원이 꺼지면 저장된 자료가 사라지는 D램(163쪽)과 달리 전원이 없는 상태에서도 데이터가 계속 저장되는 메모리반도체를 가리킨다. 낸드플래시(nand flash)는 전원이 꺼지더라도 저장된 데이터를 보존하는 롬(ROM)의 장점과 손쉽게 데이터를 쓰고 지울 수 있는 램(RAM)의 장점을 동시에 지니고 있다. 아울러 전력 소모가 적고 자기디스크에 비해 고속으로 읽고 쓰는 게 가능하다. 이런 이유로 스마트폰, 노트북PC, 디지털카메라 등 다양한 IT기기에 활용된다. 낸드플래시는 1984년 일본 기업 도시바가 최초로 개발한 뒤 1988년 인텔에서 상업용 양산을 시작했지만, 지금은 시장판도가 완전히 바뀌었다. 삼성전자가 30%가 넘는 시장점유율로 15년 동안 글로벌 1위 자리를 지키고 있고, 그 뒤를 키옥시아(19.5%), WDC(14.4%), SK하이닉스(11.6%), 마이크론(11.2%) 등이 포진해 있다. 인텔(8.6%)은 10%도 안 되는 점유율로 5위권 밖으로 밀려나 있다.

낸드플래시는 선두권 기업들의 경쟁 심화로 한동안 공급 과잉에 시달리다가 지난해부터 수요가 급증하면서 시장이 호황세로 돌아섰다. 샤오미와 오포, 비보 등 중국 스마트폰 업체들이 (미국의 제재로 생산량이 급감한) 화웨이의 빈자리를 차지하려고 스마트폰 생산량을 경쟁적으로 늘리면서 핵심 소재인 낸드플래시 수요도 덩달아 증가한 것이다. 반도체 업계에서는 D램과 함께 낸드플래시 수요가 크게 늘고 있는 올해를 슈퍼사이클로 보고 있다. 2017~2018년에도 반도체 시장이 호황기를 구가했는데, 당시 삼성전자와 SK하이닉스의 영업이익률이 각각 50% 이상씩 올랐다. 당분간 증시에서 반도체 업황에 거는 기대가 가장 큰 이유다.

PBR (주가순자산비율)

저평가주는 어디 있을까?

'가치투자의 아버지' 벤저민 그레이엄은 "주식은 적정 수준보다 낮은 가격에 사서, 적정 수준보다 높은 가격에 팔아야 한다"는 투자 격언을 남겼다. 그가 저평가주를 찾을 때 반드시 살펴봐야 한다고 꼽은 세 가지 지표가 ROE(자기자본이익률, 184쪽), PER(주가수익비율, 164쪽), PBR(Price Book Value Ratio : 주가순자산비율)이다.

PBR은 주가가 순자산 대비 주당 몇 배인지를 보여주는 지표다. 회사가 청산할 경우 주주가 배당 받을 수 있는 주당 가치를 의미하기도 한다.

순자산은 기업의 총자산에서 부채를 뺀 것이다. 순자산을 발행주식수로 나눈 것이 주당순자산이다. 기업의 현재 주가를 주당순자산으로 나누면 PBR을 구할 수 있다.

PBR이 1배라고 하면 현재 주가가 회사가 보유한 자산을 모두 매각하고 사업을 청산할 때 가치(청산가치)와 동일하다는 의미다. PBR이 1배 미만이면 시가총액이 장부상 순자산 가치에도 미치지 못할 정도로 주가가 저평가된 상태라는 의미다. PBR이 1.2배라면 회사가 부도났을 때 1000원을 받을 수 있는 주식이 현재 1200원에 매매되고 있다는 의미이고, PBR이 0.8배라면 회사가 부도났을 때 1000원 받을 수 있는 주식이 현재 800원에 매매되고 있다는 의미다.

PBR이 1보다 낮으면 주가가 저평가됐다고 본다. PBR이 낮은데 재무구조와 실적이 양호한 종목이라면, 앞으로 주가가 오를 가능성이 높다고 본다. 하지만 수익이 낮거나 자산 가운데 고위험 자산의 비중이 높다면 보수적으로 접근해야 한다.

디커플링

실물경제는 어려운 데도 주가가 계속 오른다면

세계경제의 보편적인 흐름을 가리켜 '동조화(coupling)'라 하는 데, 이와 반대로 한 집단의 경제현상이 세계경제의 보편적인 흐름과 달리 독자적인 방향으로 나아가는 것을 '탈동조화'라 하고, 영어로 디커플링(decoupling)이라 읽는다. 거시적으로는 나라경제 전체에서, 미시적으로는 주가나 금리 등 자본시장을 구성하는 개개의 요소에서 디커플링은 빈번하게 일어난다.

이를테면, 주가가 상승하면 환율은 하락하는 것이 일반적인 현상(커플링)인데, 현실에서는 주가가 상승해도 환율이 하락하지 않는 현상이 벌어지곤 한다(디커플링). 수출이 증가하는 데 소비(내수)가 감소하거나, 나라경제의 지표는 나쁘지 않은데 국민들은 저마다 먹고살기 힘들다고 외치는 것도 디커플링이라 볼 수 있다. 이처럼 디커플링이 빈번하게 나타날수록 경제의 앞날은 불확실해지고, 투자 환경도 어수선해지기 마련이다.

코로나19로 인해 실물경제가 좋지 않은 상황에서도 주식시장은 호황인 것도 디커플링으로 설명할 수 있다. 지난 겨울 코로나19 재확산으로 실물경제가 침체에 빠졌지만 증시는 역대 최고치 기록을 갈아치웠다. 실물경제와 증시의 디커플링은 비단 한국에만 국한된 건 아니다. 전 세계 시가총액은 지난해 12월 처음으로 100조 달러를 넘어섰는데, IMF의 2021년 세계 명목 GDP 전망은 91조 달러에 그쳤다. 시가총액이 GDP 전망을 웃도는 이례적인 상황이 벌어진 것이다. 경기부양을 위해 각국 중앙은행이 양적완화(53쪽) 정책을 확대하면서 시중에 풀린 돈이 주식시장으로 흘러들어가 실물과 금융의 괴리를 키운 탓이다. 경기가 침체될수록 경기부양책에 대한 기대감이 주가를 띄우는 결과를 낳고 있는 것이다.

항공주

코로나19 이전으로 돌아가려면 2024년은 되어야

코로나19로 세계 각국이 국경을 걸어 잠그면서 2019년 45억 명이었던 항공여객 수요가 지난해 18억 명으로 급감했다. 결국 수많은 항공사가 영업을 중단하거나 뼈를 깎는 구조조정을 단행해야 했다. 지난 한 해 동안 무려 40개 이상의 항공사가 문을 닫았다. 국제항공운송협회(IATA)에 따르면, 지난해 전 세계 항공 업계가 기록한 총 손실액이 한화로 130조 원에 이르는 것으로 나타났다. 항공 업황은 당분간 힘든 시간이 이어지겠다. 코로나19 이전 수준을 회복하려면 최소 2024년까지는 기다려야 할 것으로 전망된다. 글로벌 항공사들의 실적회복도 2023년은 되어야 가능할 것으로 보인다.

국내 항공사들의 상황도 다르지 않다. 대장주 대한항공은 당장 2021년 들어 국제선을 기존 110개에서 35개만 운항하고 있다. 국내선 역시 15개 중 6개만 운항 중이다. 아시아나항공도 마찬가지다. 국제선 72개 중 26개, 국내선 10개 중 7개만 운항에 들어갔다. 결국 항공사들은 여객운송의 손실을 화물운송을 통해 최대한 복원해나갈 수밖에 없는 상황이다. IATA는 2021년 전 세계 항공 화물량이 6120만 톤에 이를 것으로 예상했는데, 다행히 코로나19 직전인 2019년(6130만 톤)과 비슷한 수준이다. 시급을 다투는 백신 운송이 모두 항공으로 이뤄져야 하는 점은 그나마 호재다. 하반기로 갈수록 국가 간 엄청난 물량의 백신 운송이 예정되어 있다. 백신은 운송 과정에서 각별한 주의를 요하므로 운송 단가가 매우 비싼 편이다.

투자적 관점에서는 대장주 **대한항공**을 제외한 대부분의 항공주가 저조하겠다. 진에어, 제주항공 등은 실적 악화가 계속될 경우 유상증자(195쪽) 등을 통해 자본 확충에 나설 가능성이 높다.

자사주 매입

주가 상승을 부르는 시그널

2021년 2월 22일 삼성화재는 최영무 사장이 자사주 1000주를 매수했다고 공시했다. 이날 삼성화재는 전날보다 2.64% 오른 17만5000원에 마감했다. 자사주(자기주식)는 회사가 보유한 자사 발행 주식이다. 왜 기업은 자기주식을 사들이고, 시장은 이에 대해 환호하는 걸까?

기업이 자사주를 사들이는 목적은 여러 가지다. 우선 주가를 부양하기 위해서다. 기업이 자사주를 대량으로 사들인다고 기업의 본질가치가 변하지는 않지만, 유통주식 물량이 줄어들어 주당 가치가 상승하는 효과가 발생한다. 코로나19로 주가가 폭락했을 때 많은 기업이 자사주를 매입했다.

합병 등 기업구조 변화 과정에서 자사주를 사들이는 경우도 있다. 바로 '주식매수청구권(328쪽)' 때문이다. 주식매수청구권은 회사에 중대한 변화를 일으킬만한 사안이 발생했을 때, 그 사안에 반대 의견을 가진 주주들이 자신이 보유한 주식을 합당한 가격으로 되사달라고 회사에 요구할 수 있는 권리다. 합병 시 주식매수청구권이 부여되는 경우가 많다.

대주주 지분이 약한 기업이 경영권을 방어하기 위해 자사주를 매입할 수도 있다. 자사주 자체는 의결권이 없지만, 경영권 분쟁이 생기면 자사주를 우호적 제3자에게 넘겨 의결권을 부활시켜 경영권을 보호할 수 있기 때문이다.

통상 증시에서 자사주 매입은 주가가 저평가돼 있고, 앞으로 좋아질 것이라는 기업의 자신감을 투자자들에게 전하는 신호로 받아들여진다. 그래서 자사주 매입 공시는 주가에 호재로 작용하는 경우가 많다. 자사주를 통한 주가 부양 효과는 자사주를 매입한 뒤 소각하겠다고 할 때 크게 나타난다. 자사주가 다시 시장에 나올 가능성을 봉쇄하기 때문이다(188쪽).

빅히트

BTS 월드투어 재개 전에 매수해야

당신이 투자자라면 BTS의 빌보드 핫 100 1위곡 〈Dynamite〉을 흥얼거리고만 있을 게 아니라 지금 당장 빅히트의 공시자료를 찾아봐야 한다.

지난해 상장한 빅히트는 2020년 연 매출액이 7963억 원을 기록했다. 전년 대비 무려 40% 넘게 상승한 실적이다. 영업이익도 지난해에 비해 50% 가까이 늘어났다. 2021년 실적도 기대해볼 만 하다. 매출액 1조 원 달성은 무난해 보이고, 영업이익도 70% 이상 상승할 것으로 예상된다.

코로나19 여파로 인한 오프라인 공연 취소로 2020년 공연 매출액은 전년 대비 무려 70%나 감소했지만, BTS의 글로벌 팬덤은 여전히 늘어나고 있는 추세다. 2020년 2회(6월, 10월)에 걸친 온라인 콘서트 모객수는 총 175만 명으로 2019년 오프라인 투어(150만 명) 대비 16% 이상 증가했다.

2021년 하반기부터 BTS 월드투어가 재개된다면, 그동안 오프라인 공연 부재로 인한 수익이 급증하면서 빅히트의 실적을 크게 끌어올릴 게 분명하다. 오프라인 공연 재개는 엔터 산업 전반에 해당되는 수혜이지만, BTS의 월드투어 재개에 따른 이익은 경쟁사에 비해 압도적이라 할 수 있다. 코로나19 이전 기준 BTS 월드투어는 통상적으로 연간 40회 수준으로 회당 45~50억 원의 매출이 발생했다. 2021년 하반기부터 코로나19 영향권에서 벗어난 일부 국가를 대상으로 공연을 재개해 나간다면 연간 2000억 원 수준의 공연 매출을 올릴 것으로 예상된다.

아쉬운 점은 빅히트 매출의 80% 이상이 여전히 BTS에서 발생한다는 것이다. 이는 빅히트 주가 상승에 가장 걸림돌로 작용하는 요인이라 하겠다. 그럼에도 빅히트의 12개월 목표주가는 30만 원 안팎으로 계속 상향 조정 중이다.

ARPU

통신사의 수익지표이자 통신주의 가늠기준

ARPU(Average Revenue Per User)는 통신 업계에서는 '가입자당 평균 매출액'을 의미하고, 전자상거래 업계에서는 '사용자당 평균 매출액'을 가리킨다. ARPU가 증시 뉴스에 단골로 등장하는 업종은 대체로 통신이다. ARPU는 가입자에게 제공되는 서비스에 대한 월평균 운용 수익을 나타내는 지표가 된다. ARPU가 상승한다는 것은 가입자의 통신 이용이 많아짐을 의미한다.

ARPU는 통신사의 대표적인 수익지표에 해당된다. 정부의 강력한 요금인하 정책으로 통신사의 ARPU는 지난 2017년부터 2019년까지 꾸준히 하락하다가 5세대(5G) 이동통신 가입자가 본격적으로 증가하기 시작한 2019년 하반기부터 반등하기 시작했다. 올해 들어서는 5G 가입자가 2000만 명대에 접어들 것으로 예상되면서 ARPU 상승도 본격화 돼 통신사의 지지부진한 실적이 개선될 것이란 기대감이 무르익고 있다.

투자적 관점에서는 과거 20년간 이동전화 ARPU의 등락과 통신사 주가가 뚜렷한 연관성을 보였음을 기억해 둘 필요가 있다. 이를테면 이동전화 ARPU가 상승하면 대체로 통신주가 올랐고, 반대로 ARPU가 하락하면 통신주가 내리거나 지지부진했다.

한편, ARPU는 게임 업계에서도 볼 수 있다. 게임에 가입한 유저(User) 1명당 평균 결제금액을 나타내는 수치를 가리킨다. 현재 게임이 어느 정도의 수익을 거두고 있는지를 알아보기 위한 지표로 활용된다. 즉, '유저수 대비 얼마나 많은 매출을 기록하고 있느냐'를 나타내는 대표적인 지표이기 때문에, 게임사의 실적을 평가하는 데 중요하게 활용된다.

파운드리

국내 유일의 파운드리 전문업체는 어디?

반도체 산업은 반도체 소재인 잉곳과 웨이퍼를 생산하는 소재공정을 시작으로 반도체 칩 회로를 설계하는 팹리스(fabless, 184쪽), 그리고 설계한 대로 반도체 칩을 위탁 받아 생산하는 파운드리(foundry)를 거쳐 생산한 반도체 칩을 테스트하고 포장하는 과정(후공정)으로 이뤄진다.

반도체는 고도의 기술력을 필요로 하므로 공정별로 전문업체들이 포진해 있는데, 반도체 칩의 위탁생산을 담당하는 파운드리 회사는 대규모 생산시설을 갖춰야 하기에 진입장벽이 특히 높다. 대만회사 TSMC가 파운드리 글로벌 시장점유율 54%로 1위, 삼성전자가 시장점유율 17%로 2위인데 1위와의 격차가 크다.

최근 자동차와 IT기기용 반도체가 품귀현상을 겪을 만큼 반도체 업황이 슈퍼사이클을 이어가고 있다. 반도체 수요가 급증할수록 핵심 공급처인 파운드리 회사들의 생산라인은 분초를 다툴 만큼 쉴 새 없이 가동된다. 파운드리 회사의 기업가치가 고공행진하는 이유다. 글로벌 파운드리 시장 규모가 2019년 684억 달러에서 2021년 900억 달러를 돌파할 것이라는 전망이 나올 정도다.

투자적 관점에서는 국내 유일의 반도체 파운드리 전문업체인 DB하이텍이 주목을 끈다. 8인치 파운드리 공급 부족이 심화되면서 지난해 말부터 8인치 파운드리 가격이 인상됐다. 8인치 파운드리에 강점이 있는 DB하이텍으로서는 호재가 아닐 수 없다. 연간 수주 물량도 이미 확보했다. 반도체 후공정에 해당하는 패키지와 테스트 업체들도 수혜주로 꼽힌다. 반도체 공급물량이 늘수록 후공정 라인도 분주해지는 건 인지상정이다. 대표적인 후공정 업체들인 SFA반도체, 네패스, 시그네틱스의 주가를 눈여겨 볼 필요가 있다.

ROA (총자산이익률)

자기 돈과 빌린 돈을 이용해 얼마나 많은 돈을 벌었는가?

종목을 고를 때는 수익성·성장성·활동성·안정성 측면에서 기업의 재무상태를 분석해야 한다. 이 가운데 수익성은 기업이 영업활동을 하면서 발생하는 각종 비용을 지출하고도 이익을 낼 수 있는 능력이다. 수익성 높은 종목을 고를 때 참고해야 하는 대표적 지표가 총자산이익률(ROA : Return On Assets)과 자기자본이익률(ROE : Return On Equity)이다.

ROA는 기업이 전체 자산을 얼마나 효율적으로 운용했는지 보여주는 지표다. 당기순이익을 총자산(자기자본 + 부채)으로 나누어 구한다. A사의 총자산이 100억 원이고 당기순이익이 5억 원이라면, ROA는 5%다. ROA는 기업이 주주의 돈(자기자본)과 차입금(부채)을 모두 이용해서 돈을 얼마나 벌었는지를 알려준다. 총자산 규모에 비해 당기순이익이 많을수록 ROA가 높게 나온다.

ROA가 몇 퍼센트 정도면 수익성이 있다고 단정할 수는 없다. 업종별로 ROA 값의 편차가 크기 때문에, ROA는 같은 업종에 속한 기업들끼리 비교 분석해야 한다. 일반적으로 정유나 철강 업종 등 초기 투자비용이 큰 산업군에 속한 기업들은 다른 산업군에 비해 ROA가 낮게 나온다. 2019년 기준 포스코의 ROA는 2.5%, S-Oil은 0.4%다. 반면 엔씨소프트의 ROA는 11.4%, 메가스터디교육은 12.1%다.

주주 입장에서는 부채를 포함한 ROA보다는 자기자본으로 얼마나 수익을 내고 있는가를 알아보는 게 더 중요하다. 이때 필요한 지수가 ROE(자기자본이익률, 185쪽)다.

헤지펀드

게임스톡 주가 폭등 사태의 원흉

100명 미만의 투자자들에게 대규모 자금을 모아 주식이나 채권, 파생상품 등에 투자하는 펀드를 뜻한다. '울타리', '담' 등을 뜻하는 '헤지(hedge)'는, 여기서 '위험 회피'라는 의미로 쓰인다. 즉, 울타리를 쳐 투자금을 안전하게 유지하는 동시에 위험을 피해 수익을 낸다는 것이다.

투자뉴스에 심심찮게 등장하는 헤지펀드가 전 세계인의 이목을 모았던 사건이 올해 1월경 미국 증시에서 벌어졌다. '게임스톱'이라는 미국의 게임팩 유통사의 주가가 폭등하면서다. 게임스톱이 온라인 판매 시스템을 본격 도입한다는 발표를 하자 많은 개인투자자들이 게임스톱 주식을 사면서 4달러에 불과했던 주가가 10배 이상 올랐다. 그러자 게임스톱의 주가 하락을 예측한 멜빈 캐피털 같은 자산운용사가 공매도를 통해 게임스톱 주식을 대량으로 팔아치운 것이다. 공매도(空賣渡, 262쪽)는 말 그대로 현재 갖고 있지 않은 '빈(空)' 주식을 증권사로부터 빌려와 팔아서 차익을 보는 투자기법이다. 그렇잖아도 평소 헤지펀드에게 적지 않은 손해를 입은 개인투자자들은 멜빈 캐피털의 공매도에 분노했다. SNS 등을 통해 공감한 300만이 넘는 개인투자자들이 게임스톱 주식을 엄청나게 사들이자 주가는 700% 폭등했다. 게임스톱 주가 하락에 베팅해 공매도에 나섰던 헤지펀드들은 결국 개미투자자들이 주도한 주가 폭등으로 막대한 손실을 입고 만 것이다.

헤지펀드는 소수의 투자자들을 위해 고수익을 좇는 과정에서 시장을 교란한다는 비판을 받아왔다. 그런데 이번 게임스톱 주가 폭등 사태에서는 소수투자자들의 고수익을 보장하는 울타리(hedge)가 도리어 위험을 초래한 덫이 되고 말았다.

해운주

해운지수가 경기선행지표로 활용되는 까닭

해운 업황에서 중요한 키워드는 물동량과 운임이다. 해운사로서는 당연히 물동량이 늘고 운임이 올라야 실적이 좋아진다. 지난해에는 코로나19 여파로 경기가 얼어붙으면서 해운 업황이 좋지 못했다. 2021년에는 해운 업황이 반등할 전망이다. 2021년 연초부터 벌크운임지수(BDI)와 상하이컨테이너운임지수(SCFI)가 급등했고, 물동량도 크게 늘었다(해운업 뉴스에 자주 등장하는 BDI와 SCFI는 해운 시황을 보여주는 대표적인 운임지수다). 전 세계적으로 백신 접종이 급물살을 타면서 코로나19가 진정될 것이라는 기대감이 경기회복의 시그널로 작용했고, 이로 인해 교역이 활발해지면서 해상 물동량이 늘고 운임도 함께 오른 것이다. 이처럼 해운 시황은 세계 경기를 가늠하는 잣대가 된다. BDI와 SCFI가 글로벌 경기를 예측하는 선행지표로 활용되는 이유다.

해운업은 크게 벌크선, 컨테이너선, 탱커선, 가스선 등 4가지 선박으로 운영된다. 벌크선은 주로 석탄과 철광석, 곡물 등을 운송하며, 탱커선은 원유 등을 운송한다. 컨테이너선은 가전과 섬유, 타이어 등을, 그리고 가스선은 LNG와 LPG를 운송한다. 전 세계 해상 물동량 비중은 벌크선(47%), 탱커선(28%), 컨테이너선(18%), 가스선(4%) 순이다.

국내 해운 대장주로는, 국내 1위 컨테이너사 HMM(옛 현대상선), 벌크선 전문 팬오션, 그리고 대한해운 및 KSS해운이 '빅4'를 형성하고 있다. 운임과 물동량 이외에 해운사의 실적에 중요한 영향을 미치는 요인으로 선박연료유가 및 선박발주계획도 함께 살펴봐야 한다. 운임과 물동량이 늘어나 매출이 오른 만큼 덩달아 기름 값이 오르고 여기에 선박 구입에 많은 돈을 쓰면 그만큼 영업비용이 커져 이익이 줄어들기 때문이다.

자사주 처분

주가가 오를 만큼 올랐다는 시그널

2020년 9월 21일 신풍제약이 생산 설비 개선 및 연구개발과제 투자금을 확보하기 위해 자사주 128만9550주(2153억5400만 원)를 처분하기로 결정했다고 공시했다. 자사주 처분 결정에 신풍제약의 주가는 장외 거래에서 하한가로 직행했다. 신풍제약은 자체 개발한 말라리아 치료제가 코로나19 치료제 후보로 주목 받으면서 2020년 들어 주가가 26배가량 뛰었다. 이처럼 주가가 급등한 틈을 타 자사주를 매각해 현금화하는 일이 종종 있다.

자사주를 회사가 시장에서 매입하는 경우에는 '자기주식 취득 결정', 매입해 보유하고 있던 자사주를 소각하는 경우에는 '주식 소각 결정'이라는 제목으로 공시한다. 자사주를 성과급으로 지급하거나 다른 투자자에게 매각해 현금화하는 등 소각 외 방법으로 처분할 때는 '자기주식 처분 결정'이라는 제목으로 공시한다.

기업은 자사주를 처분해 전략적 협업 관계를 구축하기도 한다. 2017년 네이버는 미래에셋대우와 5000억 원 규모의 지분 스왑(교환)을 진행했다. 네이버는 자사주 56만3063주를 미래에셋대우에 넘겼고, 대가로 미래에셋대우 자사주 4739만3364주를 받았다. 이를 통해 네이버는 금융시장 진출을 본격화했다.

통상 자사주 처분 공시는 기업 주가에 악재로 작용한다. 기업이 자사의 주가가 많이 올랐다고 판단했다는 신호로 해석되기 때문이다. 또한 전략적 제휴 등에 따라 자사주를 외부에 넘겨줄 경우에도 자사주가 잠재 매물이 되기 때문에 주가에 부정적 영향을 미칠 수 있다. 하지만 자사주 처분으로 확보한 현금을 기업이 새로운 투자나 내실을 기하는 데 활용한다면 주가에 긍정적으로 작용할 수도 있다.

쿠팡

미 증시 입성 소식에 급등한 쿠팡 수혜주는?

2010년 창업한 이커머스 기업으로 익일 배송 서비스를 내세운 '로켓배송'으로 화제가 됐다. 일본 소프트뱅크에게서 2015년 10억 달러, 2018년 20억 달러의 투자 유치에 성공했다. 2019년 신선식품 새벽배송인 '로켓프레시'와 음식배달 서비스 '쿠팡이츠' 등을 론칭했고, 2020년에 동남아 OTT 서비스 업체 HOOQ를 인수하고, 핀테크 자회사 '쿠팡페이'를 출범시켰다.

쿠팡은 2021년 3월 11일 뉴욕증권거래소(NYSE)에 상장됐다. 그에 앞서 쿠팡이 미국 증권거래위원회에 제출한 증권신고서에 따르면, 전 세계에 약 5만 명의 직원을 직접 고용하고 있고, 1480만 명의 활성고객을 보유하고 있다. 전국 30여개 도시에 100개 이상의 물류시설을 갖추고 있는데, 그 합산면적은 2500만sqft(평방피트)로 축구장 400개를 합친 규모다. 쿠팡의 지난해 매출액은 약 13.3조 원, 영업손실액은 5842억 원으로, 전년 대비 매출은 90% 성장했고 영업손실액은 1300억 원 가량 줄었다. 쿠팡의 기업가치로 블룸버그는 300억 달러(33조 원)를, 월스트리트저널은 500억 달러(55조 원)을 예상했다.

쿠팡은, 일반주식은 클래스A로, 김범석 의장이 보유한 주식은 클래스B로 나눠, 클래스B에 29배에 해당하는 차등의결권(385쪽)을 부여하고 있다. 클래스B는 지분을 1%만 가져도 29%의 주주 권리를 행사할 수 있어서, 최대주주는 경영권을 보장 받을 수 있다. 차등의결권은 국내에는 없는 제도다.

투자적 관점에서는 이른바 쿠팡 관련 주에 관심을 가져볼 만 하다. 쿠팡이 미국에 증권신고서를 제출했다는 소식이 보도되자 쿠팡 내 전자결제대행업체 점유율 1위 기업인 다날 및 쿠팡의 물류 업무를 맡고 있는 KCTC의 주가가 각각 29% 이상 올랐다.

코스메슈티컬

화장품과 의약의 행복한 조우

화장품이 의약을 만나 '코스메슈티컬(cosmeceutical)'이라는 새로운 시장을 열었다. 코스메슈티컬은 화장품(cosmetic)과 의약품(medical)을 합성한 신조어다. 단순한 아름다움이 아니라 젊고 건강한 '미'에 대한 욕구가 화장품과 의약품의 경계를 무너트려 하나의 시장을 형성한 것이다.

코스메슈티컬은 일반 화장품에 기능적 효과가 더해지면서 상품 가격 자체가 높아 매출과 이익 기여도가 뛰어나다. 국내 화장품 연간 시장 규모는 약 18조 원 정도인데, 이 중에 코스메슈티컬 시장은 1조 원으로 전체 화장품 시장에서 차지하는 비중은 아직 크지 않다. 바꿔 말하면 성장잠재력이 크다는 얘기다.

최근 화장품 소비자 가운데 제품 속 성분을 하나하나 확인하는 '체크슈머(check-consumer)'가 늘면서 기존 화장품 회사보다 제약사가 출시한 코스메슈티컬에 대한 선호도가 높아지고 있다. 또 신약 개발에는 수조 원대 막대한 자금이 필요한데, 화장품 개발비는 훨씬 적게 들고 실패 가능성도 거의 없다. 전 세계적으로 코스메슈티컬 시장이 커지고 있어 제약사로서는 이보다 좋은 먹거리가 없다.

국내 코스메슈티컬 시장의 대표주자 동국제약은 뷰티 브랜드 '센텔리안24'를 통해 '마데카 크림'이 대박나면서 시가총액이 3배가량 늘었다. 2020년에도 성장률이 두드러졌는데, 마스크 착용으로 생긴 트러블을 진정시키는 데 도움이 된다는 소문이 퍼지면서다. 대형 제약사들의 코스메슈티컬 러시는 계속되고 있다. 동아제약(동아쏘시오홀딩스)은 뷰티 브랜드 '파티온'을, 종근당은 '클리덤 닥터락토'를 론칭해 코스메슈티컬 시장에 뛰어들었다.

팹리스

높은 이익률이 매력적인 공장 없는 반도체 기업

반도체를 생산하는 공장(fab) 없이(less) 반도체 칩 회로의 설계만을 전문으로 하는 회사를 말한다. 설계 데이터를 바탕으로 반도체 칩 생산만을 전문으로 하는 파운드리 회사와 함께 반도체 전공정 분야의 핵심을 이룬다.

팹리스는 생산 설비가 필요 없는 설계 전문업체이기 때문에 원가가 대부분 연구개발비와 인건비로 구성된다. 원가에서 고정비가 차지하는 비중이 높기 때문에 고정비를 넘는 매출액 대부분은 이익으로 환원된다. 세계 정상급 팹리스 기업인 브로드컴, 퀄컴, 엔비디아, 미디어텍, AMD 등의 실적에서 이익률이 높은 이유가 여기에 있다.

반도체를 위탁생산하는 파운드리(177쪽)는 대규모 생산라인을 갖춰야 하는 부담이 크고, 테스트나 패키치 등 후공정 분야는 부가가치가 떨어진다. 애플이 자사의 제품인 아이폰에 들어갈 AP의 자체 설계에 돌입하면서, 팹리스는 IT 공룡들이 반도체 시장에 진입하기 위한 관문이 되었다. 지난해 팹리스 시장은 1300억 달러(약 142조2000억 원)로 전체 반도체 시장의 32.9%에 이르는 규모로 성장했다. 10년 전보다 비중이 10% 이상 커진 것이다.

투자적 관점에서는 국내 팹리스 1위 기업이자 글로벌 팹리스 톱20 안에 랭크된 실리콘웍스에 주목할 필요가 있다. 실리콘웍스는 지난해 매출 1조1619억 원, 영업이익 942억 원으로 역대급 실적을 기록했다. 매출은 전년 대비 33.9%, 영업이익은 같은 기간 무려 99.4% 급증했다. 주요 고객사인 LG디스플레이의 OLED 생산라인이 가동되면서 수혜를 입었다. 반도체의 슈퍼사이클 업황으로 당분간 상승세를 이어가겠지만, LG디스플레이로 편향된 매출 비중은 성장에 한계로 작용할 수도 있겠다.

ROE (자기자본이익률)

워런 버핏이 신뢰하는 지표

'자기자본이익률(ROE : Return On Equity)'은 워런 버핏이 주식투자를 할 때 고려하는 핵심 지표로 알려져 있다. 실제로 버핏은 '장기간 ROE가 20% 이상'인 기업을 우선적으로 투자해 왔다. 버핏이 보유한 대표적인 종목 가운데 하나인 코카콜라는 ROE가 1978~1982년까지 20% 이상, 1983~1987년까지 30% 이상이었다.

ROE는 기업이 자기자본을 활용해 1년간 얼마를 벌어들였는가를 나타낸다. 당기순이익을 자기자본으로 나누면 구할 수 있다. 100억 원의 자본을 투입해 9억 원의 이익을 냈다면 ROE는 9%(9억 원/100억 원×100%), 5억 원의 이익을 냈다면 ROE는 5%(5억 원/100억 원×100%)다. ROE가 높을수록 자기자본 대비 이익이 높은 기업이다.

ROE가 만능 지표는 아니다. 기업의 총자산은 자기자본(내 돈)과 타인자본(남의 돈)을 합한 것이다. 자기자본은 회사를 설립할 때 납입된 자본과 영업활동을 하면서 벌어들인 이익 등으로 구성된다. 타인자본은 차입금이나 사채와 같이 외부에서 조달한 자금, 즉 부채다. 기업의 총자본에서 부채가 차지하는 비중이 큰 기업일수록 똑같은 당기순이익에도 ROE가 높아진다. 따라서 ROE를 분석할 때는 총자본이 어떻게 구성되어 있는지 함께 파악해야 한다. 일반적으로 부채비율이 업종 평균보다 낮고, 10% 이상의 ROE를 기록하고 있다면 양호한 기업으로 판단한다.

기업이 당기순이익을 모두 배당에 사용하는 게 아니라면 자기자본은 매년 커지기 마련이다. 따라서 ROE를 개선하는 것은 매우 어렵다. ROE가 개선된 기업의 주가가 크게 상승하고, 반대의 경우 하락하는 이유가 여기에 있다.

사모펀드

피해는 결국 개인투자자들의 몫?!

소수의 투자자에게서 받은 자금을 비공개 방식으로 모집하여 주식이나 채권 등에 투자하는 펀드를 말한다. 여기서 '소수'는 법에 따라 다른데, '투자신탁업법'에서는 100인 이하, '자본시장법'에서는 49인 이하로 규정하고 있다. 주로 기관투자자들이나 고액자산가들이 모집 대상이 된다. 사모펀드에는, 투자수익을 추구하는 '전문투자형 사모펀드(헤지펀드, 179쪽)'와 기업가치를 높이기 위해 직접 경영에 개입하는 경영참여형 사모펀드(PEF)가 있다.

사모펀드는 일반적으로 주식, 채권, 부동산, 원자재 등 투자 대상에 제한이 없고 방식도 자유로운 만큼 손실 위험이 높다. 심지어 신탁재산의 100%까지 한 종목에 투자가 가능하다. 부실기업의 주식이나 채권에 투자해 경영권을 확보한 다음 구조조정을 통해 기업가치를 높여 되팔아 고수익을 내는 바이아웃(buyout) 투자도 사모펀드의 전형으로 꼽힌다.

사모펀드는 고수익을 추구하는 만큼 시장을 교란하는 탈법행위 유혹에 빠지기 쉽다. 조국 전 법무부장관 친인척이 연루된 자산운용사와 이른바 한국판 '폰지사기(144쪽)'로 불리는 라임사태에서도 투자금 모집 방식은 사모펀드였다. 이런 이유로 사모펀드는 언론사의 증권부나 금융부 이외에 사회부나 법조팀에서도 매우 중요하게 다루는 기삿거리가 됐다.

사모펀드는 주식시장에서 개인투자자들로부터 공분을 사는 일도 잦다. 사모펀드의 일종인 헤지펀드는 어떤 기업의 주식을 대량으로 사고파는 과정에서 주가를 떨어뜨려 막대한 차익을 얻는다. 결국 개인투자자들은 손실을 볼 수밖에 없다. 2021년 1월경에 터진 미국 게임스톱 주가 폭등 사태는 헤지펀드의 공매도에 맞선 300만 개인투자자들의 매수 반격에서 비롯했다.

조선주

드디어 장기적인 호황국면에 진입하는가?

주식시장에서 해운과 조선은 함께 묶여 회자되는 경우가 많다. 얼핏 보면 같은 업종 같지만 둘은 분명히 다르다. 해운은 물건을 거대한 선박에 실어 나르는 운송업이고, 조선은 바로 그 선박을 건조하는 중공업에 해당한다. 다만 선박이라는 교집합 때문에 서로 밀접한 관계에 얽혀있는 것이다.

물동량이 증가해 해운 업황이 살아나면 선박 발주가 늘어나 조선 업계도 호황을 누리게 된다. 최근 글로벌 해운 업황이 반등함에 따라 조선 업계에도 청신호가 켜졌다. 글로벌 선박 발주가 2021년 956척에서 2020년 1276척으로, 2023년 1504척으로 크게 늘어나는 추세다. 심지어 2030년에도 발주량이 1841척에 이르면서 조선 업계 호황이 장기간 이어질 전망이다.

IMO(국제해사기구)의 이산화탄소 규제가 엄격해진 것도 조선 업계에 긍정적인 시그널이다. IMO는 2025년부터 이산화탄소를 30% 이상 줄이지 않은 배는 운항하지 못하도록 규제할 방침이다. 선령(선박 나이)이 오래된 배일수록 이산화탄소 배출량이 많기 때문에 해운사마다 노후 선박을 폐기하고 선박 발주를 늘릴 수밖에 없는 상황이다. 이 경우 이산화탄소 배출이 적은 가스연료 선박에 대한 선호도가 높아질 가능성이 큰 데, 한국 조선사들은 가스연료 선박 건조 기술이 세계 최고 수준이다. 조선 대장주인 **한국조선해양**의 실적이 기대를 모으는 이유다. 한국조선해양은 현대중공업(비상장), 현대삼호중공업, 현대미포조선을 계열사로 거느리고 있다. 국내 조선 업계 2위 대우조선해양 인수까지 성공적으로 마치게 되면 국내 조선 산업을 거의 독식하게 된다. 국내 조선 업황이 좋아진다는 것은 곧 한국조선해양의 실적이 크게 오른다는 것과 다르지 않다.

자사주 소각

투자자가 가장 환호하는 자사주 처리

기업이 자사주를 매입한 뒤 소각해야 주가 부양 효과가 크게 나타난다. 자사주가 다시 시장에 나올 가능성을 없앴기 때문이다. 자사주를 매입해 소각하면 기업 재무구조에는 어떤 변화가 생길까? 당기순이익은 주주 몫을 나타내는 '자본'으로 이동해, 자본 안에 '이익잉여금'이라는 항목으로 들어간다. 통상 기업은 이익잉여금을 주주 배당 재원으로 활용한다. 자사주 소각은 대부분 이익잉여금을 활용해 자사주를 매입·소각하는 '이익소각' 방식으로 이루어진다. 기업이 이익잉여금으로 자사주를 취득해 소각하면, 자본(이익잉여금 감소)과 자산(현금)이 감소하지만 자본금에는 변화가 없다.

자본이 150만 원(자본금 50만 원+이익잉여금 100만 원), 총발행주식수는 100주(액면가 5천 원)인 A사가 이익소각을 한다고 해보자. A사는 이익잉여금을 활용해 1주당 1만 원에 20주를 사서 소각했다. 이익소각 후 A사의 재무구조는 '자본(130만 원)=자본금(50만 원)+이익잉여금(100만 원-20만 원)'으로 바뀐다. 2020년 6월 18일 현대엘리베이터가 자사주 163만 주 가량을 소각하겠다고 공시하면서, "이번 자사주 소각은 배당가능이익 범위 내에서 취득한 자기주식을 이사회 결의에 의해 소각하는 것으로 주식수만 감소하고 자본금의 감소는 없다"고 설명했다. 현대엘리베이터가 이익소각을 하겠다는 얘기다.

기업이 이익소각을 하면 소각된 물량만큼 유통주식수가 줄어 결과적으로 주주들이 보유한 주식가치가 상승한다. 더불어 주주들의 지분율이 상승해 미래에 배당금이 증가하는 효과를 기대할 수 있다. 자본을 구성하는 항목인 이익잉여금이 감소해 자본이 줄어들면, ROE(자기자본이익률)·ROA(총자산이익률)·EPS(주당순이익)가 증가하면서 자본의 효율성이 높아진다.

LG그룹

계열 분리 최대 수혜주는 어디?

LG그룹은 우리나라 최초의 지주회사다. 주 수입원은 자회사로부터 받는 배당수익, LG브랜드 상표권 사용수익, 소유 건물의 임대수익 등이다. 연결대상 종속회사들이 영위하는 사업은, IT서비스(LGCNS), 부동산 종합서비스(에스앤아이), 교육 및 자문(LG경영개발원), 스포츠(LG스포츠) 등이다.

LG그룹은 투명한 지배구조와 안정적인 배당성향 유지에도 불구하고, 그룹사 성장에 대한 기대감이 낮아 NAV(순자산가치) 대비 시가총액의 할인율이 지주회사 가운데 가장 높게 평가 받아왔다. 이에 따라 LG그룹은 지주사 분할결정을 공시했다. 구광모 현 LG그룹 회장이 경영을 맡게 될 존속지주가 거느리게 될 상장계열사는 LG전자와 LG화학, LG유플러스, LG생활건강, LG디스플레이, LG이노텍, LG헬로비전 등이다. 또 LG화학에서 물적분할한 LG에너지솔루션이 상장을 추진 중이다. 구본무 고문(전 LG그룹 부회장)이 맡게 될 신설지주로 분리될 계열사는 LG상사, LG하우시스, 실리콘웍스, LGMMA다. 한국거래소는 LG신설지주(LX홀딩스)에 대한 주권 재상장 예비심사에서 상장 요건을 충족하고 있어 재상장에 적격한 것으로 확정했다.

증시에서는 계열 분리가 긍정적으로 작용했다. 한국거래소에 따르면 존속지주에 속하게 될 7개 상장사들의 시가총액이 지난해 11월 26일 분할 결정 직후 28% 이상 증가했다. 신설지주 계열사들의 시가총액도 36% 이상 늘었다. 분할 대상인 LG그룹의 주가를 비롯해 계열사들의 주가도 모두 올랐다. 존속지주 계열에서는 LG전자가, 신설지주 계열에서는 LG상사가 가장 많이 올랐다. 신설지주 계열의 핵심 역할을 맡게 된 LG상사가 계열 분리의 최대 수혜주로 꼽힌다.

원격의료

합법화될 경우 최대 수혜주는 어디?

환자가 직접 병원을 방문하지 않고 통신망이 연결된 모니터 등 의료장비를 통해 의사의 진료를 받을 수 있는 서비스를 말한다. 이를테면 무선 심전도 검사가 대표적인데, 환자의 가슴에 부착된 심전도 장치를 통신망을 이용해 병원의 컴퓨터와 연결하여 비대면으로 진료하는 방식이다.

코로나19로 원격의료에 대한 중요성이 크게 주목 받으면서 전 세계적으로 거대한 시장을 형성하게 되었다. 하지만 전 세계 국내총생산(GDP) 상위 15개국 가운데 한국만 유일하게 비대면 진료·처방 등 원격의료를 전면 금지하고 있다. 미국 등 의료 선진국들은 비대면 진료를 의료 현장에 도입한 지 오래되었다. 중국은 지난 2014년부터, 가장 보수적인 국가로 평가 받던 일본도 2015년부터 원격의료를 전면 허용한 바 있다. 미국의 원격의료 전문기업 '텔라닥(Teladoc)'은 시가총액이 180억 달러(약 20조 원)가 넘게 급성장했다. 미국의 원격의료 이용률은 코로나19 이전에 비해 무려 4300%나 폭증했다. 미국의 원격의료 시장은 연평균 38.2% 성장해 오는 2025년에는 한화로 145조 원 규모에 이를 전망이다.

국내 '의료법'에는, 환자의 진료를 병원 등 의료기관 내에서 이뤄지지 않으면 모두 불법으로 규정하고 있다. 투자적 관점에서는 향후 법 개정을 통해 국내에서 원격의료가 허용될 경우를 상정해 해당 기업에 한발 앞서 투자를 고려해 볼 수 있다. 비트컴퓨터는 국내 원격의료 시스템 구축 실적 1위 회사로, 원격의료 최대 수혜주로 꼽힌다. 병원급 의료기관을 대상으로 전자의무기록(EMR) 등을 클라우드 서비스로 제공하는 통합의료정보 시스템을 이미 지난 2017년에 출시한 바 있다.

탄소배출권

탄소배출권 가격이 크게 요동친 이유

탄소배출권은, 정부가 온실가스 감축을 목표로 이산화탄소 등 6개 온실가스를 많이 배출하는 기업에게 온실가스 배출 허용 총량만큼 배출권을 주고, 그 이상의 온실가스를 배출하려면 배출권을 구매해야 하는 제도를 말한다. 쉽게 말해서 기업이 공장을 가동하는 데 있어서 부득이하게 온실가스를 더 배출할 수밖에 없으면 탄소배출권을 구매해야 하고, 반대로 온실가스 배출량이 감소한 기업은 남은 배출권을 판매할 수 있다.

2015년 1톤 당 약 8500원에서 시작한 탄소배출권 가격은 한때 4만 원대로 급등했다가 코로나19로 인한 경기침체로 2만 원대로 떨어졌다. 하지만 글로벌 탄소 시장에서는 배출권 가격이 4만 원을 넘어 연일 신고가를 갱신할 정도로 반응이 뜨겁다.

최근 전 세계 탄소배출권 가격이 크게 요동쳤던 이유는, 중국 다음으로 온실가스를 많이 배출하는 미국의 새 대통령 조 바이든이 2050년 탄소중립(198쪽)을 선언했기 때문이다. 탄소배출 규제에 반대했던 트럼프 전 대통령과 정반대 행보에 나선 것이다.

상황이 이러하니 개인도 탄소배출권을 자유롭게 살 수 있는지 궁금하다. 우리나라에서 개인이 주식처럼 배출권을 거래하는 것은 2024년이 되어야 가능할 전망이다. 당분간은 기존 배출권 할당 기업과 일부 증권사에게만 시장 참여가 허용된다. 따라서 개인은 직접적인 배출권 거래는 어렵지만, 증권사에서 출시한 배출권 관련 ETF 상품이나 온실가스 감축을 활발하게 추진해 배출권 수익을 창출하는 회사의 주식(탄소배출권 관련 주) 매입을 통해 간접적으로 투자할 수 있다.

공모주 청약

Monday 169

'하늘의 별 따기'만큼 어려운 공모주 배정

공모주를 '로또'에 비유하기도 하는데, 공모주 청약에 성공하면 다 돈을 버는 걸까? 공모주 청약 절차는 다음과 같다. ①공모주 일정 확인 ②증권사 계좌 개설 ③증권신고서 투자설명서 분석 ④청약 결정 ⑤공모주 청약증거금 마련 ⑥청약 신청 ⑦공모주 배당과 환불금 정산 ⑧상장 후 보유 또는 매도.

증거금은 주식 거래 시 증권사에 예탁하는 일종의 보증금이다. 공모주에 투자할 때 보통 청약대금의 50%를 증거금으로 납부한다. 청약대금이 1억 원이라면 청약증거금으로 5천만 원을 증권사에 예탁해야 한다.

공모주는 청약경쟁률에 따라 배정된다. 경쟁률이 높을수록 투자자가 받을 수 있는 공모주 수량은 적어진다. 그리고 청약증거금을 많이 넣을수록 받을 수 있는 공모주 수량은 많아진다. 2020년 상장한 빅히트엔터테인먼트(이하 빅히트) 공모가는 13만5000원, 경쟁률은 606.97:1이었다. 경쟁률을 생각하지 않았을 때 청약증거금으로 5천만 원을 납부(총 1억 원 청약)하면 741주를 배정 받을 수 있다. 741주를 경쟁률 606.97로 나누면, 1주가 나온다. 즉, 청약증거금으로 5천만 원을 납부하면 총 1주를 배정 받을 수 있다. 배정 받은 주식을 제외한 나머지 청약증거금은, 투자설명서에 나오는 '납입기일'에 돌려받을 수 있다.

상장 첫날 시초가는 공모가의 90~200% 사이에서 결정된다. 빅히트는 공모가의 200%인 27만 원에 시초가를 형성했다. 주가는 35만1000원까지 갔다가 하락해 25만8000원에 장을 마감했다. 5천만 원을 투자해 1주를 배정 받은 투자자가 상장 첫날 상한가에 매도했다면, 매매 차익은 21만6000원(35만1000원×1주-13만5000원×1주)이다. 공모주 청약은 고액 자산가들에게 절대적으로 유리하다. 이에 금융 당국이 공모주 청약 방식을 대폭 손질했다(199쪽).

국채

채권 금리가 오르면 주가가 떨어진다?

정부가 재정 자금 조달이나 정책 집행을 위해 발행하는 만기가 정해진 채무증서를 말한다. 조세와 함께 중요한 국가 재원의 하나이다. 국채를 발행하고자 할 때에는 국회의 의결을 얻어 기획재정부장관이 발행한다.

국채는 정부가 원리금 지급을 보장하기 때문에 민간회사가 발행하는 회사채에 비해 안전성이 높다. 상환시기에 따라 1년 이내짜리 단기국채와 1년 이상의 장기국채가 있다. 이 가운데 3년 만기 국채의 수익률은 대표적인 시장금리 가운데 하나로써, 국내 시중에 유통되는 자금 사정을 나타내는 기준금리(지표금리)로 사용된다.

증권가에서는 채권 금리가 오르면 주식시장에 부담을 줄 수 있다고 판단한다. 이를테면 주가가 크게 오른 상황에서 채권 금리마저 상승해 위험자산(주식)과 안전자산(국채) 간 기대 수익률 차이가 줄어들면 위험자산의 투자매력이 떨어진다는 것이다. 실제로 2020년 8월경 미국의 10년 만기 국채 금리가 0.2%포인트 안팎으로 오르자 그에 앞서 가파른 상승세를 보였던 미국 나스닥 대형 기술주들이 조정을 받은 바 있다. 비슷한 시기 국내에서도 국채 10년물 금리가 0.3%포인트 가량 상승하면서, 코스피 역시 반등세를 멈추고 두 달 넘게 변동성 장세를 겪었다.

장기국채 금리는 경기회복과 물가 반등 기대감을 반영해 오르기도 한다. 미국 민주당이 백악관과 하원에 이어 상원까지 장악하는 '블루웨이브(67쪽)' 효과로 미국 장기국채 금리도 상승했기 때문이다. 미국 민주당의 재정 확대 기조가 국채 발행 증가와 물가 상승으로 이어질 것이란 전망이 나오자 안전자산인 장기국채의 금리가 오른 것이다.

철강주

잠자던 철강주가 기지개를 펴는 이유

철강은 건설, 자동차, 조선 등 대규모 산업에 없어서는 안 될 핵심소재다. 철강 시황이 전방 산업의 경기에 막대한 영향을 받을 수밖에 없는 이유다. 따라서 철강 시황을 읽기 위해서는 자동차 생산량과 아파트 분양 물량, 조선사들의 수주 잔고 추이 등 전방 산업 동향을 눈여겨봐야 한다.

철강은 대외적으로는 중국 시황이 매우 중요하다. 중국의 철강 수요가 전 세계 철강 수요의 절반을 차지하기 때문이다. 중국 내 철강 수요가 줄어 수입량이 감소하면 중국향 철강 수출 비중이 높은 철강사들의 실적은 기대치를 밑돌게 된다. 문제는 중국 내 철강 수요가 줄면서 중국 철강사들이 해외로 눈을 돌려 수출 규모를 늘리는 것이다. 이는 곧 글로벌 철강 공급 과잉을 초래하면서 여지없이 철강 가격을 떨어트린다. 철강 가격이 떨어지면 철강사들의 이익도 줄기 마련이다.

지난해 엄청난 자금 유입으로 국내 증시는 호황을 누렸지만 대다수 철강주는 소외됐다. 시장의 관심이 반도체, 배터리, 바이오 등에 쏠렸기 때문이다. 지난해 포스코(15.01%)와 현대제철(25.91%) 등 철강 대장주의 상승 폭은 코스피 지수 연간 상승률(30.75%)에 미치지 못했다.

향후 철강 업황은 건설경기가 살아나면서 회복세를 보일 전망이다. 실제로 2·4부동산 대책이 나온 직후 철강주는 상승 랠리를 이어갔다. 대규모 주택공급 정책으로 건축용 철강재 수요가 증가할 것이란 기대가 높게 작용한 결과다. 대외환경도 나쁘지 않다. 중국이 대규모 경기부양책으로 건설과 인프라 투자를 확대하고 있고, 미국도 1조9000억 달러 규모의 경기부양책을 통해 건설경기를 끌어올릴 경우 철강 수요가 크게 증가할 것이기 때문이다.

유상증자

Thursday 172

유상증자를 하면 왜 주가가 뚝 떨어질까?

기업이 주식을 추가로 발행해 자본금을 늘리는 증자에는 유상증자와 무상증자가 있다. 기업이 새로 주식(신주)을 발행해 주주 또는 투자자 등에게 돈을 받고 나누어주면 유상증자, 아무런 대가 없이 나누어주면 무상증자(209쪽)다. 유상증자 목적은 운영 자금 조달, 재무구조 개선, 채무 상환, 다른 회사를 인수하는 데 필요한 자금 마련 등 다양하다. 유상증자 방식은 기존 주주들을 대상으로 하는 '주주 배정', 불특정 다수에게 청약 기회를 부여하는 '일반 공모', 특정인이나 특정 기관을 지정해서 이를 대상으로 하는 '제3자 배정'이 있다.

유상증자를 할 때 투자자들의 증자 참여를 유도하기 위해 신주는 시세보다 싸게 발행한다. 일반 공모 방식에서는 최대 30%까지 할인해 발행가격을 정할 수 있다. 주주 배정 방식은 할인율에 제한이 없지만, 할인율이 시장가격에 미치는 영향을 고려해 대개 20~30% 정도 할인한다. 제3자 배정 방식에서는 할인율을 높이면 기존 주주의 권리가 침해될 수 있고 특정인이나 기관에 특혜를 부여하는 인상을 줄 수 있기 때문에 10%까지만 할인한다.

유상증자는 주가에 어떤 영향을 미칠까? 주주 배정 유상증자의 경우 돈을 추가로 내야 기존 지분율을 유지할 수 있다. 또한, 어떤 방식의 유상증자이든 총발행주식수가 증가하기 때문에 기존 주주들의 지분율이 하락한다. 그래서 보통 주주들은 유상증자를 반기지 않는다. 유상증자를 기업의 자금 사정이 좋지 않다는 신호로 받아들여, 주가가 하락하기도 한다. 그러나 유상증자로 확보한 자금이 신사업 진출 등 장기적으로 기업가치를 끌어올리는 지렛대가 된다고 판단될 때는, 주가에 호재가 될 수도 있다.

카카오뱅크

상장 이후 기업가치 10조 원 예상

인터넷전문은행 카카오뱅크의 가장 큰 강점은 '카카오'라는 막강한 플랫폼을 가지고 있는 것이다. 카카오는 국내에서 가장 사용자가 많은 카카오톡(자사 통계 기준 4486만 명)을 운영하고 있으며, 카카오스토리, 카카오뱅크, 카카오페이 등 사용자 1천만 명 이상(자사 데이터 기준)의 모바일 앱을 여럿 보유하고 있다. 카카오뱅크를 비롯한 카카오의 계열사들은 코어 플랫폼을 중심으로 시너지를 발휘하고 있는 것이다.

카카오뱅크는 인터넷은행의 메리트를 최대한 실적에 반영하고 있다. 2019년 말 기준 카카오뱅크의 총 임직원은 648명인데, 인원당 은행자산은 351억 원으로 국내 4대 은행 평균치(231억 원)를 크게 상회한다. 향후 금융 서비스가 비대면 채널 위주로 확산됨에 따라 5년 후인 2026년경 카카오뱅크는 순이익이 4000억 원(ROE 10%)에 이르는 알토란 은행으로 자리잡을 것이란 전망이 거의 기정사실화 되었다.

카카오뱅크의 당면과제는 성공적인 상장이다. 기업공개(IPO)에서 카카오뱅크의 몸값이 최소 10조 원을 넘어설 것이라는 분석이 제기되고 있다. 납입 자본이 2조8256억 원이라는 점을 감안하건대 지분가치가 큰 폭으로 오를 전망이다. 실제 카카오뱅크가 2020년 말 1조 원대 유상증자를 실시하기 전 책정한 1주당 발행가는 2만3500원이었다. 이를 시가총액으로 환산하면 약 9조5800억 원이다.

한편, 카카오뱅크의 밸류에이션 거품을 우려하는 목소리는 공모주 투자자 입장에서 경청할 만 하다. 금융이 규제 산업이고 인터넷은행이라는 본질적 특성 탓에 지속적인 성장에 한계가 있다는 지적이다.

미용성형

톡신과 필러 대장주를 주목해야

아름다워지고 싶은 욕구와 외모지상주의 세태가 거대한 산업을 형성하면서 미용성형이 증시에서 뜨거운 섹터로 주목 받고 있다. 미용성형 시장에서 가장 큰 비중을 차지하는 사업은 보툴리눔톡신(이하 '톡신')과 히알루론산 필러(이하 '필러')다. 톡신은 처음에는 안면마비 등 신경 관련 근육질환 치료제로 개발되었다가 주름 제거에 탁월한 효과가 있음이 밝혀지면서 미용 목적으로 더 많이 활용되고 있다. 국내에서 톡신은 미국 제약사 앨러간이 출시한 '보톡스'라는 상품으로 많이 알려졌다. 필러는 주름이나 패인 흉터 등에 주사하거나 삽입하는 안면성형용 치료제로, 앨러간에서 만든 '쥬비덤'이란 상품이 유명하다.

미용성형에서 톡신과 필러 시장이 성장을 이어가는 이유는, 성형수술 대비 상대적으로 간단한 시술이기 때문에 일상으로의 복귀가 빠르고, 10년 이상 임상 경험이 축적되면서 안전성에 대한 신뢰도가 쌓였기 때문이다. 특히 성형외과뿐 아니라 피부과와 일반의원 및 클리닉에서도 시술이 가능하기 때문에 미용성형 시장을 성장시키는 촉매제가 됐다.

미용성형 유망종목으로는 휴젤과 메디톡스가 꼽힌다. 휴젤은 톡신 및 필러 국내 시장점유율 1위 회사로, 코로나19 여파에도 지난해 창사 이래 최대 매출과 영업이익을 거뒀다. 올해에는 중국향 해외 사업에서 큰 폭의 성장이 예상된다. 메디톡스는 국내외 제약사들과 3년 여 동안 벌여온 톡신 균주 관련 분쟁에서 유리한 합의를 이끌어내면서 400억 원 가까이 합의금을 취득했고, 이로 인해 미국 등 해외 수출이 회복세를 보일 전망이다. 올해 영업손실을 크게 줄인 뒤 내년부터 흑자전환이 예상된다.

탄소중립

거스를 수 없는 대세, 투자매력 높다

개인이나 기업이 배출한 만큼의 온실가스를 다시 흡수해 이산화탄소의 실질 배출량을 '0'으로 만드는 개념이다. 좀 더 쉽게 설명하면, 대기 중으로 배출한 이산화탄소의 양에 상응하는 이산화탄소를 다시 흡수하는 대책을 세움으로써 이산화탄소 총량을 중립(제로) 상태로 만든다는 것이다. 이산화탄소를 다시 흡수하는 가장 직접적인 대책으로는, 배출한 온실가스만큼 비용을 부담하는 탄소배출권(191쪽) 거래제가 꼽힌다.

영어로 'Carbon Neutral'로 표기하는 탄소중립은 일찍이 2006년경 『옥스퍼드 사전』이 '올해의 단어'로 선정할 만큼 중요한 키워드다. 조 바이든 미국 대통령은 트럼프정부의 화석연료 확대 정책을 전면 뒤집어, 2050년까지 이산화탄소 배출량 제로 달성을 핵심 공약으로 제시했다. 심지어 탄소중립은 '세계의 공장' 중국에서도 피해갈 수 없는 통과의례가 되었다.

탄소중립에 대한 의지는 한국 정부도 다르지 않다. 하지만 제조업 비중이 높은 한국은 OECD 국가 중 온실가스를 다섯 번째로 많이 배출하는 국가로서, 탄소중립을 위한 비용 부담이 적지 않을 전망이다. 2050년까지 이산화탄소 배출량 제로를 달성하는 데 드는 비용이 무려 800조 원 이상 소요된다는 분석이 나오기도 했다.

탄소중립이 거스를 수 없는 대세인 만큼 투자처로서 매력이 크다. 가장 돋보이는 기업은 **롯데케미칼**이다. 롯데케미칼은 합성수지와 플라스틱 제품에 친환경 소재 비율을 늘려나감으로써 2030년까지 친환경사업 매출 3조 원 달성을 목표로 삼을 만큼 탄소중립 경영에 적극적이다. 탄소중립 이슈가 터져 나올 때마다 관련 최선호주로 롯데케미칼이 회자되는 이유다.

공모주 청약 기회 확대

'기울어진 운동장' 바로잡기

동학개미 열풍이 불었던 2020년에는 그 어느 때보다 공모주 투자 열기가 뜨거웠다. 새로운 공모주가 등장할 때마다 청약증거금과 경쟁률 등 각종 기록이 새로 쓰였다. "1억 원을 넣어서 2주를 받았다." 606.97:1의 경쟁률을 기록한 빅히트엔터테인먼트 공모주 청약에 참여한 투자자 이야기다. 공모주가 워낙 인기가 많다 보니 소액을 청약한 개인투자자들이 손에 쥐는 공모주는 몇 주 되지 않았다. 돈이 돈을 버는 구조였던 공모주 청약 방식(192쪽)을 금융당국이 대폭 손질했다.

공모주 일반청약 물량은 청약증거금 액수에 비례해 배정됐다. 증거금을 많이 넣을수록 공모주를 더 많이 배정 받는 구조다. 소수의 고액 자산가에게 유리할 수밖에 없다. 이에 일반청약 배정 물량 가운데 절반 이상은 청약자들에게 균등 배분하고, 나머지는 청약증거금 액수에 비례해 배분하기로 했다. 일부 고액 자산가가 증권사마다 계좌를 개설해 한도를 넘겨 중복 청약하는 것도 금지된다.

일반청약 배정 물량도 기존 20%에서 최대 30%로 증가한다. 기존에는 공모 물량의 20%는 일반투자자, 20%는 우리사주조합, 10%는 하이일드펀드, 50%는 기관투자자에 우선 배정됐다. 우리사주조합에 배정했다가 미달한 물량 중 최대 5%와 하이일드펀드에 배정됐던 물량 중 5%를 거둬들여 일반투자자에게 배정하기로 했다. 하이일드펀드는 신용등급 BBB+ 이하 채권과 코넥스(중소기업 전용 주식시장) 주식 45% 이상을 보유하고 있는 고위험 투자 펀드다. 채권시장을 활성화하기 위해 정부는 하이일드펀드에 공모주 물량 10%를 우선 배정해왔으나, 이 정책이 2020년 말 종료되었다.

경기선행지수

주가와 경기흐름은 서로 무관하다?

투자자들의 공통된 속성 가운데 하나가 앞으로 벌어질 시장 상황을 미리 알고 싶은 것이다. 주가가 오를지 떨어질지 미리 알아야 투자에 대처할 수 있기 때문이다. 투자자들이 경기변동에 민감한 것도 같은 이유다. 앞으로 경기가 좋아져야 투자 환경도 밝아질 거라 믿는 것이다.

생산, 소비, 투자, 고용, 금융 부문의 여러 지표를 종합하여 산출한 지표를 바탕으로 3~6개월 후의 경기 흐름을 미리 가늠하는 지표가 바로 경기선행지수다. 경기선행지수는 실제 경기변동보다 앞선 경기 흐름을 보여주기 때문에 앞날을 예측하는 데 활용된다.

경제협력개발기구(OECD)가 집계하는 한국의 경기선행지수가 2020년 12월까지 9개월 연속 상승했다. OECD 29개국 중 최장기간이다. OECD에 따르면 2020년 12월 한국의 경기선행지수는 101.5로, 2017년 8월(101.6) 이후 3년 4개월 만에 가장 높은 수치다. OECD는 경기선행지수가 100을 넘기면서 상승 추세면 경기확장, 하락 추세면 경기하강으로, 100 이하에서 상승 추세면 경기회복, 하락 추세면 경기수축으로 본다.

흥미로운 점은 경기선행지수를 가늠하는 지표 가운데 코스피지수도 하나의 기준이 된다는 사실이다. 코스피는 2019년 마지막 거래일인 12월 30일 2197포인트에서 2020년 12월 30일 2873포인트로, 1년 동안 30.8% 올랐다. 한국의 경기선행지수가 연속 상승하는 요인 가운데 급등한 주가를 주목하는 이유가 그 때문이다. 하지만 주가와 경기회복을 직접적으로 연관 짓는 것은 현실적으로 무리가 있다. 지금처럼 실물경제는 여전히 어려운 데 주가만 급등하는 경우도 있기 때문이다(디커플링, 172쪽).

비철금속주

'닥터 코퍼'의 행보가 중요한 이유

비철금속(非鐵金屬)은 말 그대로 철을 뺀 모든 금속을 가리킨다. 모든 비철금속의 생산량을 다 합쳐도 철의 생산량에 미치지 못하지만, 합금의 재료 및 공업적 용도가 다양해지면서 비철금속 시장이 갈수록 커지고 있다.

전 세계적으로 가장 많이 사용되는 6대 비철금속으로는 알루미늄(53.5%), 구리(21.2%), 납(13%), 아연(12.85), 니켈(1.7%), 주석(0.3%)이 있다. 알루미늄과 구리가 전 세계 비철금속 소비 비중의 3분의 2 이상을 차지한다.

최근 구리와 니켈 등 비철금속 가격이 연일 상승세를 이어가면서 원자재 슈퍼사이클 시기가 도래한 것이 아니냐는 관측이 제기되고 있다. 런던금속거래소(LME)에 따르면, 구리 현물가격이 1년 사이에 무려 80% 이상 급등했는데, 이는 지난 8년 여 만에 가장 높게 오른 수치다. 구리는 전기와 열전도성이 높아 친환경에너지 발전시설 및 전력시설의 와이어와 케이블, 배관, 송전선 등 폭 넓게 쓰이는 비철금속이다. 최근에는 전기차 배터리에도 핵심소재로 사용되고 있다. 이처럼 구리는 경기회복기에 수요가 늘어남에 따라 경기회복을 알리는 '구리 박사(닥터 코퍼)'라는 별칭으로 불리기도 한다.

국내 비철금속 업계는 고려아연(1위)과 영풍(2위)이 서로 지분관계를 맺고 있고, 그 뒤를 풍산이 따르고 있다. 투자적 관점에서는 구리 가격 상승에 대한 수혜주로 풍산과 대창, 이구산업이 꼽힌다. 다만 비철금속 회사들의 주가는 원자재 가격과 중국 경기변동, 환율 등에 크게 휘둘리기 때문에 글로벌 경제를 읽는 거시적인 안목이 요구된다. 비철금속이 유독 까다로운 투자 업종으로 불리는 이유다.

신주인수권증서

유상증자 시 청약을 포기해도 남는 것

주주 배정 방식의 유상증자에서 기존 주주는 청약하지 않으면 여러모로 손해를 본다. 시세보다 할인된 가격에 신주를 받지 못하고, 유상증자로 인해 총 발행주식수가 증가하기 때문에 기존 지분율이 하락한다. 또 권리락에 따른 주가 하락(216쪽)이 기다리고 있다. 유상증자 가격이 마음에 들지 않거나 돈이 없어서 청약을 못 할 때, 손해를 가만히 지켜보고 있어야 할까? 기존 주주는 청약을 포기한다면, '신주인수권증서'를 팔아 손실을 메울 수 있다.

신주인수권증서는 기업이 주주 배정 방식으로 유상증자할 때 주주들에게 나누어주는 권리다. 신주 배정 기준일까지 주식을 보유한 주주에게 신주 배정 비율에 따라 신주인수권증서를 준다. 신주인수권증서는 증권시장에서 매각할 수 있다.

신주인수권증서는 주주 배정 유상증자를 할 때 청약에 앞서 먼저 상장돼 거래된다. 거래기간은 보통 5영업일 정도다. 신주인수권부사채(BW, 265쪽)에서 신주인수권만 따로 떼어내 거래하는 신주인수권증권(워런트)과 구분하기 위해 종목명 뒤에 'R'이라고 표기한다. 예를 들어 '씽씽자동차WR'은 신주인수권부사채의 워런트이고, '씽씽자동차R'은 유상증자 신주인수권증서다.

이론적으로는 현재 주가에서 신주 발행가격을 뺀 금액이 신주인수권증서 가격이다. 예를 들어 A사 주식 1주가 1만 원이고 유상증자 신주 발행가격이 8천 원이라면, 신주인수권증서의 이론가격은 2천 원이다. 하지만 주가에 대한 불안감이 반영돼 실제 시장에서 신주인수권증서 가격은 이보다 낮게 형성된다. 신주인수권증서를 사고자 하는 사람은 많은데 팔려는 사람이 적다면 이론가격보다 가격이 올라가고, 반대라면 가격이 떨어진다.

두산퓨얼셀

수소발전의무화제도의 최선호주

두산퓨얼셀은 국내 수소연료전지 1위 기업으로, 정부가 주도하는 그린뉴딜 정책의 어젠더인 수소경제 최선호주 중 하나다. 수소연료전지(93쪽)는 수소와 산소의 전기화학 반응을 이용하여 연소과정 없이 전기를 생산하는 발전장치로, 환경오염물질의 배출 없이 전기와 열을 동시에 생산할 수 있는 고효율 친환경 에너지원이다.

두산퓨얼셀을 주목해야 하는 이유는 내년부터 시행되는 '수소발전의무화제도(HPS, 121쪽)' 때문이다. HPS는 전력 생산·판매 업체에 수소연료전지 발전의무를 부과하는 제도다. 그간 수소연료전지는 신재생에너지 공급의무화제도(RPS)에 포함돼 태양광·풍력 등 다른 재생에너지 발전과 경쟁해야 했다. 하지만 HPS 도입으로 별도의 보급체계를 마련할 수 있게 됐다.

지난해 국내 연료전지 사업 발주 규모가 총 148MW였다면, HPS 도입 직후인 2023년에는 400MW로 2배 이상 늘어날 전망이다. 2040년까지 수소연료전지를 8GW(기가와트) 공급하겠다는 정부 계획에 맞추기 위해선 단기간 내 대규모 발주가 나와야 한다. 업계에서는 올해 최대 300MW까지 발주가 일어날 것으로 보고 있다. 두산퓨얼셀은 지난 3년 연속으로 국내 수소연료전지 사업 발주량의 70% 이상을 수주해왔다.

두산퓨얼셀은 당장 2022년 예상 매출액을 1조5000억 원으로 추산하고 있다. 올해 5000억 원대의 예상 매출액에서 3배 가까이 늘어난 규모이지만, HPS가 계획대로 진행될 경우 충분히 가능한 목표실적이다.

두산퓨얼셀의 지난해 최저가는 3934원이었는데, 올해 2월 15일 6만 5400원까지 올랐다. HPS 수혜를 고려한다면 상승여력은 충분하다.

마이데이터

핀테크의 새로운 먹거리

마이데이터란 은행계좌, 신용카드 가입 및 사용 내역 등 금융 관련 데이터의 소유권이 금융회사가 아닌 개인에게 있음을 선언한 개념이다. 즉, 개인이 자신의 금융정보를 스스로 통제하고 관리하며, 해당 정보들이 본인의 의사에 따라 활용될 수 있도록 개인의 '정보주권'을 보장한다는 취지를 담고 있다. 마이데이터가 허용되면 개인은 은행, 증권사, 보험사 등 여러 금융회사에 산재한 금융정보를 통합 관리할 수 있게 된다.

2020년 8월 이른바 '데이터 3법(개인정보보호법·신용정보법·정보통신망법)'의 개정으로 사업자들이 개인의 동의를 받아 금융정보를 통합 관리해주는 마이데이터 사업(신용정보관리업)이 합법화 되었다. 금융 소비자는 마이데이터를 통해 금융회사에 흩어져 있는 자신의 정보를 취합해 확인할 수 있고, 또 스스로 금융정보를 활용해 맞춤 상품이나 서비스를 추천 받을 수 있다. 이를테면 소비자가 은행 등에 자신의 신용정보를 마이데이터 업체에 전달하라고 요구할 경우, 마이데이터 업체는 관련 정보를 취합해 고객에게 서비스할 수 있다. 여기에는 은행 입출금 및 대출에서 통신료 납부 내역에 이르기까지 개인의 모든 정보가 해당된다. 이러한 정보들을 통해 개인의 재무 현황 분석 등에 활용하는 새로운 비즈니스 모델이 생겨나는 것이다.

마이데이터는 핀테크 산업의 새로운 먹거리로 불리는 만큼 주로 핀테크 기업들의 활약이 기대를 모은다. 카카오페이는 '버킷리스트' 자산관리 서비스를 시작으로 마이데이터 사업에 나섰다. 국내 최다 개인 스마트뱅킹 구축 경험을 지닌 핀테크 기업 핑거도 자회사를 통해 마이데이터 예비허가를 받아놓았다.

CCS · CCU

이산화탄소를 모아 연료로 만드는 기술

전 세계 각국 정부가 친환경 어젠더로 '탄소중립(198쪽)'을 선언한 가운데, 주식시장에서는 탄소중립을 실행에 옮기는 기술인 CCS와 CCU에 대한 관심이 뜨겁다. CCS와 CCU는 산업 활동 과정에서 발생하는 탄소를 대기로 배출하기 전에 포집한 다음 압력을 가해 액체 상태로 만들어 해저 또는 지하에 저장하거나 다른 소재를 만드는데 활용하는 기술이다.

CCS(Carbon dioxide Capture and Storage)부터 먼저 소개하면, 화석연료의 전환 과정에서 발생하는 이산화탄소 등을 포집한 뒤 압축하고 수송하여 지중인 해저에 설치한 대규모 저장소에 오랫동안 안전하게 저장하는 기술을 가리킨다. CCU(Carbon Capture and Utilization)는 여기서 한걸음 더 진일보한 기술이다. 이산화탄소를 포집해 그대로 땅 속에 묻어두는 것에 그치지 않고 이를 화학·생물학적 방법으로 재활용하여 새로운 연료로 만들어내는 기술이다. 이미 미국에서는 인공광합성을 통해 이산화탄소를 연료로 전환하는 기술을 개발했고, 일본에서도 이산화탄소를 메탄으로 재생해 연료화하는 기술을 도입했다. 심지어 영국에서는 이산화탄소를 시멘트 등 건축자재의 원료로 활용하는 기술을 상용화했다.

탄소중립과 친환경을 새로운 정책 기조로 내걸고 출범한 바이든정부가 들어서면서 CCS와 CCU 관련 기업들의 주가가 상승 랠리를 이어가고 있다. 그 가운데 가장 주목을 끄는 회사는 CCU 기술을 통해 이른바 '이산화탄소 자원화' 사업에 뛰어든 그린케미칼이다. 이 회사는 지난해 12월 한 달 동안 주가가 무려 70% 이상 올랐다. 세계 최초로 건식흡수제를 이용해 CCS플랜트를 설치한 KC코트렐 역시 CCS 최선호주로 눈여겨봐야 할 종목이다.

콜옵션 · 풋옵션

손정의의 40억 달러
콜옵션 매입이 일으킨 파장

2020년 가을, 손정의의 소프트뱅크가 아마존·마이크로소프트 같은 'IT 공룡'의 콜옵션을 40억 달러(4조8000억 원)에 사들였다. 이후 나스닥 기술주가 폭등하며, 손정의는 나스닥 랠리의 불을 지핀 '고래(큰손)'라 불렸다.

파생상품시장에서 옵션은 '권리'다. 어떤 조건이 충족되면 행사할 수도 있고, 그 반대라면 포기할 수도 있다. 조건이 충족되었을 때 반드시 행사해야 하는 '의무'와는 다르다. 주식옵션은 주가 방향을 예측해 미래 특정 시점에 해당 주식을 현 주가보다 높게 또는 낮게 사고팔 수 있는 권리를 거래하는 파생상품이다. 손정의가 사들인 '콜옵션(call option)'은 기초자산(주식)을 정해진 가격에 살 수 있는 권리다. 반대로 정해진 가격에 팔 수 있는 권리는 '풋옵션(put option)'이다. 기초자산 가격이 상승할 것 같으면 콜옵션을, 하락할 것 같으면 풋옵션을 매입해 가격 변동으로 발생하는 손실을 헤지한다.

현재 주가가 500원인 A주식이 있다. 600원에 주식을 살 수 있는 콜옵션을 50원에 샀다. 미래에 주가가 1000원으로 올랐다면, 650원에 1000원짜리 주식을 살 수 있으니 콜옵션을 행사한다. 만일 주가가 600원 또는 500원 미만이 되면, 650원에 주식을 사봐야 손해다. 이때는 50원만 내고 콜옵션 행사를 포기하면 된다.

콜옵션 매수자는 주가가 상승했을 때, 풋옵션 매수자는 주가가 하락했을 때 돈을 번다. 옵션 매도자(증권사)는 이와 정반대다. 소프트뱅크가 대규모로 콜옵션을 사들이면, 매도자인 증권사는 콜옵션 판매에 대한 손실을 현물 주식 상승분으로 메우기 위해 해당 주식을 대규모로 사들일 수밖에 없다. 이 과정에서 나스닥 기술주가 폭등한 것이다.

광군제

화장품주 투자자들의 'D-day'

광군제는 중국판 블랙프라이데이로, 중국의 소비 동향과 경기 현황을 한눈에 볼 수 있는 최대 쇼핑 이벤트다. 해마다 11월 11일에 열린다. 광군제의 유래는 퍽 흥미롭다. 여기서 '광(光)'자는 '빛나다'라는 의미가 아니라 '아무 것도 없이 텅 빈'을 의미한다. '군(棍)'은 막대기를 뜻하는 데, 11월 11일에서 '1'을 빗댄 표현이다. 따라서 '광군'은 '아무 것도 없이 막대기만 달랑 있는' 것이 되는데, 이는 곧 배우자나 애인이 없는 싱글(솔로)을 의미한다. 따라서 광군제는 '싱글들을 위한 날'이다. 11월 11일이 광군제가 된 것은 혼자임을 상징하는 '1'이라는 숫자가 4개나 겹쳐 있는 날이기 때문이다. 광군제는 지난 1993년 난징대학교 학생들이 애인이 없는 사람들끼리 서로 위로하자는 취지에서 시작됐다. 그들은 11월 11일에 파티를 열어 선물을 교환했는데, 훗날 중국 전역으로 퍼지게 되면서 거대 이커머스 회사 알리바바가 마케팅에 활용하여 중국판 블랙프라이데이로 만든 것이다.

광군제 동안 판매되는 매출 규모는 상상을 초월한다. 지난해에는 4892억 위안, 우리 돈으로 약 83조7972억 원의 거래가 일어났다. 중국 뿐 아니라 전 세계에 걸쳐 광군제 특수를 준비하는 기업들이 수두룩하다. 한국의 경우 화장품 회사들이 광군제에 민감하다. 중국의 젊은 여성들이 광군제 소비를 주도하고 있기 때문이다. LG생활건강과 아모레퍼시픽 등 국내 화장품 회사들은 광군제에 대비해 수개월 전부터 홍보와 마케팅 전략을 수립한다.

화장품주 투자자라면 매년 11월 11일을 잊지 말아야 한다. 매수 타이밍은 광군제로부터 최소한 2개월 전에, 매도 타이밍은 당연히 광군제가 끝난 직후로 보는데, 그때그때 업황에 따라 유동적일 수 있다.

방산주

팬데믹 기저효과로 주가 상승 기대

방위 산업 관련 주의 줄임말인 '방산주'는 전투기, 군함, 미사일, 전차 등 전략무기를 생산·유통하는 상장기업을 가리킨다. 업계 1위 한화에어로스페이스를 필두로, LIG넥스원, 현대로템, 한국항공우주 등이 대장주로 꼽힌다.

지난해 방산주는 주식시장 평균 대비 큰 폭으로 하락했다. 코로나19 여파로 투자자들의 관심이 언택트 관련 주에 몰렸기 때문이다. 방산주는 군사적 긴장 정도와 밀접한 데, 세상이 온통 코로나19에 몸살을 앓으면서 이렇다 할 군사적 이슈가 거의 없었다. 여기에 경기부양이 재정집행의 우선순위가 되면서 방위비 일부가 이연된 점도 방산주에 부담 요인으로 작용했다.

2021년 방위 산업은 전반적으로 회복국면에 접어들 것으로 전망된다. 무엇보다 국내 상황을 살펴보면, 2021년 국방예산이 5.5% 증액되었다. 방산 업체의 매출과 직결되는 방위력개선비 예산이 2.4% 증가에 그친 게 아쉽긴 하지만 다행히 국내 방산 기업들이 담당하는 주요 사업 예산은 늘어났다.

주식시장에서는 '기저효과(305쪽)'라는 게 있다. 바로 앞 시즌에 시장이 좋지 않았다면 다음 시즌에는 상대적으로 상승효과가 나타난다는 것이다. 2021년 방산주는 기저효과 덕을 볼 것으로 예상된다. 일단 국방예산이 소폭 상승했고, 해외 수주도 지난해 거의 없다시피 했기 때문에 이전 시즌보다 더 나빠질 것도 없다. 글로벌 방산주들이 팬데믹을 겪으며 급락한 뒤 여전히 회복하지 못하는 것과 달리 국내 방산주들은 2021년 1분기에 전년 동기 대비 최대 70%까지 상승했다. 유망종목으로는 방산주 중에 가장 저평가된 LIG넥스원이 꼽힌다. 증권가에서는 2021년 말 목표주가를 30% 이상 상승한 5만 원대까지 예상하고 있다.

무상증자

Thursday 186

자금력 있는 우량기업이 할 수 있는 주주 환원 정책

무상증자는 기업이 새로 주식을 발행해 주주들에게 공짜로 나누어주는 것이다. 무상증자를 하면 발행주식수가 늘어나 자본금(총발행주식수×액면가)이 증가한다. 그러나 주주들에게 대가를 받지 않는 만큼 실제 기업으로 유입되는 현금은 없다(자본 증가 없음). '자본'이라는 큰 주머니는 '자본금'과 '잉여금'이라는 칸으로 나뉘어 있는데, 무상증자는 잉여금 칸에 있던 돈을 빼서 자본금 칸으로 이동하는 것이다. 그래서 무상증자 결과 자본금은 늘어나지만, 자본은 그대로다. 무상증자를 기업가치에 변화가 없는 '회계상 이벤트'라고 하는 이유가 여기 있다.

무상증자도 유상증자와 마찬가지로 권리락(216쪽)이 발생한다. 권리락 이후 기준주가는 하락한다. 예를 들어 A사 주가가 1만 원인데 기존 주식 1주에 신주 1주를 더 주는 무상증자를 하면, 총발행주식수는 2배가 된다. 그래서 권리락 이후 기준주가는 5천 원으로 하향 조정된다.

무상증자는 일반적으로 주가에 호재로 작용한다. 회계상 이벤트일 뿐인데 왜 주가에 긍정적인 영향을 미치는 걸까? 기업이 무상증자를 한다는 것은 대가를 받지 않고 주식을 나눠줄 만큼의 재원(잉여금)이 있다는 뜻이다. 또한 무상증자는 시장에서 기업이 주주가치를 높이겠다고 의지를 표명하는 신호로 해석된다. 무상증자 권리락으로 기준주가를 하향 조정하면, 상대적으로 주가가 싸 보이는 착시효과가 나타난다. 무상증자로 유통되는 주식 물량이 증가하고, 권리락으로 주가가 싸 보이면 매수세가 몰릴 가능성도 있다. 그러면 주가는 권리락으로 하향 조정되더라도, 몇 개월 안에 권리락 이전 수준을 회복한다.

현대건설

수주 실적이 매출화되는 시기가 왔다

국내 건설 업계 1위 회사로, 건설 사업부문에서 현대엔지니어링을 자회사로 두고 있다. 연결매출 중 현대엔지니어링이 차지하는 비중이 40%이므로, 자회사의 실적도 눈여겨봐야 한다.

현대건설 주가의 향방은 2016년을 정점으로 지난 4년에 걸쳐 이어진 실적부진의 긴 터널을 통과할 수 있느냐에 달렸다. 국내 최대 건설사라는 지명도를 고려하건대 분양 계획과 수주 규모 등이 경쟁사에 비해 얼마나 월등히 증가하느냐가 현대건설 주가의 핵심포인트이다.

다행스러운 것은 2021년을 기점으로 현대건설의 실적이 부진의 늪을 벗어날 것으로 예상된다. 국내 아파트 및 해외 플랜트 사업 수주 결실이 실적에 반영되는 시점이 2021년이기 때문이다. 건설 사업의 경우 수주가 매출화되기까지는 어느 정도 시차가 필요하다.

2021년 연결기준 매출액은 전년 대비 9% 가까이 늘어나 18조 원대에 이를 것으로 예상된다. 괄목할만한 실적은 영업이익에서 두드러질 전망이다. 2021년 연결기준 영업이익은 전년 대비 무려 60% 이상 상승해 9000억 원대까지 바라볼 것으로 예상된다. 영업이익이 큰 폭으로 오르는 요인은 아파트 사업 덕분이다. 건설사의 경우, 주택 사업에서의 마진폭이 절대적으로 큰 데, 현대건설과 자회사인 현대엔지니어링의 경우 주택 사업 수주가 크게 늘어났기 때문이다. 아울러 해외 건설 사업에서 원가율이 개선된 점도 체크포인트다.

증권가에서는 현대건설의 12개월 목표주가를 5만 원대 안팎으로 상향 조정했다. 지난 1월 12일 기록한 연 최고가 4만6500원보다 높다.

O2O

언택트 시대에 날개를 단 주문앱들

O2O는 Online to Offline의 줄임말이다. 스마트폰 등 온라인으로 상품이나 서비스 주문을 받아 식당 등 오프라인 소매점으로 연결해주는 서비스가 가장 일반적인 형태의 O2O 서비스다. 배달음식주문앱, 카카오택시앱 등 음식 배달과 교통수단에서부터 숙박앱에 이르기까지 다양한 서비스가 등장하면서 엄청난 시장을 형성하고 있다. O2O를 기반으로 탄생한 서비스 플랫폼은 자체적으로 생존이 쉽지 않지만, 초기에 시장을 개척한 이른바 '1세대 O2O 기업'들 중에 성공적으로 론칭한 회사들은 기업가치가 큰 폭으로 상승했다. O2O를 통한 앱결제 서비스 가운데 대표적인 브랜드로는, 우아한형제들(배달), 야놀자(숙박), 직방(부동산) 등이 꼽힌다.

코로나19 여파로 비대면 라이프스타일이 확산되면서 O2O를 통해 '오프라인 매장들의 온라인화'가 빨라지고 있다. 스마트폰만 있으면 각 매장에 설치된 QR코드를 인식해 입장하고 제품 정보를 바로 확인할 수 있으며, 음식과 커피는 주문 후 픽업하면 된다. 국내 주요 전자결제 업체들은 확보해놓은 오프라인 가맹점을 기반으로 다양한 비대면 결제 솔루션을 통해 큰 폭의 매출을 올리고 있다.

QR코드를 이용한 결제 서비스는 NHN한국사이버결제가 가장 앞서나가고 있다. 2019년에 페이코 오더 서비스를 출시하여 가맹점을 빠르게 늘려나가 현재 2만 개가 넘는 거래처를 보유하고 있다. 2021년에는 매출액이 전년 대비 10% 넘게 상승해 7000억 원 내외에 이를 것으로 예상된다. 영업이익도 전년 대비 30% 가까이 오를 전망이다. 증권가에서는 NHN한국사이버결제의 12개월 목표주가를 (6만 원대 내외에서) 8만 원대까지 상향 조정했다.

풍력

지구상에 바람이 불지 않는 곳은 없다

'바람의 힘에 투자하라!'

정부에서 강하게 추진 중인 그린뉴딜 및 미국 바이든정부의 친환경에너지 정책에 힘입어 풍력이 주식시장에서 '태풍의 눈'으로 부상하고 있다.

유럽을 비롯한 세계 곳곳에서는 해상풍력으로 적지 않은 규모의 전력을 공급 받고 있다. 바닷가의 바람이 특히 강하기 때문에 육상보다는 해상풍력의 효과가 크다. 풍력은 우리에게 친숙하지 않을 뿐 미래가 아닌 현재 진행 중인 에너지 기술이다. 신재생에너지의 문제점으로 거론되는 비용 대비 발전 효율성이 낮다는 우려도 옛말이다. 풍력 시장의 글로벌 리더들은 지난 몇 년 사이 상당한 기술 향상을 이뤄, 발전 단지의 건설비용 부담을 크게 줄이면서도 발전용량을 키웠다. 한마디로 경제성이 좋아진 것이다.

글로벌 시장에서 가장 주목을 끄는 곳은 단연 미국이다. 바이든정부가 들어서면서 2050년까지 86GW 규모의 해상풍력을 설치한다는 계획이 훨씬 앞당겨질 것으로 예상된다. 글로벌 해상풍력 시장은 2018~2029년 연평균 20%대의 성장률을 보일 것으로 전망된다. 해상풍력은 코로나19 환경에서도 지속적으로 성장하고 있다. 2019년 기준 전체 풍력 설치 시장 중 10%를 차지했던 해상풍력이 2025년까지 20% 수준 이상을 달성할 전망이다. 아울러 2025년부터는 개발 프로젝트가 설치 단계에 돌입하면서 해상풍력 기업들의 실적이 크게 향상될 것으로 예상된다.

국내 풍력 관련 유망종목으로는, 세계 1위 풍력타워 기업 씨에스윈드, 풍력의 핵심부품인 베어링 제조업체 씨에스베어링, 풍력 터빈 하부구조물 건설 회사 삼강엠앤티를 눈여겨 볼만하다.

ETF (상장지수펀드)

종목 선정이 어려운
주린이에게 추천하는 펀드

ETF(Exchange Traded Fund)는 거래소에 상장되어 주식처럼 사고팔 수 있는 펀드다. 일종의 인덱스펀드(88쪽)다. 인덱스펀드는 특정 지수 변동과 동일하게 수익을 가져가는 상품이다. 지수를 대표하는 주식을 선정해 그 주식에 투자한다. 예를 들어 코스피200 ETF라면, 코스피200지수가 오른 만큼 이익이 나고 떨어진 만큼 손실이 난다.

특정 주가지수의 움직임을 따르는 지수형 ETF 규모가 가장 크다. 특정 산업이나 업종에 투자하는 섹터 ETF도 있다. 바이오·금융·자동차 등 업종별로 투자하는 방식이다. 어떤 ETF든 투자자들이 개별 종목을 고르는 수고를 하지 않아도 된다. ETF가 여러 종목의 주가를 반영하기 때문에 분산투자 효과도 있다. ETF는 주식시장에서 자유롭게 사고팔 수 있고, 주당 가격이 5천~2만 원 정도로 낮은 편이라 소액으로도 투자할 수 있다. 주식을 팔 때는 거래세(코스피 0.1%, 코스닥 0.25%)가 붙는다. 하지만 국내주식 ETF는 거래세가 없을 뿐 아니라, 매매차익에 따른 세금(양도세)도 없다.

일반적으로 주식은 주가가 상승해야 돈을 번다. 그런데 ETF는 상승과 하락 양쪽에 베팅할 수 있다. 해당 지수가 하락할 것이라고 예상하면 인버스 ETF에 투자하면 된다. 레버리지 ETF도 있다. 상품명에 '2X' 또는 '레버리지'라고 표시돼 있다. 레버리지가 두 배라면 수익도 약 두 배로 늘어난다. 물론 손실 위험도 두 배로 증가한다.

2020년 12월 말 기준 ETF 순자산총액은 52조 원, 종목수는 468종목이다. 국내 증시 시가총액 대비 ETF 순자산총액 비율은 2.4%로 미국(12.6%), 영국(13.2%), 독일(13.3%) 일본(7.7%) 등에 비해 아직 낮은 수준이다.

테이퍼링

돈을 푸는 속도를 조절해야 할 때

'점점 가늘어지다'라는 사전적 의미를 지닌 테이퍼링(tapering)을 이해하기 위해서는 양적완화(53쪽)가 무엇인지부터 알아야 한다. 초저금리 상태에서 경기부양을 위해 중앙은행이 발권력을 동원해 화폐를 찍어 시중에 공급하는 양적완화의 규모를 점차 줄여나가는 것을 가리켜 테이퍼링이라 한다. 2013년 5월경 당시 미국 연준 의장인 벤 버냉키가 청문회에서 처음 언급하면서 글로벌 경제뉴스에 자주 등장하기 시작했다.

2008년 글로벌 금융위기가 터지자 미국 연준은 초저금리를 유지하면서 매달 850억 달러를 시중에 푸는 양적완화 정책을 폈다. 그러다 양적완화를 단계적으로 축소하는 테이퍼링 정책을 통해 통화 발행량을 750억 달러로 줄이더니 그로부터 1개월 만에 다시 650억 달러로 감축했다.

당시 미국이 테이퍼링에 돌입한 이유는, 치솟던 실업률이 서서히 안정세로 돌아서고 제조업 지표도 점차 개선되었기 때문이었다. 이처럼 경제가 회복세를 보이는 상황에서 통화를 계속해서 과도하게 공급할 경우 물가 상승으로 이어질 수 있기 때문에 테이퍼링 조치를 취한 것이다.

하지만 미국 연준의 테이퍼링 정책으로 인해 글로벌 곳곳에 퍼져 있던 달러가 미국으로 회수되면서 터키와 아르헨티나 등은 때 아닌 위기를 겪어야만 했다. 외화가 갑자기 빠져나가면서 통화가치가 급락한 것이다. 이처럼 미국에서 테이퍼링이 본격적으로 시행되면 신흥국에서 달러 자금이 유출된다. 이로써 경제 기반이 취약한 나라일수록 외환위기에 봉착할 수 있다.

테이퍼링은 증시에도 적지 않은 영향을 미친다. 시중에 풀리는 자금이 줄어들면 아무래도 주가가 전반적인 조정국면에 들어갈 수도 있기 때문이다.

유틸리티주

한국가스공사의 배당수익률을 주목해야

Wednesday
192

주식시장에서 유틸리티(utility)라 함은, 수도와 전기, 가스 등의 공공 에너지 산업을 가리킨다. 국내 주식시장에서 대표적인 유틸리티 종목은 에너지 공기업인 한국전력과 한국가스공사가 꼽힌다.

유틸리티 업종은 주식시장에서 대표적인 배당주로 통한다. 배당주는 현금을 배당하는 대신 주주들에게 무상으로 나눠주는 주식이다. 현재 주가에 비해 배당하는 금액이 커서 은행의 1년 만기 정기예금의 금리보다 유리한 수익이 기대되는 종목을 가리켜 배당주라 부른다. 배당은 각 회사들이 회계연도 안에 순이익을 내거나 내부유보율이 많아서 주주들에게 돌려줄 재원이 있을 때 발생한다(269쪽).

하지만 모든 유틸리티 기업들이 매력적인 배당주로서의 요건을 갖추고 있는 건 아니다. 매력적인 배당주로 인정 받기 위해서는, 첫째 높은 실적 안정성을 유지해야 하고, 둘째 높은 배당성향과 배당 예측이 가능해야 하며, 셋째 미래 성장 모멘텀에 지속적인 투자가 이뤄져야 한다. 이 세 가지 요건을 갖춘 기업은 꼭 유틸리티 기업이 아니더라도 저금리 시대에 매력적인 투자처가 될 수 있다.

증권가에서는 한국전력보다는 한국가스공사의 배당수익률을 높게 평가한다. 글로벌 유틸리티 기업들에 비하면 한국가스공사의 배당수익률은 여전히 부족해 보이지만, 코스피200 종목들과 견줘보면 양호한 수준이다. 한국가스공사는 별도 당기순이익을 기준으로 배당을 지급한다. 한국가스공사는 지난해 900억 원대의 순손실을 냈지만 2021년에는 흑자전환해 3000억 원대로의 반등이 예상된다.

권리락

신주 배정, 배당 등의 권리가 사라진 상태

기업이 기존 주주나 우리사주조합을 대상으로 신주를 발행해 돈을 받고 나누어주는 것이 주주 배정 유상증자다. 이때 기존 주주들은 신주의 주당 발행가격이 충분히 매력적이라 판단하거나 앞으로 주가가 계속 오를 것이라고 예상한다면 배정 받은 주식을 사고, 아니면 포기하면 된다. 주주 배정 증자에서 기존 주주들이 배정 받은 주식을 포기하는 것이 '실권(失權)'이다. 대개 기업은 기존 주주들이 포기한 실권을 모아 일반 공모 방식으로 다시 투자자를 모집한다.

주주 배정 증자에는 신주 배정 기준일(59쪽)이 있다. 예를 들어 신주 배정 기준일이 2021년 3월 10일이라면, 이 날짜가 지나면 증자로 발행되는 신주를 받을 권리가 사라진다. 증자에서 배정 받은 주식을 살 권리가 사라지는 것을 '권리락(權利落)'이라고 한다. 주식은 매매 체결일을 포함해 3거래일째 되는 날 결제가 이루어지기 때문에, 이 경우 3월 8일까지는 주식을 사야 신주를 배정 받을 수 있다. 신주를 배정 받을 권리가 사라진 3월 9일이 권리락일이다.

권리락 당일에는 주식이 싸 보이는 일종의 착시효과가 생긴다. 신주를 배정 받을 권리가 사라진 주식의 가치가 권리락 전과 같을 수는 없다. 유상증자를 할 때 한국거래소는 신주 배정 권리를 가진 주주와 그렇지 않은 주주 간의 형평성을 위해 권리락일에 기준주가를 인위적으로 하향 조정한다. 유상증자 권리락으로 주가가 하향 조정되면 주식이 싸 보여 단기적으로 주가가 오르기도 한다. 그러나 실적이 개선될 것이라는 기대가 없으면 권리락으로 가격 착시효과가 생긴다고 해도 주가가 오르는 경우는 많지 않다.

GS건설

재건축 규제 완화 최고 수혜주

건설 업계에서 매출액 기준으로 현대건설 다음으로 2위에 올라있다. 매출 비중은 건축·주택 60%, 플랜트 30%, 토목 10%로 절반 이상이 아파트 등 주택 사업이 차지한다.

GS건설은 지난해 코로나19 여파로 실적이 다소 주춤했다. 지난해 연결기준 매출액은 전년 대비 2.8% 감소한 10조1230억 원을 기록했다. 영업이익도 전년 대비 2.1% 줄어든 7510억 원에 머물렀다. 다행히 올해에는 분양 물량 증가에 힘입어 실적 반등이 예상된다. 건설주의 경우 신규 수주 규모를 주의 깊게 살펴봐야 한다. 지난해 분양 수주 실적이 향후 2년에 걸쳐 매출로 들어올 예정이기 때문이다.

GS건설의 지난해 신규 수주 실적은 12조4110억 원으로, 전년 대비 23.2% 증가했다. 특히 지난해 큰 폭으로 늘어난 아파트 분양 덕분에 국내 신규 수주가 전년 대비 무려 40% 증가하면서 10조 원을 돌파했다. 지난해 주택 분양 물량은 전년 대비 60% 급증한 2만6642가구로, 이는 지난 2015년 2만8783가구 이후 최고치에 해당한다.

GS건설의 신규 수주는 올해도 상승세를 이어갈 전망이다. 특히 재건축 규제 완화로 인해 국내 수주가 8조 원대를 넘어서고, 해외사업을 포함한 전체 수주 규모도 13조 원을 돌파할 것으로 예상된다. GS건설은 주택 사업 비중이 높아 재건축 규제 완화에 따른 최고 수혜주로 꼽힌다.

GS건설의 주가는 올해 1월 20일 4만5200원으로 이미 최고점을 찍었다. 하지만 증권가에서 예상한 12개월 목표주가는 5만 원대 초반으로 아직 상승여력이 남아있다.

웹툰

만화가 곧 돈이 되는 세상

웹툰은 스마트폰으로 보는 만화다. '그런데 만화에 무슨 투자?'라는 투자물정 모르는 질문은 삼가해주기 바란다. 웹툰〈미생〉이 드라마로 제작되어 벌어들인 수익은 상상을 초월한다. 넷플릭스에서 방영된지 4일 만에 13개국에서 1위를 차지한〈스위트 홈〉은 네이버웹툰을 기반으로 스튜디오N과 스튜디오드래곤이 공동으로 만든 드라마다. 스마트폰에 최적화된 세로 스크롤 방식의 가독성 높은 콘텐츠 웹툰은 이미 한국에서 1조 원대 시장을 형성하고 있다. 인터넷플랫폼 대장주 네이버(네이버웹툰)와 카카오(카카오페이지)가 시장을 주도하고 있다.

증권가는 네이버웹툰의 기업가치를 5조 원으로 평가하고 있다. 글로벌 최대 웹소설 플랫폼 '왓패드'를 인수한 네이버는 '디지털 디즈니'를 꿈꾸는지도 모르겠다. 네이버는 왓패드 지분 100%를 6532억5000만 원에 인수하기로 했다고 공시했다. 왓패드는 매월 9000만 명 이상의 이용자가 230억 분 간 이용하는 세계 최대 스토리텔링 플랫폼이다. 네이버웹툰의 월 이용자수는 7200만 명으로, 네이버는 매월 약 1억6000만 명 이상의 이용자를 보유한 글로벌 최대 스토리텔링 플랫폼 사업자가 된 것이다.

카카오페이지는 계열사인 카카오재팬의 픽코마를 통해 일본 최대 모바일 만화 플랫폼으로 성장했다. 픽코마가 공급하는 만화 중 한국IP는 전체의 1.3%에 불과하지만, 이들의 매출액은 전체의 40%를 차지한다.

투자적 관점에서 주목할 만한 기업으로는 디앤씨미디어가 있다. 업계 최대 작가군을 토대로 웹소설을 제작하며, 검증된 웹소설IP를 기반으로 연간 8~10편 가량의 신규 웹툰을 론칭한다. 카카오페이지가 2대주주로 있다.

태양광

지구상에 해가 뜨지 않는 곳은 없다

태양광은 태양전지를 이용하여 태양빛을 직접 전기에너지로 변환시키는 신재생에너지다. 폴리실리콘과 잉곳, 웨이퍼 등 태양전지의 핵심소재 및 모듈, 설치와 시공 등의 사업을 영위하는 기업들이 밸류체인을 구성한다.

태양광은 매우 중요한 신재생에너지임에도 불구하고 사업수익성에서 어려움을 겪으며 한동안 힘든 세월을 보내야 했다. 하지만 최근 전 세계적으로 그린에너지에 대한 투자가 대대적으로 계획되면서 태양광이 다시 한 번 도약의 시기를 맞이하고 있다. 지난해 전 세계 태양광 설치량은 전년 대비 10GW 증가한 130GW을 기록했는데, 2021년에는 150GW, 2022년에는 200GW로 꾸준한 성장세를 보일 전망이다. 무엇보다 미국 바이든정부가 친환경에너지 정책에 강력한 의지를 피력하면서 글로벌 태양광 기업들에 대한 가치가 크게 오르고 있다. 한국에서도 정부가 의욕적으로 추진하는 그린뉴딜 정책을 통해 태양광 산업에 대한 대규모 지원을 발표했다. 미국 바이든정부가 중국 태양광 업체들을 제재할 것이라는 분석이 나오면서 한국 태양광 기업들이 반사이익을 누릴 것이라는 기대감이 해당 기업의 주가 상승으로 이어지기도 했다.

태양광 산업에서 전 세계 투자자들의 주목을 끄는 사업부문은 핵심소재인 폴리실리콘과 태양전지(셀)다. 폴리실리콘은 모래 등에 규소를 용융해 제조하는 데, 초기 투자비용이 적지 않게 소요되고 기술 장벽이 높아 신규 업체의 시장 진입이 어렵다. 하지만 가격의 등락 폭이 크기 때문에 제조사 입장에서는 수요와 공급을 제대로 예측하지 못하면 큰 손실을 입기도 한다. 국내 태양광 대장주인 한화솔루션이 폴리실리콘 공장 가동을 일시적으로 중단하는 이유도 과잉공급 때문이다.

ELS (주식연계증권)

예금과 주식의 매력을 두루 갖춘 펀드

ELS(Equity Linked Securities : 주식연계증권)는 개별 주식의 가격이나 코스피 200 같은 주가지수에 연계돼 수익률이 결정되는 유가증권이다. ELS는 주가가 일정 비율 이상 하락하지 않으면 채권보다 높은 수익을 얻을 수 있다.

마치 계단을 한 계단씩 내려가듯이 발행일로부터 시간이 지날수록 조기상환 하한선이 낮아지는 방식의 스텝다운형 ELS가 일반적이다. 6개월 뒤 주가지수가 10% 이상 하락하지 않으면 2% 수익을 받는 ELS가 있다고 하자. 만일 6개월 뒤 주가가 10% 이상 하락했다면, 평가가 6개월 뒤로 미뤄진다. 만일 주가가 5%만 하락했다면 상환을 받는다. 이 과정이 만기 때까지 반복된다.

ELS에서 가장 중요한 개념은 기초자산이다. 기초자산은 파생금융상품에서 거래 대상이 되는 자산으로, 파생상품의 가치를 산정하는 기초가 된다. 주가지수와 연계된 ELS는 코스피200, 홍콩H지수, 유로스탁스50, S&P500 등을 조합해 기초자산으로 삼은 상품이 많다. 이 지수들을 기초자산으로 많이 삼는 이유는 큰 폭의 등락은 없지만, 10% 내외에서 변동성이 크기 때문이다. 하지만 2019년 홍콩시위가 장기화했을 때, ELS 투자자들의 근심도 깊어졌다. 2019년 국내 증권사가 발행하는 ELS의 약 70% 정도가 홍콩H지수를 기초자산으로 삼았기 때문이다. 2020년에는 홍콩H지수와 연계된 ELS 발행이 급감했다.

ELS는 기초자산 중에서 한 가지라도 손실 발생 조건을 충족하면 손해가 나도록 설계되어 있기 때문에, 기초자산수가 적을수록 안전하다. 반면 원금 손실의 기준점이 되는 주가 수준을 뜻하는 '녹인 배리어(knock in barrier)'가 높을수록 투자자에게 불리하다.

변동성지수

주가 하락의 공포지수를 체크해둬야

주식시장이 불안할수록 수치가 올라가는 지수로, 2003년경 미국 시카고선물옵션거래소(CBOE)에서 거래되는 스탠더드앤드푸어스(S&P)500지수가 향후 30일간 얼마나 움직일지에 대한 시장의 예상치를 나타내는 지표로 도입되었다. 영문 'Volatility Index'의 이니셜을 따 VIX로 표기한다. 2008년 글로벌 금융위기가 터졌을 때 뉴욕 증시에서 VIX가 사상 최대치를 기록하면서 투자자들 사이에서 유명해졌다.

VIX는 지수가 커질수록 주식시장에 대한 불안감이 높다는 뜻으로, '공포지수'라는 별칭으로 불리기도 한다. 반대로 VIX가 낮으면 주가의 변동성이 작아 주식시장의 불안감은 줄겠지만, 동시에 기업가치 및 주가수익비율(PER)의 변동성도 저조하다는 의미로 통한다. 따라서 VIX는 지나치게 높아도 문제이지만, 과도하게 낮아도 좋다고 할 수 없다. 아무튼 VIX가 상승한다는 것은 향후 주식시장의 불확실성이 커진다는 것을 의미하며, 이는 곧 투자 손실의 위험이 높아질 수 있음을 암시한다. VIX는 주식시장의 지수 움직임과 반대 방향으로 움직이기 때문에 주가가 오를 때보다 떨어질 때 더 큰 변동을 보인다.

국내 주식시장에서도 2009년 4월부터 VIX와 같은 성격의 V-KOSPI를 산출해 발표하고 있다. 최근 V-KOSPI는 코스피지수가 장중 3200선을 돌파했던 2021년 1월 11일에 35.65를 기록했다가 같은 달 14일 29.68로 하락하더니 닷새 뒤 다시 34.08까지 올랐다. 비록 주가는 올랐지만 변동성지수의 등락 폭이 매우 큰데, 이 역시 시장이 매우 불안한 상태임을 나타낸다. 한편 V-KOSPI가 낮다고 해서 증시가 안정권이라고 단정해선 곤란하다. 투자자들이 잠시 쉬어가며 시장을 관망하는 경우에도 V-KOSPI가 떨어지기 때문이다.

이커머스주

쿠팡의 밀접 협력업체가 바로 최선호주

이커머스(e-commerce, 전자상거래) 시장의 유통 범위는 크게 일반몰과 중개몰로 나뉜다. 일반몰은 다양한 상품을 판매하는 온라인쇼핑 서비스를 통칭하고, 중개몰은 오픈마켓을 가리킨다. 오픈마켓은 다수의 판매자와 소비자가 온라인상에서 거래하는 가상의 장터를 마련하여 개인, 자영업자, 기업 등 누구나 판매자와 소비자가 될 수 있는 쇼핑몰이다. 대표적인 오픈마켓 사업자로 11번가, G마켓, 옥션 등이 있다. 쿠팡 및 티몬과 같은 사업자는 소셜커머스로 분류된다. 하지만 이들은 최근 들어 사업 형태를 오픈마켓으로 전환하면서 실제로 오픈마켓과 소셜커머스의 구별이 무의미해지고 있다.

국내 이커머스 업계 리더는 단연 쿠팡이다. 쿠팡은 지난해 국내 이커머스 시장 총 거래액 증가율의 20%를 차지한 것으로 업계는 추정한다. 통계청 자료에 따르면 국내 이커머스 거래액은 2019년 135조 원에서 2020년 161조 원 규모로 성장했다. 같은 기간 직매입 비중이 90% 수준인 쿠팡의 매출액을 적용해 단순계산하면 전체 시장 거래액 증가폭(26조 원) 가운데 23%(약 6.1조 원)를 쿠팡이 도맡았다는 결과가 나온다.

코로나19 여파로 비대면 소비문화가 자리를 잡으면서 이커머스 시장의 성장은 당분간 이어질 전망이다. 2021년 180조 원에서 2022년에는 200조 원을 넘어설 것으로 예상된다. 투자적 관점에서는 티몬, 위메프 등이 비상장 상태라 이른바 '관련 종목'을 중심으로 살펴볼 필요가 있다. 특히 국내 이커머스 시장에서 강력한 영향력을 행사하는 쿠팡과 관련된 종목이 돋보인다. 쿠팡의 전자결제대행업체 다날, 쿠팡의 물류 업무를 맡고 있는 동방과 KCTC, 배송물 포장지 회사 대영포장 등이 수혜주로 꼽힌다.

주식배당

저금리 시대에는 적금보다 배당주!

회사가 1년 동안 영업활동을 통해 벌어들인 이익을 주주에게 나누어주는 것을 배당(269쪽)이라고 하는데, 이때 현금을 나누어주면 현금배당, 주식을 나누어주면 주식배당이라고 한다. 주식배당은 기업이 신주를 발행해 주주들에게 대가를 받지 않고 나누어주는 무상증자(209쪽)와 실질적으로 내용이 같다.

주식배당의 재원은 영업활동을 통해 생긴 순이익인 이익잉여금이다. 이익잉여금을 현금으로 나누어주지 않고 주식을 발행해 나누어주면 주식배당이다. 그래서 주식배당을 하면 '배당주식수×액면가'만큼 자본금이 늘어나지만, 이익잉여금이 그만큼 줄어든다. 결국 무상증자와 마찬가지로 자본에는 변화가 없다. 주식배당 때도 무상증자 권리락처럼 발행주식수가 늘어나는 것을 고려해 기준주가를 인위적으로 낮춘다.

현금배당은 기업 밖으로 현금이 유출되지만, 주식배당은 현금 유출이 없다. 그래서 현금이 부족한 기업은 주식배당을 선택할 수 있다. 기업 입장에서는 주식배당으로 유통주식수를 늘려 거래 활성화를 기대할 수도 있다. 주주 입장에서는 자신이 보유한 주식수에 비례해 주식을 받을 수 있고, 배당 받은 주식을 팔아 현금화할 수 있기 때문에 주식배당과 무상증자가 별반 다르지 않다. 다만 주식배당을 받은 주주는 세금을 내야 하지만 무상증자로 주식을 받은 주주는 내야 할 세금이 없다. 그래서 주주 입장에서는 주식배당보다 무상증자가 더 유리하게 느껴질 수 있다. 일반적으로 무상증자나 주식배당은 기업 내부에 자금여력이 충분하고 재무구조가 건실하다는 인식을 줘 투자자들에게 호재로 받아들여진다.

삼성물산

삼성전자 지분이 주가에 민감한 이유

1963년 제일모직으로 설립되어 2015년 삼성물산과 합병하면서 상호를 삼성물산으로 변경했다. 상사와 건설의 매출 비중이 가장 크고, 이밖에도 바이오, 패션, 리조트, 식자재 등의 사업을 영위한다.

삼성물산은 삼성전자(5%), 삼성바이오로직스(43.4%), 삼성생명(19.3%), 삼성에스디에스(17.1%), 삼성엔지니어링(7%) 등의 지분을 보유하고 있으며, 삼성전자 이재용 부회장(17.33%), 이부진 호텔신라 사장(5.55%), 이서현 삼성복지재단 이사장(5.55%) 등 삼성가 삼남매가 대주주로 있다.

삼성물산의 주가는 건설과 바이오 부문 실적 및 보유 지분가치에 큰 영향을 받는다. 지난해 삼성물산 건설 부문은 매출액 11조7107억 원을 기록하며 전체 매출 중 38.7%를 책임졌다. 영업이익 비중은 62%를 차지했다. 특히 바이오 부문 영업이익이 전년 대비 436.7% 급증하면서 삼성물산 주가 상승의 일등공신이 됐다. 지난해 3월 23일에 7만4500원으로 최저점을 기록했지만 마지막일인 12월 30일에는 최저점 대비 85.2% 오른 13만8000원으로 장을 마쳤다.

삼성물산은 고(故) 이건희 삼성전자 회장의 타계로 삼성 전체의 지배구조 개편이 거론되면서 지주회사 역할을 하게 될 가능성이 높아졌다. 증권가에서는 삼성물산의 경우 이재용 부회장을 비롯한 오너일가 지분율이 높아 지배구조 최상단에 위치할 것으로 보고 있다. 삼성물산 주가는 그에 비해 저평가되어 있다는 게 증권가의 지배적인 견해다.

한편 지배구조를 위해 삼성생명이 보유한 삼성전자 지분을 삼성물산이 확보할 가능성도 배제할 수 없다. 이 경우 삼성전자 지분가치가 삼성물산 주가 상승에 호재로 작용할 수 있음을 기억해 둘 필요가 있다.

에듀테크

걸음마 단계로 성장여력 높다

코로나19 속에서도 교육이 멈추지 않았던 건 에듀테크 덕분이다. 학교와 학원의 다수 커리큘럼이 비대면 온라인 수업으로 대체되면서 에듀테크 시장이 급격하게 커지고 있다. 에듀테크(edu-tech)는 교육을 뜻하는 education과 기술을 뜻하는 technology의 조어로, 가상현실(VR)·증강현실(AR), AI, 5G 등 4차 산업혁명을 주도하는 기술을 통해 온라인 공간에서 이뤄지는 교육 서비스를 가리킨다.

글로벌 에듀테크 시장은 2018년 1530억 달러에서 2025년 3400억 달러로 급성장할 전망이다. 이미 미국과 중국에서는 에듀테크 인프라 구축이 한창이다. 에듀테크 성장에 가속도를 붙인 건 두 말할 것도 없이 코로나19다.

세계 시장과는 달리 국내 에듀테크 시장은 아직 걸음마 단계다. 2020년 기준 국내 에듀테크 시장 규모는 약 5조 원 수준으로 추산되는데, 이것도 코로나19로 인해 갑자기 시장 규모가 커진 결과다.

투자적 관점에서는 디지털 교과서와 국영수 사교육 시장을 눈여겨봐야 한다. 교과서 출판 기업들은 정부의 디지털 교과서 개발에 맞춰 에듀테크 사업에 적극 나서고 있다. 비상교육(비바샘, 스마트 와이즈캠프), 천재교육(T셀파, 밀크T, 비상장), 미래엔(엠티처, 비상장) 등이 여기에 해당된다. 사교육 시장에서는 웅진씽크빅의 '북클럽AI 학습코칭', 교원(비상장)의 '스마트 구몬', 대교의 '써밋수학' 등이 대표적인 에듀테크 서비스로 꼽힌다. 삼성 계열의 국내 최대 기업 교육 서비스 업체 멀티캠퍼스도 에듀테크 수혜주로 꼽힌다. 에듀테크에 기반한 고용노동부의 K-Digital Trainning 사업에서 6개 과정을 수주했고, 코로나19 환경에 안성맞춤인 다양한 이러닝 프로그램을 개발·운영하고 있다.

원전 해체

2050년까지 수명 다한 원전만 300개 넘어

지금까지 원전 투자는 신규 건설과 수명 연장 및 관리 산업에 집중되어 왔지만, 미국·캐나다·독일 등 선진국을 중심으로 탈원전 정책이 확산되면서 원전 해체 관련 산업이 뜨고 있다. 국내에서는 탈원전을 두고 정치적 공방이 뜨거운 가운데, 2012년 11월에 수명이 종료된 월성원전 1호기는 2015년 원자력안전위원회로부터 계속운전 승인을 받아 2022년까지 가동될 예정이었으나 경제성이 낮다는 이유로 2019년 12월에 영구정지 결정이 났다. 아울러 2017년 6월로 수명을 다한 고리원전 1호기 등을 감안하건대, 국내에서도 원전 해체 시기가 빠르게 도래하고 있다. 하지만 원전 해체 경험이 있는 국가는 미국, 독일, 일본 등 전 세계적으로 손에 꼽힐 정도다.

최근 미국 바이든정부의 신재생에너지 정책과 맞물려 글로벌 증시에서 원전 해체 관련 기술을 보유한 기업들이 크게 주목 받고 있다. 원전 수명은 최대 40년이다. 원전이 가동을 멈추면 해체 작업 기간만 10년 이상이 걸리고 비용도 많이 든다. 전 세계적으로 1960년부터 1980년까지 건설된 원전이 600개 이상이다. 이 중 상당수가 수명을 다했거나 곧 가동정지를 앞두고 있다. 업계에서는 2020년대 중후반부터 원전 해체가 급증해 2050년에는 전 세계에 걸쳐 300개가 넘는 원전이 해체될 것으로 보고 있다.

원전 해체 기술로는, 시설물의 방사능 오염을 제거하는 제염 기술, 원자로 등을 해체하는 절단 기술, 오염된 금속과 콘크리트 등을 처분하는 방사성 폐기물 관리 기술, 오염된 지하수와 토양을 제거하고 복원하는 부지 복원 기술 등이 있다. 국내에는 한전기술과 한전KPS, 두산중공업 등이 대표적인 원전 해체 관련 주로 꼽힌다.

ETN (상장지수증권)

유가 하락세에
검은 눈물 흘린 ETN 투자자들

2020년 가장 많이 오른 상장증권 종목 상위 10위권 가운데 8개 종목이 제약·바이오주였다. 반면 하위 10위권 종목에는 원유 상장지수증권(ETN)이 다수를 차지했다. 코로나19 여파로 2020년 3월 국제유가가 급락하자, 유가 반등을 점친 투자자들이 원유ETN에 대거 투자하면서 원유ETN 가격이 뛰었다. 원유 선물 ETN에 대한 수요가 폭발하면서 주가와 순자산가치 간 차이를 나타내는 괴리율은 1000% 넘게 상승하기도 했다. 하지만 2020년 4월 국제유가는 사상 초유의 마이너스 가격을 기록하는 등 급락세를 이어갔다.

상장지수증권, 즉 ETN(Exchange Traded Note)은 해외 주가지수나 주식, 선물·옵션, 원자재 등을 기초자산으로 만든 원금 비보장형 투자 상품이다. 기초자산의 가격이 오르면 수익률도 따라서 오른다. ETN은 거래소에 상장돼 주식처럼 실시간으로 거래할 수 있다. 적은 비용으로도 손쉽게 투자할 수 있다.

언뜻 봐서는 ETF(상장지수펀드, 213쪽)와 비슷하지만, 자세히 살펴보면 차이가 있다. ETF는 자산운용사들이 종목이나 지수를 포트폴리오에 편입해 운용하는 펀드지만, ETN은 증권사가 자기신용으로 발행한 파생상품이다. 증권사 신용으로 발행된 만큼 증권사의 상황에 따라 신용 위험이 발생할 수 있다. 그리고 ETN은 만기가 있다. 만기는 최소 1년 이상이며, 길게는 20년까지다. 기초자산이 선물인 ETN은 매월 증권사가 대상이 되는 선물을 교체(롤오버)하는 비용이 든다. 일반적으로 원월물(교체할) 선물 가격이 현물(현재 선물)보다 높으면, 원월물을 사는 과정에서 비용이 발생한다. 증권사는 롤오버 비용을 ETN 시세에 반영하는데, 투자 기간이 길어지면 롤오버 비용도 늘어난다.

랩어카운트

증시가 호황일 때 노려볼 만한 상품

'랩어카운트(wrap account)'란 말을 우리말로 풀면 '하나로 포장된 계좌'를 가리키는 데, 개념이 모호하다. 그래서 랩어카운트는 종종 공모펀드와 비교해 설명되곤 한다. 공모펀드가 자금의 공개 모집, 즉 불특정 다수의 투자자금을 한군데로 모아서 운용된다면, 랩어카운트는 개인계좌 단위로 운영된다. 즉, 증권사 등 투자회사가 고객이 맡긴 돈을 각각의 계좌 단위로 주식이나 채권 등 다양한 자산에 투자한 뒤 사고팔아 수익을 내는 상품이다. 과일로 비유하면 여러 개의 과일을 하나의 상자에 담는 게(공모펀드) 아니라, 과일 하나씩 랩으로 싸는 형태다.

랩어카운트는 개인의 투자 성향에 따른 맞춤형 자산관리가 가능하고 시황 변화에 맞춰 순발력 있는 포트폴리오 조정도 할 수 있다. 투자자는 언제든지 증권사의 홈트레이딩시스템(HTS)이나 홈페이지 등을 통해 보유 종목과 상품 매입 단가, 수익률 현황을 확인할 수 있다.

라임과 옵티머스 사태로 투자자들 사이에서 사모펀드에 대한 신뢰가 떨어지면서 랩어카운트가 인기를 끌고 있다. 랩어카운트는 투자자별로 맞춤형으로 설계 운용되는 관계로 정확한 수익률을 공개하지는 않지만, 증시가 호황일 때는 1년 수익률이 100%가 넘는 대박 상품도 여럿 나왔다.

랩어카운트의 최저 가입액은 1000만~5000만 원 정도로 비교적 고액인 경우가 많다. 실적배당형 상품이기 때문에 투자자 입장에서는 원금의 손실 위험을 주의해야 한다. 뿐만 아니라 랩어카운트는 만기까지 중도 환매가 불가능하거나, 환매가 가능하더라도 적지 않은 수수료를 부담해야 하는 경우가 있기 때문에 투자에 앞서 약관 등을 꼼꼼히 살펴야 한다.

홈쇼핑주

암울한 업황에도 돈 되는 투자처는 존재한다

코로나19 사태로 비대면 유통업계가 높은 성장세를 보인 가운데 홈쇼핑 업계도 '반짝 호황'을 누렸다. 여행상품 등 기존 주력 상품들이 빠진 자리를 건강기능식품 등으로 커버하면서 소비자들의 지갑을 열었다. 특히 주력 소비층인 4050세대 주부층의 면역력에 대한 높은 관심을 집중 공략했다.

하지만 홈쇼핑 시장의 미래는 밝지 않다. 4050세대 소비층에게 높은 충성도를 얻고 있지만 다른 이커머스 채널에 비하면 고객 확장성에 한계를 드러내고 있다. 더 심각한 문제는 늘 제기되어온 TV송출수수료 인상이다. 지난해 홈쇼핑 업계가 방송을 통해 올린 매출은 3조7000억 원대로 추산된다. 물론 전년 대비 어느 정도 성장했지만, 그와 비교하면 TV송출수수료는 걷잡을 수 없이 뛰었다. 지난해 1조8000억 원대에 이른다. 홈쇼핑 업계에서 절대적인 헤게모니를 IPTV 방송사들이 쥐고 있는 상황에서 홈쇼핑 업체들의 이익은 갈수록 쪼그라들 수밖에 없는 상황이다.

국내 홈쇼핑 업계 시장점유율 순위는 GS홈쇼핑(20.6%)-롯데홈쇼핑(19.9%)-CJ몰(19.5%)-현대홈쇼핑(18.8%)-홈앤쇼핑(11.2%)-NS쇼핑(6.5%)-공영홈쇼핑(3.4%) 순이다. 이 가운데 상장사는 GS홈쇼핑과 현대홈쇼핑, NS쇼핑 정도다. 투자적 관점에서는 GS홈쇼핑과 현대홈쇼핑을 눈여겨 볼 필요가 있다. GS홈쇼핑은 양호한 실적에 비해 기업가치가 저평가되어 있다. TV홈쇼핑에 비해 모바일쇼핑 사업 비중이 높은 것도 강점이다. 현대홈쇼핑의 경우 영업이익이 2019년 15.4% 증가한 데 이어 2020년에는 18.4% 올랐다. 2021년에도 20% 이상 상승할 전망이다. 영업이익 증가율이 3년 연속 두자릿수 이상 상승함에 따라 주가에도 호재로 작용할 것으로 예상된다.

무상감자

투자자들이 호환마마보다 무서워하는 감자

'감자(減資)'는 주식을 소각해 자본금을 감소시키는 것이다. 자본금은 총발행 주식수에 액면가를 곱한 금액으로, 주식수를 줄이면 그만큼 자본금이 줄어든다. 주식을 소각할 때 주주들에게 보상하면 무상감자, 보상하지 않으면 유상감자(237쪽)다. 기업이 자본잠식 등으로 재무구조를 개선할 필요성이 있을 때 무상감자를 한다.

적자가 나면 결손금이 발생한다. 결손금은 힘들게 모아 놓은 이익잉여금을 갉아먹는다. 오랫동안 적자가 누적되면 이익잉여금을 모두 사용하고 마이너스 상태가 된다. 이렇게 되면 자본이 자본금보다 더 적은 자본잠식(293쪽)에 빠지게 된다. 무상감자를 하면 '소각하는 주식×액면가'만큼 '감자차익'이 발생한다. 감자차익은 실제 회사로 들어오는 돈은 아니다. 주주들에게 대가를 지불하지 않고 주식을 없앴으니, 회사가 주주와의 주식 거래에서 이익을 본 것이라고 간주해 회계상 장부에 반영하는 것이다. 주식 거래에서 발생한 감자차익은 '자본잉여금'의 한 종류다. 자본금이 줄어드는 만큼 감자차익이 생기고, 이 감자차익으로 결손금을 털어낸다. 통상 무상감자는 주가에 악재로 작용한다.

10:1 감자라면 액면가 5000원짜리 주식 10주를 액면가가 같은 주식 1주로 합치는 것이다. 이때 4만5000원(액면가 5000원×소각되는 주식 9주)의 자본금 감소가 일어난다. 감자는 주주총회 출석주식수의 50% 이상, 총발행주식수의 25% 이상 동의를 얻어야 한다. 무상감자를 하면 발행주식수가 줄어들기 때문에 감소한 비율만큼 주식의 기준주가를 인위적으로 올려서 거래를 재개한다.

KB금융

배당성향이 매력적인 금융지주사

KB금융은 국내 4대 금융지주사(KB, 신한, 하나, 우리) 가운데 대표 대장주로 꼽힌다. 시가총액은 물론 은행의 예수금 및 대출금 시장점유율에서도 선두에 있다. 은행과 증권, 손해보험, 신용카드, 자산운용, 캐피탈, 저축은행, 부동산신탁 등 다수의 자회사들을 각각 지분율 100%로 지배한다. KB금융의 전체 매출에서 은행이 차지하는 비중은 60% 내외를 차지한다.

증권가에서 KB금융의 기업가치를 높게 평가하는 이유는, 자산건전성과 순이자마진, 배당성향 등 은행 고유의 투자포인트에서 골고루 양호한 성적을 이어가고 있기 때문이다. 올해부터 자회사로 편입된 푸르덴셜생명의 이익까지 실적에 반영될 경우 주가상승률은 한층 높아질 전망이다.

KB은행의 대출금 규모가 꾸준히 늘고 있는 점을 비롯해 KB증권 등 비은행 계열사들의 호실적도 눈여겨 볼 대목이다. 아울러 경쟁 금융지주사들이 라임 등 사모펀드 사태 영향으로 지난해 4분기부터 상당한 추가 손실이 반영되고 있지만, KB금융은 관련 비용처리가 거의 발생하지 않았다.

2020년 배당성향이 20%로 지난해 26%에 비해 줄어든 이유는, 금융당국이 은행들의 배당성향을 한시적으로 순이익의 20% 이내로 제한했기 때문이다. 따라서 예년의 배당성향을 회복하는 것은 시간문제다. 배당성향은 당기순이익 중 배당금의 비율로, 배당성향이 높으면 그만큼 기업이 번 돈을 주주들에게 많이 돌려준다는 뜻이다.

KB금융의 주가는 지난해 3월 초 2만 원대 중반에서 올해 2월 중순 4만 원대까지 2배가량 상승했다. 향후 이자이익이 20% 가량 오를 것으로 예상됨에 따라 증권사마다 목표주가를 큰 폭으로 상향 조정하고 있다.

K-주사기

핵심소재인 PP 생산업체를 주목해야

코로나19 백신 보급이 본격화되면서 증시 의료기기 섹터에 자주 등장하는 것 가운데 주사기가 있다. 주사기는 무조건 1회용 사용이 의무화되어 있기 때문에 코로나19 백신에 따른 수요가 전 세계에 걸쳐 급증하고 있다.

글로벌 주사기 시장에서는 미국의 Becton Dickinson, 일본의 Terumo가 세계 1, 2위를 다투고 있는 가운데 중국의 Wego, Kindly Group 등도 로컬 시장을 중심으로 점유율을 늘리고 있다. 국내에서는 '풍림파마텍'이라는 회사가 '최소 잔여형 주사기(Low Dead Space, LDS)'를 개발·공급해 큰 화제를 모으고 있다. 기존 주사기가 백신 1병당 접종 인원이 5명이라면 LDS는 주사기 속 약물의 잔량을 알뜰하게 소화해 접종인원을 6명까지 늘릴 수 있다. 풍림파마텍은 그동안 의료기기 수입 판매를 해오다 지난해부터 LDS 개발에 돌입해 제조에 성공했다. LDS는 'K-주사기'로 불리며 미국과 일본 등 세계 20여 개국에서 약 2억6000만 개의 주문을 받은 것으로 보도됐다. LDS는 미국 FDA의 사용승인도 통과했다.

하지만 풍림파마텍이 비상장사이기 때문에 투자적 관점에서는 주사기에 쓰이는 소재인 PP를 생산하는 업체를 주목할 필요가 있다. PP는 주사기 몸체를 비롯해 혈액백 등을 만드는데 사용된다. 주사기용 PP를 판매하려면 FDA 승인을 거쳐야 하기 때문에 시장의 진입 장벽이 매우 높다. PP 시장점유율 65%를 영위하는 효성화학이 대표 업체로 꼽히고, 그 뒤를 롯데케미칼(18%)과 GS칼텍스(15%) 등이 멀찍이서 따르고 있다. PP는 코로나19 이슈 이외에도 전 세계적으로 의료용 고분자 소재 수요가 증가함에 따라 성장성이 높게 점쳐진다.

해수담수화

물 부족 사태에 대처하는 핵심기술

해수담수화(海水淡水化)는 말 그대로 바닷물(해수)을 육지물(담수)로 변환시키는 것이다. 좀 더 구체적으로 설명하면, 바닷물에 함유된 염분을 제거하여 생활용수나 공업용수로 변환시키는 수처리 작업이다. 지구상의 물 가운데 97.5%를 차지하는 바닷물(해수)을 가공해 2.5% 밖에 되지 않는 담수를 늘린다는 것이다.

지구 전체가 물 부족 사태에 직면한 상황에서 해수담수화는 최적의 대안으로 꼽힌다. 포스트-코로나19 시대에 전 세계 경제리더들이 가장 중요하게 여기는 기후문제 중에서도 물 부족 사태는 핵심으로 꼽힌다. 약 20조 원에 이르는 글로벌 해수담수화 시장 규모가 해마다 15%씩 성장하는 이유가 여기에 있다. 해수담수화에는 크게 증발법과 역삼투압법이 있다. 증발법은 열원을 이용하여 해수를 가열하고 발생한 증기를 응축시켜 담수를 얻는 방식이다. 역삼투압법은 삼투현상을 역으로 이용하여 해수를 반투막(멤브레인)에 통과시켜 담수를 생산하는 방식이다. 해수담수화가 국내 투자자들에게 중요한 이유는, 글로벌 해수담수화 시장점유율 40%를 영위하는 세계 1위 기업이 한국 기업이기 때문이다. 바로 **두산중공업**이다. 두산중공업이 중동 지역에서 수주한 해수담수화 프로젝트는 중동 전역에 걸쳐 모두 27개에 이르며, 담수 생산 용량은 640만 톤 규모로 하루 2200만 명이 동시에 사용할 수 있는 양이다.

해수담수화에서 두산중공업 못지않게 두각을 나타내는 기업은 **GS건설**이다. GS건설은 지난해 11월 자회사 GS이니마를 통해 중동 오만에서 예상매출 2조3310억 원 규모의 초대형 해수담수화 사업을 수주했다. GS이니마는 스페인 소재 세계적인 수처리 기업으로 GS건설이 지분 100%를 보유하고 있다.

ELW (주식워런트증권)

기초자산을 약정한 조건에
거래할 수 있는 권리가 붙은 증권

주식워런트증권(ELW : Equity Linked Warrant)은 특정 대상물(기초자산)을 사전에 정한 조건으로 거래할 수 있는 권리가 붙은 증권이다. 예를 들어 A사 주식을 100만 원에 살 수 있는 권리가 붙은 ELW를 1만 원에 샀다. 만기 때 A사 주가가 110만 원으로 올랐다면 살 수 있는 권리를 행사해 A사 주식을 100만 원에 살 수 있다. 투자자는 ELW 가격 1만 원에 A사 주식 매입비용 100만 원을 합해 101만 원으로 110만 원짜리 주식을 샀으니, 9만 원의 차익을 챙길 수 있다. 만일 만기 때 A사 주가가 90만 원으로 떨어졌다면 살 수 있는 권리를 포기하면 된다. 대신 ELW 가격 1만 원을 잃는다. A사 주식에 직접 투자했다면 주당 10만 원의 손실을 보았겠지만, ELW로 거래해 10분의 1 수준의 손실만 본 것이다.

ELW는 증권사가 발행한다. 증권사가 ELW를 공모를 거쳐 거래소에 상장하면 주식처럼 거래할 수 있고, 만기 때 최종으로 보유하고 있는 사람이 권리를 행사한다. ELW의 만기는 3개월 이상이어야 하며, 행사가격은 상장을 위한 예비심사 청구 시점의 기초자산 종가로부터 110% 이내로만 발행할 수 있다.

ELW는 '콜워런트(call warrant)'와 '풋워런트(put warrant)' 두 종류가 있다. 콜워런트는 기초자산을 권리행사가격에 인수하거나 그 차액(만기결제가격-권리행사가격)을 수령할 수 있는 권리가 부여된 워런트로, 기초자산의 가격이 상승해야 이익이 발생한다. 풋워런트는 기초자산을 인도하거나 그 차액(권리행사가격-만기결제가격)을 수령할 수 있는 권리가 부여된 워런트로, 기초자산의 가격이 하락해야 이익이 발생한다.

골디락스

너무 뜨겁지도 차갑지도 않은, 미지근한 투자환경이란?

골디락스(goldilocks)는 골드(gold)와 락(lock, 머리카락)의 합성어로 금발머리 사람을 뜻한다. 이 말이 경제뉴스에 자주 등장하게 된 연유를 알려면 『골디락스와 곰 세 마리』라는 영국의 전래동화를 살짝 들춰봐야 한다.

숲 속에서 길을 잃고 헤매던 금발머리 소녀는 곰 세 마리가 사는 오두막을 발견했는데, 그곳엔 외출한 세 마리 곰 대신 식탁에 뜨거운 수프, 차가운 수프, 미지근한 수프가 차려져 있었다. 허기진 소녀는 후루룩 마시기에 알맞은 미지근한 수프를 먹었다는 이야기다.

1992년경 영국의 이코노미스트 데이비드 슐먼 살로먼스미스바니는 경제가 고성장에도 불구하고 물가상승 압력이 없는 상태를 가리켜 골디락스에 빗대어 설명하면서 화제가 되었다. 즉, 뜨겁지도 차갑지도 않은 상태로 안정적으로 성장하는 경제상황을 가리켜 '골디락스 경제'라고 말한다.

이후 골디락스는 증시, 마케팅, 환율 등 여러 경제 분야를 넘나들며 등장했다. 증시에서는 '골디락스 장세', '골디락스 랠리'라는 말로 쓰인다. 이때 골디락스는 '변동성'에 대한 의미로, 주가가 심하게 요동치지 않고 안정적으로 유지되는 상태를 가리킨다. 골디락스 랠리가 이어지면 어느 정도 주가의 예측가능성이 높아져 안정적인 투자환경이 조성된다고 여긴다는 것이다. 다만 골디락스 랠리는 평균지표가 정해지지 않은 주관적인 평가에 지나지 않는다. 증권뉴스에 골디락스가 자주 등장한다고 해서 반드시 주가수익률이 좋다는 건 아니라는 얘기다. 골디락스는 마케팅에서도 활용된다. 고가, 중간가, 저가의 상품을 함께 진열함으로써 소비자가 중간가 상품을 선택하도록 유도하는 중간가 책정 전략을 가리켜 '골디락스 가격'이라 부른다.

대형마트주

업황은 흐리지만 대장주 이마트는 맑음

대형마트는 백화점, 편의점과 함께 국내 오프라인 유통주의 핵심을 이룬다. 식품에서 생활용품, 의류 및 가전에 이르기까지 매우 다양한 생활필수품을 취급하기 때문에 실물경기에 민감하게 반응한다.

국내 대형마트는 급성장 중인 이커머스와의 경쟁에서 밀려 갈수록 시장 규모가 줄어들고 있다. 특히 지난해에는 코로나19 여파로 언택트 라이프스타일이 확산되면서 대형마트를 찾는 소비자의 발길이 더욱 줄었다. 연초에 대한상공회의소가 백화점, 대형마트, 편의점, 슈퍼마켓, 이커머스, 홈쇼핑 등 소매유통업체 1000곳을 대상으로 경기전망지수를 조사했는데, 대형마트는 유통 평균(84)에 크게 미치지 못하는 43을 기록했다. 경기전망지수는 직전 분기 대비 경기전망을 나타내는 지표로, 100을 기준으로 이보다 낮으면 업황 부진, 높으면 업황 호전을 나타낸다. 대형마트가 역대 최저 경기전망치를 기록한 데는, 근거리·소량 구매 경향이 확산되고 있고, 코로나19 여파로 대형마트가 온라인쇼핑과의 경쟁에서 뒤처졌기 때문이다.

국내 대형마트 업계는 이마트, 홈플러스, 롯데마트가 '빅3'를 형성하고 있다. 투자적 관점에서는 이마트가 최우선주로 꼽힌다. 홈플러스는 비상장사이고, 롯데마트는 지배회사인 롯데쇼핑 내 사업부로 편재되어 있어 백화점·홈쇼핑 등 다른 사업부문의 상황을 함께 고려해야 한다. 대형마트 업황의 부진 속에서도 지난해 이마트는 전년 대비 각각 매출 17.8%, 영업이익 57.4%씩 성장했다. 이커머스 사업부문 SSG.COM의 브랜드 가치 상승으로 올해도 성장세를 이어갈 것으로 예상됨에 따라 증권가에서는 이마트의 목표주가를 상향 조정했다(329쪽).

유상감자

주주들이 환호하는 감자

주식을 소각해 자본금을 감소시키는 감자를 할 때, 회사가 소각하는 주식만큼 주주들에게 보상을 하면 유상감자다. 주주에게 보상하지 않고 주식을 소각하는 무상감자(230쪽 참조)가 자본잠식 등 악화된 재무구조를 개선할 목적으로 선택한다면, 유상감자는 정반대의 목적으로 선택한다. 유상감자는 기업 규모에 비해 자본금이 지나치게 많아 자본의 효율성이 떨어질 경우에 자본금 규모를 적절하게 줄여 기업가치를 높이거나 유통주식수를 줄여 주가를 끌어올리기 위해 시행한다. 또 대주주가 현금이 필요하거나 사모펀드 등이 투자금을 회수하고자 유상감자를 하기도 한다. 지난 2003년경 미국계 사모펀드 론스타가 극동건설을 1700억 원 가량에 인수한 다음 98% 이상의 주식을 사들여 상장폐지했다. 극동건설을 상장폐지한 론스타는 수차례 배당과 유상감자 등을 통해 투자금을 초과하는 2200억 원을 회수했다. 이후 론스타는 극동건설을 웅진그룹에 6600억 원에 매각하며 먹튀 논란을 일으켰다.

감자를 하면서 줄어드는 자본금보다 더 많은 돈을 주주에게 주면 '감자차손'이 발생한다. 일반적으로 유상감자는 과다한 자본금을 줄이거나 주주에게 돈을 돌려주기 위해 시행하는 만큼, 액면가보다 낮은 가격으로 주식을 소각하는 경우는 거의 없다. 그래서 유상감자는 대부분 자본금 감소와 함께 감자차손(마이너스 자본잉여금)을 수반한다. 그 결과 자본(=자본금+이익잉여금+자본잉여금)이 줄어들고, 그만큼 자산(=부채+자본)도 감소한다.

통상 유상감자는 주가에 호재다. 주주 입장에서 기존 지분율을 유지한 상태로 감자비율만큼 보상을 받을 수 있고, 유상감자 후 유통주식수가 줄어들어 주가 상승을 기대할 수 있기 때문이다.

키움증권

동학개미 신드롬의 최고 수혜주

주식 중개(브로커리지) 시장점유율 22.7%로 15년 연속 1위 자리를 지키고 있다(2020년 3분기 기준). 최대 주주는 다우기술(47.7%)이며, 키움인베스트먼트(96.6%), 키움투자자산운용(100%), 키움저축은행(100%) 등을 계열사로 두고 있다. 키움증권은 지난해 국내 증권사 가운데 가장 눈부신 실적 상승세를 기록했다. 무엇보다 리테일 부문 전체 순영업수익이 7200억 원으로 전년 대비 무려 115% 이상 급증했다. 이익증가율도 눈부시다. 키움증권의 지난해 연결기준 영업이익은 9549억 원으로 전년 대비 100% 증가했고, 당기순이익도 6939억 원으로 전년 대비 90% 이상 올랐다.

키움증권의 강점인 브로커리지 시장 영업력은 월별 신규 주식계좌수 증가 추이에 잘 나타나 있다. 지난해 10월 14만 좌, 11월 20만 좌, 12월 38만 좌에 이어 올해 1월 68만 좌를 기록해 가파른 상승세를 이어가는 중이다. 하루 평균 예탁자산도 10조 원을 넘어섰다.

키움증권의 개인투자자 대상 영업력은 특히 젊은 층에 강하다. 지난해 새로 개설된 계좌수가 전년 대비 390% 증가한 330만 좌로 집계됐는데, 이 가운데 30대 이하 고객 비중이 50% 이상이다. 동학개미 신드롬으로 증시에 입성한 20대 초보 투자자 2명 중 1명이 키움증권을 찾은 셈이다.

키움증권은 지난해 3월 19일 5만 원으로 연중 최저가를 기록한 이후 상승 랠리를 이어가다 올해 1월 11일 최고가인 16만7500원을 찍었다. 12개월 목표 주가를 20만 원까지 상향 조정한 증권사 리포트도 눈에 띈다. 물론 위협 요인도 있다. 젊은 개인투자자들의 빚투 열기로 신용공여 수요가 역대 최대 수준으로 형성된 점 및 치열한 무료수수료 경쟁 등은 풀어야 할 숙제다.

라이브커머스

2023년 10조 원 규모 시장으로 급성장

라이브커머스란 라이브 스트리밍(live streaming)과 전자상거래(e-commerce)의 합성어로, 모바일을 포함한 온라인에서 실시간으로 상품을 판매하는 채널을 말한다. 사용자들이 채팅창을 통해 판매자 및 다른 소비자와 쌍방향으로 소통할 수 있다는 점이 특징이다.

라이브커머스는 송출수수료, 콜센터 및 물류 등의 비용을 부담하지 않아도 되기 때문에 30%의 수수료를 부과하는 TV홈쇼핑에 비해 보다 나은 판매마진과 할인율 적용이 가능하다. 또 스마트폰만 있으면 누구나 판매방송을 할 수 있고, 취급하는 상품군도 매우 다양하다.

시장 규모가 9610억 위안(163조 원)인 중국에 비해 한국의 라이브커머스는 초기 단계에 머물러 있다. 국내 라이브커머스 시장 규모는 지난해 기준 4000억 원으로 추정되지만, 2023년에는 10조 원 규모로 급성장할 것으로 예상된다. 네이버와 카카오, 쿠팡, SSG 등 대형 이커머스 플랫폼들이 라이브커머스 시장 진입을 서두르는 이유다.

TV홈쇼핑에 쇼호스트가 있다면 라이브커머스에서는 인플루언서가 중요하다. 라이브커머스에서는 어떤 상품을 얼마나 싸게 파는 것 이상으로 누가 방송에 출연해 파느냐가 관건이다. 중국에는 '왕훙(網紅)'이라 불리는 밀리언셀러급 인플루언서들이 라이브커머스 시장의 성장을 주도하고 있다.

투자적 관점에서는 아프리카TV에 관심을 가져볼 필요가 있다. 아프리카TV는 방대한 인플루언서 풀과 스트리밍 인프라를 무기로 라이브커머스 시장에 진출했다. 애드벌룬(광고)과 아프리카TV숍(자체 판매)의 두 가지 수익 모델이 기대를 모은다.

지열에너지

지진 발생 위험만 제거한다면

히트펌프를 이용해 지하 깊은 곳에서 뜨거운 물을 끌어와 증기를 추출해 전기를 생산하는 재생에너지다. 지열은 발전 단계에 연료의 연소과정이 포함되어 있지 않고 대부분 물과 증기를 이용하기 때문에 이산화탄소의 배출량이 지극히 미미하다. 국내에서 직접 생산하기 때문에 에너지자립도를 높일 수 있으며, 핵심공정이 지하암반에서 이뤄지므로 토지 사용면적이 좁은 것도 강점이다. 동일한 양의 전력을 생산하기 위해 필요한 최소 토지 사용면적이 석탄, 태양광의 10% 내외에 불과한 것도 매력적이다.

하지만 지열발전은 초기 투자 부담이 크다. 지열의 존재 확인, 시추작업 등에 막대한 비용이 든다. 탐사작업 소요기간만 8년이 걸린다. 그럼에도 불구하고 글로벌 지열에너지 시장은 꾸준히 성장 중이다. 시장 규모가 2021년 18.4GW에서 2030년 32GW로 향후 10년간 2배 가까이 커질 전망이다.

우리 정부는 지열에너지 기술 개발에 열중해오다 지난 2017년 포항 일대에서 발생한 지진의 원인이 지열발전소였다는 것이 드러나면서 정부 차원의 상용화 사업을 중단했다. 지하 깊은 곳으로부터 물을 끌어오는 과정에서 지반이 약한 활성단층을 건드리면 지진으로 이어질 수 있다는 것이다.

투자적 관점에서는 이더블유케이가 꼽힌다. 지열발전 설비에 필요한 핵심제품인 열수기화기와 응축기 등을 제조하는 발전설비 전문기업이다. 주요 고객사로 해외 지열발전 기업들을 두고 있다. 지열발전 히트펌프를 생산하는 지엔원에너지도 함께 눈여겨 볼 필요가 있다. 잠실 제2롯데월드, 서울시 신청사, 세종시 정부청사, 인천국제공항 제2여객터미널, 상암 누리꿈스퀘어 등 여러 대형시설에 지열 냉난방시스템을 설계·시공했다.

인버스·곱버스

상승장에 울려 퍼진 개미들의 곡소리

2021년 초 코스피지수가 3000선에 안착하며 연일 상승 랠리를 이어가고 있을 때, 한쪽에서 개미들의 곡소리가 들렸다. 이들은 '곱버스'에서 내리지 못한 개인투자자들이었다.

ETF는 주식처럼 거래소에서 사고팔 수 있는 인덱스펀드로, 주가지수 변동과 동일하게 수익률을 가져가는 펀드 상품이다(213쪽). ETF는 상승과 하락 양쪽에 베팅할 수 있는데, 인버스 ETF(Inverse Exchange Traded Fund)는 증시가 하락할 경우 수익을 내는 상품이다. 지수가 1% 하락했다면, 인버스 ETF 가격은 1% 상승한다. 인버스 ETF는 약세장에서 수익을 추구할 수 있는 상품이다. 곱버스는 주가지수가 하락할 때 두 배의 수익이 나도록 설계된 '인덱스 레버리지형 ETF'를 가리킨다. '인버스'와 '곱하기'를 합성한 신조어다. 지렛대를 뜻하는 '레버리지(leverage, 291쪽)'는 적은 힘으로 더 큰 힘을 발휘한다. 인덱스 레버리지형 ETF는 하락 폭의 두 배만큼 수익이 발생하지만, 반대로 주가가 오르면 손실도 두 배로 치솟는다.

2020년 개인투자자들은 'KODEX선물인버스2X'를 3조5826억 원 순매수했다. 국내 증시가 과열돼 있다고 판단하고, 지수가 하락할 것이라 예상한 결과다. 그러나 코스피지수가 연일 상승 가도를 이어가면서 하락장에 베팅한 개인투자자들은 막대한 손실을 봤다. 2021년 1월 8일 기준 'KODEX200선물인버스2X'와 'KODEX인버스'의 최근 1개월 수익률은 각각 -31.89%, -17.12%로 집계됐다. 인버스 ETF는 장기적으로 투자하기보다는 하락장이 예상될 때 단기적으로 투자하는 것이 바람직하다.

엔젤산업

중국 젊은 엄마들의 지갑을 열다

가구당 총지출에서 어린 자녀의 보육비가 차지하는 비율을 나타내는 지표인 '엔젤계수'에서 파생된 말로, 영유아 및 초등학생을 대상으로 하는 산업이나 시장을 가리킨다. 노년층을 겨냥한 실버산업에 반대되는 개념이다.

저출산으로 인해 영유아 관련 시장이 좁아지지 않을까라는 우려와 달리, 하나만 낳아서 잘 키우자는 젊은 부부들의 사고방식이 자식에 대한 아낌없는 소비로 이어지면서 오히려 알토란 시장을 형성한 것이 주식시장에서 엔젤산업이라는 하나의 산업군으로 묶인 배경이 됐다. 한때 엔젤산업은 의류와 완구 등에 한정되었지만, 최근에는 교육, 식품, 의료, 콘텐츠, 엔터테인먼트, 금융 등 다양한 분야에서 영유아 및 미성년 자녀를 위한 상품들이 쏟아져 나오고 있다.

전 세계에서 엔젤산업이 고공행진하는 곳은 단연 중국이다. 중국의 영유아 시장 규모는 2020년 기준 4조 위안(약 665조 원)에 이를 만큼 엄청나다. 중국의 엔젤산업을 가리켜 '마마(媽媽, 엄마) 경제'라는 신조어가 생겼을 정도다. '마마 경제'의 주역은 1990년대생 30대 젊은 엄마이다. 흥미로운 것은 1980년대생 엄마도 중국 엔젤산업에서 핵심소비군을 형성한다는 사실이다. 그들은 40대 중장년층으로 임신하기에 적지 않은 나이임에도 불구하고 중국정부의 '두자녀 정책' 이후 늦둥이를 보는 데 주저하지 않고 있다. 40대 엄마들은 안정된 경제력으로 20대 젊은 엄마들의 소비를 앞선다.

국내 엔젤산업 대장주로는 아기용품 업체 아가방컴퍼니가 꼽힌다. 아울러 삼성출판사, 예림당, 대교 등 교육·출판 업체 및 오로라, 캐리소프트 등 완구·콘텐츠 회사도 눈여겨 볼 만 하다.

백화점주

대규모 신규 출점으로 주가가 요동친다

Wednesday
220

국내 백화점 업계 '빅3'는 롯데백화점(롯데쇼핑), 신세계백화점, 현대백화점이다. 롯데가 시장점유율 39.2%로 부동의 1위 자리를 지키고 있고, 현대(28%)와 신세계(27%)가 2등자리를 놓고 엎치락뒤치락 다투고 있다.

백화점은 유통 업종 중 코로나19 피해가 가장 컸다. 지난해 '빅3'의 합산 매출액은 전년 대비 9% 가까이 줄었고, 영업이익은 무려 40% 이상 급감했다. 국내에서 가장 규모가 큰 신세계 강남점이 확진자 발생으로 여러 차례 영업을 중단했을 정도로 백화점 업황은 타격이 컸다. 심지어 백화점들의 고전은 편의점 업계에 뒤쳐질 정도로 심각했다. 산업통산자원부에 따르면, 지난해 오프라인 유통 시장에서 CU·GS25·세븐일레븐 등 편의점 3사의 매출 비중이 31%로, 백화점 '빅3'(28.4%)를 추월했다.

다행히 백화점 업황은 2021년을 고비로 회복할 전망이다. 백화점주 투자자들이 주목해야 할 부분은 '명품 판매'와 '신규 출점'인데, '빅3' 모두 긍정적인 시그널을 보이고 있다. 소비 양극화 현상으로 해외 유명 브랜드 판매가 눈에 띄게 되살아나고 있기 때문이다. 주가에 좀 더 직접적인 영향을 미치는 이슈는 신규 출점이다. '빅3'가 신규 매장을 여는 것은 지난 2016년 대구 신세계 이후 5년 만이다. 가장 먼저 현대백화점이 여의도 파크원에 '더현대서울'(영업면적 8만9100제곱미터)을 개점했다. 롯데는 6월에 경기도 화성 동탄점(약 7만6000제곱미터)을, 신세계는 8월에 신규 출점 중 가장 큰 규모로 대전에 사이언스콤플렉스(약 28만3466제곱미터)를 오픈한다. 투자적 관점에서는 백화점 주가가 대규모 신규 출점을 전후해 크게 움직여왔음을 기억해 둘 필요가 있다.

메자닌 채권

주식과 채권의 장점을 섞은 채권계의 짬짜면

이탈리아어 'mezzanino'에서 유래한 '메자닌(mezzanine)'은 1층과 2층 사이의 라운지 공간을 의미한다. 우리에게도 익숙한 건물 구조 중 '복층'이 메자닌에 가장 부합한다. 즉, 메자닌은 1층과 2층의 장점을 한데 모은 공간이다. 그런데 메자닌은 건축 아닌 금융 관련 기사에 더 많이 등장한다.

자본시장에서 메자닌은 '주식'과 '채권'의 중간 형태 상품을 가리킨다. 주가 등락에 따른 손실 위험이 큰 주식과 안정적인 이자 수익을 낼 수 있는 채권을 혼합한 상품이다. 다른 말로 '주식연계채권'이라고 한다.

메자닌 채권은 채권 형태로 발행되지만, 투자자가 원하면 정해진 조건에 따라 주식으로 전환할 수 있다. 전환사채(CB), 신주인수권부사채(BW), 교환사채(EB) 등이 대표적인 메자닌 채권이다. 메자닌 채권은 주가가 오르는 상승장에서는 주식으로 전환해 수익률을 높일 수 있어 주식의 성격을 띤다. 반대로 주가가 내려가는 하락장에서는 만기까지 기다리면 원금과 이자를 받을 수 있어 채권의 성격을 띤다.

메자닌 채권은 주식과 연계된 권리가 부여되기 때문에 통상적으로 금리가 일반 채권에 비해 낮다. 주식을 통해 자금 조달이 어렵거나 신용이 낮아 대출이 어려운 기업이 발행해 투자금을 확보할 수 있다. 다만 메자닌 채권에 잠재된 주식 전환 물량은 주가의 복병이 될 수 있다.

메자닌 채권은 여러 장점이 있지만 통상 만기가 3년 정도로 길고, 조기상환 가능 시점도 1년~1년 6개월 정도로 긴 편이라 투자자 입장에서 돈이 오랫동안 묶일 가능성이 있다. 또 발행회사가 부도나면 채무를 이행할 수 없는 상태가 되기 때문에 투자에 주의가 필요하다.

삼성화재

사회적 거리두기 덕분에 주가 상승

Friday 222

국내 손해보험 시장점유율 22.5%를 영위하는 독보적인 1등 대장주다. 지난해 영업수익이 24조0449억 원으로, 2위 현대해상(12조8260억 원) 및 3위 DB손해보험(12조6140억 원)에 비해 월등히 높다.

보험 업계에서는 코로나19 백신 공급으로 확진세가 진정될 경우 삼성화재의 주가에 오히려 부정적으로 작용할 수 있다고 보고 있다. 확진세가 줄어들어 사회적 거리두기가 완화되면 외근이나 여행 기회가 늘어나면서 사고발생률이 상승할 수 있다는 얘기다. 즉, 사고발생률이 올라갈수록 보험금 지급 부담이 커져 삼성화재 이익에 불리하다는 것이다.

하지만 현재로서는 백신 효과로 인해 언제부터 확진세가 꺾일지 장담할 수 없는 상황이다. 오히려 코로나19 3차 확산으로 자동차 운행량이 줄어들었고, 또 자동차보험료 인상 누적 효과가 이어질 경우 자동차 손해율이 개선됨에 따라 실적이 상승할 가능성도 적지 않다는 분석이 설득력 있다. 이를 반영하듯 국내 증권사 14곳이 제시한 삼성화재의 올해 평균 목표주가는 25만 원을 웃돈다. 지난해 3월 23일 13만7500원으로 연최저점을 기록한 이후 마지막 거래일인 12월 30일에는 연최저점 대비 36.3% 오른 18만7500원으로 장을 마쳤다.

투자적 관점에서 삼성화재 주가에 호재로 작용할 요건으로는, ① 양호한 기상 여건과 자동차보험 요율 인상, ② 과잉진료 축소와 실손요율 인상, ③ 삼성전자 지분(1.5%) 매각으로 인한 차익 발생 등이다. 반면 악재 요인으로는, ① 기상 악화 및 수리비용 증가에 따른 자동차 손해액 증가, ② 비급여 의료비 증가에 따른 청구액 증가 등을 기억해 둬야 한다.

음성인식

언택트에 맞춰 시장 고공행진, 주가도 우상향

인간의 말을 인식해 텍스트로 바꿔주거나 해당 명령을 수행하는 기술을 말한다. 음성은 인간이 지닌 가장 원초적이고 직관적인 의사소통 수단이다. 음성인식의 직관성이 언택트 시대에 가장 부합한 도구로 각광 받는 것은 당연한 현상이다.

수많은 인공지능(AI) 시스템이 음성인식을 통해 구현됨에 따라, 음성인식은 4차 산업혁명 시대에서 선택이 아닌 필수가 되었다. 실제로 애플과 삼성전자, 페이스북, 구글, 아마존 등 글로벌 인터넷 기업들의 음성인식 시장 공략은 이미 정점에 이르렀다. 지난해 스마트홈을 위한 음성인식 AI기기 출하 대수는 무려 1억4100만 대에 이른다. 2021년에는 여기서 30% 가량 더 늘어날 전망이다. 세계 인공지능 시장 규모 중 '음성인식 AI' 분야의 연평균 성장률은 37.3%에 달한다. 지난해 89.5억 달러에서 2021년 122.9억 달러, 2022년 168.8억 달러로 성장 폭이 가파르다.

투자적 관점에서는 브리지텍, 알에프세미, 미디어젠 등 저가주를 주목할 필요가 있다. 브리지텍은 음성인식 소프트웨어로 국내 콜센터 시장에 진출해 있다. 은행권 콜센터 시장점유율 70% 이상을 차지한다. 지난해 영업이익이 흑자전환했고 매출액도 전년 대비 24% 상승했다. 알에프세미는 ECM칩 및 마이크로폰 전문업체다. ECM칩은 음성신호를 전기신호로 전환하는 소형 반도체로, 스마트기기에서 자동차와 가전 등으로 활용 폭이 넓어지고 있다. 미디어젠 역시 음성인식 소프트웨어 업체로, 향후 성장이 기대를 모으는 차량용 음성인식 기술에 강점이 있다. 지난해 기술 로열티 증가로 영업이익이 55%나 증가했지만, 흑자전환에는 이르지 못했다.

화이트바이오

대규모 환경폐기물을 자연분해하다

화이트바이오는 플라스틱 등 석유화학 소재를 식물이나 미생물, 효소 등 재생 가능한 소재로 대체하는 기술 혹은 사업을 가리킨다. 바이오플라스틱, 바이오에탄올 등이 여기에 속한다.

화이트바이오는 생산 과정에서 원료인 식물 등이 이산화탄소를 흡수하는 성질에 착안했다. 다시 말해 일반 화학제품에 비해 이산화탄소 배출량이 현저히 적다는 얘기다. 이를테면 바이오에탄올의 경우 옥수수나 사탕수수 등 곡물에서 추출한 전분을 발효시켜 만든 에탄올로, 기존 화석연료와 달리 연소 과정에서 이산화탄소 배출량이 거의 없고 심지어 재생까지 가능하다. 실제로 석유 기반 제품은 1kg당 이산화탄소가 2.4kg 발생하고, 분해에 수십에서 수백 년이 소요되는 데 반해, 화이트바이오 제품은 같은 조건에서 이산화탄소 배출량이 1.2kg으로 절반 수준이다. 뿐 만 아니라 바이오플라스틱은 폐기 후 일정 시간이 지나면 미생물이 배출하는 성분으로 인해 자연분해되어 사라지기 때문에 환경폐기물 양을 크게 줄일 수 있다.

해외에서는 BASF와 Evonik, Natureworks 등 대기업을 중심으로 활발한 투자가 이뤄지고 있다. 코로나19 사태로 HMR(274쪽) 시장이 거대해지면서 음식을 담는 플라스틱 용기 수요가 폭발적으로 증가함에 따라 화이트바이오는 선택이 아닌 필수가 되었다. 이미 유럽연합은 2021년 1월 1일부터 플라스틱세를 도입하고 나섰다. 국내에서는 SKC와 LG화학, 롯데케미칼, CJ제일제당 등이 화이트바이오 시장에 뛰어들었다. 이 가운데 **CJ제일제당**이 가장 적극적이다. CJ제일제당으로서는 HMR 사업 비중이 갈수록 커짐에 따라 선제적 대응으로 아예 화이트바이오를 미래 사업으로 낙점한 것이다.

Monday 225

테마주

이슈를 따라 움직이는 종목군

미세먼지가 극성을 부리면 꿈틀대는 종목이 있다. 이른바 '미세먼지 테마주'들이다. 테마주는 상장주식 가운데 새로운 사건이나 현상에 의해 같은 방향으로 주가가 움직이는 종목군을 말한다. 즉 '기대감'에 따라 움직이는 종목이라고 할 수 있다. 신기술이 개발되거나 패러다임이 변화하는 시기에 그 개념을 반영하는 '성장형 개념 주식(growth concept stock)'과 유사하다. 정치·연예·부동산·질병·자원개발 등 테마주의 종류는 다양하다.

국내 증시에서 테마주는 1970년대 후반 처음 등장했다. 중동지역을 중심으로 해외 건설붐이 일던 시기에 해외 진출 건설사에 대한 '묻지마 투자'가 성행했다. 건설주 테마는 1년 정도 지속됐다. 하지만 이후 건설사들이 해외에 진출해 실제로 수익이 발생했는지에 대한 의문이 제기되면서, 1978년 후반부터 주가가 무섭게 하락했다.

선거철이 되면 '정치 테마주'가 급부상한다. 정치 테마주는 정치인 테마주와 정책 테마주로 구분할 수 있다. 정치인 테마주는 유력 정치인의 인맥을 중심으로 형성된 종목들이고, 정책 테마주는 정치인이 내세우는 정책의 수혜가 예상되는 종목이다. 17대 대선 당시 이명박 후보가 '4대강 사업'을 대표 공약으로 내세웠는데, 대선 기간 내내 '대운하 테마주'라고 해서 이화공영, 삼호개발, 동신건설 등 중소 건설사의 주가가 폭등했다.

테마주는 실적이 아니라 기대 심리에 의해 주가가 움직이기 때문에 가짜 정보에 취약하다. 하나의 테마가 뜨면 단기 차익을 노린 작전세력들이 가세해 주가 변동 폭을 키우기도 한다.

더 큰 바보이론

천재과학자 뉴턴이 바보가 된 사연

주식이나 부동산이 지금 당장 많이 올랐다고 하지만 자기보다 더 높은 가격에 살 투자자가 있다는 생각으로 투자에 나서는 것을 가리킨다. 즉, 주식이나 부동산의 가격이 그 본질적인 가치가 아니라 시장 참여자들의 비이성적인 기대로 인한 거품으로 올라간다는 얘기다.

영국의 경제학자 존 메이너드 케인즈는 이를 가리켜 '더 큰 바보이론'이라 이름 붙였다. 자기가 주식이나 부동산을 비싸게 구입한 '바보'라고 할지라도 더 높은 가격에 구입할 '더 큰 바보'가 있다고 믿고 투자에 나서는 심리다. 나중에 '더 큰 바보'에게 되팔 수 있다는 기대감에 '바보처럼' 이미 가격이 오를 대로 오른 주식이나 부동산에 투자하는 것이다.

흥미로운 사실은 '더 큰 바보이론'의 바보는 지능이나 직업과 상관없이 누구나 될 수 있다는 것이다. 이를테면 만유인력으로 현대 물리학의 기초를 다진 아이작 뉴턴과 같은 천재도 바보에 해당하는 우(愚)를 범했다. 당대 최고 학자이자 행정가이기도 했던 뉴턴은, 25년간 영국 왕립 조폐국장으로 일하면서 열심히 주식에 투자했는데 말년에 거의 모든 재산을 탕진하고 말았다. 경제사에서 대표적인 거품 사기로 꼽히는 '남해회사(South Sea Company)'에 투자했다가 폭삭 망한 것이다.

코스피지수가 3000선을 돌파하면서 주식투자를 하지 않으면 바보가 되는 시대에 살고 있다. 하지만 바보가 되기 싫어서 무턱대고 주식투자에 나선다면 결과는 불을 보듯 빤할 것이다. 투자에 앞서 신중한 자세로 차분하게 공부하지 않는다면, 결국 자신보다 더 큰 바보는 세상에 존재하지 않는다는 걸 깨닫게 된다.

편의점주

점포 재계약 건이 쏟아지는 2022년까지 호황

코로나19 여파로 오프라인 소매유통 산업이 전반적으로 큰 타격을 입었지만, 올해와 내년에 편의점주에 관심을 두어야 할 특별한 이유가 있다. 지난해부터 2022년에 걸쳐 나오게 될 점포 재계약 물량 때문이다. 지난 2015년부터 2017년까지 편의점 출점이 급증했는데, 5년 계약 만료시점인 2020년부터 재계약 건이 쏟아지고 있다. 2022년까지 체결될 재계약 물량은 모두 9900건이다.

편의점 재계약 물량 증가의 가장 큰 수혜자는 업계 대장주 BGF리테일(CU)과 GS리테일(GS25)이다. 실제로 코로나19 여파에도 불구하고 두 회사 모두 매출과 가맹점포수가 늘었다. BGF리테일은 지난해 매출 6조1813억 원을 기록했다. 전년 대비 4.0% 증가한 수치다. BGF리테일은 처음으로 연매출 6조 원 고지를 넘었다. 점포수도 늘었다. 지난해 기준 CU 점포수는 1만4923개로 전년 1만3877개 보다 1046개 늘었다. GS리테일의 편의점 사업부문은 지난해 매출 6조9718억 원을 기록했다. 전년 대비 1.7% 늘어난 수준이다. 점포수도 2019년 기준 1만3818개에서 지난해 1만5000여 개로 소폭 증가했다.

투자적 관점에서는 GS리테일보다 BGF리테일이 좀 더 매력적이다. BGF리테일은 BGF푸드, BGF로지스 등 종속회사를 통해 간편식과 밀키트 등 편의점 사업에 집중하면서 시너지를 모으고 있다. 반면 GS리테일은 편의점 이외에 슈퍼마켓과 호텔 사업에서 부진한 실적이 예상된다. 연초 1개월 동안 BGF리테일의 주가는 20% 넘게 올라 17만 원선을 넘기기도 했지만, GS리테일은 등락을 반복하며 불안한 모습을 보였다.

교환사채(EB)

회사채시장에서 EB가 희귀한 이유

기업이 보유한 자사주 또는 다른 기업 주식을 특정한 가격에 교환해주기로 하고 발행한 채권이 교환사채(EB : Exchangeable Bond)다. 사채에 투자자들이 원금을 받지 않는 대신 교환대상(교환 기초자산) 주식으로 바꿔달라고 요구할 권리를 붙여 놓은 것이다.

자사주 50주를 보유한 A사가 있다. A사는 200만 원어치 채권을 발행하면서 투자자들이 원할 경우 A사 주식으로 교환해준다는 약속을 했다. 교환가격은 주당 10만 원으로 한다는 조건도 내걸었다. 투자자 B는 A사 EB에 100만 원을 투자해 앞으로 A사 주식 10주를 주당 10만 원에 받을 권리를 확보했다. A사 주가가 계속 올라 15만 원이 됐다. 투자자 B는 원금 대신 A사 자사주를 달라고 청구할 것이다. 이때 B는 50만 원[(15만 원-10만 원)×10주]의 차익을 본다. 만약 A사 주가가 10만 원 아래에 머물러 있다면 주식으로 교환할 이유가 없다. B는 채권 이자를 받다가 만기에 원금을 상환 받으면 된다. EB도 리픽싱(272쪽) 조건이 붙는 경우가 있고, 풋옵션이나 콜옵션이 부여되기도 한다.

투자자가 원하면 정해진 조건에 따라 주식으로 전환하거나 살 수 있는 권리가 붙어 있는 전환사채(CB)와 신주인수권부사채(BW)는 투자자의 요구가 있을 때 신주를 발행해 넘겨줘야 해서 주식가치 희석 효과가 크게 발생한다. 반면 EB는 신주를 발행하는 것이 아니므로 상대적으로 주식가치 희석 효과가 덜하다는 장점이 있다. 하지만 EB는 기업이 투자자를 끌어모을 만한 충분한 수량의 주식을 보유하고 있어야 발행할 수 있고, 보통 자사주나 계열사 주식은 순환출자나 경영권 안정, 지주회사 지분율 요건 충족 등의 목적으로 보유하고 있는 경우가 많아 교환대상으로 삼기 어렵다.

한화솔루션

태양광의 모든 사업부문에 진출하다

이전 사명인 한화케미칼에서 알 수 있듯이 석유화학제품 생산을 주력 사업으로 하는 회사다. 한화솔루션은 계열사를 통해 백화점(한화갤러리아)과 호텔(한화호텔앤드리조트) 사업도 하고 있지만, 기업의 미래 성장동력으로 삼고 있는 사업은 태양광이다.

태양광 사업은 크게 핵심소재(폴리실리콘, 잉곳, 웨이퍼), 태양전지(셀, 모듈), 발전(시공, 운영) 등으로 구성되는데, 한화솔루션은 태양광 전 분야로 사업을 확장하고 나섰다. 기존 폴리실리콘과 태양전지 사업에 그치지 않고 발전소의 건설·운영에 이르기까지 아우른다는 계획이다. 태양광 해외사업에도 적극적이다. 자회사 한화큐셀은 현재 미국, 독일, 일본 시장에서 태양전지 모듈 시장점유율 1위에 올라있다. 최근에는 1조2000억 원 규모의 유상증자에도 나섰는데, 이를 통해 마련된 자금을 태양광 사업에 집중 투자한다는 방침이다. 특히 미국 시장은 바이든정부의 신재생에너지 의지가 워낙 강하기 때문에 가장 기대를 모으는 지역으로 꼽힌다. 이러한 호재를 감안하건대, 한화솔루션의 태양광 사업 매출은 2020년 3.4조 원에서 2021년 4.4조 원, 2022년 4.9조 원으로 꾸준한 성장세를 이어갈 전망이다.

한화솔루션은 지난해 매출액이 전년(9조5033억 원)보다 5.4% 감소했지만, 오히려 영업이익(3783억 원)은 2배 가까이 증가했다. 2021년에는 매출액이 20% 가까이 상승해 10조 원을 넘길 것으로 예상된다. 심지어 영업이익은 30% 가량 늘어 9000억 원 내외에 이를 전망이다.

증권가에서는 한화솔루션의 12개월 목표주가를 20% 상향해서 7만 원 내외에 이를 것으로 예상하고 있다.

MCN

유튜브 생태계의 매력적인 수익 모델

언택트 라이프스타일이 확산되면서 유튜브의 이용률이 기하급수적으로 늘고 있다. 유튜브는 사회적 거리두기로 대외활동에 제약이 따르면서 단순한 여가활동을 넘어 비즈니스 기회를 창출하는 새로운 장(場)이 되고 있는데, 대표적인 것이 MCN이다. MCN은 다중 채널 네트워크를 뜻하는 Multi Channel Network의 약자인데, 쉽게 말해 1인 방송 창작자들을 종합적으로 관리하는 인터넷 방송 서비스를 가리킨다.

MCN은 유튜브를 떠나서는 생각할 수 없다. MCN은 유튜브 생태계에서 비롯되었기 때문이다. 유튜브는 사용자가 직접 제작한 동영상이 주류를 이루는 플랫폼이다. 유튜브는 광고를 기반으로 동영상을 공유하는 서비스를 제공하면서 콘텐츠 제공자에게 광고 수익의 일부를 배분하는 정책을 펼치고 있다. 이런 수익 보상 모델에 따라 유튜브에서 인기 있는 유튜버들은 적지 않은 광고 수익을 올릴 수 있게 되었다. 그러자 이런 채널 여러 개를 묶어 1인 방송 창작자들의 동영상 제작을 지원하고 관리해 주는 대신 그 수익을 나눠 갖는 서비스가 생겼는데, 이것이 바로 MCN이다.

국내 대표적인 MCN 채널로는 다이아TV, 샌드박스네트웍스, 트레져헌터 등이 꼽힌다. 이 가운데 CJENM 미디어본부에 속한 다이아TV는 크리에이터 1400개 팀, 유튜브 구독자수 2억3000만 명, 월간 조회수 35억 뷰에 이르는 국내 최대 MCN 사업자다.

국내 증시에서 직접적인 MCN 종목에 투자하려면 좀 더 시간이 필요할 듯하다. MCN 사업자 대부분이 비상장사이기 때문이다. 하지만 유튜브의 시장지배력을 감안한다면, MCN은 투자자로서 기억해둬야 할 아이템이다.

Sunday 231

그린스완

보험주를 위협하는 녹색 백조

녹색 백조를 뜻하는 '그린스완(green swan)'은 현실세계에 없는 존재다. 2007년 금융전문가 나심 니콜라스 탈레브가 서브프라임모기지 사태를 예언하면서 언급한 '블랙스완(black swan)'에서 파생됐다.

그린스완과 달리 검은 백조, 즉 흑고니는 1697년 호주에서 발견된 적이 있다. 당시 흑고니의 발견은 조류학계의 경험칙을 무너트리는 충격적인 사건이었다. 탈레브는 '가능성이 없는 것처럼 보이지만 일단 일어나면 엄청난 파급력을 지닌 것'으로, 금융위기를 블랙스완으로 묘사했다. 여기에 기후위기를 투영한 것이 바로 그린스완이다. 그린스완은 쉽게 말해 기후 변화가 초래하는 경제위기를 가리킨다.

투자적 관점에서 그린스완이 터졌을 때 가장 직접적인 영향을 받는 업종은 보험이다. 이를테면 미세먼지가 확산하면서 호흡기 질환 발병률이 높아질수록 보험 업계에서 보험금 지급 규모가 늘어나면서 손해율이 상승함에 따라, 보험사들의 이익에 심각한 타격을 초래한다. 질병관리청에 따르면, 미세먼지 농도가 $10\mu g/m^3$ 증가하면 기관지염 입원환자가 23% 늘어나고 만성폐쇄성 폐질환 외래환자도 10% 증가한다. 지난해 여름처럼 집중호우가 장기간 계속될 경우 자동차 손해보험 시장에 엄청난 영향이 미친다. 호우로 인해 자동차 침수 피해가 늘어나면서 손해율이 크게 올랐기 때문이다. 당시 집중호우 이후 국내 4대 손해보험사가 집계한 침수 차량만 7036대에 달한다. 2018년 275대, 2019년 443대를 한참 웃도는 수준이다. 보험주 투자를 염두에 두고 있거나 (현재) 보유하고 있다면 기후 변화 이슈에 민감하게 대응하지 않으면 안 되는 이유다.

스몰캡

제2의 테슬라를 찾는다면 주목!

Monday 232

'스몰캡(small cap)'은 소자본을 뜻하는 'small capital'의 줄임말이다. 상장기업은 시가총액 규모에 따라 대형주, 중형주, 소형주로 나뉜다. 이 가운데 소형주를 스몰캡이라고 한다. 한국거래소는 매년 3월 시가총액 규모별 지수를 구성하는 종목을 변경한다(정기 변경). 전년도 12월부터 그해 2월 마지막 영업일까지 일평균 시가총액을 기준으로 순위를 매긴다. 시가총액 순위 1~100위까지는 대형주(large cap), 101~300위까지는 중형주(middle cap), 그 외는 소형주(small cap)로 구분한다.

스몰캡은 코스피와 코스닥 시장을 포함해 시가총액 300위 이하 기업을 지칭한다. 보통 시가총액이 1000억 원 미만인 종목은 거래가 잘되지 않기 때문에, 증권사에서 다루는 스몰캡 종목의 기준은 시가총액 1000억 원 이상이다.

스몰캡 종목은 대형주와 비교하면 시가총액이 상대적으로 낮은 기업들이다 보니, 주가 변동성이 큰 코스닥 종목이 스몰캡에 더 많다. 그래서 스몰캡 종목은 호재와 악재에 민감하게 반응한다. 스몰캡 종목이 속한 산업의 업황이 길지 않아 자료를 객관화하기 어렵다는 단점도 있다. 그리고 전방산업(일반소비자에게 가까운 쪽이 전방이고 먼 쪽이 후방 산업이다. 자동차가 전방이라면 자동차부품은 후방 산업이다)의 영향을 크게 받기 때문에 방향성을 예측하는 게 어렵다. 스몰캡은 기관과 외국인 투자자보다는 개인투자자의 매매 비중이 높은 편이다.

보통 상승장에서는 스몰캡 종목이 두각을 나타낸다. 현대차가 자동차 생산을 늘리기로 했다면, 먼저 부품 업체에 주문을 한다. 따라서 자동차부품 업체의 매출이 먼저 발생하기 때문에, 부품 업체 주가가 현대차보다 빨리 오른다.

풀필먼트

물류의 수익성을 끌어올리는 혁신 모델

풀필먼트(fulfillment)란 물류(택배) 전문업체가 판매자 대신 주문 받은 제품을 선택하고(picking) 포장한(packing) 뒤 배송까지 마무리하는 서비스다. 즉, 주문한 상품이 물류창고를 거쳐 고객에게 배달되기까지의 모든 과정을 일괄처리하는 것이다.

풀필먼트는 택배 업체들의 주력 업무에 해당하지만, 풀필먼트 서비스를 처음 도입한 것은 택배 업체가 아닌 유통 업체였다. 아마존은 풀필먼트 시스템을 통해 자체배송 서비스를 정착시켜 경쟁사들을 누르고 전자상거래 업계 1위를 차지할 수 있었다. 쿠팡은 2014년 로켓배송을 통해 아마존의 풀필먼트 시스템을 벤치마킹했다.

하지만 풀필먼트의 적임자는 택배 업체임을 부정할 수 없다. 택배 업체들은 창고 관리 노하우에 IT 기술을 접목시키는 시너지를 창출해 기존 전자상거래 업체가 담당해오던 데이터 관리 및 (배송 이후) 교환·환불 등의 서비스에 이르기까지 사업 영역을 확장시키고 있다. CJ대한통운이 운영하고 있는 GDC 사업이 대표적인 예이다. 전자상거래 업체들이 직접 처리하던 상품 재고관리, 제품 포장 등의 과정을 택배 업체인 CJ대한통운이 일괄하여 대행하는 것이다. 풀필먼트 서비스 단가는 일반 택배보다 20% 정도 높고 마진률도 월등하다. 낮은 택배단가에 시달려온 택배 업체에게 풀필먼트는 선택이 아닌 필수다.

투자적 관점에서는 쿠팡의 풀필먼트 서비스를 대행하는 물류 회사 동방이 주목을 끈다. 2018년에 쿠팡과 4년 간 물류 계약을 체결했다. 쿠팡의 미국 증시 상장 소식에 따른 수혜주로 꼽히기도 했다.

교육주

온라인강의 사업에 강점이 있는 회사를 주목해야

교육주의 화두는 '수능'과 '온라인강의'다. 코로나19 여파로 오프라인 학원가가 된서리를 맞았다. 2021년에는 사회적 거리두기 완화를 기대하며 오프라인 학원 영업이 어느 정도 정상궤도에 오를 것으로 예상되지만, 속단하기가 쉽지 않다. 일반적으로 수능 시즌에는 교육주가 들썩거리는데, 2020년에는 코로나19 때문에 수능 대장주들조차 이른바 '수능 특수'를 누리지 못했다.

다행스러운 일은 교육 업체마다 오프라인 매출이 감소한 만큼 온라인 매출이 크게 올랐다는 점이다. 학원마다 온라인 줌 수업을 통해 줄어든 오프라인 매출을 어느 정도 상쇄했고, 일부 업체들은 아예 온라인강의를 통해 새로운 비즈니스 기회를 만들기도 했다. 이른바 에듀테크(edutec, 225쪽)라 불리는 비즈니스 모델이 교육 산업의 미래 먹거리로 자리매김한 것이다. 투자적 관점에서는 에듀테크에 강점이 있는 웅진씽크빅, 멀티캠퍼스, 대교 등을 주목할 필요가 있다.

수능 대장주로 꼽히는 메가스터디교육, 디지털대성 등은 힘든 시기를 보내고 있다. 다만 지난해 코로나19 영향에도 불구하고 실적이 크게 떨어지지 않고 선방한 것을 감안하건대, 2021년에는 실적 반등을 기대해 볼 만하다. 수능 업체들도 빠르게 온라인강의 시스템으로 전환하면서 온라인강의 매출에서 적자 폭을 줄여나가고 있다. 증권가는 메가스터디교육의 2021년 예상 매출액이 전년 대비 20% 이상, 영업이익은 무려 100% 이상 상승할 것으로 예상한다. 디지털대성도 매출과 영업이익이 각각 30%, 70% 이상 성장할 것으로 보고 있다. 다만 이들 수능 대장주의 실적 회복은 '코로나19 진정세'라는 단서가 필요하므로, 여전히 신중한 접근이 요구된다.

전환사채(CB)

이자를 꼬박꼬박 받으면서
시세차익이라는 덤도 챙길 수 있는 사채

전환사채(CB : Convertible Bond)는 채권에 주식으로 바꿀 수 있는 권리를 준 상품이다. CB에는 만기가 있고, 회사는 투자자에게 원리금을 지급할 의무가 있다. 투자자는 원금을 돌려받지 않고 그 금액만큼 발행회사 주식으로 바꿀 수 있는 권리를 행사할 수 있다. 투자자가 주식 전환을 요구했을 때 주당 얼마의 가격으로 발행해 줄지는, 발행할 때 미리 정해놓는다. CB 투자자는 만기 때까지 정해진 이자를 받다가 회사의 주가 추이를 봐가며 주식 전환 여부를 결정하면 된다. CB에는 발행회사 주가가 하락하면 전환가격을 낮춰주는 리픽싱(272쪽) 조건이 붙어 있는 경우가 많다. 그리고 만기 전에 투자자들이 회사에 원리금 조기 상환을 요구할 수 있는 권리(풋옵션), 반대로 회사가 투자자의 CB를 만기 전에 되사들일 권리(콜옵션)를 부여한다.

CB는 주식전환권이라는 메리트 때문에 일반 회사채보다 이자율이 낮다. 보통 만기에 주식으로 전환해 매매차익을 얻을 목적으로 CB에 투자한다. 그러나 주식전환권은 주가가 낮으면 있으나 마나 한 존재가 된다. 전환가격이 주당 10만 원인 A사 CB를 10주 샀다. A사 주가가 12만 원으로 올랐다면, 주식으로 전환할 메리트가 있다. A사 주식을 전환가격에 CB와 바꿔 시장에서 팔면 총 20만 원[(12만 원-10만 원)×10주]의 차익을 얻을 수 있다. 그런데 A사 주가가 계속 10만 원 아래를 맴돈다면 주식으로 전환할 이유가 없다.

내가 투자한 기업이 CB를 발행한다면, CB에 투자하지 않더라도 CB가 언제부터 얼마만큼 주식으로 전환될 수 있는지 살펴야 한다. 기업가치는 변함없는데 발행주식수가 늘어나면 내가 보유한 주식가치는 상대적으로 떨어질 수밖에 없기 때문이다.

두산중공업

그린뉴딜 최선호주의 자격이 충분하다

두산중공업은 산업의 기초소재인 주단조에서부터 원자력과 화력 등의 발전설비 및 해수담수화플랜트, 환경설비 등을 제작하여 국내외 플랜트 시장에 공급하고 서비스하는 기업으로, 종속회사를 통해 건설중장비와 엔진 등을 생산·판매하고(두산인프라코어), 아울러 토목과 아파트 건설사업(두산건설)도 함께 영위하고 있다.

두산중공업은 최근에 국내외 에너지원 전환 기조로 원전 및 석탄화력발전소 수주와 매출이 줄어들면서 실적에 타격을 입었다. 이에 대한 자구책으로 지난해 상반기에 국책은행의 자금 지원 및 3조 원의 자구안을 수립했다. 자구안에는 유상증자 1.17조 원을 비롯해 오너가 보유한 두산퓨얼셀 지분 23%를 두산중공업에 수증하며, 아울러 두산인프라코어 매각까지 포함되었다.

앞으로 두산중공업의 주가는 두산인프라코어의 매각(현대중공업지주와 지분 34.97%를 8500억 원에 매각하는 본계약 체결) 및 정부의 탈원전 정책 기조에 맞춰 K-뉴딜에 부합하는 사업 아이템을 얼마나 적극적으로 확보하느냐에 달려 있다. 다행스러운 점은 수소와 풍력 등 신재생에너지 사업에서 괄목할 만한 성과를 내고 있다는 사실이다. 두산중공업은 풍력 부문에서 8MW 터빈을 개발 중에 있으며 누적 340MW의 계약 실적을 올렸는데, 이는 국내 유일의 해상풍력 실적이다. 수소 사업에서는 수소연료전지 기업인 두산퓨얼셀을 자회사로 보유하면서 제주도 수소 생산 실증사업에 참여하는 등 정부의 수소경제에 적극 동참하고 있다. 2021년 1월경에는 사우디아라비아에서 7800억 원 규모의 해수담수화 플랜트 수주에도 성공했다. 글로벌 해수담수화 시장점유율 40%를 영위하는 1위 기업이라는 사실도 증시에서 중요한 투자포인트다.

미디어렙

전통 광고사들의 저성장성에 실망했다면

미디어렙(media rep.)은 방송사의 위탁을 받아 광고주 및 광고대행사에 광고를 팔고 판매대행 수수료를 받는 회사를 가리킨다. 여기서 'rep.'은 '대리인'을 뜻하는 representative의 약자다. 미디어렙은 광고주·대행사에 ROI(투자자본수익률) 분석 서비스를 제공하고, 방송사나 언론사 등 매체에는 광고지면의 판매 기회를 제공한다.

국내 미디어렙 시장은 나스미디어, 메조미디어, 인크로스, DMC미디어 등 4개 회사가 80%에 가까운 시장점유율을 영위하며 과점체제를 형성하고 있다. 이 가운데 1위 나스미디어와 3위 인크로스가 코스닥에 상장돼 있다. 나스미디어는 KT를, 인크로스 역시 통신 재벌인 SK텔레콤을 대주주로 두고 있다.

지난해 코로나19 여파로 국내 광고 업황이 여의치 않았음에도 불구하고 미디어렙 회사들은 주로 디지털에서의 사업 환경 덕분에 피해가 크지 않았다. 투자적 관점에서는 제일기획, 이노션으로 대표되는 거대 광고대행사의 저성장성에 실망했다면 미디어렙 대장주인 나스미디어와 인크로스의 상승세를 주목할 필요가 있다. 특히 나스미디어는 미디어렙 사업 말고도 공격적인 신사업으로 기대를 모은다. 미디어커머스 플랫폼(더바른), 모회사(KT) 가입자 대상 문자 기반 커머스 및 기존 모바일플랫폼 고도화를 통한 CPS(매출연동형) 모델 도입 등이 여기에 해당된다. 나스미디어의 2021년 PER(주가수익비율)은 17배로 경쟁사인 인크로스의 60%대 수준으로 밸류에이션 매력까지 두드러진다. 지난해 최대 실적을 기록한 인크로스의 주가상승률도 놀랍다. 지난해 3월 초 1만 원대 초반에서 올해 2월 초 기준 5만 원대까지 급등했다. 빅데이터를 활용한 문자메시지 광고 사업에 강점이 있다.

삼불화질소

반도체와 OLED의 슈퍼사이클 수혜 기대

반도체와 OLED 산업이 전 세계적으로 호황을 넘어 활황이다. 코로나19 여파로 언택트가 확산되면서 IT 산업이 전례 없는 슈퍼사이클을 이어가고 있기 때문이다. 반도체와 OLED가 PC와 스마트폰 등 IT기기에 빠질 수 없는 핵심 부품임은 두말할 나위 없다.

상황이 이러하다보니 주식시장에서도 반도체주와 OLED주를 향한 투자자들의 반응이 뜨겁다. 삼성전자와 SK하이닉스, LG디스플레이 등이 대장주에 해당한다. 하지만 이미 고공행진 중인 이들 대장주에 투자해서 차익실현을 보는 것은 쉽지 않다. 그렇다고 뜨겁게 타오르는 반도체와 OLED를 그대로 보고만 있을 것인가?

투자적 관점에서 시선을 조금 확장해 보면, 삼불화질소(NF_3)가 시야에 들어온다. 삼불화질소는 반도체와 OLED의 주요 부품 세정에 쓰이는 특수가스다. 세정 작업은 반도체와 디스플레이 생산에서 꽤 중요한 공정에 해당한다. 이 물질을 방치할 경우 불량이 날 확률이 매우 높기 때문이다. 특히 OLED는 세정 과정에서 기존 LCD보다 5배 많은 삼불화질소가 필요하다. 반도체도 마찬가지다. 반도체 소자가 미세해질수록 세정에 더욱 신경을 써야 하기 때문에, 삼불화질소가 더 많이 소요될 수밖에 없다.

글로벌 삼불화질소 1위는 SK머티리얼즈(점유율 40%), 2위는 효성화학(점유율 10%)으로, 두 회사의 시장점유율을 합하면 전체의 절반을 차지한다. 두 회사의 주가는 이미 1년 전에 비해 크게 오른 상태이지만, 아직도 상승여력이 충분하다는 게 증권가의 분석이다. 증권사마다 두 회사의 12개월 목표주가를 일제히 상향 조정하고 있음을 체크해 둘 필요가 있다.

공매도

개인투자자들이 공매도를 '악(惡)'으로 규정한 이유

공매도(空賣渡)는 말 그대로 '없는 것을 파는 것'이다. 향후 주가가 하락할 것을 예상하고 주식을 가지고 있지 않은 상태에서 주식을 빌려 판 다음, 주가가 하락하면 같은 종목을 싼값에 되사 갚고 차익을 얻는 기법이다.

A기업의 현재 주가가 10만 원이고 앞으로 주가 하락이 예상된다고 하자. 투자자 甲이 이 주식을 빌려 10만 원에 판다. 예상대로 주가가 8만 원으로 떨어지면, 甲은 시장에서 A주식을 8만 원에 되사서 빌린 주식을 갚는다. 이렇게 하면 甲은 주당 2만 원의 시세차익을 보게 된다. 만일 甲의 예상이 틀려 주가가 12만 원으로 올랐다면 어떻게 될까? 주당 12만 원에 주식을 사서 갚아야 하므로, 甲은 손해를 보게 된다.

보통의 주식 거래는 주가가 낮을 때 사서 높을 때 팔아 차익을 남긴다. 하지만 공매도는 거꾸로 주가가 하락해야 돈을 벌 수 있다. 공매도는 거래가 없는 종목에 유동성을 공급하고 시장의 과열을 가라앉히는 순기능이 있다. 그러나 주가 하락으로 손해를 보는 사람이 많아야 수익이 커지기 때문에 공매도를 '시체를 먹고 사는 하이에나'에 비유하기도 한다.

공매도에는 주식을 빌려서 매도하는 '차입공매도'와 주식을 빌리지 않은 상태에서 미리 매도하는 '무차입공매도'가 있다. 현재 '자본시장법'에서는 차입공매도만 허용하고 있다. 주로 기관과 외국인 투자자가 증권사 등으로부터 특정 주식을 빌려 매도한 다음, 주가가 내려가면 시세차익을 얻는다. 개인투자자들은 공매도가 자본력과 정보력에서 우위에 있는 기관이나 외국인 투자자에게 유리한 제도라면서 비판해왔다. 공매도가 증가한다는 것은 주가 하락을 예상하는 투자자들이 많아졌다는 의미다.

경상수지

주가와의 관계가 궁금하다

Tuesday 240

경상수지는 국가 간에 이루어지는 상품 및 서비스 거래에서 발생하는 수입과 지출을 종합해 산출한 것으로, 자본수지와 함께 국제수지를 구성한다. 경상수지는 상품수지(무역수지), 서비스수지, 소득수지, 경상이전수지를 합산해 계산한다. 상품수지는 상품을 수출하거나 수입한 내역을 말하고, 서비스수지는 말 그대로 서비스를 거래하면서 발생한다. 소득수지는 한국인이 외국에서 번 돈과 외국인이 한국에서 번 돈의 수입과 지출 차이를 뜻하고, 경상이전수지는 기부금과 정부의 무상원조 등 대가 없이 주고받은 거래의 차액을 말한다.

그런데 투자자는 교과서에나 나올법한 경상수지 개념은 관심 없다. 경상수지와 주가 사이에 어떤 관계가 있는지 궁금할 뿐이다. 지난 수십 년 동안 국내 증시를 살펴보면, 경상수지가 흑자일 때 대체로 주가가 상승하고 경상수지가 적자일 때 주가가 하락했다. 쉽게 말해 둘은 서로 비례했다.

경상수지와 주가의 관계는 기업의 수익성과 금융비용을 통해 알 수 있다. 경상수지에서는 위에서 설명한 4가지 가운데 상품수지 즉, 무역수지가 대부분을 차지한다. 경상수지가 적자라면 무역수지 적자를 의미하고 이는 곧 수입이 수출보다 많아 국내 기업들의 자금 사정을 악화시킨다. 그러면 기업들의 금융비용이 늘어나는 대신 이익은 줄어들면서 주가 하락의 원인이 된다. 아울러 기업들의 자금 사정 악화는 시중금리를 끌어올리는 효과도 있어 주식시장의 매수자금(유동성)을 위축시키곤 한다. 한국은행에 따르면 코로나19에도 불구하고 지난해 한국의 경상수지는 752억8000만 달러의 흑자를 기록했고, 이러한 결과가 당시 증시 활황과 무관하지 않음을 알 수 있다.

은행주

금리와 대출금, 순이자마진을 주목해야

국내 은행 업계는 매출액에 해당하는 순이자이익 기준으로 4대 금융지주인 KB금융(KB국민은행), 신한지주(신한은행), 우리금융지주(우리은행), 하나금융지주(KEB하나은행) 및 특수은행인 기업은행이 선두권을 형성하고 있고, 영호남에 지방 금융지주인 BNK금융지주(부산은행, 경남은행), DGB금융지주(대구은행), JB금융지주(광주은행, 전북은행) 및 제주은행이 포진해 있다.

은행주에 투자할 때 유심히 봐야 할 것은 금리와 대출금, 순이자마진(NIM)이다. 은행 입장에서는 시장금리가 떨어질수록 순이자마진이 줄어드는 반면, 저금리 기조로 대출금이 증가할수록 이자수익이 늘기도 한다.

지난해 증시 급등 랠리 속에서 상대적으로 소외되었던 은행주가, 올해는 경기회복에 따른 금리 상승과 이자수익 증가로 회복세를 보일 전망이다. 은행마다 미리 대손충당금을 마련해 놓음으로써 올해 대손 부담이 크지 않은 점 및 배당주로서 배당수익률이 높은 점도 은행주에 관심을 둬야 할 이유다. 하지만 코로나19 금융지원으로 이뤄진 대출 만기 연장과 이자 납부 유예로 인해 은행이 부담해야 할 손실은 여전히 걸림돌이다.

투자적 관점에서는 KB금융(KB국민은행)을 추천한다. 은행 업황 전반에 걸쳐 NIM이 안정세에 접어들 경우 순이자이익 1위 은행인 KB국민은행의 실적 상승세가 가장 두드러질 것으로 예상된다. 은행 중 자영업자 대출이 가장 많은 게 걸리지만, 담보 비중이 상대적으로 월등히 높기 때문에 자산건전성도 양호할 것으로 예상된다. 광주은행과 전북은행을 지배하는 JB금융지주도 눈여겨 볼 만 하다. NIM 회복 속도가 빨라 순이자이익이 반등할 것으로 예상된다. 주가가 실적에 비해 지나치게 저평가된 점도 투자포인트다.

신주인수권부사채(BW)

주가 상승에 대한 희망을 사고파는 사채

신주인수권부사채(BW : Bond with Warrant)에서 '부(附)'는 붙어있다는 뜻으로, 신주인수권증서(워런트, 202쪽)가 붙은 사채를 뜻한다. 즉 BW 발행회사의 주식을 약속된 가격에 살 수 있는 권리가 붙어 있는 사채다. 전환사채(CB)의 전환가격처럼 BW도 행사가격이 발행 당시 정해져 있다.

BW 역시 기본은 사채이기 때문에 만기 때까지 보유했다가 원리금을 받아도 된다. 풋옵션(조기상환청구권)이 부여돼 있다면 만기 전에 회사에 원리금 상환을 요구할 수도 있다. 발행회사 주가가 행사가격보다 오르면 회사에 신주 발행을 요구해 차익을 얻을 수도 있다.

1주당 특정 가격을 발행 당시 정해놓고 그 가격에 주식을 받을 수 있는 권리를 부여한다는 점에서 BW와 CB(258쪽)는 비슷하다. 그러나 BW는 사채권은 그대로 두고 신주 발행을 요청할 수 있는 '워런트'만 따로 떼어 거래할 수 있다는 점에서 차이가 있다. CB는 사채 금액만큼을 주식으로 전환하면 사채 기능이 사라진다(사채권 소멸). 반면 BW는 워런트 행사에 따라 주식을 취득하더라도 사채권은 그대로 유지된다(신주 대금을 따로 납입하지 않고 사채 원금으로 납입하면 사채권 소멸). 당장 현금이 필요한 사람은 워런트를 행사하지 않고 워런트만 시장에 내다 팔 수도 있다. 이와 같은 워런트 분리 거래는 공모 BW만 가능하다.

BW 투자자 입장에서 워런트는 덤이다. 주가가 행사가격 아래 머물러 있어 워런트가 무용지물이 되더라도, 사채에서 발생하는 만기보장수익률을 챙길 수 있다. 그러나 BW가 아니라 시장에서 워런트만 산 사람은 주가가 부진해 워런트가 휴짓조각이 되면 워런트 매입금을 전부 날리게 된다.

효성첨단소재

Friday 243

탄소섬유 생산으로 수소경제 최선호주

자동차 타이어의 핵심소재인 PET 제품 시장점유율 1위 회사다. 지난해 코로나19 여파로 자동차 사용이 줄면서 실적이 주춤거리다 4분기 들어 원가절감을 통한 이익률 상승효과가 나타나기 시작했다. 2021년부터는 글로벌 완성차 시장이 회복국면에 접어들면서 PET 수요가 크게 늘어남에 따라 실적 반등이 예상된다.

투자적 관점에서 효성첨단소재가 기대를 모으는 이유는 주력 사업인 타이어 소재 말고도 하나 더 있다. 바로 탄소섬유(345쪽)다. 탄소섬유는 수소경제에서 높은 성장성이 예상되는 소재 가운데 하나다. 효성첨단소재는 이미 2019년에 탄소섬유 국산화에 성공한 뒤 정부가 추진하는 K-뉴딜의 수혜주로 두각을 나타내고 있다. 현대자동차의 수소전기차 '넥쏘'의 탄소섬유 공급업체로 선정되는 등 호재가 이어지고 있다.

탄소섬유는 수소전기차의 수소연료전지 소재에서부터 충전소용 압력용기 및 단거리 수소 이동수단인 튜브트레일러에 이르기까지 수요가 풍부하다. 그럼에도 불구하고 진입장벽이 높아 전 세계에 탄소섬유 전문기업은 10개 남짓에 불과하다.

효성첨단소재는 탄소섬유를 원료로 하는 아라미드 소재 사업에서도 돋보인다. 아라미드는 전기차용 타이어는 물론 5G용 광케이블 소재 등 4차 산업 분야에서 수요가 많다.

증권가에서는 효성첨단소재의 2021년 매출이 전년 대비 30% 가까이 올라 3조 원을 넘어설 것으로 보고 있다. 영업이익은 전년 대비 무려 300%나 급상승할 것으로 예상한다.

메타버스

아바타의 세상이 창출하는 무한한 부가가치

메타버스(metaverse)란 현실세계를 의미하는 'universe'와 '가상'을 의미하는 'meta'의 합성어로, 3차원 가상세계를 가리킨다. 여기서 3차원의 가상세계란 현실과 가상의 경계가 사라진 세계를 의미한다. 기존 가상현실(VR, 64쪽) 기술이 화면을 통해 가상현실을 보는 것이라면, 메타버스는 아바타 등을 활용해 가상세계에 직접 들어가 참여하는 것이다.

지난 3월 10일 뉴욕 증시에 상장된 미국의 모바일 게임업체 로블록스는 미국 10대들이 가장 많은 시간을 보내는 플랫폼이다. 미국의 16세 미만 어린이와 청소년 중 55%가 로블록스에 가입했고, 이들은 유튜브보다 2.5배 많은 시간을 로블록스 속 가상공간에서 보낸다. 로블록스의 기업가치는 지난해 40억 달러에서 올해 295억 달러(33조4000억 원)로 7배 이상 상승했다.

한국에서는 네이버Z의 '제페토'가 2억 명 이상의 사용자를 확보하며 글로벌 메타버스 플랫폼으로 부상하고 있다. 제페토는 2021년 2월 기준 가입자수가 2억 명을 돌파했고 그중 80%를 10대가 차지하고 있다. 유튜브로 넘어갔던 MZ세대를 '제페토'가 다시 네이버로 불러들이고 있는 것이다. 제페토에 가입할 때 본인의 사진을 찍어 올리면 이용자 외모와 똑 닮은 3D 캐릭터가 형성된다. 이를 통해 이용자들은 가상세계에 들어가 다양한 체험을 한다.

영상 시각효과 전문업체 자이언트스텝은 메타버스 최선호주로 꼽힌다. 삼성전자, 현대자동차 등과 오랫동안 협력관계를 유지하면서 매년 약 500편의 TV 광고, 뉴미디어 영상물, 영화 특수효과 등을 제작했다. 2017년 현지 법인을 설립해 진출한 미국 시장에서는 월트디즈니, 넷플릭스, 구글, NBC 유니버설 등 글로벌 콘텐츠 제작사의 공식 벤더(판매사)이기도 하다.

프로그래매틱 광고

마케팅의 총알이 '비용'에서 '데이터'로 바뀌다

전 세계 투자자들이 빅데이터를 주목하는 이유는 다양한 홍보·마케팅 기법으로 활용되기 때문이다. 마케팅의 총알이 '비용'에서 '데이터'로 바뀌고 있는 것이다. 특히 광고 산업에서 데이터 활용의 중요성은 두말할 나위 없다.

프로그래매틱(programmatic) 광고는 단어 뜻 그대로 프로그램이 자동으로 이용자의 검색 경로 등 빅데이터를 분석해 이용자가 필요로 하는 광고를 띄워주는 광고기법이다. 인터넷 이용자가 사이트에 접속하면서 생긴 방문기록(쿠키)으로 이용자의 소비 행태를 예측해 이용자가 원할 것 같은 광고를 선별하여 보여 주는 방식이다. 프로그래매틱 광고는 개인정보를 활용하지 않아 프라이버시 침해 우려가 없고, 쿠키를 활용하기 때문에 개인 맞춤형 광고를 제공할 수 있다.

프로그래매틱 광고는 이미 글로벌 노출형 광고 시장에서 대세로 자리잡는 중이다. 광고지면을 매매하는 모든 과정을 시스템화한다. 유튜브와 페이스북으로의 광고 쏠림 현상, 네이버 및 카카오의 프로그래매틱 거래 시스템 도입 등으로 인해 성장잠재력이 매우 클 것으로 평가 받는다.

투자적 관점에서는 와이더플래닛이란 회사를 눈여겨 볼 필요가 있다. 빅데이터와 인공지능 기반 마케팅 플랫폼 기업이다. 자동으로 송출한 광고의 접속자 클릭수에 따라 광고주로부터 과금을 받는 사업을 영위한다. 주요 거래처는 쿠팡과 인터파크투어, 에듀윌 등이다. 기술특례상장 방식으로 2021년 2월 코스닥에 상장했다. 상장 직후 주가 급락의 성장통을 겪었지만, 증권가에서는 올해 흑자전환에 이어 내년부터 이익성장률이 크게 오를 것으로 전망하고 있다.

배당

찬바람 불면 배당주를 담아라!

배당이란 회사가 1년 동안 영업활동을 통해 벌어들인 이익을 주주에게 나누어주는 것이다. 돈으로 나누어주면 현금배당, 주식으로 나누어주면 주식배당이라고 한다. 현금과 주식을 섞어서 주는 것도 가능하다.

주식배당은 현금이 아닌 주식을 줘야 하므로, 회사가 새로운 주식(신주)을 발행해야 한다. 2011년 '상법' 개정으로 회사가 보유하고 있는 자사주로 배당하는 것도 가능해졌지만, 자사주를 배당하는 경우는 드물다.

배당기준일은 매년 주식시장의 마지막 거래일인 12월 30일이다(12월 31일은 휴장일). 주식 매매는 매매 체결일(T)을 포함해 3거래일(T+2)째 되는 날에 결제가 이루어지기 때문에, 12월 28일까지 해당 주식을 가지고 있어야 주주명부에 등재되고 배당을 받을 수 있다. 만약 12월 29일에 해당 주식을 샀다면 배당을 받을 수 없고, 12월 28일까지 주식을 보유하고 있다가 다음날 주식을 팔아도 배당 받을 권리는 살아있다.

배당성향은 회사가 거둬들인 이익 중 얼마큼을 주주에게 배당금으로 돌려줬는지를 파악하는 기준이다. 배당금 총액을 당기순이익으로 나누어 계산한다. 한해 당기순이익이 100억 원인데 총 10억 원을 배당한다면, 배당성향은 10%다. 배당을 노린 주식 매입은 회사가 얼마를 배당할지 모르는 상태에서 주식을 사야 하는 위험이 있다. 현금배당은 12월까지 주주명부에 등록된 주식을 대상으로 하는데, 얼마를 배당할지 결정하는 이사회는 다음 해 1~2월에 열리고 배당금은 이후 공시되기 때문이다. 현금배당을 많이 하는 회사는 매년 비슷한 배당률을 보인다. 따라서 그해에 경영실적 자체가 크게 악화하지 않았다면 평소의 배당률을 유지할 가능성이 높다.

불마켓·베어마켓

강세장과 약세장을 빗댄 우화

불마켓은 장기간에 걸친 주가 상승이 대세를 이루는 강세장을 가리킨다. 마치 황소(bull)가 뿔로 주가를 들어 올리는 것과 같다고 하여 불마켓이라 불리게 되었다. 베어마켓은 주가를 비롯한 자산 가격이 하락하고 있거나 하락할 것으로 예상되는 약세장을 가리킨다. 거래가 지지부진한 시황을 행동이 느려 터진 곰(bear)에 비유한 것이다.

증시에 황소와 곰이 등장하게 된 기원에 관해서는 의견이 분분하다. 그 중에서 황소와 곰을 서로 싸우도록 부추기는 미국의 전통 스포츠에서 유래했다는 견해가 가장 그럴 듯하다. 황소가 뿔을 밑에서 위로 치받으며 공격해서 상대를 제압하는 모습이 마치 주가가 밑에서 위로 올라가는 강세장의 모습을 연상시킨다는 것이다. 반대로 곰은 공격할 때 자신의 앞발을 위에서 아래로 내리쳐 주가가 위에서 아래로 곤두박질치는 약세장을 떠올리게 한다고 설명한다.

뉴욕의 월스트리트에 가면 황소상을 만날 수 있다. 이곳에 황소상이 세워진 에피소드가 퍽 흥미롭다. 이 황소상은 원래 불법시설물이었다. 블랙먼데이가 터진 1987년 12월경 이탈리아 출신 조각가 아르투로 디 모디카는 불황 극복의 염원을 담아 무게가 3톤이 넘는 거대한 황동 황소상을 제작해 설치했다. 관할당국의 사전허락 없이 벌인 퍼포먼스였다. 모디카는 월스트리트 주변을 순찰 중이던 경찰차의 감시를 피해 5분 만에 황소상을 기습 설치한 것이다. 하지만 황소상은 지금까지도 철거되지 않고 오히려 월스트리트의 명물이 되었다. 서울 여의도 한국거래소 신관 로비에도 황소가 곰을 들이받는 순간을 포착한 청동 조형물이 있다.

증권주

증시로의 머니무브에 따른 호황은 언제까지?

증권 업계에는 주식중개자(브로커리지)인 동시에 투자 대상 종목(증권주)인 상장 증권사가 다수 있다. 수탁수수료를 기준으로 상위 5대 증권사로는, 미래에셋대우(11.75%), 삼성증권(10.75%), NH투자증권(9.58%), KB증권(9.40%), 한국투자증권을 지배하는 한국금융지주(7.71%) 순이다(괄호 안은 2020년 상반기 시장점유율).

증권 업황은 활황을 이어가고 있다. 이른바 동학개미 열풍이 지속되면서 일평균거래대금은 코스피지수가 장중 사상 최고치(3266.23)를 기록한 지난 1월 11일 65조 원을 기록하기도 했다. 이를 반영하듯 대부분의 증권사들이 역대 최대 분기 실적 잔치를 벌이고 있다. 키움증권은 지난해 3분기 영업이익이 전년 동기 대비 무려 300% 이상 급증하기도 했다.

정부가 부동산 대출 규제를 강화하고 나설수록 증시로의 '머니무브(money move, 자산 이동) 현상'은 더욱 가속화될 전망이다. 실제로 펀드나 부동산, 예금 등 다른 자산에서 주식으로의 편입이 꾸준히 진행되고 있다. 적어도 올해까지는 브로커리지뿐 아니라 IB(투자은행), 자산관리 등 증권업이 전반적으로 호황을 이어갈 것으로 예상된다. 다만, 시장금리가 상승할 경우 증시로의 머니무브 현상이 다소 둔화될 가능성도 배제할 수 없음을 잊지 말아야 한다.

투자적 관점에서는 대부분이 수혜주인 증권주 중에서 특히 저평가된 종목을 눈여겨 볼 필요가 있다. 한국금융지주(한국투자증권)가 여기에 해당되는데, 예상 ROE(자기자본이익률, 185쪽)가 14%에 달하는데 비해 주가를 주당순자산가치로 나눈 PBR(주가순자산비율, 171쪽)은 0.8배로 증권 업계 내에서 가장 저평가된 것으로 분석된다.

Thursday 249

리픽싱

나중에 더 싼 값에 주식을 줄 테니 투자해줘, 제발!

전환사채(CB), 신주인수권부사채(BW), 교환사채(EB) 등의 메자닌 채권(244쪽)에는 '리픽싱(refixing)' 조건이 붙어 있는 경우가 많다. 리픽싱은 가격 재조정을 뜻한다. 채권 발행기업의 주가가 하락할 때 메자닌 채권의 전환가격(채권을 주식으로 바꿀 때 기준가격)을 낮추는 것이 리픽싱이다. 채권의 전환가격보다 발행기업의 주가가 낮아지면, 채권 투자자는 굳이 신주를 인수할 필요가 없다. 원한다면 시장에서 더 싼 가격에 주식을 살 수 있기 때문이다. 즉, 채권 발행기업의 주가가 전환가격보다 하락하면 채권에 투자할 유인이 사라진다. 그래서 채권 발행기업의 주가가 하락하면 최초 발행할 때의 전환가격을 계속 떨어뜨려 전환 기회를 자꾸 부여한다.

메자닌 채권 발행기업의 주가가 너무 내려가도 전환가격을 하향 조정하지만, 발행회사가 유상증자나 무상증자, 감자 등을 실행해 발행주식수가 늘어났을 때도 전환가격을 하향 조정한다. 반면 발행기업의 주가가 올랐을 때 전환가격을 올리는 '역'리픽싱은 불가능하다.

리픽싱을 할 때 최저한도를 몇 퍼센트로 할지, 몇 개월마다 할지는 채권 발행기업이 정한다. 대개 리픽싱 한도는 최초 전환가격의 60~70% 정도다. 기간은 3개월 단위가 일반적이지만, 1~2개월 단위로 하는 곳도 있다. 이런 내용은 공시에 빠짐없이 표시돼 있다. '전환가격 조정일'은 반드시 가격을 조정하는 날이 아니라, 주가 흐름을 살핀 뒤 조정이 필요한지를 따져보는 날이다.

리픽싱은 채권자에게는 좋은 소식이지만 기존 주주들에게는 나쁜 소식이다. 전환가격이 계속 낮아지면 향후 주식으로 전환될 수 있는 물량(주식전환대기물량)이 늘어나 주식가치가 떨어질 수밖에 없기 때문이다.

대한항공

항공 산업이 죽을 쒀도 오르는 대장주

코로나19 여파로 인해 글로벌 항공 산업의 불황이 이어진다고 해서 항공주를 아예 거들떠보지도 않는 것은 곤란하다. 모든 항공주가 곤두박질치는 건 아니라는 말이다. 오히려 반등을 거듭하는 항공주도 있다. 국내 항공 대장주 대한항공 얘기다.

대한항공은 지난해 별도 재무제표 기준 매출액 7조4050억 원, 영업이익 2383억 원의 실적을 공시했다. 매출액은 2019년(12조2917억 원) 대비 39.7% 줄었지만, 영업이익은 16.7% 감소하는 데 그쳤다. 여객기를 화물기로 활용해 화물기 가동률을 높여 여객 사업부문 매출 감소분(40%)을 화물 부문 매출 증가분(66%)으로 상쇄한 게 주효했다.

2021년 대한항공 매출액은 8조4000억 원대에 이르러 전년 대비 10% 이상 늘어날 전망이다. 주목할 부문은 영업이익이다. 2021년 영업이익은 3500억 원대로 전년 대비 무려 200% 이상 급상승할 전망이다.

대한항공의 영업이익 반등은 주가에 반영될 가능성이 높다. 실제로 대한항공의 주가는 코로나19가 확산되기 시작한 지난해 3월에 8000원대 초반까지 떨어졌다가 2021년 2월에 3만 원대로 올라섰다. 그 사이 대한항공의 영업이익은 분기마다 꾸준히 상승했다.

한편, 아시아나항공 인수는 대한항공 주가 상승의 변곡점이 될 전망이다. 통합 항공사에 대한 기대감이 무리한 인수에 따른 '승자의 저주(95쪽)'를 불식시킬 수 있을지는 여전히 미지수다. 다만 통합 항공사로서 유류 대량 구매 등을 통해 항공기 기름 값을 크게 줄일 수 있게 된다면, 영업이익에 대단히 유리하게 작용할 수 있다.

HMR

코로나19 효과로 10조 원 시장 탄생

HMR은 'Home Meal Replacement'의 이니셜로 우리말로 하면 '가정간편식'이 된다. 미리 가공한 식재료(식자재)를 간단한 조리를 거쳐 먹을 수 있도록 포장한 상품이다. 어느 정도 조리가 된 상태에서 가공·포장되기 때문에 데우거나 끓이는 등의 단순한 조리 과정만 거치면 음식이 완성된다. 즉석조리식품, 즉석섭취식품, 신선편의식품, 사전준비식품 등이 HMR에 해당된다.

글로벌 HMR 시장은 2017년 약 200조 원에서 2023년 400조 원 규모로 엄청나게 커질 전망이다. HMR 시장이 성장할 수밖에 없는 이유는 여럿 있지만 그 중에 코로나19 사태로 촉발된 언택트 라이프스타일이 핵심이다. 사회적 거리두기로 집에 머무르는 시간이 늘어나면서 직접 가볍게 조리해먹을 수 있는 식품 수요가 폭발적으로 증가한 것이다.

HMR 시장은 코로나19가 터지기 전에도 꾸준한 성장세를 이어왔다. 특히 1인당 GDP가 높은 선진국일수록 HMR 소비가 많다. 그 이유는 HMR 시장이 성장하기 위한 전제조건으로, IT·모바일 기기의 대중화, 1인가구 증가, 편의점 확산, 맞벌이가구 보편화 그리고 1인당 GDP 3만 달러를 요하기 때문이다. 한국사회는 이러한 조건들을 모두 충족한다. 글로벌 시장 규모에 비하면 국내 HMR은 아직 걸음마 수준이지만 성장 속도는 빠르다. 코로나19 이전인 2019년 5조 원대 규모에서 2023년 10조 원에 이르는 거대 시장이 예상된다.

투자적 관점에서는 '햇반'과 '비비고'를 거느린 CJ제일제당이 HMR 대장주로 꼽힌다. 지난해 3월 19일 연최저가(14만9000원)를 기록한 뒤 코로나19 3차 대유행이 정점이었던 올해 1월 25일 최고가(47만4000원)을 찍었다. 증권가에서는 12개월 목표주가를 55만 원 안팎으로 상향 조정했다.

스마트팜

첨단유리온실 시장을 주목해야

스마트팜(smart farm)은 말 그대로 '지능형 농장'이다. 농업에 IT 기술을 활용하여 농작물 재배를 원격 자동 관리하는 시스템이다. 농산물의 생산성과 효율성을 높이기 위한 고부가가치 산업이다. 기후 변화 및 농촌 인구 감소, 농가 소득 정체 등 농업이 겪고 있는 문제를 해결하기 위한 해법으로, 정부의 그린뉴딜 정책과 성격이 맞아 대규모 지원이 기대된다. 정부는 스마트팜 보급 면적을 2019년 5000헥타르에서 2022년 7000헥타르로 늘린다는 계획이다. 핵심 지원사업은 스마트팜 혁신밸리다. 전남 고흥, 전북 김제 등 4곳을 스마트팜 혁신밸리로 지정해 약 4200억 원의 사업비를 지원한다는 방침이다.

투자적 관점에서 스마트팜은 '첨단유리온실' 사업에서의 수익성이 예상된다. 첨단온실은 빛, 온도, 습도 등 온실 내 작물생육 환경조건을 제어해 1년 내내 작물을 생산할 수 있는 온실을 말한다. 국내 첨단유리온실 보급률은 1%가 채 되지 않는다. 글로벌 평균 17% 대비 현저하게 낮아 앞으로 성장성이 매우 높게 점쳐진다. 이 분야 국내 1위 회사는 그린플러스란 코스닥 상장사다. 국내 20만 평, 해외 60만 평의 시공 실적을 보유하고 있다. 이 회사는 2021년부터 스마트팜 혁신밸리 관련 실적이 본격적으로 반영될 전망이다. 총 사업비 4200억 원의 5%만 반영해도 210억 원, 10%를 반영할 경우 420억 원의 추가 매출이 가능하다. 아직은 연 매출액이 1000억 원에 미치지 못하지만, 사업의 성장성과 정부의 적극적인 지원 방침을 고려하건대 향후 3년 간 매출액이 연 평균 30% 이상 성장할 것으로 증권가는 보고 있다. 그린플러스의 주가는 지난해 3월 23일 최저가인 2683원에서 11월 11일 1만6100원까지 올랐다. 증권가에서는 12개월 목표주가로 1만8000원 안팎을 보고 있다.

버핏지수

증시의 고공행진은 언제까지 계속될 것인가?

2021년 초 '삼천피(코스피 3000)'에 이어 '천스닥(코스닥 1000)' 시대가 열렸다. 주식시장에 전례가 없는 랠리가 이어지는 가운데, 이미 주식투자를 하는 사람이나 지금이라도 주식투자를 시작해야 하나 망설이는 사람 모두 궁금해하는 게 있다. '증시의 고공행진은 언제까지 계속될 것인가?'

이 궁금증을 해결해줄 지표가 버핏지수(Buffett Indicator)다. 버핏지수는 국내총생산(GDP) 대비 시가총액 비율이다. 각국 상장주식의 총시가총액을 분기별 GDP로 나눠 구한다. 한 나라의 주가는 장기적으로 경제 규모를 나타내는 GDP와 비슷하게 움직인다는 전제를 바탕으로 한다. 버핏지수가 70~80%면 증시가 저평가되어 있고, 100%를 넘으면 과열되었다고 판단한다.

버핏지수는 '투자의 대가' 워런 버핏이 미국 경제전문지 「포천(Fortune)」과의 인터뷰에서 "GDP 대비 시가총액 비율이 적정한 주가 수준을 측정할 수 있는 최고의 단일 지표"라고 평가한 데서 비롯됐다. 글로벌 시장에서 버핏지수의 정확도는 상당히 높은 편이다. 버핏지수는 2007년 미국 주택시장 버블이 정점을 찍었을 때(107.5%)와 2000년 닷컴버블 때(139.5%) 100%를 넘었다.

한국 증시는 버핏지수가 100%를 넘은 적이 거의 없었지만, 2020년 말 123.4%를 넘긴 뒤 2021년 1월 말 139%를 돌파하는 등 연일 사상 최고치를 경신하고 있다. 코로나19 팬데믹 여파로 GDP가 줄어든 상태에서, 유동성이 주식시장으로 몰려들면서 버핏지수가 급상승했다. 전문가들은 경제 성장과 무관하게 유동성의 힘으로 주가가 급등한 만큼 주가지수가 급락할 수 있다고 경고하고 있다.

팻핑거

굵은 손가락 탓에 벌어진 주가 폭락

Tuesday
254

증권사에서 신입직원을 뽑을 때 다양한 소양을 평가 잣대로 삼겠지만, 이 사건이 터진 뒤부터 응시자의 손가락 굵기를 반드시 확인하라는 우스갯소리가 돌았다.

사건은 2010년 5월 미국의 한 증권사에서 벌어졌다. 그곳 직원이 100만 단위 거래를 10억 단위로 잘못 입력한 실수를 저질렀다. M(Million) 대신 B(Billion)를 눌렀던 것이다. 이로 인해 불과 15분 사이에 다우지수가 무려 998.5포인트(9.2%) 떨어지는 참사가 발생했다. 증권사 직원의 키보드 터치 실수가 나비효과처럼 번져 다양한 매매 알고리즘에 연쇄적으로 영향을 미친 것이다. 증권을 매매하는 사람의 손가락이 자판보다 굵어 가격 또는 주문량을 실수로 입력한다는 용어인 팻핑거(fat finger)는 그렇게 나왔다.

팻핑거는 심심찮게 일어나는 무서운 해프닝이다. 2005년경 일본의 미즈호증권사 직원은 제이콤이라는 업체의 주식 1주를 61만 엔에 팔아달라는 주문을 61만 주를 1엔에 파는 어처구니없는 실수를 저질렀고, 제이콤의 주가는 순간 폭락했다. 팻핑거는 국내 증시에서도 여러 번 일어났다. 2013년경 한맥투자증권의 직원이 옵션의 만기일을 365일이 아닌 0일로 잘못 입력하면서 옵션가격이 급락해 462억 원의 손실을 냈다. 이로 인해 한맥투자증권은 파산했다. 단순한 키보드 입력도 인간이 하는 일이니 실수가 없을 수는 없겠지만, 실수치고는 치명적이다.

증권가에서는 금융시장이 짧은 시간에 큰 변동성을 보일 때마다 팻핑거를 의심하곤 한다. 2010년 팻핑거가 터졌을 때 사람들은 '플래시 크러쉬(flash crash)'를 외쳤다. 우리말로 하면 '갑작스런 붕괴'다.

보험주

금리 인상과 실손보험료가 올라야 호재

은행, 증권과 함께 3대 금융주를 이루는 보험 업계는 다시 손해보험과 생명보험으로 나뉜다. 손해보험은 삼성화재(22%), 현대해상(16%), DB손해보험(15.6%), KB손해보험(12.3%), 메리츠화재(10.1%) 등 5개 사가 '빅5'를 형성한다(2020년 3분기 시장점유율 기준). 이 가운데 KB손해보험을 제외하면 모두 상장사다. 생명보험은 삼성생명, 한화생명, 교보생명이 합산 시장점유율 47%를 차지해 '빅3'를 형성한다. '빅3' 중 교보생명만 비상장사다.

지난해 코스피 급등세에도 불구하고 보험주는 상대적으로 부진했다. 하지만 올해는 금리 상승으로 보험사의 자산 운용수익이 늘어나면서 회복세가 예상된다. 실손보험료 인상으로 이익률이 개선되고, 정부의 '건강보험 비급여관리 종합대책'에 따른 과잉진료 억제 효과도 보험주에 호재다. 일반적으로 금리가 오르면 보험주도 함께 상승한다. 금리가 상승하면서 보험사 투자수익이 증가함으로써 수익성 개선 효과를 가져오기 때문이다.

투자적 관점에서는 보험 업계 형제 대장주인 삼성생명과 삼성화재가 최선호주로 꼽힌다. 금리 상승과 실손보험료 인상 등 보험 업황의 수혜가 대장주에게 가장 많이 돌아가기 마련이다. 특히 삼성생명은 삼성전자로부터 거액의 특별배당수익을 받아 이익률에 큰 보탬이 될 전망이다. 삼성전자는 연초에 주당 1578원의 특별배당을 발표했다. 삼성생명은 삼성전자 지분 8.51%를 보유하고 있어서 1조 원 가까운 배당수익(기존 배당 1799억 원+특별배당 8019억 원)을 수취하게 될 전망이다. 물론 삼성전자의 특별배당은 일회성에 그칠 전망이지만, 낮은 ROE(자기자본이익률)로 고전하는 삼성생명 입장에서는 주가 상승의 단기 모멘텀으로 작용하기에 충분하다.

콜옵션 (중도상환청구권)

> 빌린 돈 갚을 테니
> 주식 전환은 없었던 일로!

메자닌 채권(244쪽)에는 대개 옵션 계약이 붙어 있다. 콜옵션(call option)과 풋옵션(put option, 286쪽) 둘 다 붙어 있거나 하나만 붙어 있기도 하다. '중도상환청구권'이라고도 부르는 콜옵션은 회사가 투자자들에게 판매한 채권을 만기 이전에 되사들일 수 있는 권리다.

한국채택국제회계기준(K-IFRS)에 따라 메자닌 채권은 발행 조건에 확정 수량을 보통주로 전환할 수 있는 권리가 있으면 '지분증권'으로 분류한다. 하지만 리픽싱(272쪽) 조건이 추가되면 전환사채(CB)·신주인수권부사채(BW)·상환전환우선주(RCPS)는 '부채'로 잡혔다가 채권자가 채권을 주식으로 전환할 때 '자본'이 된다. 기업이 부채를 빨리 갚아 재무 건전성을 높여야 할 필요가 있을 때나 과거에 발행한 채권의 금리가 너무 높아서 이자 비용 부담이 클 경우 콜옵션을 행사한다. 메자닌 채권은 잠재적인 주식전환대기물량이다. 그래서 기업은 안정적인 주가 관리 차원에서 콜옵션을 행사하기도 한다.

2020년 8월 현대로템이 CB 콜옵션 행사를 공시했다. 현대로템은 2019년 6월에 3년 만기이자율 3.7%, 전환가격 9750원, 2400억 원 규모의 CB를 발행했다(제30회). 2020년 현대로템은 수소리포머 사업이 그린뉴딜 정책과 맞물리면서 주가가 크게 올랐다. 이에 채권자 77.4%가 CB를 주식으로 전환해 차익을 냈다. 주식전환대기물량을 해소하고 주가를 관리하고 싶었던 현대로템은 CB를 만기 전에 되사들이겠다고 공시했다. 만일 채권자가 콜옵션 행사일까지 CB를 주식으로 전환하지 않으면, CB는 채권자 의사와 상관없이 100% 상환처리된다. 결국 현대로템의 콜옵션 공시는 더 큰 차익을 기대하고 아직 주식으로 전환하지 않은 채권자에게 빨리 주식으로 전환하라는 일종의 압력이었다.

HMM

실적 고공행진에 최고가 경신, 매도 타이밍 고민

HMM(옛 현대상선)은 선복량 기준 국내 1위 컨테이너 해운사다. 과거 해운 업황의 장기 불황으로 인해 2016년 현대그룹에서 계열분리해 최대주주가 산업은행으로 변경됐다.

지난해 HMM이 창사 44년 만에 최대 실적을 기록했다는 소식은 글로벌 해운 업황이 크게 개선되고 있음을 방증했다. 2020년 HMM의 영업이익은 9808억 원으로, 2997억 원의 적자를 기록했던 전년보다 무려 1조2800억 원 급등했다. 2010년 이후 거의 10년 만의 흑자전환이다. 매출액은 6조4133억 원으로 전년 대비 16% 증가했다. 운임이 상승했음에도 유가가 크게 하락한 덕분이다.

HMM의 장밋빛 실적은 2021년에도 이어질 전망이다. 미주항로 매출 비중이 40%를 넘는데, 바이든정부의 2조 달러 경기부양책 효과로 소비가 증진될 경우 해운 물동량도 증가하기 때문에 수혜가 기대된다. 여기에 장기운송계약과 운임 상승이 이어지고 있고, 1만5000TEU급 선박을 8척이나 도입하면서 선복량을 공격적으로 늘릴 계획이다. HMM의 2021년 예상 매출액은 전년 대비 30% 이상 늘어나 8조 원을 넘길 것으로 보인다. 영업이익은 전년 대비 60% 이상 상승해 1조5000억 원에 이를 전망이다. 상하이컨테이너운임지수(SCFI)는 전년 대비 40% 이상 오른 1772p가 예상된다.

HMM의 실적 상승은 대단하지만, 투자는 냉정해질 필요가 있다. HMM은 3월 26일 3만5700원으로 사상 최고가를 찍었다. 올해 초 증권가에서 예상한 목표주가 2만2000원을 훌쩍 넘겼다. 사상 최고가를 찍었다면 조정에 들어갈 확률이 높다.

건강기능식품

한때 계륵에서 지금은 알토란 수익모델

의약품과 식품의 경계에 있는 건강기능식품은 한때 제약사와 식품회사에서 큰 이익을 기대하긴 어렵지만 버리기에는 아까운 '계륵' 같은 존재였다. 하지만 코로나19 이후 면역에 대한 관심이 커지고 또 고령화가 급속도로 진행되면서 건강기능식품 시장이 급성장하고 있다. 지난해 국내 건강기능식품 시장 규모는 4조9805억 원으로 전년 대비 6.6% 증가했다. 건강기능식품 시장은 해마다 꾸준히 6~10% 오름세를 이어가다 2030년이면 25조 원을 넘길 것으로 관측된다. 과거 비타민과 오메가3, 홍삼류 위주였던 품목도 점점 다양해지면서 시장이 커지고 있음을 실감하게 한다.

한국은 건강기능식품 시장의 엘도라도라 불린다. 한국은 전 세계에서 고령화가 가장 빠르게 진행되는 국가로, 2045년에는 노령인구 비율 1위 국가가 될 전망이다. 나이가 들수록 건강을 챙기는 건 당연지사다.

대기업들은 성장 폭이 가파른 건강기능식품 시장을 지켜만 보고 있지 않는다. 하지만 건강기능식품을 위한 설비를 갖추지 못한 탓에 당장은 ODM(위탁생산) 업체들의 도움 없이는 곤란하다.

막 건강기능식품 시장에 뛰어든 회사들은 고정비보다 변동비가 차지하는 비중이 높아 영업이익에 불리하다. 따라서 투자적 관점에서는 생산시설(CAPA) 증설과 거래처 확보에 강점이 있는 업체들 위주로 관심을 둘 필요가 있다. 전문ODM 기업 중 건강기능식품 원료인 천연물신소재 개발에 특화된 **에이치엘사이언스**, 수주능력이 탁월한 위탁생산업체 **노바렉스**, 국내 유일의 하드캡슐 제조업체 **서흥** 등이 수혜주로 꼽힌다.

스마트홈

누전차단기 부품 독점 업체를 주목해야

TV, 에어컨, 냉장고 등의 가전을 비롯해 수도, 전기, 냉난방 등 에너지 시스템 그리고 도어록, 감시카메라 등 보안기기에 이르기까지 집 안 곳곳을 통신망으로 연결해 컨트롤하는 기술을 가리킨다. 스마트홈은 스마트폰이나 인공지능(AI) 스피커가 사용자의 음성을 인식해 집 안의 모든 사물인터넷(IoT) 기기를 연결하고 사용자의 특성에 따라 자동으로 작동하거나 원격으로 조종할 수 있다. 4차 산업혁명을 이끈 핵심기술들이 집 안으로까지 들어온 것이다.

글로벌 스마트홈 시장은 2015년 600억 달러에서 2025년 2000억 달러로 큰 폭으로 성장할 것으로 전망된다. 국내 스마트홈 시장도 연평균(2019~2025년) 10%씩 증가할 것으로 예상된다.

스마트홈은 건설과 가전 업계에서 선택이 아닌 필수가 되었다. 삼성전자와 LG전자는 스마트TV 및 인공지능 기능이 탑재된 에어컨과 냉장고 등 프리미엄급 가전제품을 통해 고부가가치를 창출하고 있다. 건설 업계도 건물의 전력 및 에너지 설비와 보안 시스템에서 스마트홈 경쟁이 치열하다.

스마트홈 관련 유망종목으로는 지난해 상장된 제일전기공업이 돋보인다. 제일전기공업은 전기배선 60년 업력을 기반으로 한 스마트홈 배전기구 및 분전반 제조업체로, 국내 분전반 시장점유율 28%로 1위를 영위하고 있다. 이 회사가 주목을 끄는 이유는 스마트홈 시장이 커지면서 해외사업에서 가시적인 성과가 나오고 있기 때문이다. 글로벌 기업인 EATON에 누전차단기 부품을 독점 공급하고 있고, 프랑스 Schneider Electric사와 누전차단기 부품 공급 계약을 맺기도 했다.

가치투자

남이 버린 꽁초를 주워 공짜로 담배 피우기

'가치투자의 아버지' 벤저민 그레이엄의 투자 전략은 '꽁초전략'으로 알려져 있다. 남이 버린 꽁초를 주워서 공짜로 담배를 피우는 것처럼, 남들이 쳐다보지 않는 저평가된 주식에 투자한다는 의미이다. 그는 주식가치와 기업가치가 많이 벌어진 기업들을 매수해 손해 보지 않는 투자를 하는 것을 미덕으로 여겼다. 즉 주가가 순자산 대비 몇 배인지를 나타내는 주가순자산비율(PBR)이 낮은 주식을 골라 투자했다. 그는 1934년 『증권분석(Security Analysis)』을 발간해 주식투자에 성공하려면 회사의 재무제표에 집중해야 한다면서 '가치투자' 개념을 제시했다. 그레이엄이 세운 그레이엄-뉴먼 투자회사는 30여 년간 17% 이상의 연평균 수익을 달성했다.

"나는 양말이든 주식이든 질 좋은 상품에 할인표가 붙은 것을 사는 게 좋다." 그레이엄의 제자 워런 버핏의 이야기다. 버핏의 투자 원칙 역시 높은 수익을 내고 있지만 저평가된 기업에 투자해 장기 보유하는 것이다. 즉 자기자본이익률(ROE)이 높고 PBR이 낮은 주식을 매수해 장기투자하는 것이다.

가치투자는 기업의 내재 가치를 평가하고 주가가 기업가치보다 낮을 때 구매해 차익을 거두는 투자 기법이다. 저평가된 주식을 찾을 때는 PER(164쪽), PBR(171쪽), ROE(185쪽) 같은 재무·회계적 지표가 사용된다. 가치주는 쌓아둔 자산이나 벌어들이는 돈에 비해 기업가치가 저평가돼 주가가 상대적으로 낮은 기업의 주식이다. 가치주의 반대 개념인 성장주는 유망해 보이지만 지금 당장은 주가 수준과 비교하면 돈을 많이 벌거나 쌓아두지 못하는 기업의 주식이다. 가치주는 성장주보다 PER·PBR이 매우 낮다.

핫머니

출처불명의 뜨거운 돈에 화상을 입지 않으려면

뜨거운 돈을 조심하라! 설마 돈에도 온도가 있단 말인가? 그렇다. 국내외 금융시장에서 단기 차익을 노리고 이동하는 투기자금을 가리켜 핫머니(hot money)라고 부른다. 각국의 단기금리 및 환율의 차이로 발생하는 투기적인 이익을 노리는 투자계의 큰손들이 핫머니를 주무른다. 그들은 세계 각국 부자들로부터 모은 자금을 밑천으로 국경을 넘나들며 각국의 증시를 비롯한 다양한 금융시장에 단기 투자한다. 환율, 원자재가격, 단기금리, 주가, 채권 등의 변동성을 미리 예측해 거액의 자금을 이동시키기 때문에 자본시장에 적지 않은 혼란을 초래하곤 한다. 소수의 투자자들로부터 자금을 모아 금리와 환율 예상을 조합해 파생상품에 투자하는 헤지펀드(179쪽) 등도 핫머니 가운데 하나라 할 수 있다.

핫머니는 주식시장에서도 포착되곤 하는데, 출처불명의 뉴스를 등에 업고 짧은 시간 동안 시장에 밀물처럼 들어왔다가 썰물처럼 빠져나간다. 특히 주식시장에 자금 유입이 많을 때일수록 핫머니가 기승을 부리곤 한다. 어떤 업종이나 종목의 주가가 갑자기 급등락하는 경우를 살펴보면, 업황이나 회사의 실적 혹은 밸류에이션 보다는 뉴스나 정보로 인한 경우가 많다. 문제는 뉴스나 정보가 얼마나 실현가능한지 여부다. 기관과 외국인 등 매수 주체가 누구인지 확인할 수 있는 투자자들이 집중적으로 매수하는 종목들은 어느 정도 호재 가능성이 있다고 생각할 수 있지만 출처불명의 뉴스와 개인 매수세만으로 상한가까지 올라가는 종목들은 주가를 올리려는 세력(핫머니)은 없는지 의심해봐야 한다. 뜨거운 돈에 화상을 입는 사람들은 대개 개인투자자이기 때문이다.

종합상사주

원자재 가격과 해상 물동량에 민감하다

종합상사는 '옥수수에서 철광석까지' 돈이 되는 것은 무엇이든 가리지 않고 지구촌 어디라도 찾아가 물건을 파는 무역회사다. 국내 종합상사 업계는 포스코인터내셔널, LG상사, 삼성물산(상사 부문), 현대종합상사 등이 대장주를 형성하고 있는데, 지난해 코로나19 여파로 대장주들 모두 어려운 한 해를 보내야 했다. 코로나19로 세계 각국이 국경을 걸어 잠그는 봉쇄조치로 국제교역이 크게 위축됐기 때문이다. 국내 4대 종합상사들의 지난해 영업이익 합산액은 7615억 원으로 전년 대비 14% 줄었다. 매출액 역시 48조8879억 원으로 8% 감소했다. LG상사를 제외하면 모두 실적이 떨어졌다.

다행히 지난해 연말부터 전 세계적으로 경기회복의 신호가 나타나고 있다. 국제교역 상황을 가늠하는 글로벌 해상 물동량이 반등하고 있기 때문이다. 벌크운임지수(BDI)와 상하이컨테이너운임지수(SCFI) 등이 팬데믹이 터진 지난해 3월에 비해 급등세로 돌아섰다. 특히 철광석과 구리, 식량(옥수수) 등 원자재 물동량이 크게 늘면서 가격도 크게 오르고 있다.

투자적 관점에서 종합상사주는 원자재 가격과 물동량에 민감하게 반응한다. 팬데믹이 터진 지난해 3월 1만 원대 밑으로 떨어졌던 LG상사 주가가 올해 초 2만 원대 후반까지 회복했다. 포스코인터내셔널과 현대상사 주가도 마찬가지다. 증권가에서는 종합상사 대장주들에 대한 목표주가를 대부분 상향 조정하고 있다. 그 가운데 최선호주를 꼽는다면 물론 LG상사다. 지난해 힘든 상황에서도 매출과 영업이익이 각각 전년 대비 7%와 18% 오르는 호실적을 낸 것을 감안하건대 전 세계 교역량이 늘어나는 올해 상승 폭은 더욱 커질 전망이다.

풋옵션 (조기상환청구권)

주식 전환할 필요 없으니 내 돈 일찍 갚아줘!

콜옵션(call option)이 회사가 메자닌 채권(244쪽) 투자자에게 판매한 채권을 만기 이전에 되사들일 수 있는 권리(279쪽)라면, 풋옵션(put option)은 채권 투자자가 만기 이전에 회사에 채권을 되사달라고, 즉 조기 상환을 요구할 수 있는 권리다. 풋옵션은 '조기상환청구권'이라고도 부른다.

메자닌 채권은 주식과 연계된 권리가 부여되기 때문에 통상적으로 금리가 일반 채권에 비해 낮다. 메자닌 채권 투자자들은 만기에 원리금을 회수하는 것보다는 채권을 주식으로 전환해 매매차익을 얻으려는 목적을 가지고 투자한다. 그런데 채권 발행 기업의 주가가 계속 전환가격 아래에 머물러 있다면, 채권을 주식으로 전환해봐야 매매차익을 얻을 수 없다. 이럴 때 채권자는 회사에 만기 전에 채권을 되사달라고 요구할 수 있다. 이 밖에도 현금이 필요할 때, 회사의 경영 상태가 악화해 만기 때까지 채권을 보유하기에는 위험이 크다고 판단될 때 등의 이유로 채권자는 풋옵션을 행사한다.

투자자가 풋옵션을 행사해 만기까지 보유하지 않고 조기 상환하더라도 투자 기간에 대해서는 만기보장수익률을 적용해 이자를 지급한다. 풋옵션이 한꺼번에 몰리면 기업의 현금 흐름이 급격히 나빠진다.

증시 폭락 또는 하락이 계속될 때 풋옵션 행사가 늘어난다. 2020년 상반기에 많은 코스닥 기업이 전환사채(CB)와 신주인수권부사채(BW)의 '풋옵션 폭탄'으로 유동성 위기를 겪었다. 코로나19 확산세로 주가가 급락하자, 메자닌 채권 투자자들이 주식 전환을 포기하고 서둘러 원리금 회수에 나섰기 때문이다. 2019년 11월 바이오 기업 신라젠은 임상 실패와 주가 부진 여파로 1100억 원 규모의 CB를 투자자에게 조기 상환했다.

한국조선해양

이산화탄소 규제로 가스연료선 수주 이어져

Friday 264

국내 조선 업계 1위는 단연 한국조선해양이다. 대우조선해양, 삼성중공업이 그 뒤를 따르는 데 격차가 크다. 한국조선해양은 현대중공업과 현대삼호중공업, 현대미포조선을 거느리는 중간지주회사다(한국조선해양은 현대중공업지주를 지주회사로 두고 있다). 여기에 한국조선해양이 대우조선해양 인수에 성공할 경우 세계 조선 시장점유율 5분의 1을 차지하는 초대형 조선그룹이 탄생하게 된다.

2020년 한국조선해양은 코로나19 여파로 쉽지 않은 한 해를 보냈다. 영업이익이 전년 대비 74% 급감한 744억 원에 그친 것이다. 연결 재무제표 기준 2020년 매출액도 전년 대비 소폭 감소했다. 심지어 순손실은 8352억 원으로 전년 대비 적자로 돌아섰다. 순손실이 발생한 건 환율 하락으로 인한 외환 관련 손실과 군산조선소 가동 중단에 따른 자산 손상 때문이다.

다행히 2021년부터는 어느 정도 실적회복이 기대된다. 조선사 실적을 좌우하는 수주실적이 급상승하고 있기 때문이다. IMO(국제해사기구)가 선박 운항 중 이산화탄소 규제를 강화하면서 글로벌 해운사마다 선박 발주를 이산화탄소 배출이 적은 가스연료선으로 전환할 가능성이 높은데, 한국조선해양은 세계 최고 수준의 가스연료선 건조 기술을 보유하고 있다.

한편, 한국조선해양의 기업가치에 큰 비중을 차지하는 현대중공업과 현대삼호중공업이 비상장 상태라는 점에 주목할 필요가 있다. 두 회사에 투자하려면 한국조선해양이 유일한 대안이기 때문이다. 한국조선해양은 현대중공업의 상장 추진 계획을 공시했는데, 현대중공업 상장이 성공리에 마무리된다면 한국조선해양의 기업가치에도 적지 않은 변동이 생길 전망이다.

디지털치료제

의료 산업에서 무한성장 중인 디지털 기술

디지털치료제는 질병의 예방, 관리 및 치료를 위해 기존 치료제를 대체하거나 보완하는 소프트웨어 의료기기를 가리킨다. 스마트폰의 앱이나 가상현실(VR) 콘텐츠, 심지어 게임 프로그램 등도 디지털치료제로 활용된다.

세계 최초 디지털치료제는 미국 FDA에서 마약중독증 치료용으로 첫 판매 허가를 받은 피어 테라퓨틱스사의 '리셋(reSET)'이다. '리셋'은 애플리케이션을 이용해 인지행동치료를 수행할 수 있도록 개발되었다. 환자는 의사 처방을 통해 앱을 다운로드 받아 마약 충동에 대한 대처법 등을 훈련 받는다. 임상시험 결과 '리셋'을 사용한 환자군의 금욕 유지 비율은 40.3%로, 사용하지 않은 환자(17.6%)보다 높았다.

국내에서 임상을 통과한 디지털치료제는 스타트업 회사 뉴냅스가 2019년 개발한 '뉴냅비전'이다. '뉴냅비전'은 뇌졸중 등으로 시각중추가 망가져 사물을 보는 데 어려움을 겪는 환자를 위한 치료 프로그램이다.

투자적 관점에서는 올해 코스닥에 상장된 라이프시맨틱스와 케이피에스의 자회사 빅씽크테라퓨틱스가 주목을 끈다. 라이프시맨틱스는 호흡 재활 프로그램 '레드필(Redpill) 숨튼'과 암환자 예후 관리 프로그램 '레드필 케어'를 개발 중이다. 둘 다 올해 국내 임상 통과를 목표로 하고 있다. 빅씽크테라퓨틱스는 강박증 환자를 위한 디지털치료제 '오씨프리(OC FREE)'에 대한 미국 임상을 준비 중이다. 이미 미국 FDA와 '오씨프리' 임상시험 계획 제출 전 사전회의(Pre-IND)를 완료했다.

글로벌 디지털치료제 시장 규모는 지난해 2조3000억 원에서 올해 2조9000억 원, 그리고 2025년에는 7조5000억 원에 이를 전망이다.

스마트그리드

원전 7기를 대체하는 지능형 전력망

Sunday
266

그리드(grid)'의 사전적 의미는 '격자선'으로, 적당한 간격의 가로 세로 선을 뜻한다. '전기배선'을 뜻하는 'power grid'에서 쓰이는 말이다. 그리드는 최근에 power가 아닌 smart와 결합해 '스마트그리드(smart grid)'란 신조어로 변신했다. 이처럼 그리드가 스마트와 결합하면 '지능형 배선망' 즉 '지능형 전력망'이 된다. '발전 → 송·배선 → 전력판매'로 이어지는 전력체계에 IT와 인공지능(AI), 빅데이터, 사물인터넷(IoT) 등 4차 산업 기술을 적용해 전력 생산과 소비에 최적의 효율을 높이는 시스템이 바로 스마트그리드다.

스마트그리드가 정착되면 2030년까지 나라 전체 에너지 소비의 3%를 절감하고 피크시간대 전력부하의 6%를 낮춰 원전 7기(1GW급)를 덜 지을 수 있는 효과가 나타난다. 스마트그리드가 정부가 추진하는 탈원전 정책에 가장 적합한 사업으로 떠오르는 이유다. 그린뉴딜과 맞물려 정부 차원의 투자와 혜택이 뒷받침되는 사업이라 스마트그리드 관련 주들에 주목할 만 하다.

스마트그리드 대장주는 LS일렉트릭이다. 스마트그리드와 관련된 거의 모든 제품군을 보유하고 있다. 효성은 전력전송장치 '스태콤(STACOM)' 기술을 국산화하여 국내 최초로 스태콤 2기를 한국전력에 공급했다. 에너지관리시스템(EMS)과 에너지저장장치(ESS) 등 전기제어솔루션 사업에 강점이 있는 포스코ICT도 스마트그리드 시장에서 주목을 끈다. 일진전기는 전선과 개폐기, 변압기를 아우르는 전력기기 풀 라인업을 구축한 회사로, 스마트그리드로 인해 성장하는 초고압기 시장의 최대 수혜주다. 이밖에 디지털 전력량계 국내 1위 회사 누리텔레콤 및 전자식 계량기(AMI) 시장 국내 1, 2위를 다투는 옴니시스템과 피에스텍도 스마트그리드 유망종목으로 꼽힌다.

상장폐지

Monday 267

투자한 주식이 하루아침에 휴짓조각이 되는 날벼락

얼마 전 배우 김보성이 방송에 출연해 "종목과 의리를 지키다 상장폐지만 네 번 됐다"고 밝혀 화제를 모았다. 김보성이 네 번이나 경험했다는 '상장폐지'는 투자자들을 공포에 떨게 하는 단어다. 상장폐지는 기업이 자진해서 상장폐지 신청을 해오거나, 상장기업이 한국거래소가 정한 상장폐지 기준에 해당할 경우 주식이 증권시장에서 매매될 수 있는 자격을 박탈하는 것이다.

자진상장폐지는 기업 지배구조 개편 과정 혹은 상장사가 상장의 필요성이 낮다고 판단하는 경우에 이루어진다. 2015년 상장사 SK브로드밴드가 SK텔레콤의 100% 완전자회사로 편입되기 위해 자진상장폐지를 한 사례가 있다.

거래소가 강제적으로 상장폐지하는 요건은 시장마다 차이가 있다. 코스닥의 경우 법원의 파산선고나 부도, 2년 연속 매출액 50억 원 미만, 최근 사업연도 감사보고서상 감사의견이 '부적정'이거나 '의견거절'인 경우, 최근 사업연도 말 완전자본잠식 상태이거나 2년 연속 자본금이 50% 이상 잠식된 경우, 2년 연속 일반주주가 200명 미만인 경우 등이 있다.

상장폐지 사유가 발생했다고 곧바로 상장폐지시키는 건 아니다. 해당 종목을 먼저 '관리종목'으로 지정해 거래소에서 이 종목을 주시하고 있다는 사실을 투자자에게 공시해 알려야 한다. 최종적으로 상장폐지가 결정되면, 투자자가 보유한 주식을 처분할 수 있도록 일정한 기간(7일)을 부여하는 '정리매매'를 거친 후 주식시장에서 완전히 퇴출한다. 정리매매 기간에는 ±30%의 가격제한폭이 적용되지 않는다. 상장폐지가 결정된 종목의 주가는 하락하는 것이 일반적이지만, 단기간 고수익을 노리는 투기자금이 유입되면 주가가 롤러코스터를 타기도 한다.

레버지리

주가가 올라야 비로소 지렛대 효과를 볼 수 있다

주식시장이 호황일 때 자주 등장하는 말 가운데 레버리지(leverage)라는 게 있다. 쉽게 말해 빌린 돈을 지렛대 삼아 투자이익을 높이는 것을 말한다. 레버리지는 우리말로 지렛대를 뜻하는 데, 지렛대를 이용하면 실제 힘보다 몇 배 무거운 물건을 움직일 수 있다는 원리를 투자 상황에 빗댄 개념이다. 이를테면 내 돈에다 빌린 돈을 더해 투자를 하면 그만큼 이익이 늘어난다는 얘기다.

내 돈을 조금 어려운 말로 '자기자본'이라고 한다. 투자는 누가 뭐래도 수익률이 좋아야 하는데, 자기자본을 투자해 번 수익률을 '자기자본이익률(ROE, 185쪽)'이라 한다. 예를 들어 내 돈(자기자본) 1억 원으로 주식에 투자해 1천만 원의 이익이 났다고 하자. 이때 자기자본이익률은 10%가 된다. 그런데 1억 원 중 자기자본이 5천만 원이고 나머지 5천만 원은 빌린 돈이라면, 자기자본이익률은 20%로 2배가 된다. 자기자본 5천만 원으로 1천만 원의 이익을 올렸기 때문이다. 이때 빌린 돈 5천만 원은 자기자본 5천만 원의 이익률을 2배로 올리는 데 지렛대 역할을 한 셈이 된다.

하지만 레버리지가 늘 이익률을 올리는 효과를 내는 것은 아니다. 당연한 얘기지만 투자한 종목의 주가가 일정부분 올라야 지렛대 효과가 나타나는 것이다. 투자한 종목의 주가가 떨어지면 지렛대 효과는커녕 빌린 돈의 이자까지 붙어 손해가 늘어나게 된다. 레버리지를 '양날의 칼'에 비유하는 이유다. 빚을 내서 주식에 투자해 레버리지 효과를 누리려면 대출이자를 갚고도 충분할 만큼의 이익을 내야 하지만 현실에서는 쉽지 않다. 이른바 '빚투'에 실보다 허가 많은 이유다.

택배주

매출이 늘어도 영업이익이 줄면 '빛 좋은 개살구'

국내 택배 업계는 오래 전부터 1강(CJ대한통운), 4중(한진, 롯데글로비스, 로젠, 우체국)의 독과점 구조를 형성해오고 있다. 5개 업체의 시장점유율이 무려 90%에 육박한다. CJ대한통운이 50% 가까운 시장점유율로 독주하고 있고, 그 뒤를 4개 업체가 엎치락뒤치락 경쟁하고 있다.

택배주의 투자포인트는 단연 택배비다. 택배 업체의 실적이 좋아지려면 물동량만 늘어선 곤란하다. 물동량이 증가하면 당연히 매출도 상승하겠지만, 택배비 평균단가가 떨어질 경우 영업이익에 불리하게 작용하기 때문이다. 그런데 지난해 택배비 평균단가는 건당 2221원으로 전년 대비 2.1%(48원) 떨어졌다. 택배비 평균단가는 2012년 2506원에서 2019년을 제외하고 줄곧 하락해왔다. 지난해 코로나19 여파로 택배 물동량이 전년 대비 20% 넘게 늘어났고, 택배 업계 매출액 합계 역시 전년 대비 18% 이상 증가했지만, 택배 업체들의 영업이익이 신통치 않았던 건 바로 택배비 평균단가가 갈수록 떨어졌기 때문이다.

실제로 물류 업체들의 택배 사업부문 영업이익률은 2~3% 안팎을 기록해왔다. 지난해에는 물동량 증가로 3~4%대로 올라섰지만, 매출이 크게 오른 것에 비하면 영업이익률은 여전히 낮은 수준이다. 대장주인 CJ대한통운의 경우, 지난해 택배 매출이 3조1400억 원(4분기 예상치 포함)으로 전년 대비 6400억 원이나 증가했지만, 영업이익은 340억 원 증가하는데 그쳤다. 국내 택배 업체들의 영업이익률이 낮은 이유는 지나친 제 살 깎아먹기 경쟁 때문이다. 글로벌 물류기업인 UPS, 페덱스(FedEx), DHL 등은 지난해 영업이익률이 7~9%대로, 국내 업체들에 비해 3배가량 높다.

자본잠식

누에(결손금)가 뽕잎(자본금)을 갉아 먹었다네!

2021년 미국 HAAH오토모티브와 매각 협상을 진행 중인 쌍용자동차에 빨간불이 들어왔다. 쌍용자동차는 2020년 말 기준으로 자본잠식률이 108.3%로 완전자본잠식 상태다. 한국거래소는 쌍용자동차에 대해 2021년 3월 31일까지 자본금 전액 잠식 사유 해소 사실을 입증하는 자료를 제출하지 못하면 상장폐지 기준에 해당될 수 있다고 공시했다.

기업이 상장하면 투자자들이 자본금을 내고 그 비율만큼 주식을 나누어 가진다. 이때 자본금은 '총발행주식수×액면가'이며 '자본=자본금'이다. 사업이 잘돼 이익이 생기면 이익잉여금이 쌓여 '자본=자본금+이익잉여금'이 된다. 정상적인 기업이라면 자본금에 이익잉여금을 계속 보태 나가기 때문에 자본이 자본금보다 항상 클 수밖에 없다. 회사가 적자를 내서 결손금이 생기면 이익잉여금을 써서 손실을 메꾸게 된다(자본=자본금+이익잉여금+결손금). 그런데 적자가 오랫동안 계속되면 이익잉여금을 결손금을 메우는데 다 사용하고도 미처리결손금이 남는다. 그럼 자본금을 쓸 수밖에 없다. 누에(결손금)가 뽕잎(자본금)을 갉아 먹듯이 자본잠식이 시작된 것이다.

자본잠식은 자본이 자본금보다 더 적은 상태다. 자본잠식률이 60%라는 건 자본금이 100이라면 이 가운데 60을 까먹고 40만 남았다는 의미다. 자본잠식률이 108.3%인 쌍용자동차는 자본금이 하나도 남지 않은 상태다. 상장사가 자본잠식률이 50% 이상이면 관리종목으로 지정되고, 자본잠식률이 2년 연속 50% 이상이거나 자본금이 전액 잠식되면 상장폐지 대상이 된다(290쪽). 자본잠식에 빠진 기업이 재무구조를 개선하는 가장 손쉬운 방법이 '감자(자본금 감소)', 그 가운데서 무상감자(230쪽)다.

삼성에스디에스

반도체와 배터리 호황으로 덩달아 실적 UP

국내 IT서비스 업계 독보적인 1위 회사로, 삼성계열 기업들의 시스템통합(SI) 및 물류 서비스를 전담하고 있다. 국내 최대 기업집단인 삼성그룹을 주 고객사로 두고 있어 안정적인 실적을 확보하는 데 유리하다. 삼성그룹향 매출 비중이 85%를 차지한다. 지난해에는 코로나19 대란에도 불구하고 국내 IT서비스 업계 최초로 연 매출 11조 원을 달성했다. 다만 영업이익이 전년 대비 12% 감소해 아쉬움을 남겼다.

증권가에서는 올해 삼성에스디에스의 영업이익이 다시 반등할 것으로 전망한다. 고객사인 삼성전자와 삼성SDI에서 반도체와 배터리 생산량이 크게 늘 것으로 예상되기 때문이다. 삼성에스디에스에서 공급하는 스마트팩토리와 ERP(전사적자원관리) 시스템이 반도체와 배터리 공장에서 중추적인 역할을 맡고 있기에, 반도체와 배터리 생산량이 늘어날수록 삼성에스디에스의 실적이 덩달아 올라가는 것이다. 글로벌 반도체 시장은 최고 호황기를 구가하는 중이고, 전기차 시장의 급성장으로 배터리 수요도 폭증하고 있다. 올해 삼성에스디에스의 실적과 주가 상승이 예견되는 이유다.

반도체와 배터리 생산현장에서 활약 중인 삼성에스디에스의 스마트팩토리 시스템은 'EAMS'와 '넥스플랜트 3D 엑설런스'다. 'EAMS'는 여러 클라우드 환경에서 시스템 계정과 접속을 자동으로 관리하는 솔루션이다. 과거 수작업으로 하던 계정관리와 암호 및 사용자 권한변경 등을 자동화해 안전하고 효율적으로 운영한다. '넥스플랜트 3D 엑설런스'는 3차원 설계 데이터를 공유하는 데이터 협업 솔루션이다. 30여 종의 다양한 3D 설계 데이터를 지원하며, 대용량 자료를 웹과 모바일에서도 빠르게 시각화해 확인할 수 있다.

코요테모멘트

인플레이션 버블이 터지는 순간

Saturday
272

미국 워너브라더스에서 제작한 애니메이션 〈로드러너와 코요테〉의 한 장면으로, 코요테가 먹잇감을 쫓는데 정신이 팔려 낭떠러지 쪽으로 뛰어가다 문득 정신을 차려 아래를 보니 허공에 떠 있음을 깨닫게 되면서 추락하는 순간을 일컫는다. 주식시장에서는 바로 이 애니메이션의 한 장면을 빗대어 주가가 갑자기 폭락하는 순간을 코요테모멘트라고 부른다. 노벨경제학상 수상자인 폴 크루그먼이 2008년에 터진 글로벌 금융위기에 앞서 코요테모멘트를 언급하면서 화제가 됐다.

지난해 전 세계가 팬데믹 사태에 빠지면서 주가가 큰 폭으로 떨어졌다. 대표적인 경제비관론자인 예일대학교 스티븐 로치 교수는 당시를 가리켜 전형적인 코요테모멘트라고 주장했다. 로치는 지난해 1분기에 코로나19 사태가 심각했던 중국의 경제가 크게 휘청거리자 주변국 중 한국이 가장 큰 타격을 입을 거라 말했다. 로치의 주장은 들어맞는 듯했지만 결과적으로 빗나갔다. 지난해 3월 한국의 증시는 급락했지만, 상황이 오래가지 않았다. K-방역의 성공과 반도체 및 배터리 등 기술주들의 눈부신 활약으로 증시가 빠르게 회복하더니 심지어 코스피 3000을 돌파하는 호황을 구가했기 때문이다.

이제 코요테모멘트 위기는 한동안 걱정하지 않아도 되는 것일까? 경제전문가들은 그렇지 않다고 경고한다. 코로나19를 어느 누구도 예상하지 못했던 것처럼 갑자기 닥쳐오는 게 코요테모멘트라는 것이다. 경제전문가들은 앞으로 가장 위협적인 코요테모멘트로, 유동성 과잉에 따른 인플레이션발 위기임을 강조한다. 시중에 풀린 돈만큼 부풀어 오른 거품이 갑자기 꺼지는 순간이 바로 코요테모멘트라는 것이다.

3D프린터

조금 과장해서 말하면, 만들지 못할 게 없다

기존 2D프린터가 활자나 그림을 인쇄하듯이 입력한 도면을 바탕으로 3차원의 입체 물품을 만들어내는 프린터를 가리켜 3D프린터라 한다. 잉크젯프린터에서 디지털화된 파일이 전송되면 잉크를 종이 표면에 분사하여 2D 이미지(활자나 그림)를 인쇄하는 원리와 같다. 2D프린터는 앞뒤(x축)와 좌우(y축)로만 운동하지만, 3D프린터는 여기에 상하(z축) 운동을 더하여 입력한 3D 도면을 바탕으로 입체 물품을 만들어낸다.

글로벌 3D프린터 시장은, 스트라타시스, 3D시스템즈 등 전문기업 중심에서 GE, BMW, 보잉, 에어버스, 지멘스 등 다양한 회사들로 확산되고 있다. 과거 시제품 제작 정도에 쓰이던 3D프린터가 지금은 상상을 초월할 정도로 활용도가 넓어지고 있다. 그 가운데 가장 돋보이는 기업은 GE다. GE는 금속파우더를 레이저 등으로 녹여 적층하는 방식으로 항공기부품에 3D프린터 양산 체계를 구축했다. GE는 3D프린터로 12만 개의 항공기부품을 생산하고 있다.

국내 3D프린터 시장은 걸음마 단계다. 그만큼 장기적인 안목에서 투자가치가 높다. HDC현대EP는 3D프린터 소재로 쓰이는 파우더 생산 기술을 보유하고 있고, 코오롱플라스틱은 3D프린터로 활용가능한 고분자 플라스틱을 생산한다. TPC는 미국 3D시스템즈와 국내 판권계약을 체결한 회사로, 국내 최대 3D프린터 생산 설비를 갖추고 있다.

최근 미국에서는 3D프린터로 만든 주택을 부동산 시장에 매물로 내놔 화제를 모았고, 해상풍력 윈드 블레이드의 거대한 날개도 제작하는 등 갈수록 3D프린터의 활용 폭이 커지고 있다. 무엇보다 의료기기 시장에서 쓰임새가 다양해지면서 향후 3D프린터 시장의 높은 성장성이 예상된다.

관리종목

주식시장 퇴출 가능성이 농후한 기업에 보내는 경고장

아르헨티나의 축구 영웅 마라도나가 심장마비로 별세한지 3일 후 FC바르셀로나의 메시가 스페인 라 리가 경기에서 골을 넣고나서, 유니폼 상의를 벗고 마라도나를 추모하는 골 세리머니를 펼쳤다. 메시는 이 세리머니로 상의탈의를 금지하는 FIFA 규정에 따라 옐로카드를 받았다. 축구 경기에서 상대적으로 심하지 않은 태클이나 (탈의 같은) 비신사적 행위가 나오면 옐로카드를 준다. 옐로카드는 경고의 의미로, 한 경기에서 옐로카드를 두 번 받으면 퇴장해야 한다. 악의적으로 상대에게 엄청난 피해를 줬을 때는 레드카드를 주는데, 레드카드를 받으면 바로 퇴장해야 한다. 주식시장에서 '상장폐지(290쪽)'가 레드카드라면, '투자주의 환기종목'과 '관리종목' 지정은 옐로카드라고 할 수 있다.

투자주의 환기종목은 투자자에게 부실 징후를 보이는 기업을 사전에 경고하기 위해 한국거래소가 정기 또는 수시로 지정하고 있다. 투자주의 환기종목은 단기차입금의존도, 총자산 대비 영업현금흐름비율, 최대주주·대표이사 변경 횟수 등 영업·재무·경영에 관한 변수를 종합적으로 고려해 지정한다.

관리종목은 유동성 악화 등의 사유가 발생할 때 투자자에게 위험을 알리는 제도다. 자본잠식, 영업실적·주식분산·유동성·시가총액 기준 미달, 사업보고서 미제출, 부도 발생, 회사정리 절차 개시, 부적정 감사의견 등을 받으면 관리종목으로 지정된다. 관리종목으로 지정되면 지정 당일 하루동안 주식 매매가 정지된다. 관리종목은 증권거래시스템에 빨간색으로 관리 마크가 붙고, 거래 시에 시장호가가 아니라 30분 단위 단일가매매 방식으로 전환된다. 관리종목에 지정된 이후 지정 사유를 해소하지 못하면 상장폐지로 이어질 수 있다.

스톡옵션

미래의 보너스 혹은 연봉 깎기 위한 꼼수

스톡옵션(stock option)이란, 회사가 임직원에게 일정 수량의 자기 회사 주식(자사주)을 정해진 가격으로 살 수 있도록 하는 것을 가리킨다. 어려운 말로 '자사주 매입 선택권'이라 한다. 회사에서 스톡옵션을 받는 임직원은 회사의 주식을 일정기간 뒤 미리 정해놓은 가격에 약속한 수량만큼 살 수 있다.

예를 들어 회사의 현재 주식 시세가 1주에 5000원인데, 직원에게 1년 뒤 6000원에 10만 주를 살 수 있는 선택권, 즉 스톡옵션을 주기로 했다고 하자. 그런데 1년 뒤 회사의 주식이 1만 원으로 올랐다. 이때 직원이 스톡옵션을 행사해 미리 정해진 가격 6000원으로 10만 주를 사서 현 시세인 1만 원에 10만 주를 모두 팔면 4억 원의 차익을 얻게 된다.

그런데 만약 1년 뒤 회사의 주가가 5000원 아래로 떨어지면 어떻게 될까? 스톡옵션은 말 그대로 선택권, 즉 '옵션'이다. 스톡옵션을 받은 직원이 회사의 주식을 사지 않는다는 선택을 하면 그만이다. 쉽게 말해서 회사의 주식이 올랐다면 선택권을 행사해 주식을 매입해서 시세차익을 실현하면 되고, 회사의 주식이 떨어졌다면 당연히 선택권을 행사하지 않으면 되는 것이다.

스톡옵션은 회사가 능력 있는 임직원에게 성과를 내 줄 것을 기대하며 약속하는 '미래의 보너스' 같은 것이다. 스톡옵션을 받은 임직원으로서는 회사의 실적이 나아져 훗날 주가가 오르면 목돈을 챙길 수 있다. 회사로서는 능력 있는 인재를 채용하고 싶지만 당장 높은 연봉을 지급하기가 어려운 경우 스톡옵션을 약속함으로써 우수한 임직원을 채용할 수 있다. 한편, 임직원의 연봉 일부를 스톡옵션으로 대체함으로써 연봉을 낮추기 위한 꼼수로 악용되기도 한다.

부동산리츠주

세상은 넓고 투자처는 많다

'주식시장에서도 부동산 투자가 가능하다?!'
부동산리츠를 두고 하는 말이다. 부동산리츠(REITs, Real Estate Investment Trusts)는 불특정 다수의 투자자로부터 자금을 모아 상가나 빌딩 등 부동산에 투자하고, 임대나 매각으로 수익이 나면 투자자에게 배분하는 부동산 간접투자 회사를 말한다. 부동산을 통한 투자수익을 나눠준다는 점에서 부동산펀드와 닮았지만, 둘은 엄연히 다르다. 부동산펀드가 하나의 펀드에 하나의 자산(부동산)만 보유할 수 있는 데 반해, 리츠는 여러 개의 자산을 가질 수 있다. 또 부동산펀드는 주로 3~5년 만기의 폐쇄형으로 조성되고 만기까지 환매가 불가능하지만, 주식을 발행하는 상장리츠에 투자할 경우 언제든지 매매할 수 있다.

부동산 투자는 어느 정도 목돈이 있어야 가능하다. 대출을 이용한다 해도 최소한 수천만 원은 있어야 소형 오피스텔이나 원룸에라도 투자할 수 있으니 말이다. 하지만 리츠는 기존 부동산 투자의 패러다임을 바꾸었다. 단돈 1만 원으로도 신도시 쇼핑몰에 투자할 수 있기 때문이다. 바로 리츠주를 사는 것이다. 국내에 상장된 리츠로는 이리츠코크렙, 신한알파리츠, 롯데리츠 등이 있다. 한편 리츠의 종주국인 미국의 경우, 리츠가 투자하는 자산군이 다양하다. 오피스와 리테일, 숙박시설은 기본이고, 창고와 물류센터, 리조트, 병원, 영화관, 카지노 심지어 데이터센터까지 있다. 이 뿐만이 아니다. 미국 리츠 시장은 부동산에 한정하지 않고 다양한 인프라를 포함한다. 무선통신 인프라 리츠가 대표적인데, 네트워크 장비 및 통신 설비가 여기에 해당한다.

감사의견

기업과 투자자의 목숨줄을 쥐고 있는 한 줄의 의견

감사인(공인회계사)은 기업의 재무제표를 감사해 그 내용이 회계처리기준에 따라 적정하게 표시되어 있는지에 관한 의견을 표명하게 되는데, 이를 '감사의견'이라고 한다. 감사의견은 〈감사보고서〉 맨 앞에서 확인할 수 있다.

〈감사보고서〉는 크게 ① 감사의견 ② 감사의견의 근거 ③ 계속기업 관련 중요한 불확실성 ④ 핵심감사사항 ⑤ 강조·기타사항 ⑥ 재무제표에 대한 경영진의 책임 ⑦ 재무제표 감사에 대한 감사인의 책임 ⑧ 감사보고서일, 주소, 서명으로 구성된다.

① 감사의견은 크게 적정의견과 비적정의견(한정의견, 부적정의견, 의견거절)으로 나뉜다. '적정의견'은 회사의 재무제표가 회계기준에 따라 적정하게 표시되어 있다고 판단될 때 표명하는 의견이다. 주의할 점은 적정의견이 회사의 경영 성과나 재무 건전성이 양호함을 보장하는 게 아니라는 점이다.

'한정의견' 이하는 회사가 부실이 늘어날 가능성이 크다는 의미다. 감사인이 감사보고서를 만드는 데 필요한 증거를 얻지 못해 재무제표 전체에 대한 의견 표명이 불가능하거나, 기업의 존립에 의문이 들 때, 감사인의 독립성이 결여된 경우에 '의견거절'의 감사의견을 제시한다. 2년 연속 비적정의견을 받으면 상장폐지 절차를 밟게 된다. 비적정의견의 이유와 근거는 〈감사보고서〉 ② 감사의견 근거에서 확인할 수 있다.

〈감사보고서〉 ③ 계속기업 관련 중요한 불확실성이 기재된 회사는 유의해야 한다. 기업이 영업을 계속할 것이라는 기본적인 전제 조건에 부정적인 영향을 미칠 수 있는 중요한 사건이나 상황이 발생했다는 뜻이기 때문이다. 유동자금 부족, 자본잠식과 같은 중요한 사건이 회사에 발생했음을 의미한다.

한화에어로스페이스

미래 먹거리 우주항공 산업의 최선호주

항공기엔진 대표기업 한화에어로스페이스는 최근 우주항공 분야에서 두각을 나타내고 있다. 한화에어로스페이스가 국내 인공위성 전문회사 쎄트렉아이의 지분 30%를 1095억 원에 인수해 최대주주에 등극하면서부터다. 쎄트렉아이는 국내 최초로 위성 '우리별 1호'를 개발한 곳으로, 국내에서 유일하게 위성 관련 핵심기술을 거의 모두 보유하고 있다.

최근 우주항공 산업이 전 세계 거대 자본을 빨아들이고 있다. 아마존 창업자 제프 베조스는 우주탐사 기업 '스페이스 오리진'을 출범시켰다. 테슬라의 일론 머스크도 '스페이스X'를 세운 뒤 신사업 개척에 나섰다. 미국의 ETF(상장지수펀드) 운용사 '아크인베스트(ARK Invest)'는 차세대 투자 기회를 '광활한 우주'에서 찾았다. 글로벌 투자계에서는 이러한 현상을 가리켜 '뉴-스페이스(New-Space) 시대'라 명명한 뒤, 국가가 주도해온 우주항공 산업의 헤게모니가 민간자본으로 옮겨가는 현상이라 진단했다. 뉴-스페이스 열풍으로 전 세계 주식시장에서 우주항공주가 들썩거리고 있는데, 국내에서는 한화에어로스페이스의 품에 안긴 쎄트렉아이의 주가 상승이 특히 인상적이었다.

한화에어로스페이스의 주력 사업은 항공기엔진, 방산, 정밀기계 등이다. 쎄트렉아이를 통한 우주항공 사업은 미래를 위한 교두보일 뿐이다. 하지만 주가는 종종 미래 투자 이슈로 인해 출렁거린다. 투자자들의 기대치가 주가에 반영되기 때문이다. 증권가에서는 지난해에 이어 2021년에도 한화에어로스페이스의 매출과 이익이 꾸준하게 상승할 것으로 예상하면서도, 주가는 실적에 비해 저평가되었다고 보고 있다. 한화에어로스페이스의 12개월 목표주가를 5만 원대 안팎까지 상향 조정한 이유다.

바이오베터

바이오시밀러보다 '더 나은(better)' 투자가치

오리지널 바이오의약품을 기반으로 효능이나 안전성, 편의성 등을 개량한 바이오 신약을 가리킨다. 기존 바이오의약품보다 더 낫다는 의미로 'better'를 붙여 바이오베터(bio-better)가 됐다.

바이오베터는 바이오시밀러(43쪽)와 자주 비교된다. 바이오시밀러가 기존 바이오 신약을 유사하게 복제한 것이라면, 바이오베터는 효능과 안전성 측면에서 진일보시켜 개량한 것이다.

바이오시밀러는 오리지널 약의 특허가 만료되어야 비로소 시장에 나올 수 있다. 하지만 바이오베터는 업그레이드된 새 기술이 적용됐기 때문에 오리지널 약의 특허로부터 자유롭다. 다시 말해 오리지널 약의 특허가 만료되기 전에 시장에 출시될 수 있다는 얘기다. 뿐만 아니라 독자 기술을 사용했기 때문에 새로운 특허가 인정될 수도 있다.

바이오베터의 강점은 약값을 제대로 받을 수 있다는 것이다. 바이오시밀러는 오리지널 약과 효능이 비슷하기 때문에 약값이 오리지널 약의 70% 정도로 책정된다. 하지만 바이오베터는 오리지널 약의 효능을 크게 개선한 점을 인정 받아 오히려 오리지널 약보다 비싸게 팔리기도 한다.

바이오시밀러 시장이 시뻘건 레드오션이라면 바이오베터는 아직 블루오션이다. 시장의 성장성에 비해 경쟁이 덜 치열하다. 국내에서 가장 먼저 바이오베터를 출시한 곳은 셀트리온이다. 셀트리온은 바이오시밀러 자가면역질환 치료제 '램시마'를 개량해 '램시마SC'를 출시했다. 정맥에 주사해야 했던 램시마를 피부에 직접 놓는 주사 형태로 바꿔 환자 스스로 주사를 놓을 수 있도록 개량한 것이다.

폴더블

애플이 들어오기 전에 선점해야

디스플레이가 접히는(foldable) 기술이다. 스마트폰에 적용해 평소에는 접어서 휴대폰으로 사용하다가 펼치면 태블릿으로도 활용이 가능하다. 2018년 11월경 삼성전자가 접었다 펼 수 있는 디스플레이 '인피니티 플렉스 디스플레이'를 최초로 공개했을 때 사람들은 드디어 스마트폰 시장의 게임체인저가 등장했다며 흥분했다. 화려한 TV광고를 타고 등장했던 폴더블폰의 현재 상황은 어떨까?

삼성전자 폴더블폰 시장 기대치는 2019년에만 해도 연간 판매량이 800만 대를 웃돌 정도로 대단했지만, 막상 뚜껑을 열고 보니 2020년 실제 판매량이 149만 대에 그치고 말았다. 삼성전자 폴더블폰의 실망스런 성적은 곧바로 증시에 반영되었다. 폴더블폰 부품주들이 줄줄이 하향곡선을 그린 것이다.

업계에서는 지난해 글로벌 출하량이 280만 대에 그쳤던 폴더블폰이 올해 700만 대로 2배 이상 증가한 뒤 내년에는 무려 1720만 대로 폭증할 것으로 예상하지만, 이를 그대로 믿을 사람은 많지 않다. 올해 삼성전자의 폴더블폰 목표 판매량도 550만 대로, 전년 대비 236% 증가한 수치다. 이를 위해 저가 전략에 돌입했지만 목표 달성이 쉽지 않아 보인다.

삼성전자를 비롯한 글로벌 스마트폰 제조사들이 폴더블폰 판매를 서두르는 이유는 애플 때문이다. 애플이 내년 하반기에 폴더블폰을 출시한다고 선포했기 때문이다. 애플이 들어오기 전에 시장을 선점하겠다는 것이다.

아무튼 돌아가는 판세를 보면 머지않아 폴더블폰 시장은 반등할 가능성이 높다. 투자적 관점에서 폴더플폰 부품주를 주목해야 하는 이유다. 폴더블폰 핵심부품인 힌지(hinge) 기술에 독보적인 KH바텍을 최우선주로 꼽는다.

투자위험 종목

작전세력 출현을 알리는 경고음

2021년 1월 26일 기아자동차(이하 기아차)가 한국거래소로부터 '투자주의 종목'으로 지정됐다. 시가총액 36조3611억 원의 대형주가 투자주의 종목으로 지정되는 것은 매우 이례적인 상황이라, 많은 투자자가 고개를 갸웃했다.

한국거래소 시장감시위원회는 투기적이거나 불공정거래 가능성이 있는 종목 또는 주가가 단기간 급등하거나 소수계좌가 특정 종목을 집중적으로 거래하는 경우에 투자자의 주의를 환기하기 위해 '시장 경보 제도'를 운영하고 있다. 경보 등급은 발생 빈도, 연속성, 심각성 등을 고려해 세분화하고 투자주의 → 투자경고 → 투자위험 종목 등 3단계로 운영한다. '투자위험 종목'은 가장 높은 수준의 경고다. 투자경고 종목으로 지정된 이후에도 비정상적으로 주가가 급등하거나 투기적 거래가 이루어지는 경우에 지정한다. 투자위험 종목으로 지정되면 1일간 거래가 정지된다. 거래가 재개된 이후에 3거래일 연속으로 주가가 상승하면 다시 1일간 거래가 정지된다.

기아차가 투자주의 종목으로 지정된 이유는 기아차 주식투자 관련 정보가 담긴 스팸문자가 늘어났기 때문이다. 기아차는 애플과 협력설이 돌면서 2021년 1월에만 주가가 49.5% 급등했고, 주식 관련 스팸문자 신고가 급증했다. 일반적으로 스팸문자 신고가 급증하는 종목은 시가총액이 작은 기업일 경우가 많다. 매수 추천 등 문자를 유포해 주가를 끌어올리려는 이른바 작전세력일 가능성도 있다. 실제로 거래소 시장감시위원회는 유사투자자문업체 A사가 '리딩방'이라 불리는 종목 추천방을 운영하면서, 특정 종목의 지분을 취득한 후 회원들에게 해당 종목을 추천하는 방식으로 주가 상승을 유도해 수억 원 상당의 부당이득을 실현한 정황을 포착하기도 했다.

기저효과

현재의 경제지표와 주가에 착시를 일으키는

경제지표를 평가하는 과정에서 기준시점과 비교시점의 상대적인 수치에 따라 그 결과에 큰 차이가 나타나는 현상을 말한다. 기저(基底)란 말은 어떤 것의 바닥이 되는 부분을 가리킨다.

호황기의 경제상황을 기준시점으로 현재의 경제상황을 비교할 경우, 경제지표는 실제 상황보다 위축된 모습을 보인다. 반면, 불황기의 경제상황을 기준시점으로 비교할 경우, 현재의 경제지표가 실제보다 부풀려져 나타날 수도 있다.

기저효과는 기업의 실적이나 주가를 평가하는 경우에도 자주 등장한다. 예를 들어 어떤 기업의 올 한해 영업이익이 전년 대비 100% 상승했다고 하자. 투자자들 입장에서는 이익이 2배가 되었으니 해당 기업에 대한 호감도가 급격하게 올라갔을 것이다. 그런데 어떤 증권사의 리포트를 자세히 살펴보니 영업이익이 2배나 뛴 것은 지난해 이례적인 판관비용 증가로 인한 '기저효과'라는 코멘트가 달려 있었다. 이 말을 뜯어보면, 지난해에는 뜻하지 않은 판관비용, 즉 판매와 관리에 들어가는 비용이 평균치를 훨씬 웃돌아 영업이익이 기대에 미치지 못했는데, 올해에는 판관비용이 평균치로 회복되었으니 자연스럽게 영업이익이 2배로 늘어난 것이다. 다시 말해 올해 영업이익이 2배로 늘어난 것은, 특별히 물건(서비스)이 많이 팔렸다기보다는 지난해 영업이익이 지나친 판관비용으로 최저(기저)를 기록했기 때문임을 투자에 앞서 염두에 두라는 얘기다.

이처럼 기저효과를 거둬내면 현재의 경제지표나 기업가치를 좀 더 냉정하고 객관적으로 판단할 수 있게 된다.

IT서비스주

스마트팩토리와 디지털전환을 주목해야

IT서비스란 기업이 필요로 하는 정보처리 시스템에 관한 개발과 구축, 운영에 이르는 모든 서비스를 제공하는 사업을 가리킨다. 보통 '시스템 통합(SI, System Integration)'이라 부르기도 한다.

국내 IT서비스 업계는 삼성에스디에스가 독보적인 1위를 영위하고 있다. LG CNS는 매출 규모에서는 삼성에스디에스에 이어 업계 2위이지만 비상장 사이기 때문에 투자자들에게는 논외대상이다. 그 아래로 지주회사 SK(IT사업부문), 현대오토에버, 포스코ICT, 롯데정보통신 등이 포진해 있다.

이들 주요 IT서비스 회사들은 대기업 전산실에서 분사하여 설립된 경우가 대부분이다. 따라서 그룹 내부 계열사 시장(captive market) 위주로 사업을 영위한다. captive market은 안정적인 실적을 보장하지만, 반드시 이로운 것만은 아니다. 계열사의 사업 아이템이나 실적에 따라 수주가 좌우되는 수동적인 사업 구조이기 때문이다. 이는 곧 대기업 계열 IT서비스 회사의 성장에 한계로 작용하기 마련이다. 뿐만 아니라 대기업 계열 IT서비스 회사들은 '일감몰아주기'라는 혐의에서 자유롭지 못한 탓에 늘 공정거래위원회로부터 감시의 표적이 되곤 한다. 최근 IT서비스 회사들이 신사업으로 주목한 분야는 스마트팩토리(338쪽)와 디지털전환(DT)이다. 공장자동화 시스템에 AI와 지능형 로봇, 빅데이터 등의 기술을 적용한 스마트팩토리는 4차 산업혁명 기술의 집합체로 불린다. 디지털전환 역시 사물인터넷, 클라우드컴퓨팅 등 차세대 디지털 기술을 통해 기업 내부의 정보처리 시스템을 업그레이드하는 사업이다. 스마트팩토리와 디지털전환 사업에서 앞서가는 회사로는 대장주 삼성에스디에스가 꼽힌다. 투자적 관점에서 삼성에스디에스를 주목해야 하는 이유다.

우회상장

비상장사가 주식시장으로 진입하는 뒷문

우회상장(back door listing)의 영문 표기를 우리말로 직역하면 '뒷문상장'이다. 어감에서부터 떳떳하지 못한 행위임이 느껴진다. 앞문을 놔두고 굳이 뒷문으로 들어가려는 이유는 뭘까?

우회상장은 비상장사가 상장을 위한 심사나 공모주 청약 등의 일반적인 상장 절차를 거치지 않고 상장사와 합병 등을 통해 곧바로 상장하는 것이다. 겉으로는 상장사가 비상장사를 인수하는 것처럼 보이지만, 실질을 따져보면 상장사를 매개로 비상장사가 시장에 진입하는 것이다. 자금에 여유가 있으며 성장 가능성이 높은 비상장사가 껍데기나 다름없는 상장사를 합병 대상으로 이용한다고 해서, 비상장사는 '펄(pearl) 기업'이라 하고 상장사는 '셸(shell) 기업'이라고 표현하기도 한다.

우회상장 방법에는 합병, 상장사와 비상장사 간 포괄적 주식교환, 상장사가 비상장사를 대상으로 한 제3자 배정 유상증자, 비상장사가 영업을 상장사에 넘겨주고 대신 상장사 주식을 받는 영업양수도 방법 등이 사용된다. 포괄적 주식교환은 A사(상장사)가 B사(비상장사) 지분을 다 넘겨받고, 이에 대한 보상으로 B사 주주에게 A사 주식을 주는 것이다. 이렇게 하면 B사는 A사의 100% 완전자회사가 되고, 주식교환 과정에서 B사 최대주주는 교환 받은 A사 주식으로 A사의 최대주주가 될 수 있다.

우회상장은 상장 요건을 충족하지 못하지만 성장 가능성이 높고 재무구조가 안정적인 비상장사에 증시 진입 기회를 열어주자는 취지로 허용됐다. 2014년에 비상장사 카카오는 상장사 다음커뮤니케이션을 통해 우회상장했다. 합병 1년 뒤인 2015년에 다음카카오는 사명을 카카오로 변경했다.

한국전력

'연료비 연동제' 도입으로 주가가 오른 사연

유틸리티 대장주 한국전력(이하 '한전')의 실적을 결정짓는 핵심 요인으로는, 전기요금, 국제유가, 원/달러환율이 있다. 3가지 모두 예측이 어려운 외적 요인이다. 한전은 외부환경에 취약한 사업 구조 때문에 유독 주식투자자들에게 주목을 끌지 못해왔다. 유틸리티 업종은 주식시장에서 대표적인 배당주로 통하지만, 유틸리티 대장주인 한전은 배당 매력도 별로다.

최근 한전의 주가가 재평가를 받게 된 건 정부의 전기요금체계 개편 덕분이다. 한전의 주가 상승을 가로막아온 가장 큰 원인 중 하나인 전력생산원가 변동을 반영하지 못하는 요금체계가 수정된 것이다. 전기요금체계 개편안의 골자는 '연료비 연동제'와 '기후환경요금 분리제'인데, 특히 전자가 중요하다. 연료비 연동제는 전력생산에 쓰이는 유가가 내려가면 전기요금도 내리고, 반대로 유가가 오르면 전기요금도 올리는 제도다. 국제유가가 오르내리는 정도가 전기요금에 반영돼 한전의 실적 변동성이 크게 줄어든 것이다. 그동안 한전은 원유 등 전력생산 원가가 오르면 손실이, 그 반대면 이익이 발생해 외부환경 변화에 따라 실적이 요동쳤다.

증권가에서는 정부의 이번 조치로 한전 실적의 예측가능성이 높아졌다고 평가한다. 영업비용의 30~50%를 차지하는 연료비를 전기요금에 전가하면 영업이익 변동성이 크게 줄어 안정적인 투자환경이 조성되는 것이다. 실제로 정부의 개편안이 나오자마자 한전의 주가가 20% 이상 솟구쳤다. 한전의 지난해 영업이익은 전년 대비 흑자전환한데 이어, 2021년에는 6% 상승해 4조 원대에 이를 것으로 예상된다. 증권가에서는 이를 반영해 한전의 12개월 목표주가를 4만 원대까지 상향 조정했다.

황의 법칙

지는 '인텔'과 뜨는 '엔비디아'의 교훈

인공지능(AI)을 작동시키는 실리콘칩의 성능이 2년마다 2배 이상씩 향상한다는 법칙이다. 미국 컴퓨터 그래픽 칩셋 전문 기업 엔비디아의 최고경영자 젠슨 황이 주창해 황의 법칙(Huang's law)으로 불리게 됐다.

황의 법칙이 회자되기 전에는 1965년에 나온 '무어의 법칙(Moore's law)'이 반도체 업계에서 하나의 진리로 통했다. 무어의 법칙은, 마이크로칩 하나에 저장할 수 있는 데이터의 양이 24개월마다 2배씩 증가한다는 것이다. 인텔 공동설립자인 고든 무어의 견해다.

하지만 4차 산업혁명이 도래하면서 인공지능(AI)의 발전으로 한순간에 상황이 뒤바뀌고 말았다. 엔비디아에서는 실제로 지난 2012년 11월부터 2020년 5월까지 엔비디아 칩 성능이 317배 향상했다고 밝혔다. 반도체 집적도가 매년 2배씩 증가한다는 무어의 법칙이 더 이상 유효하지 않음을 증명한 것이다.

글로벌 반도체 업계에서는 무어의 법칙이 효력을 상실한 것처럼 무어가 창업한 인텔도 좀처럼 반등하지 못하고 있다. 여전히 CPU 시장 1위를 영위하지만, 애플과 마이크로소프트 등 IT 공룡들은 인텔 CPU가 아닌 자체 개발한 프로세서를 사용한다. 인텔은 나노공정 기술 분야에서도 TSMC(대만)와 삼성전자에 밀린지 오래다. 인텔은 AI 관련 스타트업을 적극적으로 인수하면서 제기를 노리고 있지만, 고꾸라진 주가를 끌어올리기에는 역부족이다. 반면 엔비디아는 코로나19 사태 이후 미국 언택트 최선호주 가운데 하나로 부상하며 고공행진을 이어가고 있다. 지는 '무어의 법칙'과 뜨는 '황의 법칙'은 인텔과 엔비디아의 현재의 상황을 그대로 투영한다.

게임퍼블리셔

개발과 서비스를 이원화 하는 이유

도서를 발행하는 출판사를 뜻하는 퍼블리셔(publisher)는 인터넷 분야로 넘어와 정보나 콘텐츠를 수집하여 이용자에게 정보를 제공하는 프로그램을 가리키게 되었다. 퍼블리셔 개념은 게임 산업에서도 자주 등장한다. 게임 시장이 커지면서 게임사마다 다수의 게임을 직접 개발하는 게 현실적으로 어려워지면서 게임 제작자에게 개발 비용을 대준 뒤 게임사의 브랜드로 게임을 출시하여 서비스하고, 수익의 일부를 분배하는 '퍼블리싱(publishing)' 방식을 도입한 것이다. 이때 게임사는 퍼블리셔의 지위를 갖게 된다.

전 세계적으로 게임 산업의 규모가 거대해지면서 시장도 정글을 방불케 할 만큼 치열해졌다. 게임사가 경쟁에서 이기기 위해서는 뒤처지지 말고 제때에 신작을 출시해야 하는데, 내부 개발인력만으로는 감당이 안 된다. 그래서 아웃소싱을 통해 게임을 개발하고, 게임사는 홍보·마케팅 등 프로모션 서비스에 집중하게 된 것이다. 출판 산업에서 원고(콘텐츠)를 집필하는 저자와 이를 발행하는(퍼블리싱) 출판사의 관계와 유사하다.

2001년경 넷마블이 〈라그하임〉을 시작으로 퍼블리싱 방식으로 게임을 서비스하면서 성공을 거두자 엔씨소프트와 웹젠 등도 뒤따르면서 게임퍼블리셔라는 지위가 국내 게임 업계에서 자리를 잡게 되었다.

최근 모바일 데이터 분석 플랫폼 앱애니는 지난해 구글과 애플 양대 앱 마켓에서 가장 높은 수익을 기록한 게임퍼블리셔의 순위를 발표했는데, 1위는 5년 연속 중국의 텐센트가 차지했다. 넷마블은 8위로 한국 게임사 가운데 가장 높은 순위에 올랐고, 엔씨소프트가 18위, 게임빌이 49위에 그쳤다. 세계 퍼블리싱 시장의 벽이 갈수록 높아지고 있음을 방증하는 대목이다.

미국 3대 주가지수

서학개미를 웃고 울리는 지수

Monday
288

국내 증시 뉴스에서 코스피, 코스닥 지수만큼 자주 듣는 게 다우·S&P500·나스닥 지수다. 국내 증시는 해외시장의 영향을 많이 받는데, 그 중에서 미국 증시의 영향을 가장 많이 받는다. 다우존스30 산업평균지수(이하 '다우지수'), S&P500지수, 나스닥지수는 미국 증시의 '온도계' 역할을 하는 3대 주가지수다.

3대 주가지수 가운데 가장 오랜 역사를 자랑하는 것이 다우지수다. 1896년 탄생한 다우지수는 「월스트리트저널」의 초대 편집장인 찰스 다우와 통계전문가 에드워드 존스가 고안했다. 30개 기업의 주가를 모두 더한 뒤 다우지수로 나누어 지수를 산출한다. 지수 산출 구성 종목이 초창기에는 굴뚝산업과 원자재 기업 위주였으나, IT와 헬스케어 산업 등의 위상이 높아짐에 따라 조금씩 변화하고 있다. 하지만 지수 산출 구성 종목이 30개에 불과해 대표성이 부족하다는 비판이 꾸준히 제기되고 있다.

S&P500지수는 미국의 신용평가사 스탠더드앤드푸어스(S&P)가 미국 뉴욕증시에 상장된 회사 중 500개 기업을 뽑아 만든 주가지수다. 모든 산업을 아우르는 대형주가 포함돼 있어 미국 경제 흐름을 가장 잘 나타내는 지수로 인정 받고 있다. S&P500지수는 시가총액을 합산해 나누는 방식으로 산출한다.

나스닥지수는 나스닥시장에 상장된 모든 보통주 주가를 시가총액에 기반해 산출한 지수다. 애플과 테슬라 등 미국을 대표하는 기술주들이 나스닥시장에 상장되어 있기 때문에, 나스닥지수는 미국 최첨단기술 분야의 현황을 반영한 지수라고 볼 수 있다.

테슬라네어

주식투자로 백만장자가 되는 방법

테슬라네어(Teslanaire)란 글로벌 전기차 1위 회사 테슬라의 주식을 사서 막대한 수익을 얻은 투자자를 가리킨다. 백만장자를 뜻하는 'millionaire'와 'Tesla'를 합성한 신조어다. 쉽게 말해 테슬라가 지금처럼 주목 받기 훨씬 전부터 주식을 사들여 막대한 수익을 거둔 사람들이 해당된다.

지난해 테슬라 주가가 폭등한 것을 계기로 개미(개인)투자자들 사이에서 테슬라네어가 하나둘 등장하면서 전 세계 수많은 투자자들의 선망의 대상이 되고 있다. 2020년 첫 거래일에 86달러였던 테슬라 주가는 마지막 거래일에 705달러를 기록했고, 올해 들어 한때 884달러까지 오르기도 했다.

실제로 올해 초 미국의 한 삼십대가 자신의 SNS 계정에 "나는 테슬라 주식으로 백만장자가 되었기 때문에 곧 샐러리맨 생활을 그만 둘 것"이라고 밝혀 화제를 모았다. 그는 지난 2013년에 테슬라 주식을 처음 사기 시작했는데, 당시 주당 7.5달러로 2500주를 매수했다. 그로부터 8여 년이 지난 지금 그가 갖고 있는 테슬라 주식은 무려 1만5000주에 이른다. 보유한 주식의 가치를 현금으로 환산하면 무려 약 1200만 달러(한화 130억 원) 안팎이다. 왠지 실현불가능해 보이지만 따지고 보면 그리 어려운 일도 아니다. 한 증권사의 계산에 따르면 단 600만 원만 있으면 테슬라네어가 될 수 있다는 것이다. 이를테면 2010년 테슬라 상장 초기에 5169달러어치 주식을 사서 지금까지 보유하고 있다면 현재 가치가 1000만 달러가 되기 때문이다.

흥미로운 점은 이 사람의 투자 전략이다. 투자 전문가들이 늘 강조하는 분산 투자 전략을 따르지 않고 테슬라에만 집중 투자했기 때문이다. 계란을 한 바구니에 담지 말라는 얘기는 오랫동안 이어져온 투자계의 금언이었다.

타이어주

침체의 터널 탈출 신호가 감지되다

타이어 산업은 막대한 설비 투자가 소요되는 자본집약적 장치산업이다. 생산 시설의 꾸준한 증설이 요구되며 감가상각비용도 적지 않다. 뿐만 아니라 고무의 가공특성상 전체 공정을 자동화하는데 한계가 있어, 인력에 의존해야만 하는 노동집약적 산업이기도 하다. 이러한 타이어 산업의 특성은 그대로 높은 진입장벽이 되었다. 전 세계적으로 몇몇 타이어 업체들이 과점체제를 유지해온 것도 같은 이유다. 국내 상황도 다르지 않다. 한국타이어, 금호타이어, 넥센타이어가 전체 시장의 90% 이상을 점유한다.

타이어 업황은 신차용 타이어(OE)와 교체용 타이어 수요가 얼마나 회복하느냐가 관건이다. 타이어 원재료인 고무는 100% 수입에 의존하는 데, 가격이 떨어져야만 타이어 업체들이 비용 절감 효과를 누릴 수 있다. 2021년 초에 발표된 미국의 타이어 반덤핑 관세 소식은 국내 타이어 3사의 주가와 실적에 부담으로 작용할 수 있다.

한편, 글로벌 1위 타이어 기업 컨티넨탈에서 2021년 들어 승용차용 타이어의 가격 인상을 발표했는데, 국내 타이어 3사도 동참할 경우 실적 개선에 큰 힘이 될 전망이다. 코로나19로 침체를 겪었던 중국 자동차 시장이 2021년 기지개를 펴면서 타이어 수요도 함께 늘어날 것으로 예상됨에 따라 국내 타이어 3사의 중국향 매출도 숨통이 트일 것으로 보인다. 아울러 2021년 폭풍성장이 예상되는 글로벌 전기차 시장 덕분에 전기차용 타이어 수요도 큰 폭으로 늘 전망이다. 타이어 업황의 호재 시그널이 주가에 차질 없이 반영된다면 2021년 하반기부터는 오랜 침체의 터널을 벗어나 타이어 3사의 반등을 기대해 볼 만하다.

스팩(SPAC)

우량한 비상장사의 우회상장 지름길

'스팩(SPAC : Special Purpose Acquisition Company)'은 다수의 개인이나 기관 투자자들로부터 공개적으로 자금을 모아 일정 기간 내에 우량기업을 M&A(83쪽)하는 것을 조건으로 상장되는 일종의 페이퍼컴퍼니(서류상 회사)다. 비상장사 중 유망한 회사를 찾아 M&A하는 것이 스팩의 역할이다. 즉, 스팩이 우량 비상장사의 우회상장 통로가 돼주는 것이다.

스팩과 비상장사가 합병할 때, 형식상으로는 스팩이 상장사이므로 존속법인이 되고 비상장사가 소멸법인이 된다. 그러나 스팩은 수백억 원의 현금만 보유하고 있는 서류상 회사이기 때문에 껍데기나 다름없다. 실질적으로는 비상장사가 스팩을 흡수합병(104쪽)한다고 보면 된다.

스팩 주주들은 합병이 성공해 비상장사가 상장되면, 가격이 오른 주식을 팔아 투자 수익을 얻는다. 스팩이 도입되면서 '자본주의의 꽃'이라 불리는 M&A 시장에 개인투자자들도 소액으로 참여할 수 있게 됐다. 인수를 당한 비상장사 입장에서는 자금 조달이 한결 수월해진다. 기업공개(IPO)를 통해 신규상장하려면 절차가 까다로운 반면, 스팩과 합병을 하면 간단하게 상장할 수 있기 때문이다.

스팩은 다른 말로 '기업인수목적회사'라고 한다. 주로 증권사 등의 금융회사가 스팩을 설립한다. 회사 이름도 '미래에셋대우기업목적1호주식회사(미래에셋대우스팩1호)'와 같은 식으로 짓는다.

상장한 뒤 3년 이내에 우량 비상장사와 합병하지 못한 스팩은 상장폐지를 거쳐 자동 청산한다. 공모 자금을 대부분 외부 신탁기관에 맡겨 놓기 때문에 합병에 실패하더라도 투자자들은 원금의 95%가량을 반환 받을 수 있다.

CJ대한통운

택배비 올라도 투자·관리 비용이 관건이다

국내 물류·택배 업계에서 시장점유율 50% 이상을 차지하는 독보적인 대장주다. 그에 걸맞게 국내 유일의 직영 조직과 3만 개의 택배취급점, 2만 명 규모의 배송기사를 확보하고 있다. 지난 2018년 8월경 경기도 광주에 아시아 최대 규모의 메가 허브 터미널을 개장해 운영하는 등 시설 규모면에서도 경쟁사에 크게 앞선다.

CJ대한통운은 지난해 코로나19 여파로 물동량이 크게 늘어난 수혜를 톡톡히 봤다. 연결기준 영업이익이 3253억 원으로 전년 대비 5.9% 증가했고, 순이익은 전년 대비 무려 180% 증가해 주가 상승을 이끌었다. 매출 역시 전년 대비 3.5% 증가한 10조7811억 원으로 드디어 10조 원을 돌파했다(연결기준).

투자적 관점에서 눈여겨봐야 할 CJ대한통운의 체크포인트는 택배비 평균단가 인상 여부와 물동량 증가 추이 및 투자·관리 비용 등이다. 올해 택배비 평균단가는 전년 대비 3.9% 상승할 전망이다. 그동안 줄곧 택배비 평균단가가 하락해온 것을 감안한다면 이번 이례적인 택배비 인상은 주가 상승에 더없는 호재라 하겠다. 물동량 증가도 꾸준히 이어질 전망이다. CJ대한통운의 2021년 물동량 증가율은 약 7% 내외로 추정된다. 관건은 투자·관리 비용이다. 물건 분류 인력 증가(연간 400억 원 비용 증가 추정), 택배 설비 투자 증가, 물동량 급증에 따른 간선비용(터미널 간 수송) 증가 등이 CJ대한통운의 단기 실적 부담 요인으로 작용할 수도 있기 때문이다.

CJ대한통운의 주가는 지난해 3월 13일 11만 원으로 최저점을 찍은 뒤 올해 2월 4일 19만4500원으로 최고가를 기록했다. 증권가에서는 CJ대한통운의 12개월 목표주가로 22만 원 안팎을 보고 있다.

디지털세

언택트로 인해 도입하자는 주장이 더욱 커져

디지털세는 구글, 아마존, 페이스북 등 인터넷플랫폼 기업에게 자국 내 디지털 매출에 법인세와 별도로 부과하는 세금을 가리킨다. 전통적인 세법에서는 기업이 본사를 등록한 나라에서 이익을 낸 만큼 법인세를 낸다. 반면 디지털세는 제도를 도입한 나라에 기업 본사가 있는지에 관계없이 디지털 서비스 매출에 따라 세금을 물리는 게 특징이다. 즉 이익에 세금을 부과해온 기존 조세체계와 달리 매출에 세금을 매기는 것이다. 구글의 디지털광고 매출 같은 게 대표적인 과세 대상이라, '구글세'라고도 불린다.

코로나19로 인터넷플랫폼 기업들이 천문학적 매출을 올리게 되면서 디지털세 도입을 주장하는 목소리가 더욱 커졌다. OECD는 머지않아 디지털세의 최종 방안을 결정할 계획이지만 나라마다 찬반이 분분하다. 미국 정부가 자국 기업인 구글, 아마존, 페이스북 등을 보호하겠다는 의지로 보복관세를 거론하며 강하게 반발하고 있어 실현될지 불투명하다.

2018년 3월 유럽연합은 처음으로 디지털세(연간 매출액 대비 2~3%) 세제안을 발표했다. 구글, 페이스북, 애플 등 유럽에서 5천만 유로 이상의 수익을 내는 150여 개 인터넷 기업이 과세 대상이다. 지난해부터 영국, 이탈리아, 터키 등은 디지털세를 부과하기 시작했다. 올해에는 프랑스, 스페인, 오스트리아가 디지털세를 도입하려 하자 미국이 보복관세로 어깃장을 놓고 있다.

한편 독일은 디지털세 도입에 시큰둥하다. 디지털 광고수익이나 서비스 구독료, 데이터 판매 매출 등에 세금을 매길 경우 데이터를 기반으로 움직이는 모빌리티(이동성) 플랫폼 사업에 나선 독일 자동차회사들까지 디지털세 부담을 져야 하기 때문이다.

판호

게임주를 들썩이게 하는 대륙의 편지

Sunday
294

지난해 12월 31일, 글로벌 게임 시장 1위 중국에서 엄청난 사건이 터졌다. 중국 애플앱스토어에서 판호가 없는 게임을 퇴출시킨 것이다. 5만 개에 가까운 게임이 한꺼번에 퇴출되고 말았다. 〈어쌔신크리드〉, 〈NAB2K〉와 같은 유명 IP를 활용한 게임들이 다수 포함되었다. 중국 애플앱스토어에 등록된 16만 4000개 가운데 무려 25% 가량의 게임이 시장에서 쫓겨난 것이다. 글로벌 게임 산업에서 판호의 중요성이 다시 한 번 각인된 사건이었다.

판호(版号)는 중국의 게임 서비스 허가권이다. 중국에서 게임을 서비스하려면 행정당국에서 발급하는 승인번호인 판호가 필요하다. 중국 게임사에게는 내자판호, 해외 게임사에게는 외자판호가 발급된다.

한국의 게임은 2017년 초 사드 배치 사태로 터진 한한령(限韓令, 한류금지령) 조치로 지난 4년 동안 단 한 건의 판호도 발급 받지 못했다. 한국은 2014년부터 2016년 동안 중국에 48개의 게임을 수출해왔었다. 그러다 지난해 12월경 컴투스의 〈서머너즈 워: 천공의 아레나〉가 드디어 판호를 받으면서 한한령이 완화될 거란 기대감으로 국내 증시에서 게임주들이 상승 랠리를 이어갔다.

지난해 중국 전체 판호 건수는 1405건으로 전년 대비 10.9% 줄었다. 특히 외자판호가 47.6% 감소했다. 하지만 올해 들어 중국 애플앱스토어에서 판호가 없는 게임들을 대거 퇴출시킴에 따라 이를 대신할 게임 서비스를 위해 외자판호를 늘릴 경우, 국내 게임주로서는 호재가 아닐 수 없다. 투자적 관점에서는 중국당국의 외자판호 발급 시점을 주목할 필요가 있다. 4개월마다 한 번씩 1년에 3회에 걸쳐 외자판호가 나오는데, 바로 그때 게임주가 들썩거린다.

미국 주식시장

주식도 직구 시대! 서학개미 되어볼까?

국내 온라인쇼핑몰 쿠팡이 2021년 3월 11일 미국 뉴욕증권거래소에 직상장하며 화제가 됐다. 그동안 쿠팡은 나스닥에 상장하겠다는 의지를 계속 밝혔는데, 최종적으로 뉴욕증권거래소행을 선택했다. 쿠팡이 상장한 '뉴욕증권거래소(NYSE : New York Stock Exchange)'는 세계 최대 규모의 증권거래소다. 1792년 5월 17일 증권중개업자와 상인 24명이 월스트리트 68번지 버튼우드(플라타너스의 일종) 아래에서 증권 거래 방법, 수수료율 등을 정한 협정에 서명한 것이 NYSE의 출발점이다. 출범 직후 철도 건설자금이 NYSE로 쏟아지고 1·2차 세계대전과 전후 주식 붐을 거치며, 세계 최대 규모로 성장했다. NYSE는 미래 가치를 위주로 보는 나스닥보다 상장 요건이 한층 까다롭고, 전통적으로 대형 우량기업들이 많이 상장되어 있다.

우리나라 코스닥시장의 모델이기도 한 나스닥(NASDAQ : NAtional Association of Securities Dealers Automated Quotations)은 1971년 2월 18일 출범했다. 규모나 안정성, 신용도는 NYSE보다 못하지만, 장래 고수익을 낼 수 있는 잠재력 있는 벤처기업과 IT 관련 기업들이 주로 상장돼 있다. 전 세계 시가총액 1위 기업 애플과 마이크로소프트·알파벳·아마존·페이스북·테슬라·넷플릭스 등이 나스닥에 상장되어 있다.

NYSE와 나스닥을 거느린 뉴욕이 전 세계 금융시장의 중심이라면, 시카고는 세계 최대 파생상품시장이다. 주가지수, 통화, 채권, 금리, 농축산물 등 다양한 기초상품을 기반으로 한 파생상품들이 시카고상업거래소(CME : Chicago Mercantile Exchange)를 통해 전 세계로 거래된다. 버터, 달걀, 육류 등 농축산물 매매를 위해 1871년에 설립한 시카고물품거래소에서 유래됐다.

출구전략

원래대로 되돌리는 타이밍이 중요하다

Tuesday
296

경제위기에 시행했던 각종 규제완화 정책이나 유동성 공급 등을 경제가 회복되는 시점에 맞춰 원래대로 되돌리는 것을 가리킨다.

출구전략(exit strategy)이란 말의 뿌리는 군사용어에서 비롯됐다는 게 통설이다. 1960년대 베트남전쟁에 발이 묶인 미국이 승산 없는 싸움에서 피해를 최소로 줄이고 군대를 철수하는 방안을 모색할 때 제기된 용어로 알려져 있다. 이후 출구전략은 위기상황을 극복하기 위해 취했던 이례적 조처들의 부작용을 최소화하면서 정상으로 되돌리는 것을 포괄적으로 지칭해 왔다.

경기침체기에는 기준금리 인하나 재정지출 확대 같은 정책들을 통해 시중에 유동성(32쪽) 공급을 늘리기 마련이다. 하지만 늘어난 유동성이 경기회복기에 접어들면 인플레이션(통화팽창, 123쪽)이라는 심각한 부작용을 초래할 수 있다. 코로나19 위기를 돌파하기 위해 각국 정부가 적극적인 경기부양책을 쓰는 과정에서 과잉 유동성이 초래되어 인플레이션 경고음이 울리자 출구전략을 준비해야 할 시기가 도래했다는 주장이 제기되고 있다.

재정과 금융 등 경제정책에는 긍정적인 효과가 있으면 그에 따른 부작용도 있기 마련이다. 코로나19처럼 갑자기 터진 위기를 막기 위해 시급을 다퉈 마련한 조처들일수록 부작용은 클 수밖에 없다. 따라서 임기응변으로 사용한 경제정책은 상황이 어느 정도 회복되었다고 판단되면 다시 거둬들여야만 한다. 결국 중요한 것은 타이밍이다. 너무 빨리 거둬들이면 정책 효과가 충분히 나타나기도 전에 철회하는 것이 되고, 너무 늦으면 인플레이션 같은 부작용이 커질 수 있기 때문이다.

광고주

디지털 환경에서 판가름이 난다

국내 광고 업종은 대표적인 저성장 산업이다. 광고 시장은 광고주(主)인 기업들의 실적과 밀접하게 연결되어 있고, 실물경기에 민감하게 반응한다. 광고에 적지 않은 마케팅 비용을 책정하는 대기업들의 실적이 신통치 않거나 실물경기가 살아나지 않으면 광고사들의 영업에 경고음이 켜지기 마련이다. 국내 광고 시장 규모가 크지 않은 것도 성장의 저해 요인으로 꼽힌다. 한때 대세를 이뤘던 지상파TV 광고 수익은 내리막길에서 좀처럼 반등할 기미가 없다. 신문·잡지 등 전통적인 매체의 광고 업황은 더욱 암울하다.

최근 광고 업계는 '디지털로의 전환'에 직면해 있다. 언택트 시대의 도래로 인터넷과 모바일의 접근성이 폭발적으로 커지면서 디지털 광고가 시장의 게임체인저로 부상한 것이다. 지난해 국내 전체 광고 시장 규모가 전년 대비 0.8% 감소한 11조9951억 원으로 역성장한 데 반해 디지털 광고 시장은 5조7106억 원으로 전년 대비 13% 성장했다.

향후 국내 광고 시장은 백신 접종과 이에 따른 경기회복 기대감에 힘입어 성장세로 돌아설 전망이다. 특히 디지털 광고 성장세는 당분간 이어져 올해 국내 전체 광고 시장을 4% 이상 반등으로 이끌 전망이다.

국내 광고 업계에는 제일기획과 이노션이 상장되어 대장주 자리를 차지하고 있다. 제일기획은 삼성계열, 이노션은 현대차계열의 든든한 지원을 받고 있는 대표적인 '인하우스' 광고사다. 계열사의 일감몰아주기 덕분에 두 회사의 실적은 경쟁사에 비해 안정적이지만, 다른 업종의 대장주와 비교했을 때 성장성이 떨어진다. 비계열사로부터의 매출 비중을 늘리지 않는다면 두 회사의 주가 상승에 한계로 작용할 수밖에 없다.

지주회사

지주회사를 만드는 공식, '인적분할 + 유상증자'

지주회사(holding company)는 다른 회사 주식을 소유하는 방법으로 다른 회사의 사업활동을 지배 또는 관리하는 회사다. 기업이 순환출자 구조로 복잡하게 얽혀 있는 경우, 한 계열사가 무너지면 그룹 전체가 무너질 수 있다. 구조조정 과정도 상당히 복잡하다. 이에 비해 지주회사체제는 계열사 간 경영리스크가 전이되는 것을 차단할 수 있고, 계열사별로 객관적이고 독립적인 경영성과 평가가 가능하며, 사업별 전문경영체제를 구축할 수 있다. 지주회사 구조에는 단점도 존재한다. 적은 자본으로 과도하게 지배력을 확장할 수 있다. 그럼에도 IMF 외환위기 이후 구조조정을 촉진하고 소유·지배 구조의 투명성을 높이기 위해 지주회사를 허용했다.

지주회사체제로 전환할 때 기업이 공식처럼 거치는 두 가지 과정이 '인적분할(139쪽)'과 '유상증자(195쪽)'다. 인적분할로 사업부문을 가지는 신설회사를 만들고, 존속회사는 투자 부문(주요 계열사 지분 보유)을 가지는 방식이 일반적이다. 분할을 마치면 지주회사 요건을 충족하기 위해 유상증자를 한다. '독점규제 및 공정거래에 관한 법률'(공정거래법)은 지주회사가 되려면 상장 자회사 지분은 20% 이상, 비상장 자회사 지분은 40% 이상을 확보해야 한다고 규정하고 있다(지주회사 행위 제한 요건). 존속회사(지주회사)는 신설회사 주식을 받고 그 대가로 존속회사 신주를 발행해주는 현물출자 방식의 유상증자를 한다. 존속회사는 유상증자를 통해 지주회사 요건을 충족하는 데 필요한 만큼의 신설회사 지분을 끌어모은다. 일반 소액주주들은 대체로 사업회사 주식을 선호하기 때문에, 최대주주와 총수 일가 등이 유상증자에 참여해 지주회사에 대한 지배력을 높인다.

LG생활건강

'저평가 대장주'라는 프리미엄

한국에서 코카콜라가 LG생활건강을 통해 나온다는 사실을 아는 사람은 의외로 많지 않다. LG생활건강은 화장품 사업이 60%에 이를 만큼 사업 비중이 높지만, 생활용품(19%)과 음료(18%) 사업도 함께 영위하는 회사다.

코로나19 여파로 국내외 경기침체 속에서도 LG생활건강은 지난해 사상 최대 실적을 기록했다. 주력 사업인 화장품 부문 매출은 경쟁사인 아모레퍼시픽을 제치고 1위를 달성한 것으로 추정된다. LG생활건강의 2020년 매출액은 7조8445억 원으로 전년 대비 2.1% 증가했고, 영업이익은 3.8% 늘어난 1조2209억 원, 당기순이익은 3.2% 증가한 8131억 원을 기록했다.

이러한 호실적에도 불구하고 증권가에서는 LG생활건강의 주가가 글로벌 경쟁업체 대비 저평가되었다고 한다. 금융정보업체 에프앤가이드에 따르면, LG생활건강의 12개월 선행 주가수익비율(PER)은 2021년 1월 22일 기준으로 28.9배였다. 미국 에스티로더(151.8배), 중국 상하이자화(75.5배), 아모레퍼시픽(56.3배), 프랑스 로레알(51.3배) 등에 비해 훨씬 낮은 수치다. 증권가에서는 LG생활건강이 국내외 동종 업체들 대비 주가가 30% 이상 할인돼 거래되고 있다고 보고 있다.

LG생활건강의 2021년 예상 실적도 양호하다. 매출액과 영업이익이 각각 전년 대비 10% 이상 증가할 것으로 전망된다. 무엇보다 화장품 사업에서의 성장세가 두드러질 것으로 보인다. 2020년에는 코로나19 여파에도 불구하고 그나마 선전했지만, 2021년에는 화장품 사업 매출이 전년 대비 15% 이상 증가할 것으로 전망된다. LG생활건강의 12개월 목표주가를 2백만 원대까지 예상하는 증권사들이 적지 않은 이유다.

보복소비

백화점주와 패션주의 단기 상승 신호

코로나19 등 외부 요인으로 억눌렸던 소비가 마치 보복이라도 하듯 한꺼번에 분출되는 현상을 가리킨다. 보복소비는 원래 부부 사이에서 배우자에게 과소비로 보복하기 위해 사치품 등을 흥청망청 사들이는 것에서 비롯했다. 보복소비가 일어나면 소비자들은 질병과 재난으로 참아야 했던 소비 욕구를 풀기 위해 생필품보다는 주로 사치품이나 기호품을 구매한다. 코로나19가 오랫동안 지속되면서 재택근무와 이른바 '집콕' 생활에 지친 소비자들이 백화점이나 대형 쇼핑몰 등을 방문하며 소비욕을 발산하는 것이다. 사회적 거리두기 탓에 한동안 여행 등 레저 활동을 거의 하지 못했기 때문에 여유자금이 넉넉한 소비자일수록 보복소비의 단위도 크다.

보복소비는 당장 주식시장에도 영향을 미친다. 이른바 보복소비 관련 주가 존재한다는 얘기다. 대표적인 보복소비주로는 백화점주와 패션주가 꼽힌다. 현대백화점의 경우 지난해 12월 23일 6만8400원이었던 주가가 올해 3월 9일 9만4000원까지 올랐다. 직전 주말 현대백화점에는 소비인파가 몰려 지난해 같은 기간 대비 매출이 100%나 급상승했다. 보복소비가 일어났던 것이다. 보복소비로 인한 매출 급등은 현대백화점의 주가 상승으로 이어졌다. 현대백화점그룹 계열 패션 업체 한섬의 주가도 같은 기간 26% 이상 올랐다. 사회적 거리두기에 지친 사람들이 외부활동을 늘리면서 의류 소비가 늘어난 덕분이다. 특히 한섬은 오프라인 매출 비중이 80%에 이르기 때문에 백화점과 쇼핑센터 영업 호황이 반가울 따름이다. 증권가에서는 보복소비 관련 주가 상승이 단발적인 이벤트로 그칠 것으로 보고 있다. 아무래도 보복소비를 전반적인 경기회복의 시그널로 보기에는 무리가 있기 때문이다.

우주항공

제프 베조스와 일론 머스크가 지갑을 연 시장

우주항공 산업과 항공 산업은 다르다. 항공 산업이 대형 항공사 위주의 항공 운송 서비스 분야를 가리키는 섹터라면, 우주항공은 항공기부품에서 인공위성 등 우주 개발에 연관된 산업을 아우른다. 항공 산업이 거대한 진입장벽으로 신규 사업자의 진출이 쉽지 않은 것과 달리 우주항공은 자본과 기술력만 있으면 누구나 깃발을 꽂을 수 있는 미지의 개척지라 할 수 있다.

그래서 일까, 우주항공 시장에 뛰어드는 글로벌 재벌들이 적지 않다. 아마존 창업자 제프 베조스는 대표이사직을 내려놓은 뒤 우주탐사 기업인 '스페이스 오리진' 경영에 주력하겠다는 뜻을 밝혔다. 테슬라의 일론 머스크가 세운 우주개발 기업 '스페이스X'는 인류 최초로 민간인들로만 구성된 인력을 우주에 투입하는 '인스퍼레이션4'를 준비 중이다. 이처럼 거대 자본이 우주항공 시장으로 몰리는 상황을 가리켜 글로벌 투자계에서는 '뉴-스페이스(New-Space) 시대'가 도래했다고 보고 있다. 뉴-스페이스는 국가가 주도해 온 우주항공 산업의 헤게모니가 민간자본으로 옮겨가는 현상을 가리킨다.

국내에서는 한화에어로스페이스가 뉴-스페이스의 대장주로 꼽힌다. 한화에어로스페이스는 인공위성 전문기업 쎄트렉아이 지분 30%를 인수하면서 우주항공 시장 진출을 본격 선언했다. 쎄트렉아이는 국내 최초로 위성 '우리별 1호'를 개발한 위성 전문기업이다. 국내에서 유일하게 위성본체, 지상시스템, 전자광학 탑재체 등 위성 관련 핵심기술을 거의 모두 보유하고 있다. 다양한 위성 개발 노하우가 있는 한국항공우주(KAI)와 군수용 초소형 위성에 강점이 있는 LIG넥스원 및 위성통신단말기 전문업체 AP위성도 뉴-스페이스 유망종목으로 꼽힌다.

사이드카

과열된 주식시장에 보내는 옐로카드

2020년 3월 11일 WHO(세계보건기구)가 코로나19의 팬데믹(세계적 대유행)을 공식 선언하자, 전 세계 주식시장이 요동쳤다. 코로나19에 대한 공포감 확산으로 국내 주식시장도 폭락장세를 보인 가운데, 3월 12일 오후 1시 4분 37초에 코스피시장에 '사이드카(sidecar)'가 발동했다.

사이드카는 파생상품시장에서 선물 가격이 급등락하는 경우에 프로그램 매매(150쪽)가 현물시장(주식시장)에 미치는 충격을 완화하기 위해 마련한 제도다. 사이드카가 발동하면 프로그램 매매가 5분간 정지된다. 프로그램 매매는 투자자가 매매할 종목이나 호가 등을 미리 정해 놓고, 해당 조건이 충족되면 컴퓨터가 자동으로 매매하도록 하는 거래 기법이다. 프로그램 매매 가운데 지수차익거래는 선물과 현물 중 가격이 높은 것을 매수해 차익을 실현하는 거래다. 따라서 선물가격이 떨어지면 시장에 현물 매도 물량이 급증해 현물시장도 급락할 위험이 있다. 이에 프로그램 매매를 5분간 중지시켜 시장의 안정을 유도하는 것이다.

사이드카는 오토바이 옆에 달린 보조탑승장치를 가리키는데, 주식시장을 안정시키는 보조적 수단이라는 의미에서 이름 붙여졌다. 주가가 일정 수준 이상 급락했을 때 주식 거래를 중단시키는 '서킷브레이커(circuit breaker, 332쪽)'가 더 강력하고 직접적인 조치다.

사이드카는 코스피시장의 경우 코스피200선물 가격이 전날 마감보다 5% 이상 상승 또는 하락해 1분간 지속되면 발동한다. 코스닥시장은 코스닥150선물 가격이 전날 마감보다 6% 이상 상승 또는 하락하고, 코스닥150이 3% 이상 상승 또는 하락해 1분간 지속되면 발동한다.

K자형 회복

회복이 아니라 양극화

'K자형 회복'은 코로나19 사태 이후 전 세계에 빈부의 격차가 더욱 심화하는 현상을 그래프로 나타낸 것이다. K자에서 'I'부분을 y축으로 해서 각각 상승과 하락을 의미하는 양쪽 획이 갈수록 벌어지는 모습을 의미한다.

K자형 회복을 보이는 대표적인 나라는 미국이다. 지난해 미국 트럼프정부는 코로나19 사태가 조기에 종식될 거라 전망하면서 'V자형 회복'을 낙관했다가, 코로나19 사태가 쉽게 가라앉지 않고 오히려 확진자가 폭증하자 이른바 'K자형 회복'으로 돌아섰다.

미국 상공회의소의 수잔 클라크 회장은 지난해 9월 3일 웹 사이트에 올린 글에서 'K자형 회복'의 개념을 업종별 양극화로 설명했다. 이를테면 IT, 반도체, 바이오, 디지털, 전기차, 이커머스 등 팬데믹 상황에 유리한 업종들이 호황을 이어가는 것과 반대로, 항공, 여행, 레저, 호텔 등 사회적 거리두기에 취약할 수밖에 없는 업종들은 추락을 거듭하고 있는 데, 그 모습이 마치 알파벳 'K'자와 닮았다는 것이다.

'K자형 회복'은 한국의 증시에서도 비슷하게 나타났다. 지난해 코스피지수는 3000선을 돌파하며 외형상으로는 상승장을 이어가는 것처럼 보이지만, 속내를 뜯어보면 평균 10개 종목 중 6개 종목은 하락세를 면치 못하고 있다. 실제로 처음 주식투자에 나선 사람들이 삼성전자를 비롯한 대형주 및 배터리와 IT 관련 몇몇 종목 위주로 매수에 나서면서 상대적으로 미래 성장성이 높은 중소형 가치주들은 시장에서 차갑게 외면 받았기 때문이다. 'K자형 회복'은 엄밀하게 말해 '회복'이 아니라 '양극화 현상'이라 보는 게 타당하다는 지적이 설득력을 갖는 이유다.

식품주

해외사업과 HMR에서 판가름 난다

국내 식품 업계는 크게 종합가공식품 부문과 육계가공 부문, 참치를 포함한 수산식품 부문으로 나뉜다. 종합가공식품 부문은 '비비고'와 '햇반' 등으로 국내 HMR(간편가정식, 274쪽) 시장에서 독보적인 지위를 영위하는 CJ제일제당을 선두로, 대상과 풀무원, 롯데푸드, 신세계푸드 등이 포진해 있다. 육계가공 부문에서는 하림이 시장을 주도하고 있고, 참치를 포함한 수산식품 부문은 동원계열과 사조계열이 양강구도를 형성하고 있다.

코로나19 여파로 집에 머무르는 시간이 늘어나면서 외식은 줄고 집밥과 간식 소비가 큰 폭으로 증가했다. 이로 인해 지난해 식품 대장주들의 실적이 크게 향상됐다. CJ제일제당은 사상 처음으로 영업이익 1조 원을 넘겼고, 대상은 매출액 3조 원 돌파와 함께 영업이익도 35% 가량 급증했다. 같은 계열 내에서 희비가 엇갈린 경우도 있다. CJ제일제당이 호실적을 거둔 것과는 달리 CJ프레시웨이는 매출액이 19% 급감했고, 영업이익은 적자전환했다. CJ프레시웨이는 코로나19가 터지기 직전 식자재 유통·단체급식 업계에서 처음으로 매출 3조 원을 돌파했던 회사다.

투자적 관점에서 식품 업계의 키워드는 '해외사업'이다. 팬데믹으로 HMR 수요가 전 세계적으로 폭증하면서 해외시장 공략에 적극 나섰던 식품회사들의 주가가 큰 폭으로 올랐다. CJ제일제당의 주가는 1차 대유행이 덮쳤던 지난해 3월 19일 14만8000원까지 떨어졌다가 올해 1월 25일 47만4000원을 찍었다. 반면 CJ프레시웨이를 필두로 한 식자재주는 내년에나 회복세를 기대할 수 있을 전망이다. 백신 투여가 어느 정도 이뤄지고 사회적 거리두기가 완화된다고 해도 외식 산업이 정상궤도에 진입하기까지는 좀 더 시간이 필요하기 때문이다.

주식매수청구권

> 합병하려거든 내 주식을 회사가 사가시오!

2020년 11월 GS리테일은 GS홈쇼핑을 흡수합병한다고 공시했다. 두 회사의 합병에 반대하는 주주들은 2021년 5월 28일부터 6월 17일까지 '주식매수청구권'을 행사할 수 있다. 주식매수청구권은 합병이나 중요한 영업양도 등 주주 이익에 미치는 영향이 큰 사안에 반대하는 주주가 자기가 소유한 주식을 공정한 가격으로 매수해 달라고 회사에 청구할 수 있는 권리다. 합병이나 영업양도와 같은 중요한 사안은 주주총회에서 다수결에 따라 결정되기 때문에, 소액 주주를 보호하기 위해 주식매수청구권을 부여한다.

회사 결정에 반대하는 주주는 주주총회가 열리기 전까지 서면으로 반대 의사를 회사에 알려야 한다. GS리테일 합병의 경우 2021년 5월 28일부터 6월 17일까지 서면으로 반대 의사를 통지해야 한다. 주주총회에서 합병안이 통과되면, 기간 내 서면으로 반대 의사를 통지한 주주들은 주식매수청구권을 행사할 수 있다. 주식매수예정가격은 GS리테일이 3만4125원, GS홈쇼핑이 13만8855원이다. 대개 합병 계약서에는 어느 한 회사로 주식매수청구 금액이 과도하게 들어오면 합병 계약 취소를 요구할 수 있다는 조항을 넣는다. GS리테일과 GS홈쇼핑 역시 주식매수청구권 행사금액이 3500억 원이 넘을 경우 합병을 취소한다고 공시했다.

합병 시 존속회사가 소멸회사 주주에게 지급해야 하는 신주가 존속회사 총 발행주식수의 10% 이내면 '소규모 합병', 소멸회사의 전체 주주가 합병에 동의하거나 존속회사가 소멸회사 총발행주식수의 90% 이상을 보유하고 있다면 '간이합병'이라고 한다. 소규모 합병에 해당할 경우 자사 주주에게, 간이합병에 해당할 경우 소멸회사 주주에게 주식매수청구권을 부여하지 않는다.

이마트

주가가 'SSG.COM' 실적에 달렸다

이마트는 대형마트 업계 대장주다. 지난해 코로나19 여파로 대형마트 업황이 부진했음에도 불구하고 이마트는 고공행진했다. 이마트의 2020년 연결 기준 매출액은 21조3949억 원으로 전년 대비 17.8% 증가했고, 영업이익은 2371억 원으로 전년 대비 무려 57.4% 늘었다.

이마트는 종종 한식구인 신세계와 비교되곤 한다. 이마트의 수장 정용진 신세계그룹 부회장과 백화점·면세점을 이끄는 정유경 신세계백화점 총괄사장은 어머니 이명희 신세계그룹 회장의 지분 증여로 남매경영에 나선 첫 해에 엇갈린 성적표를 받아들었다. 역대 매출 최대 실적을 낸 이마트와 반대로 신세계백화점은 최악의 경영실적을 냈기 때문이다.

이마트는 2020년 기준 점포수 160개로 홈플러스(140개)와 롯데마트(113개)보다 앞서 있다. 트레이더스는 전국에 걸쳐 19개가 있다. 아울러 미국에 51개, 몽골 3개, 베트남 1개의 해외 매장을 운영 중이다.

언택트 시대에 맞춰 이마트 역시 사업의 무게중심을 이커머스 쪽으로 옮기고 있다. SSG.COM의 지난해 매출액은 전년 대비 37% 증가한 3조9236억 원이다. 영업손실도 전년 대비 258억 원 개선됐다.

이마트는 '연결재무제표 기준 영업실적 등에 대한 전망' 공시를 통해 전년 대비 8% 증가한 23조8000억 원의 매출을 목표로 잡고 있다. 지난해에도 예상매출을 5% 초과했기 때문에 예상목표치 달성은 무난할 것으로 보인다. 증권가에서는 이마트의 2021년 말 목표주가를 25만 원 내외로 상향 조정했다. SSG.COM의 브랜드 가치 상승과 경쟁사 대비 월등한 영업력에 대한 기대치가 주가에 반영된다면 (목표주가 달성이) 가능할 것으로 보인다.

NFT

성장성 밝지만 거품에 유의

NFT는 우리말로 '대체 불가능한 토큰'을 뜻하는 Non Fungible Token의 이니셜로, 하나의 토큰을 다른 토큰으로 대체하는 것이 불가능한 특정 암호 디지털 자산을 가리킨다.

비트코인 등 서로 동일한 가치로 거래할 수 있는 자산은 모두 대체 가능한 토큰이다. 반면, NFT는 각 토큰이 서로 다른 가치를 지닌 고유한 자산을 의미하기 때문에 희소성이 있다. NFT는 거의 모든 것을 토큰화할 수 있으며, 블록체인 기술에 의해 디지털 소유권이 보장된다. NFT는 누구에게 얼마에 판매됐는지 투명하게 알 수 있다는 점에서 디지털 예술품, 게임 아이템 거래 분야에서 각광을 받고 있다.

NFT 시장이 급속도로 성장한 배경에는 코로나19의 확산과 메타버스(267쪽)가 있다. 우선 코로나19로 인해 유명 아티스트들은 미술품을 전시하거나 음악을 들려줄 기회를 잃었고, 그런 아티스트들에게 NFT가 최적의 기회로 자리 잡았다. NFT로 예술품을 만들면 NFT 거래 플랫폼에서 판매도 할 수 있고, 만드는 즉시 블록체인 상에 일종의 '진품 증명서'가 기록된다. 아울러 NFT는 메타버스에서 재화로 사용될 수 있다. 메타버스는 현실세계를 디지털 공간으로 옮겨온 개념인데, 메타버스 공간에서 아이템이나 땅을 사고 팔 때 NFT가 유용하게 쓰이고 있는 것이다.

한편, 투자자들이 NFT 시장에 너무 빠르게 달려드는 건 걱정스런 부분이다. 여타 신기술처럼 거품이 낄 수 있다는 얘기다. NFT에 대한 흥분을 가라앉히지 않으면 거품은 더욱 부풀어 오르게 되고, 결국 시장 과열로 인한 피해는 고스란히 투자자에게 돌아가게 된다.

드론

미래 성장성을 보는 안목으로 접근해야

Sunday
308

윙윙거리며 날아다니는 수컷 꿀벌을 가리키는 '드론(drone)'은 무인항공기 (UAV : Unmaned Aerial Vehicle)의 별칭이다. 드론이 세상에 모습을 드러낸 것은 1930년대로 거슬러 올라간다. 당시 미국에서 대공포 훈련용으로 개발된 무인항공기를 '타깃(target) 드론'으로 불렀다. 이후 드론은 한국전쟁과 베트남전쟁에도 등장했지만 크게 주목 받지는 못했다.

드론이 지금과 같은 붐을 일으킨 배경에는 '4차 산업혁명'의 영향이 크다. AI와 사물인터넷 기술이 드론에 장착되면서 기술 진화에 성공한 것이다. 보잉, 록히드마틴 같은 항공기 제조사들은 물론, 구글과 아마존 등 인터넷 기업에 이르기까지 드론 사업에 적극 뛰어들었고, 국내에서는 삼성전자와 LG전자도 '드론카드'를 만지작거리고 있다. 드론의 활용가치는 광범위하다. 기간시설 (452억 달러), 농업(324억 달러), 수송(130억 달러), 보안(105억 달러), 미디어·엔테테인먼트(88억 달러) 등 다양한 분야로 거대한 시장을 형성해나가고 있다. 여기에 방위 산업까지 포함시키면 상상을 초월한다. 드론 보급에 따른 부가가치 창출 규모는 드론 자체 시장의 10배에 이를 것으로 추산된다.

투자적 관점에서는, 당장 드론 사업을 통해 가시적인 실적을 내는 회사를 찾기 보다는 미래 성장성을 보는 안목으로 접근해야 하는데, 제이씨현시스템과 휴니드가 유망종목으로 꼽힌다. 제이씨현시스템은 드론 비행에 필요한 정보를 제공하는 애플리케이션 '드래곤플라이' 개발사로 유명하다. 최근에는 자체개발한 자율비행 솔루션을 통해 드론의 배달 사업 시연에 성공했다. 방산 전문 IT회사 휴니드도 드론 운용에 사용되는 데이터링크 솔루션을 공급하면서 대표적인 드론 관련 주에 이름을 올렸다.

서킷브레이커

롤러코스터 탄 주가를 진정시키는 일시정지 버튼

선물시장이 급등락할 경우 현물(주식) 프로그램 매매 체결을 잠시 중단하는 '사이드카(sidecar, 325쪽)'가 주식시장에 경고를 보내는 옐로카드라면, 서킷브레이커(circuit breaker)는 이보다 강력한 레드카드라고 할 수 있다.

서킷브레이커는 주가가 일정 수준 이상 급락할 때 추가 폭락을 막기 위해 주식 거래를 중단시키는 제도다. 전기회로에서 회로가 과열되면 자동적으로 전류를 차단하는 회로차단 장치를 서킷브레이커라고 한다. 주식시장에서도 같은 원리로 주가 변동성이 급격히 커져 시장이 과열되면, 장을 잠시 멈춰 투자자들이 냉정한 투자 판단을 할 수 있도록 돕는다. 1987년 10월 19일 미국 증시 사상 최악의 주가 대폭락(-22.6%) 사태인 '블랙먼데이(Black Monday)'를 계기로, 주식시장 안전장치 차원에서 각국에 도입됐다. 코스피시장에는 1998년 12월 7일, 코스닥시장에는 2001년 10월 15일 도입됐다.

서킷브레이커는 코스피, 코스닥 지수가 전일 대비 일정 수준 하락할 때 발동한다. 코스피, 코스닥 지수가 전일 마감가 대비 8% 이상 하락 상태를 1분간 유지하면 1단계 서킷브레이커가 발동한다. 서킷브레이커가 발동하면 20분간 매매를 중단한 후 재개한다. 이후에도 장이 15% 이상 하락하고 1단계 발동 지수 대비 1% 이상 추가 하락하면 2단계 서킷브레이커가 발동한다. 마지막 3단계는 지수가 20% 이상 하락하고 2단계 대비 1% 이상 추가 하락한 경우 발동한다. 3단계 때는 그 즉시 장을 종료한다. 단계별로 하루에 한 번만 발동할 수 있다.

코로나19 팬데믹 여파로 코스피지수가 8% 이상 하락하자, 2020년 3월 13일과 19일 두 차례에 걸쳐 서킷브레이커가 발동됐다.

므두셀라 투자법

'인내심'과 '유연함'이라는 투자덕목

므두셀라(Methuselah)는 구약성서에 등장하는 인물로 969년을 살았다고 전해진다. 그는 방주로 유명한 노아의 할아버지인데, 서양에서는 장수의 대명사로 불린다.

증시에서 므두셀라가 유명해진 건 워런 버핏 때문이다. 버핏은 자신이 엄청난 부자가 된 비결로 장기 복리를 꼽았다. 즉 '오래' 살아남아 복리의 힘을 이용해 재산을 '오래' 불린 덕에 큰돈을 벌 수 있었다는 것이다. 91세의 버핏은 재산의 90%를 65세 이후에 일궜다고 한다. 이처럼 오랫동안 안정적 이익을 거두는 장기 투자 방식은 버핏 투자철학의 핵심을 이루며 '므두셀라 투자법'으로 불리게 되었다. 버핏은 지난해 「월스트리트저널」과의 인터뷰에서 므두셀라 투자법을 설명하면서, 우스갯소리로 므두셀라는 900년을 넘게 살았는데 (버핏) 자신은 그에 비하면 아직 목적지에 10%도 이르지 못했다고 말했다. 버핏의 농담 안에는, 충분히 숙고한 뒤 선택한 투자처라면 순간의 등락에 일희일비하지 말고 자신의 선택을 믿고 오래 묵혀둘수록 투자원금은 '눈덩이(스노볼)'처럼 쌓이게 된다는 메시지가 담겨있다.

버핏의 므두셀라 투자법은 '유연한 사고'를 통해 만개했다. 그는 자신이 해오던 투자관행에만 집착하지 않고 시대에 따라 유연하게 투자방식을 바꿨다. 과거에는 싼 가치주를 사서 수익을 내고 자신이 이해할 수 없다는 이유로 기술주는 쳐다보지도 않았지만, 그는 현재 미국의 IT 대장주 애플의 막대한 주식을 보유하고 있다. 그의 총 투자금액 중 약 25%가 애플 주식이다. 버핏은 오랜 세월 복리에만 의지한 채 아무 것도 하지 않은 게 아니라 새로운 투자처를 이해하기 위해 부지런히 공부했던 것이다.

라면주

가격 인상 딜레마에 빠지다

국내 라면 시장은 진입장벽이 높다. 소비시장에서 브랜드 인지도가 크게 작용하기 때문이다. 또 소비자의 기호가 신상품에 대한 호기심보다는 한 번 길들여진 맛을 고수하는 성향 때문에 제품에 대한 충성도도 높다. 이러한 이유로 국내 1위 종합식품기업인 CJ제일제당과 2위 대상도 라면 사업에 쉽게 진출하지 못하고 있다. 라면 업계의 독보적인 대장주는 시장점유율 55%의 농심이다. 2위는 '진라면 시리즈'로 시장점유율 23%를 차지한 오뚜기인데, 1위와 격차가 크다. 삼양식품(11%)과 팔도(10%, 비상장)는 그보다 더 아래에 머물러 있다.

2013년 처음으로 2조 원대를 달성한 국내 라면 시장은 이후 심각한 정체기에 빠졌다가 최근 코로나19 여파로 반등에 성공했다. 지난해 국내 라면 시장은 2조1500억 원 규모로 추정된다. 해외까지 합하면 3조 원에 이른다.

올해 라면주에게 가장 중요한 이슈는 가격 인상이다. 주원료인 소맥(밀가루)과 팜유(라면 튀길 때 쓰는 기름) 값이 올라서 가격 인상이 불가피하다. 대장주 농심은 5년 주기로 라면 값을 올려왔는데, 2016년에 가격을 인상했으니 시기상으론 올해 값을 올려야 한다. 그런데 라면 값을 올리면 라면회사의 실적도 올라야 하는데, 현실이 꼭 그렇지만도 않다는 게 문제다. 농심은 2016년 12월 라면 값을 올린 이후 2017년 1분기(1~3월) 매출이 전년 동기 보다 4% 줄었다. 라면은 소비자물가지수를 구성하는 대표적인 품목인 만큼 가격저항선도 분명하다. 라면 값을 올렸더니 시장이 싸늘하게 반응한 것이다. 하지만 원재료 부담이 커졌는데도 값을 올리지 않으면 영업이익에 불리하다. 라면 업계로서는 진퇴양난에 빠졌고, 이러한 상황이 주가에 부담으로 작용할 수 있음을 기억해 둘 필요가 있다.

지분법 회계

Thursday 312

영업이익과 당기순이익 격차의 주범

CJ오쇼핑은 2016년 3분기 영업이익이 전년 동기 대비 28.1% 증가한 270억 원을 기록했다고 발표했다. 하지만 당기순이익은 68억 원에 불과해 투자자들의 궁금증을 유발했다. CJ오쇼핑은 영업이익에 비해 당기순이익이 초라한 이유를 "해외 사업장에 대한 지분법 적용 투자주식 손상차손(111쪽)으로 183억 원을 반영했기 때문"이라고 설명했다.

A사가 B사 지분을 20% 이상 50% 이하 보유한 경우, A사는 B사에 유의적인 영향력을 가지고 있다고 보고 B사를 A사의 '관계기업'으로 분류한다. '유의적 영향력'은 회사의 재무나 영업 관련 의사결정에 영향력을 행사할 수 있다는 의미다. 하지만 A사의 B사 지분율이 20% 미만이어도 A사 임직원이 B사 의사결정 기구에 참여하거나, A사가 B사에 필수적이고 중요한 기술을 제공하고 있을 때는 B사를 A사의 관계기업으로 분류한다. 관계기업에 대해서는 연결재무제표를 만들 때 '지분법 회계'를 적용한다. A사가 B사 손익을 지분율만큼 A사 실적에 반영하는 것이다.

A사는 B사 지분 30%를 보유하고 있다. B사는 A사의 관계기업이다. B사가 2020년 결산에서 100억 원의 당기순이익을 냈다고 하자. 그럼 A사는 B사 지분 30%에 해당하는 30억 원을 지분법이익으로 손익계산서에 반영한다. 이 30억 원은 A사 영업활동에서 발생한 이익이 아니므로 영업외이익(당기순이익 산출에 영향을 미침)으로 반영한다. 반대로 B사가 100억 원의 당기순손실을 냈다면, A사는 B사 지분 30%에 해당하는 30억 원을 지분법손실로 반영한다. 간단히 정리하면 지분법 회계는 관계기업이 당기순이익을 내면 지분율만큼 지분법이익으로, 당기순손실을 내면 지분법손실로 반영하는 회계처리 방법이다.

335

LG상사

LG그룹의 지주사 분할 수혜주

국내 종합상사 업계 대장주 가운데 하나로, 에너지·식량자원·산업재·솔루션, 물류(판토스) 관련 무역을 주력 사업으로 영위하고 있다. 최근 LG그룹의 지주사 분할 결정으로 LG하우시스, 실리콘웍스와 함께 구본준 전 LG그룹 부회장이 이끌게 될 신설지주사 계열에 편입되었다.

LG상사는 지난해 코로나19 여파로 국제교역량이 크게 부진했음에도 불구하고 국내 종합상사 업계에서 유일하게 실적이 올랐다. 2020년 연결재무제표 기준 전년 대비 7% 증가한 11조2826억 원의 매출액을 기록했고, 같은 기간 영업이익은 1598억 원으로 18% 늘었다.

증권가에서 LG상사의 향후 주가상승률을 높게 분석하는 이유는, 올해 글로벌 원자재 시장에서 대호황 시그널이 감지되고 있기 때문이다. 지주사 분할로 LG상사가 신설지주사에서 핵심 역할을 맡게 될 가능성이 커지는 것도 주가에 호재로 작용하고 있다. 실제로 LG그룹의 지주사 분할 결정 직후 LG상사의 주가는 37% 올랐다. 무엇보다도 LG상사의 기업가치를 돋보이게 하는 것은 건전한 재무구조다. 잉여금이 증가한 반면 순차입금이 크게 줄었다. 2020년 기준 잉여금은 1조5645억 원으로 전년 대비 2097억 원 증가했다. 순차입금은 8846억 원에서 4456억 원으로 줄었다. 한때 50%를 넘겼던 순차입금 비율이 25%까지 떨어진 것이다. 일반적으로 우량기업의 기준을 순차입금 비율 20% 내외로 보기 때문에, 안정적인 수준까지 진입한 것이다.

LG상사는 팬데믹이 시작된 지난해 3월경 주가가 1만 원대 아래까지 곤두박질쳤다가 같은 해 12월에 3만 원대를 회복했다. 증권가에서 전망한 LG상사의 12개월 평균 목표주가는 3만2000원 안팎이다.

사이버보안

천문학적인 사이버 피해를 미연에 방지하려면

Saturday
314

해커(hecker)는 처음부터 사이버 범죄를 저지르는 존재가 아니었다. 1950년대 미국 MIT 공과대학에서 유래한 해커는, 밤중에 몰래 IBM704 컴퓨터 시스템이 설치된 건물에 들어가 연구를 하는 열정적인 학생들을 가리켰다. 하지만, 신기술을 향한 열정이 시커멓게 오염되면 어마무시한 악성코드가 되고 만다. 타인의 컴퓨터 시스템에 침입하여 데이터나 프로그램을 불법으로 갈취하거나 파괴하는 '블랙 해킹'을 두고 하는 말이다.

치명적인 사이버 공격 한방으로 모든 게 쑥대밭이 되고 마는 세상이다. 국가 기밀은 물론 기업의 영업비밀이나 수천만 건의 개인정보가 한순간에 리셋되거나 탈취당할 수도 있다. 이렇게 파괴된 시스템과 정보를 복구하거나 배상하는데 드는 비용은 천문학적이다. 사이버 공격을 차단하는 사이버보안 시장이 커질 수밖에 없는 이유다.

투자적 관점에서 주목을 끄는 사이버보안 유망종목으로는 윈스와 아톤이 꼽힌다. 윈스는 네트워크 보안 솔루션 전문기업으로, IPS(침입 방지 솔루션), DDX(디도스 대응 솔루션), NGFW(차세대 방화벽 솔루션) 등 다양한 보안 솔루션 제품과 유지관리 서비스에 강점이 있다. 지난해 언택트 영향으로 서버와 데이터 보안의 중요성이 강조되면서 실적이 크게 상승했다. 핀테크 보안 솔루션 기업 아톤은 지난 2014년에 세계 최초로 모바일 보안 소프트웨어 SE(Secure Element)를 상용화해 화제를 모은 곳이다. 핀테크 보안 사업은 솔루션 구축으로 첫 매출이 발생한 이후에도 라이선스 및 유지보수 서비스로 매출이 계속 이어지는 계단식 비즈니스 모델로 수익성이 뛰어나다.

스마트팩토리

4차 산업혁명 기술의 집합체

스마트팩토리(smart factory)는 공장이 스스로 판단해 작업을 수행하는 지능형 혹은 디지털형 생산시스템을 가리킨다. 스마트팩토리는 4차 산업혁명의 궁극적인 산업 분야로 꼽힌다. 공장의 자동화 시스템에 AI(인공지능), 지능형 로봇, 시스템반도체, 5G 등 4차 산업 기술이 총동원되기 때문이다. 기존 IT서비스 업체들이 미래 사업으로 삼고 있는 이유다.

스마트팩토리는 기술 진입장벽이 높아 미국, 독일, 일본 등 제조 선진국들이 글로벌 시장을 주도하고 있지만, 장기적으로는 중국과 한국 등 제조업이 GDP에서 차지하는 부가가치 비율이 높은 나라일수록 스마트팩토리 투자 효과가 크다. 특히 한국의 경우 자동차, 반도체, 선박 등 제조업 비중이 높아 스마트팩토리 성장 잠재력이 매우 높다. 국내 스마트팩토리 시장 규모는 2020년 78억3000만 달러에서 2022년 127억6000만 달러로 성장 폭이 가파르다. 연간 성장률도 12%대 이상으로 9%대인 글로벌 성장률을 훌쩍 뛰어넘는다. 아시아에서는 중국 다음으로 성장률이 높다.

투자적 관점에서는 포스코ICT와 현대오토에버를 유망종목으로 꼽는다. 포스코ICT는 국내에서 스마트팩토리 사업을 턴키방식으로 제공할 수 있는 유일한 회사다. 현대·기아차와 현대모비스, 현대위아 등과 한 식구인 현대오토에버도 스마트팩토리를 통한 실적 개선이 예상된다.

스마트팩토리 관련 중소형주 중에서는 티라유텍과 영림원소프트랩 등이 돋보인다. 티라유텍은 SK의 지분투자로 SK그룹의 스마트팩토리화 수혜주로 꼽힌다. 영림원소프트랩은 스마트팩토리용 ERP(전사적자원관리) 분야에 강점이 있다.

컨센서스

투자 좌표가 되어주는 증권사의 실적 전망치 평균

기업의 실적이 집중적으로 발표되는 기간을 '어닝시즌(earning season)'이라고 한다. 기업은 1년에 4번 분기별 실적을 발표하고, 이것을 6개월과 1년 단위로 종합해 반기와 연간결산보고서를 발표한다. 결산일로부터 45일 이내에 실적을 발표(공시)해야 해서, 어닝시즌은 보통 분기 또는 연도가 끝난 후 3주일쯤 지나 시작해 2~3주 동안 이어진다.

어닝시즌마다 등장하는 용어가 '컨센서스(consensus)'다. 여론, 합의, 동의라는 뜻의 컨센서스는 주식시장에서 실적 전망치를 의미한다. 증권사는 투자에 활용할 수 있도록, 기업이 실적을 발표하기 전에 분기마다 실적 전망치를 내놓는다. 여러 증권사의 전망치를 모아 평균을 낸 것이 컨센서스다.

예를 들어 ○○기업의 영업이익을 A증권사에서 5억 원, B증권사에서 6억 원, C증권사에서 8억 원, D증권사에서 10억 원, E증권사에서 11억 원이라고 예상했다고 하자. 가장 낮은 전망치(5억 원)와 높은 전망치(11억 원)를 제외하고, 남은 전망치를 더한(6억 원+8억 원+10억 원) 다음 평균을 낸 8억 원이 ○○기업의 컨센서스가 된다.

컨센서스를 상회했다거나 하회했다는 표현은 전망치보다 실적이 높고 낮음을 뜻한다. 실제 기업이 내놓은 실적이 컨센서스보다 10%가량 웃돌 때를 어닝서프라이즈, 10%가량 낮을 때를 어닝쇼크라고 한다(46쪽). 증권사 리포트에서 연도 뒤에 알파벳이 붙은 걸 볼 수 있는데, 'A'는 실제(Actual) 나온 확정 실적, 'P'는 외부 감사인의 검토가 완료되기 전에 잠정(Provisional)적으로 추정되는 실적, 'E'는 증권사 추정(Estimate) 실적으로 컨센서스를 의미한다.

포모증후군

삼성전자 주가 상승의 비밀

포모증후군에서 '포모'란 알파벳 'FOMO'을 가리키는 데, '소외되는 것에 대한 두려움'을 뜻하는 영문 'Fear Of Missing Out'의 이니셜이다. 주식시장에서 나타나는 포모증후군은, 주가 상승 랠리에 올라타지 못해 자신만 돈을 벌지 못하는 것에 대한 불만(공포)을 의미한다. 이와 함께 주식시장에서 '폴로(FOLO)'란 말도 자주 회자된다. 폴로는 'Fear Of Losing Out'의 이니셜로, 주식투자로 손해를 보는 것에 대한 두려움을 뜻한다.

주식시장에서 상승장이 이어질수록 포모와 폴로 증후군으로 힘겨워하는 투자자들이 적지 않다. 포모와 폴로는 마치 동전의 양면과 같다. 상승장이 반전되면 투자심리는 순식간에 포모에서 폴로로 변할 수 있기 때문이다. 하락장에서 더 늦게 주식을 처분하면 투자에 실패할 수 있다는 공포감에 휩싸이며 매도심리가 급격히 강해질 수 있다는 얘기다. 상승장에서 소외되는 두려움(포모) 못지않게 하락장에서 실패하는 공포(폴로) 또한 투자자들 입장에선 치명적이다.

한국의 증시에서 포모증후군은 뜻밖에도 삼성전자 주가를 크게 올리는 원인이 됐다. 주가 상승 랠리에서 나 혼자만 소외될지 모른다는 포모증후군에 휩싸여 주식시장에 뛰어든 초보 투자자들이 코스피 대장주인 삼성전자로 몰린 것이다. 올해 들어 새해 일주일 동안 개인투자자들은 삼성전자 주식 약 2조 원어치를 사들였을 정도다. 당시 많은 초보 투자자들은 '나만 삼성전자 주식이 없다'는 두려움에 지갑을 열었을 것이다. 결국 증시가 한동안 상승장을 이어가면 포모증후군이란 부작용이 나타나고, 포모증후군은 안전하다고 생각되는 대장주 주가를 올리는 효과를 초래하는 것이다.

제과주

장기 침체에 빠졌지만 알토란 종목은 있다

Wednesday
318

제과 업계는 크게 스낵, 초콜릿, 캔디 등을 포괄하는 건과류와 아이스크림으로 대표되는 빙과류로 나뉜다. 오리온과 롯데제과가 1등자리를 놓고 경쟁하고 있고, 멀찍이서 해태제과가 따른다. 지난해 해태제과는 브라보콘, 누가바 등으로 유명한 빙과 사업부문을 빙그레에 매각했다. 빙그레가 인수한 주식은 보통주 100%인 100만 주로, 인수 금액은 1400억 원이다. 해태제과는 매각대금을 부채 상환과 과자공장 신규 설비 투자에 사용할 방침이다.

지난해 국내 건과 시장 규모는 4조4679억 원으로 전년 대비 0.1% 감소했다. 시장 전체 규모는 변화가 크지 않았던 것처럼 보이지만 세부 카테고리별로는 변화가 상당했다. 그 가운데 캔디(4849억 원)는 전년 대비 26%나 감소했고, 껌(1645억 원)도 11% 줄어들었다. 문제는 국내 제과 시장이 2025년까지의 연평균 성장률이 1%를 밑돌 것이라는 분석이 지배적이라는 사실이다.

제과 업계의 장기 불황은 주가에서도 나타난다. 대장주 롯데제과의 주가는 3년 전 2018년 12월 28일 20만1000원으로 최고점을 찍은 뒤 팬데믹이 불거진 지난해 3월경 9만 원대까지 폭락했다가 최근 13만 원 전후를 유지하고 있다. 전반적인 증시 호황기에서 소외되었음을 알 수 있다.

투자적 관점에서 침체한 제과 업계의 해답은 해외시장에 있다. 초코파이로 중국과 러시아, 베트남 등 글로벌 사업에서 호실적을 이어가는 오리온이 증시에서 주목을 끄는 이유다. 오리온의 17%대에 이르는 높은 영업이익률도 강점이다. 영업이익률이 높다는 것은 매출 대비 알토란 이익을 실현하고 있음을 의미한다. 증권가에서는 오리온의 높은 영업이익률만큼 목표주가도 상향 조정하고 있다.

분식회계

부실기업을 우량기업으로 탈바꿈하는 재무제표 화장술

코로나19 진단키트를 생산하는 씨젠은 2021년 2월 분식회계가 적발돼 금융당국에서 과징금 철퇴를 맞았다. 씨젠은 2011~2019년 실제 주문 수량을 초과하는 물량을 대리점에 넘기고, 이를 매출로 과대 계상했다. 금융당국의 발표에 따르면 씨젠이 9년 동안 매출을 과대 계상하는 수법으로 회계상 부풀린 자본은 최대 140억 원가량이라고 한다.

분식회계는 기업이 의도를 가지고 재정 상태나 경영실적을 왜곡해 회계처리 하는 것이다. 분식은 가루 분(粉)과 꾸밀 식(飾)을 합쳐 만든 말로, 얼굴에 분을 발라 기미나 주근깨, 주름 등 단점을 감추고 피부를 좋아 보이게 만드는 것이다. 영어로는 'window dressing'이라고 한다. 창문을 커튼 등으로 가려 외부에서는 집안의 내용을 모르게 한다는 데서 유래했다.

분식회계 수법은 크게 세 가지다. 첫 번째는 매출이나 영업이익을 부풀리는 것이다. 2012~2014년 대우조선해양은 해양플랜트·선박 사업의 원가를 임의로 축소해 매출액과 영업이익을 과대 계상해 5조 원대 분식회계를 했다. 두 번째는 이미 생산에 투입돼 비용 처리해야 할 원재료를 재고로 남아있는 것처럼 처리하거나, 이미 팔린 제품을 남아있는 것처럼 재고자산을 부풀리는 것이다. 세 번째는 부채를 숨기는 방법이다. 과거 SK글로벌은 해외 현지법인의 차입금을 고의로 누락해 부채가 없는 것처럼 분식회계했다가 적발됐다.

분식회계는 시장과 투자자를 기만하는 행위다. 조작된 재무제표를 믿고 투자자들은 비싼 값에 주식을 샀다가 손해를 볼 수 있고, 금융기관은 기업에 빌려준 돈을 제대로 회수하지 못할 수 있기 때문이다.

CJ제일제당

외국인과 기관 투자자들이 선호하는 회사

국내 종합가공식품 업계 1위 회사다. '비비고', '햇반'으로 대표되는 HMR(간편가정식, 274쪽) 시장 최강자로 평가 받고 있다. 코로나19 여파로 당분간 HMR 수요 성장세가 지속될 것으로 전망됨에 따라 CJ제일제당의 실적도 고공행진을 이어갈 것으로 보인다. 실제로 CJ제일제당의 지난해 영업이익은 전년 대비 73% 증가한 1조415억 원으로 집계됐다. 연결 재무제표로 함께 집계되는 CJ대한통운(계열사)의 실적을 제외한 성적표다. CJ대한통운 실적을 빼고 CJ제일제당 단독으로 영업이익이 1조 원을 넘어선 것은 창사 이래 처음이다. 순이익도 8313억 원으로 전년 대비 무려 335.2% 늘었다.

CJ제일제당의 호실적은 주가에 그대로 반영되었다. 지난 1월 25일 장중 47만 4000원까지 뛰면서 사상 최고치를 경신했다. 장중 최고가는 1년 전 주가 24만 4000원에 비해 무려 94.26%나 오른 수치다. 시가총액도 1월 25일 7조 원을 넘어서면서 최고점을 찍었다.

아미노산 등을 생산하는 바이오사업의 실적도 준수하다. 지난해 영업이익이 전년 대비 34.2% 증가했다. CJ제일제당이 미래 먹거리로 점찍은 화이트바이오(247쪽)에 대한 적극적인 투자도 매력적이다. 눈앞의 이익만 좇는 게 아니라 미래 사업까지 염두에 둔 경영진의 행보는 특히 기관이나 외국인 투자자들의 환심을 살 만하다. 화이트바이오는 플라스틱 등 석유화학 소재를 식물이나 효소 등 재생 가능한 소재로 대체하는 기술 혹은 사업을 가리킨다. 땅속에서 자연 분해하는 바이오플라스틱 제품이 여기에 해당된다.

증권가는 CJ제일제당의 12개월 목표주가를 대부분 상향 조정했다. 평균 목표주가는 57만 원대로 2021년 2월 평균치에서 상승여력이 30%를 넘는다.

mRNA

글로벌 제약 시장의 성패를 가르는 물질

인체가 생명을 유지하려면 조직과 호르몬 등 다양한 기능을 나타내는 단백질을 생성해야 한다. 기능별로 서로 다른 단백질을 만들기 위해서는 일종의 설계도가 필요한데, 이는 DNA 속에 유전정보로 저장돼 있다. mRNA는 DNA의 유전정보를 세포핵 밖 기관인 리보솜으로 전달하는 물질이다. DNA에 저장된 설계도대로 단백질을 만드는 리보솜은 세포핵 밖에 있다.

코로나19 백신에 쓰이는 mRNA 백신은 코로나19 바이러스의 일부인 스파이크 단백질만을 만들 수 있는 설계도가 주성분이다. 인체에 투여된 mRNA 백신은 몸이 해당 스파이크 단백질을 만들도록 유도한다. 스파이크 단백질이 인체 내에 만들어지면 면역 반응이 유도되고 항체가 생성된다. 화이자와 모더나가 만든 코로나19 백신이 바로 mRNA 백신이다.

백신 개발은 원래 10년간 10억 달러(1조 원) 정도가 소요되는 장기 프로젝트이지만, 코로나19 백신은 mRNA 덕분에 10개월 만에 개발을 완료할 수 있었다. 일반 백신은 항체를 형성시켜 뽑아내는 데 많은 시간이 걸리지만, mRNA 백신은 mRNA를 빠르게 대량으로 합성할 수 있다.

코로나19 사태로 mRNA는 글로벌 제약 시장의 성패를 가르는 게임체인저로 부상했다. mRNA 백신은 주로 항암제용으로 개발돼 왔기 때문에 코로나19 백신을 개발하는 과정에서 항암제 개발에 대한 기대감도 커지고 있다.

투자적 관점에서는 동아쏘시오홀딩스의 자회사 에스티팜을 눈여겨 볼만하다. 에스티팜은 RNA에 직접 작용하는 차세대 치료제인 올리고핵산을 개발 생산하는 바이오CDMO 업체다. 에스티팜은 mRNA 관련 국내 특허출원을 마쳤고, 현재 대규모 생산시설을 확장해 나가고 있다.

탄소섬유

전기·수소차에서 항공기에 이르기까지 미래 핵심소재

탄소섬유(carbon fiber)란, 수많은 탄소원자가 결정구조를 이뤄 길게 늘어선 분자 사슬로 이루어진 무기섬유다. 직경이 $10\mu m$ 내외로 아주 가늘지만 인장강도는 철의 10배, 강성도(탄성도)는 철의 7배다. 여기에 내열성과 전기전도까지 뛰어나다. 철만큼 단단하면 센 압력에 부러져버리고 탄성이 크면 강도가 약해 휘어지는데, 탄소섬유는 두 가지 문제를 동시에 해결했다.

탄소섬유는 우주항공 분야에서 두각을 나타내기 시작해 자동차 경량화 소재로 쓰이면서 시장이 급격하게 커졌다. 글로벌 탄소섬유 시장은 지난 10년 동안 연평균 10% 성장해 2022년에 12만500톤에 이를 전망이다. 탄소섬유 최대 수요처는 자동차(21.7%)와 풍력(17.7%), 우주항공(14.6%) 순이다. 최근 지구 전체가 이산화탄소로 몸살을 앓으면서 자동차 경량화를 위한 탄소섬유 수요가 크게 늘고 있다. 탄소섬유로 자동차 차체 무게를 30% 줄이면 탄소섬유 1톤당 50톤의 이산화탄소가 감소한다. 심지어 탄소섬유로 항공기 동체 무게를 20% 줄이면 1400톤의 이산화탄소가 줄어든다.

탄소섬유는 전기차 제조에서 더욱 빛난다. 탄소섬유의 훌륭한 전기전도성 덕분이다. 전기차 프레임에 탄소섬유을 활용하면 무거운 리튬이온 배터리가 필요 없게 된다. 리튬이온 배터리의 가장 큰 문제점은 주행거리의 한계에 있는데, 가벼운 탄소섬유로 차체를 만들면 주행가능 거리가 늘어나게 된다.

탄소섬유는 수소차에서도 핵심소재로 분류된다. 수소차에는 700기압 압력에도 견딜 수 있는 내압용기가 들어가는데, 폭발사고의 위험을 차단하는 고강도 수소탱크 재질로 탄소섬유가 안성맞춤이다. 탄소섬유 대장주 **효성첨단소재**는 현대자동차의 수소전기차 '넥쏘'에 탄소섬유 공급 업체로 선정되었다.

소수점 거래

커피 한 잔 값으로 삼성전자 주주가 되는 방법

주식을 소수점 단위로 쪼개 살 수 있는 '소수점 거래' 서비스 도입이 논의 중이다. 소수점 거래는 주식을 1주가 아닌 0.1주 등 소수점 단위로 쪼개서 매매하는 방식이다. 예를 들어 1주당 96만 원(2021년 3월 4일 종가)인 엔씨소프트 주식을 9만6000원으로 0.1주 매수할 수 있다. 또 금액 단위로 거래하는 것도 가능하다. 예를 들어 현재 12만 원으로는 엔씨소프트 주식을 1주도 살 수 없지만, 소수점 거래가 허용되면 12만 원으로 엔씨소프트 주식 0.125주를 매수할 수 있다. 소수점 거래는 우량주에 대한 접근성을 높이고, 적은 금액으로 다양한 주식에 분산 투자할 수 있다는 장점이 있다.

고액 주식이 많은 미국, 영국 등 일부 국가에서는 소수점 거래를 허용하고 있다. 미국에서는 핀테크 업체 등이 금액 단위 거래와 소액 포트폴리오 서비스를 제공하고 있으며, 영국은 2020년 하반기부터 소수점 거래를 도입했다. 국내에서도 한국투자증권과 신한금융투자가 해외 주식을 소수점 단위로 팔고 있다(2019년 규제 특례사업으로 두 회사 지정). 암호화폐는 소수점 단위로 쪼개서 매매하는 것이 보편적이다. 예를 들어 비트코인은 1개에 5천만 원이 넘는데, 5천 원을 내고 0.00008987개를 살 수 있다.

금융위원회가 2019년부터 소수점 거래 허용 방안을 검토하고 있지만, 제도 정착까지는 난관이 적지 않다. 현행 국내 주식 발행과 유통을 규제하는 '상법'상 주식은 1주를 최소 단위로 보고 있다. 또 한국거래소와 예탁결제원 등의 거래·결제 시스템도 1주 미만은 거래할 수 없도록 설계돼 있다. 주주명부에 이름을 올리지 못하는 소수점 주주를 위한 유·무상증자, 주식분할, 배당 등의 권리 보호와 의결권 부여 방안도 마련되어야 한다.

디폴트·모라토리엄

먼 나라의 디폴트 소문만으로
당신의 주식을 휴지로 만들 수 있다

'디폴트(default)'는 '채무불이행'이란 뜻의 영어단어로, 채무자가 빚의 원금이나 이자를 애초 계약대로 이행할 수 없는 처지에 빠진 상황을 일컫는다. 그런데 아주 가끔씩 디폴트가 전 세계 증시를 한꺼번에 곤두박질치게 할 때가 있다. 바로 나라가 디폴트에 빠졌다는 소문이 도는 경우다. 2010년 6월 4일 그리스를 비롯한 남유럽 국가들이 금융 불안을 겪고 있던 와중에 헝가리 빅토르 오르반 총리 대변인이 꺼낸 디폴트 발언은 전 세계 증시를 송두리째 추락시켰다. 문제의 발언이 불거진 날 미국의 다우존스지수는 전날보다 324.06포인트 떨어지면서 1만선이 무너졌다. S&P500과 나스닥 지수도 마찬가지였다. 영국, 프랑스, 독일 등 유럽 국가들의 증시 또한 하락세를 면치 못했다. 한국의 코스피지수도 26% 이상 급락했다. 디폴트 발언만으로 전 세계 증시가 출렁거린 이유는, 글로벌 경제가 국경을 넘어 톱니바퀴처럼 서로 밀접하게 연결된 탓이다.

다행히도 당시 디폴트는 일어나지 않았다. 디폴트 위기에 직면했을 뿐이었다. 실제로 국가부도에 해당하는 디폴트 사례는 드물다. 2006년 중남미의 작은 나라 벨리즈가 디폴트를 선언한 유일한 나라로 기록돼 있다. 한국이 1997년에 IMF 구제금융을 받은 경우도 디폴트가 아니라 디폴트 위험에 처해 모라토리엄(moratorium)을 선언한 것이다. 모라토리엄은 부채를 제때 갚지 못해 상환을 미루는 것이다. 모라토리엄은 '늦추다'라는 뜻을 가진 라틴어 'morari'에서 파생되었다. 아무튼 투자자들로서는 세계 어느 나라에서든 디폴트의 '디'자만 나와도 두려울 수밖에 없겠다. 주가 폭락을 감내해야 하기 때문이다.

음료주

우유는 흐림, 탄산과 생수는 맑음

음료 업계의 카테고리 안에는 매우 다양한 사업군이 포진해 있다. 탄산음료와 주스, 우유, 생수, 커피 등이 대표적인 사업군을 형성하며 셀 수 없을 만큼 수많은 회사들이 속해 있다. 하지만 증시에서 유의미한 상장사는 손에 꼽을 정도로 적다. 그 가운데 탄산음료에서 주스, 커피, 생수에 이르기까지 거의 모든 음료사업을 망라하는 롯데칠성음료가 대장주로 꼽힌다. 코로나19 여파로 배달음식 시장이 커지면서 탄산음료('칠성사이다', '펩시콜라') 사업 실적 호조가 두드러진다. '코카콜라'와 '환타' 등을 제조·판매하는 LG생활건강(refreshing사업부, 매출 비중 19%)도 있지만, 증시에서 음료주로 분류되진 않는다.

우유 및 유제품 업계는 서울우유(협동조합)와 남양유업, 매일유업이 시장점유율 70% 이상을 차지하는 대표적인 과점 시장이다. 맏형 서울우유가 비상장사라 주식시장에서는 매일유업과 남양유업, 그리고 '바나나맛우유'로 유명한 빙그레가 회자된다. 지난해 코로나19로 정상적인 등교가 이뤄지지 않으면서 급식우유 수요가 급감하자 우유회사마다 실적 부진에 빠졌다. 지난해 해태제과의 아이스크림 사업을 인수한 빙그레 정도만 눈여겨 볼만하다.

우유 시장과는 정반대로 생수 시장의 성장은 무서울 정도다. 국내 생수 시장은 최근 5년 간 연평균 10% 이상 성장했다. 코로나19 여파로 '집콕족'이 늘면서 생수 수요가 급증한 데다 수돗물 유충 사태로 먹는 물에 대한 관심이 늘면서 지난해 시장 규모가 처음으로 1조 원을 돌파했다. 생수 대장주인 광동제약('제주삼다수' 유통사, 시장점유율 40.1%)과 롯데칠성음료('아이시스', 시장점유율 13.3%)가 수혜주로 꼽힌다.

올빼미 공시

악재를 연휴 전날 은근슬쩍 공시

Thursday 326

우리나라 주식시장은 매주 토요일과 일요일, 법정 공휴일 및 매년 마지막 날(12월 31일)은 휴장한다. 보통의 직장인이라면 설레는 마음으로 연휴를 손꼽아 기다리지만, 주식투자자들은 연휴를 앞두고도 긴장을 풀 수 없다. 바로 연휴마다 기승을 부리는 '올빼미 공시' 때문이다.

올빼미 공시는 주가에 영향을 미칠 수 있는 주요 내용을 주식 거래가 끝나고 난 뒤 늦은 시간이나 연휴 직전 매매일, 연말 폐장일 오후 늦게 공시하는 것이다. 악재성 정보를 미리 공시할 수 있음에도 주가 하락을 막을 의도로 투자자들의 관심이 줄어드는 시기를 틈타 은근슬쩍 공시해 '얌체 공시' 논란을 불러일으키고 있다.

장 마감 후 올라오는 공시에는 증권사의 증권발행실적보고서, 대량보유상황보고서 등 주가에 크게 영향을 미치지 않는 일상적인 공시도 있다. 하지만 소송, 단기차입금 증가, 공급계약 해지, 최대주주 변경 등의 공시는 주가 하락으로 이어질 수 있는 내용이다. 올빼미 공시가 불법은 아니다. 하지만 투자자들이 공시에 적절히 대응할 기회를 앗아가고, 시장의 신뢰를 떨어트린다는 점에서 문제가 된다.

어린이날 연휴를 앞둔 2019년 5월 3일에 장이 마감한 후 코오롱티슈진은 2건의 공시를 내보냈다. 미국 FDA로부터 골관절염 치료제 인보사의 임상3상 중지 통보를 받았다는 내용과 인보사에 허가되지 않은 성분이 포함되어 있음을 이미 2년 전부터 파악하고 있었다는 내용이었다. 투자자와 시장의 신뢰를 깨트린 코오롱티슈진은 이후 상장폐지 위기에 몰렸고, 2020년 12월 17일 한국거래소 기업심사위원회로부터 1년의 개선 기간을 부여 받았다.

농심

시장점유율 부동의 1위, 영업이익률은 고민거리

국내 라면 업계 대장주 농심이 지난해 사상 최대 매출과 영업이익을 거뒀다. 코로나19 사태로 집밥 수요가 급증한 덕을 톡톡히 봤다. 농심은 지난해 연결 기준 매출이 전년 대비 12.6% 늘어난 2조6398억 원을 기록했다. 무엇보다 주목을 끄는 건 영업이익이다. 영업이익이 전년 대비 무려 103% 이상 증가한 1603억 원을 거뒀기 때문이다. 순이익도 전년 대비 109% 늘어난 1490억 원으로 집계됐다.

농심의 실적에서 특히 주목해야 할 점은 이익 부문이다. 농심은 국내 라면 시장점유율 1위 회사에 걸맞게 판관비 부담이 높아 이익률에서 고전을 면치 못했다. 농심의 이익 부문이 반등한 이유는 해외시장에서 브랜드 가치가 크게 상승했기 때문이다. 영화 〈기생충〉에 등장한 '짜파구리(짜파게티+너구리)' 영향이 컸고, 미국 「뉴욕타임스」가 운영하는 리뷰사이트 '와이어커터'에서 '세계에서 가장 맛있는 라면'으로 '신라면블랙'이 선정되는 호재도 누렸다. 덕분에 지난해 농심은 해외 매출에서도 9억9000만 달러로 역대 최고치를 달성했다. 하지만 올해 농심의 실적은 신중하게 살펴봐야 한다. 제품원가의 50% 이상을 차지하는 소맥분과 팜유 가격이 최근 1년 동안 각각 18%, 37% 상승해 부담이 커졌기 때문이다. 증권가에서 올해 농심의 영업이익 증가율이 감소할 수도 있다고 예상하는 이유다. 그럼에도 불구하고 농심의 시장지배력을 감안해 12개월 목표주가를 30만 원대 후반으로 상향 조정한 증권사들이 적지 않다. 하지만 지난해 7월 14일 40만1500원으로 최고점을 찍은 뒤 올해 4월 중순까지 30만 원대에 미치지 못하며 긴 조정국면에 들어간 상태라 투자에 앞서 신중하게 접근할 필요가 있다.

면역항암제

돈이 몰리는 3세대 항암제

인공면역단백질을 체내에 주입해 면역세포가 선택적으로 암세포만을 공격하도록 유도하는 치료제다. 1세대 화학항암제, 2세대 표적항암제에 이어 3세대 항암제로 불린다. 화학항암제는 암세포만 공격하지 않고 정상세포까지 공격해 환자들에게 적지 않은 고통을 초래한다. 2세대인 표적항암제는 암세포 유발 단백질만을 표적으로 삼아 부작용은 줄였지만 계속 쓰면 내성이 생겨 효과가 떨어진다. 이에 비해 면역항암제는 환자의 몸속 면역체계를 활용해 부작용이 드물고 생존기간도 길다.

전 세계적으로 면역항암제 시장은 꾸준히 성장하고 있다. 2018년부터 연평균 성장률이 19%에 달해 2024년이면 약 480억 달러(58조 원) 규모에 이를 전망이다. 글로벌 바이오 기업들이 면역항암제 개발을 서두르는 이유다.

하지만 면역항암제가 모든 암을 완벽하게 정복하려면 시간이 좀 더 필요해 보인다. 비소세포폐암, 신장암, 방광암 등으로 적용범위를 넓혀 가고 있지만, 아직 적용가능한 환자는 많지 않다. 회당 치료비용도 1000만 원 이상으로 비싸다.

국내에서는 유한양행, 보령제약, 종근당 등 대형 제약사에서부터 에이비엘바이오, 지놈앤컴퍼니, 제넥신 등 소규모 바이오 기업에 이르기까지 여러 업체가 면역항암제 시장에 뛰어들었다. 이 가운데 에이비엘바이오는 미국 FDA에서 이중항체 면역항암제 ABL503의 임상1상을 승인 받아 주목을 끈다. 하지만 아직 임상1상이라 이른바 '바이오 잭팟'을 터트리려면 갈 길이 멀다. 에이비엘바이오는 지난해 손실 폭이 전년보다 더욱 커졌는데, 적지 않은 연구개발비 탓이다. 바이오 기업으로 성장하기 위한 통과의례다.

그래핀

'꿈'의 신소재, 다만 투자는 '현실'이다

'꿈의 신소재'라는 수식어가 따라다니는 화학소재가 있다. 주식시장에서 단골로 등장하는 '그래핀(graphene)'이 그 주인공이다. 연필심으로 쓰이는 흑연을 가리키는 '그래파이트(graphite)'와 탄소이중결합을 가진 분자를 뜻하는 접미사 '-ene'가 만나 그래핀이 됐다. 2004년경 영국 출신 과학자 안드레 가임은 상온에서 완벽한 2차원 구조의 그래핀을 추출해냈다. 그는 스카치테이프의 접착력을 이용해 흑연에서 간단하게 그래핀을 떼어냈다고 했다. 그리고 과학적 업적을 높게 평가 받아 2010년 노벨물리학상을 수상해 세상을 떠들썩하게 했다.

중요한 건 '꿈의 신소재'로 불릴 만큼 놀라운 그래핀의 능력이다. 그래핀은 구리보다 100배 이상 전기가 잘 통하고, 반도체에 많이 쓰이는 실리콘보다도 역시 100배 이상 전자의 이동성이 빠르다. 강도는 강철보다 200배 이상 강할 뿐만 아니라 최고의 열전도성을 자랑하는 다이아몬드보다도 열전도성이 높다. 그럼에도 불구하고 그래핀의 두께는 0.2nm(1nm은 10억 분의 1m) 정도로 엄청나게 얇다. 이쯤 되니 그래핀의 활용도에 대한 기대치가 하늘을 찌른다. 높은 전기적 특성을 통한 초고속 반도체, 투명전극을 활용한 휘는 디스플레이, 높은 전도도를 이용한 고효율 태양전지 등의 소재로 그래핀은 자주 소환된다. 하지만, 투자적 관점에서는 그래핀의 수식어 '꿈의 신소재' 중에 '꿈'이라는 말을 되새겨 볼 필요가 있다. 한마디로 다양한 산업에 적용하기 위해 그래핀을 대량 생산하기에는 아직 갈 길이 한참 멀다는 얘기다. 주식시장에서 그래핀을 염두에 두고 투자를 고려한다면, 잠시 흥분을 가라앉히고 냉정해질 필요가 있다. 투자는 '꿈'이 아니라 '현실'이기 때문이다.

오버슈팅 · 언더슈팅

경제 변수들의 시차를 이용해 매매 타이밍 잡기

Monday
330

2018학년도 대학수학능력시험 국어영역을 풀던 수험생들은 비문학 지문을 읽다가 패닉 상태에 빠졌다. 국어영역 지문에 '환율의 오버슈팅 현상'에 관한 내용이 등장했기 때문이다. 오버슈팅과 관련한 6개 문항은 한국은행 직원도 2개나 틀릴 정도로 어렵다고 평가 받았다.

한국은행 직원마저 식은땀 흘리게 한 오버슈팅(overshooting)은 경제학자 루디 도른부슈가 환율이나 주가 등 빠르게 변하는 경제 변수들의 변동성을 설명하기 위해 제시한 이론 중 하나다. 환율이나 주가 등 경제 변수가 경제에 어떤 충격이 가해졌을 때 이론가격 이상으로 폭등하는 것을 오버슈팅이라고 한다. 반대로 이론가격 이하로 폭락하는 경우를 언더슈팅(undershooting)이라고 한다. 경제 변수들은 일시적으로 폭등·폭락했다가 장기적으로 균형을 찾아간다.

경제 변수는 상대적으로 빠르게 변하는 변수(고속변수)와 느리게 변하는 변수(저속변수)로 나눌 수 있다. 환율이나 주가는 대표적인 고속변수이고, 물가는 저속변수다. 도른부슈는 고속변수와 저속변수가 균형을 찾는 과정에서, 저속변수의 변화가 느리기 때문에 고속변수가 균형 수준을 넘어 급등하거나 급락하는 형상이 나타난다고 분석했다.

주가는 미래에 대한 예상을 반영해 결정된다. 따라서 끊임없이 등락을 거듭하며 기업의 실질적인 가치와 균형을 찾아 움직이는 경향이 있다. 주식시장에서 오버슈팅은 일시적 폭등, 언더슈팅은 일시적 폭락이라고 볼 수 있다. 오버슈팅과 언더슈팅을 매매에 이용하면, 차익을 얻을 수 있다. 오버슈팅이 발생하면 매도 기회, 언더슈팅이 발생하면 매수 기회가 생긴다.

퍼플오션

Tuesday 331

시뻘건 레드오션에 '혁신'이란 파란색을 덧칠하면

피비린내 나는 전쟁터가 떠오를 만큼 경쟁이 치열한 레드오션과 달리, 블루오션은 광활한 푸른 바다처럼 성장잠재력이 무한한 미개척 시장이다. 한편 퍼플오션은 레드오션과 블루오션의 중간 정도에 존재하는 시장 혹은 상품을 가리킨다.

과거에 없었던 완전히 새로운 시장을 개척하는 블루오션은 시간과 비용이 적지 않게 소요될 뿐 아니라 성공 확률도 낮다. 차라리 원래 있었던 레드오션 시장에서 발상의 전환을 통해 조금 다른 전략으로 상품과 서비스를 창출하는 게 훨씬 효과적인데, 이것이 바로 퍼플오션이다. 레드(red)와 블루(blue)를 혼합해서 나오는 색이 퍼플(purple)이란 사실에서 착안한 개념이다.

시장에는 퍼플오션의 산물이 적지 않다. 이를테면 폴더블폰은 대표적인 퍼플오션으로 꼽힌다. 스마트폰은 한때 블루오션이었지만 시장참여자들이 늘어나면서 경쟁이 치열한 레드오션이 됐다. 스마트폰을 능가하는 완전히 새로운 모바일기기를 만들기 위해서는 엄청난 시간과 비용이 소요될 게 뻔하다. 또 반드시 성공한다는 보장도 없다.

삼성전자는 소비자가 원하는 단순한 니즈에 혁신적인 아이디어를 보태 폴더블폰 개발에 성공했다. 휴대폰 크기는 그대로면서 화면이 커지려면 기기를 접는 것 말고는 다른 방법이 없다고 생각했고, 접히는 액정 기술을 고안해 폴더블폰을 탄생시킨 것이다. 하나의 소재(콘텐츠)로 다양한 상품을 만드는 '원 소스 멀티 유즈(one source multi use)'도 퍼플오션이라 할 수 있다. 소설이나 웹툰으로 영화나 드라마를 만들거나, 영화 속 캐릭터로 완구 혹은 다양한 생활용품에 활용하는 경우가 여기에 해당된다.

주류주

코로나19 직격탄 속에서도 이익 급증한 주류회사는?

국내 주류 산업은 소주와 맥주가 절대적인 비중을 차지한다. 물론 막걸리와 위스키, 와인 등도 있지만, 투자처로서 의미를 갖기에는 시장 규모가 영세하다. 맥주는 줄곧 선두를 지켜온 '카스'의 OB맥주를 '테라'의 하이트진로가 맹추격하고 있다. OB맥주(사장점유율 50% 내외)가 하이트진로(시장점유율 30% 내외)를 여전히 앞서고 있긴 하지만, OB맥주로서는 '테라'의 무서운 질주가 고민거리다. 최근 OB맥주는 신제품 '한맥'을 초록병으로 출시해 '테라'에 맞불전략으로 대응하고 나섰다. 다만 외국계회사 AB인베브가 대주주인 OB맥주는 비상장사라 국내 증시에서 관심을 갖기는 사실상 곤란하다.

소주 시장은 소비가 젊은 층으로 확산됨에 따라 도수를 내리는 이른바 '저도 경쟁'이 한창인 가운데, 하이트진로의 '참이슬'·'진로이즈백'의 아성에 롯데칠성음료의 '처음처럼'이 크게 밀리는 형국이다. 결국 롯데칠성음료는 '처음처럼'을 16.5도까지 낮추는 전략을 선택했다.

코로나19 여파로 회식문화가 실종되면서 지난해 주류 시장은 힘든 시기를 보내야 했다. 업계에서는 백신 효과에 기대를 걸고 있다. 하반기로 갈수록 감염률이 떨어져 유흥 시장이 살아날 경우 주류 소비량도 늘 것으로 예상하는 것이다.

투자적 관점에서는 소주와 맥주 모두 선전 중인 하이트진로가 최우선주로 꼽힌다. 하이트진로는 지난해 가정용 채널을 적극 공략하면서 코로나19에도 불구하고 영업이익이 전년 대비 무려 125% 증가했고, 순이익도 흑자전환에 성공했다. 올해 하반기에 코로나19가 진정 추세에 접어들면서 시장이 반등하면 하이트진로의 실적은 더욱 오를 가능성이 높다.

Thursday 333

흑자도산

이익을 냈는데 금고는 '텅텅'

코로나19 팬데믹으로 초유의 현금난을 겪는 기업이 적지 않다. 경제 전문가들은 기업 유동성 문제가 장기화하면 기업이 장부상으로는 이익을 내면서도 부도가 나는 '흑자도산'이 벌어질 수 있다고 우려하고 있다. 일반적으로 기업이 도산할 때는 적자가 과도하게 발생한다. 하지만 재무제표로 보면 기업이 분명 이익(흑자)을 내는 상태인데도 어떤 이유로 자금 흐름이 어려워져 도산하는 경우가 있다. 이를 흑자도산이라고 한다. 대내외적으로 경기가 악화하면 흑자도산 기업이 늘어난다.

설비 등에 대규모 투자가 이뤄지거나 매출채권의 회수 연기, 거래처 도산, 투자한 금융상품에서 큰 손실이 발생하는 등 자금 문제가 복합적으로 발생하면서 유동성 위기에 봉착하면 부도 위험이 커진다. 액정표시장치의 백라이트 유닛을 제조하는 태산엘시디는 2008년 상반기 매출 3441억 원, 영업이익 114억 원의 중견기업이었다. 그러나 미국발 금융위기로 환율이 급등하면서 환율 변동 위험 분산 상품인 '키코(KIKO)' 평가손실이 2008년 상반기에만 806억 원에 달했다. 태산엘시디는 파생상품 평가손실이 눈덩이처럼 불어나 결국 흑자도산했다.

손익계산서에 기록된 이익과 회사가 실제 보유한 현금에는 차이가 있다. 손익계산서는 수익과 비용이 발생한 시점에 손익을 인식하는 '발생주의'에 근거해 작성하기 때문에, 돈을 못 받고 매출을 올려도 매출액은 증가한다. 손익계산서의 이익과 현금 불일치를 보완하고자 만든 것이 현금흐름표다. 현금흐름표는 기업의 현금가용능력을 보여준다. 이익과 현금흐름표상 현금 흐름의 괴리가 크다면 유동성 위기 가능성을 예측해 볼 수 있다.

KT&G

안정적인 실적에도 성장성이 약하니 주가도 별로

KT&G는 지난해 사상 최대 실적을 올렸다. 영업이익이 1조4824억 원으로 전년 대비 7.5% 증가했다. 매출은 5조3016억 원으로 6.8%, 순이익은 1조1731억 원으로 13.1% 늘었다. 연 매출이 5조 원을 넘은 것은 창사 이래 처음이다. KT&G가 코로나19 여파로 담배 면세 판매가 급감했고 인삼 사업이 부진했는데도 호실적을 낸 것은 뜻밖에도 부동산 분양사업 덕분이다.

KT&G를 담배와 인삼 사업만 하는 회사로 알면 오산이다. 물론 담배와 인삼이 매출의 70%를 차지한다. 부동산 사업은 비중이 10% 안팎이지만 제법 알토란이다. 최근 3년간 KT&G의 부동산 실적이 가파르게 향상된 것은 수원 화서 푸르지오 분양사업 덕분이다. 이곳은 과거 담배공장 부지로, 대우건설이 시공을 맡은 수원 화서역 푸르지오가 높은 경쟁률을 기록하며 완판됐다. 4000세대 가까운 대단지에서 나오는 계약금·중도금 등 현금 흐름이 KT&G 실적 향상으로 연결됐다.

KT&G의 또 다른 투자매력은 안정적인 순이익에 따른 배당이다. KT&G는 매년 1조 원 내외의 순이익을 올린다. 업황에 따라 배당이 감소하는 여타 배당주와 다르다. 지난 20년간 배당을 줄인 적이 거의 없다. KT&G의 올해 배당수익률은 5.5%다. 재무구조도 대단히 탄탄하다. KT&G는 2000년 이후 회사채를 한 번도 발행하지 않았다. 빚을 낼 필요가 없기 때문이다.

KT&G의 주가는 안정적이지만 목표주가는 11만 원선에 머문다. 2021년 기준 주가수익비율(PER)은 10.2배로 글로벌 경쟁사(12~13배) 대비 저평가되었다. 그럼에도 증권가에서 KT&G의 목표주가를 상향 조정하지 않는 것은 성장 모멘텀이 부족하기 때문이다. KT&G가 풀어야 할 숙제다.

세포치료제

성장성 높지만 단기 투자는 위험

환자 본인이나 타인 등으로부터 살아 있는 세포를 추출해 물리적·화학적·생물학적 방법으로 조작하여 인체에 주입하는 치료제다. 인류가 암 등 희귀병을 정복하기 위한 차세대 치료제로 불린다. CAR-T치료제와 NK치료제 및 이 둘을 보완한 CAR-NK치료제 등이 있다.

CAR-T치료제는 환자 혈액에서 얻은 면역세포(T세포)와 암을 잘 인지하는 키메릭 항원 수용체(CAR)를 유전자 조작으로 결합한 뒤 암세포를 추적해 공격하도록 배양한 약물이다. 해당 면역세포는 암세포만을 찾아 공격하기 때문에 정상 세포 손상은 줄이면서 효과적으로 암세포를 없앨 수 있다.

NK세포는 선천적인 면역을 담당하는 혈액 속 백혈구의 일종이다. 바이러스에 감염된 세포 및 암세포를 공격하는 것에 그치지 않고 암이 재발하는데 가장 중요한 역할을 하는 암 줄기세포를 효과적으로 제어할 수 있다.

CAR-T치료제가 미국 FDA에 최초로 승인 받았던 2017년경에 약 11억 달러(1조2000억 원)에 그쳤던 줄기세포 시장은 2025년에 120억 달러(13조 원) 규모로 크게 성장할 전망이다. 암은 인류의 생존에 가장 치명적인 질환인 만큼, 세포치료제는 바이오 산업에서 뜨거운 감자일 수밖에 없다. 증시에서 세포치료제 종목이 크게 주목 받는 이유다.

투자적 관점에서는 세포치료제 플랫폼 기술을 보유한 녹십자랩셀, NK치료제 개발 및 진단키트 회사 엔케이맥스, 최근 CAR-T치료제 임상1상에 나선 앱클론 등이 꼽힌다. 이들은 여전히 연구·개발 및 임상 과정에 있어서 당장 가시적인 실적을 기대하기는 어렵다. 따라서 세포치료제 이슈만으로 단기적인 차익 실현을 위한 투자는 위험할 수 있다.

데이터센터

구글이 '서버 호텔'에 돈을 아끼지 않는 이유

데이터센터는 기업용 서버들을 모아둔 물리적 공간으로, '서버 호텔'이라 불리기도 한다. 초대형 데이터센터의 경우 최소 10만 대 이상의 서버를 보유하고 있다.

구글은 세계에서 가장 큰 규모의 데이터센터를 운영하고 있다. 구글은 자신의 데이터센터를 '인터넷이 사는 곳'이라 부른다. 구글코리아의 자료에 따르면, 181개 나라에서 146개 언어를 사용해서 발생하는 하루 평균 검색 건수가 10억 건에 달한다. 매일 입력되는 검색어 중에서 16%는 새로 생기는 검색어다. 2003년 이후 새로 입력된 검색어는 4500억 개에 이르며, 검색 결과를 보여 주는 데 걸리는 시간은 평균 0.25초에 불과하다. 이처럼 많은 정보를 빠르게 처리하려면 대형 데이터센터는 필수적이다.

지난해 데이터센터를 가장 많이 늘린 기업 역시 구글이었다. 지난해 3분기까지 구글과 아마존, 마이크로소프트 등 초대형 데이터센터를 운영하는 20개 기업의 자본 지출은 990억 달러(약 108조 원)를 기록했다.

최근 데이터센터가 급격히 늘어난 이유는 클라우드 서비스 수요가 폭증했기 때문이다. 팬데믹 사태 이후 비대면 거래, 원격근무 등이 확산된 영향이 컸다. 실제로 지난 2년 동안 전 세계에 걸쳐 100개가 넘는 초대형 데이터센터가 설립되었는데, 그 중 52개가 코로나19가 터진 2020년에 가동됐다.

데이터센터의 성장은 이제 시작에 불과하다. 글로벌 시장은 2018년부터 연평균 19% 성장하고 있으며, 2023년에 4370억 달러(500조 원)에 이를 전망이다. 국내에는 2019년 기준 158개의 데이터센터가 가동 중이며, 2025년까지 32개가 추가로 구축될 예정이다.

스튜어드십 코드

기관투자자의 적극적인 경영 참여

최근 중대재해사고가 잇따라 발생한 포스코의 2021년 주주총회 최대 관심사는 최정우 회장 연임과 국민연금의 '스튜어드십 코드(stewardship code)' 실행 여부였다. 스튜어드십 코드는 기관투자자들이 집사(steward)처럼 고객 재산을 관리하기 위해 투자기업의 의사결정에 적극적으로 개입하라는 국제 지침이다. '수탁자책임 원칙'이라고도 한다. 스튜어드십 코드는 주주의 권리와 이익을 극대화하고, 기업의 투명한 경영, 지배구조 개선 등을 목적으로 한다. 스튜어드십 코드는 2008년 금융위기가 기관투자자들이 금융회사 경영진의 잘못된 위험 관리를 견제하지 못했기 때문에 촉발되었다는 자성에서 비롯됐다. 2010년 영국을 시작으로 네덜란드·캐나다·스위스·일본·홍콩 등 10여 개 국가가 도입했다. 우리나라는 2016년 말 연기금과 기관투자자의 스튜어드십 코드 시행을 주요 정책 과제로 제시하면서 논의가 본격화되었으며, 2018년 국민연금의 스튜어드십 코드 도입이 결정됐다.

국민연금의 스튜어드십 코드 도입은 상징적 의미가 크다. 국민연금이 여러 기관투자자의 롤모델 역할을 할 뿐만 아니라, 운용 기금이 833조 원(2020년 연말 기준)을 넘는 거대 자본이기 때문이다. 국민연금이 5% 이상 지분을 가진 기업은 약 300개(코스닥·코스피 합쳐 약 15%) 정도다. 그리고 우리나라를 대표하는 대기업의 10%가량은 국민연금이 2대 주주 정도의 지위를 가지고 있다. 그래서 국민연금이 본격적으로 기업의 의사결정에 참여해 경영 개선을 요구하거나 이사 선임과 해임 등을 요구하면 파급효과가 상당히 클 것이다. 한편에서는 국민연금이 주주의 이익보다는 국가 정책이나 공공성에 따라 운용돼 '연금사회주의'를 초래할 수 있다는 우려를 제기하고 있다.

구독경제

'소유의 시대'에서 '가입과 이용의 시대'로

구독경제는 매달 일정 요금을 내고 필요한 물건이나 서비스를 주기적으로 받아쓰던 방식이 경제 트렌드의 한 형태로 자리 잡은 현상을 말한다. 과거 구독의 대상이 신문이나 잡지, 우유 등에 국한됐다면, 넷플릭스는 구독 방식이 얼마나 거대한 시장을 창출할 수 있는지를 보여줬다. 이를테면 매월 이용료(구독료)를 지불하면 영화를 무제한으로 볼 수 있듯이, 매월 특정 상품을 무제한으로 이용하는 소비 시장이 다양한 산업으로 침투해 들어간 것이다. 전자책과 음원 등 콘텐츠에서 정수기와 에어컨, 안마의자 등 가전제품은 물론, 자동차에 이르기까지 구독경제 방식으로 이용하는 서비스와 상품이 확장되고 있다.

경제학자들은 구독경제의 확산 현상을 '효용이론'으로 설명한다. 제한된 자원과 비용으로 최대한의 만족을 얻으려는 욕망에서 비롯됐다는 것이다. 미국의 미래학자 제레미 리프킨은 20여 년 전 『The Age of Access』(국내 번역명: 소유의 종말)란 책에서 '소유' 대신 '가입'과 '접속'을 통한 이용의 시대가 도래할 것임을 예견한 바 있다.

구독경제는 크게 무제한이용, 정기배송, 렌털 등의 방식으로 이뤄진다. 투자적 관점에서 구독경제 관련 수혜주를 꼽는다면, 자동차 및 주방가전(SK매직) 렌털 사업을 영위하는 SK네트웍스와 함께 정수기와 공기청정기, 비데, 연수기 등 환경가전 전문 렌털 사업에서 독보적인 코웨이가 있다. 코웨이는 국내 렌털 업체 가운데 유일하게 품목 다변화에 성공한 회사다. 정수기와 공기청정기 등 값비싼 환경가전의 경우 렌털 방식으로 구입하는 게 보편화되면서 구독경제 방식에 관한 노하우가 가장 많이 축적된 회사로 꼽힌다.

화장품주

세계 최대 화장품 ODM 기업을 주목해야

코로나19 사태는 국내 화장품 업계에 적지 않은 충격을 가져왔다. 비대면이 일상화되면서 재택근무가 늘고 외출이 줄면서 화장품 소비도 급감한 것이다. 아울러 외국인 여행객까지 사라지면서 화장품 회사의 면세점 매출도 동반 하락했다.

화장품 업계에서 가장 중요한 키워드는 수출 1위 시장인 '중국'이다. 지난 2017년 사드사태로 인한 한한령으로 화장품 회사마다 중국 매출이 곤두박질쳤다. 증시에서 화장품주가 받은 타격도 이만저만이 아니었다. 다행히 올해 초 문재인 대통령이 시진핑 중국 국가주석과 전화 통화로 2021년과 2022년을 '한중문화교류의 해'로 선포했다는 소식이 전해지면서 화장품주가 들썩이고 있다.

투자적 관점에서는 매년 11월 11일에 열리는 중국판 프라이데이 '광군제(207쪽)'를 주목할 필요가 있다. 광군제를 전후로 국내 화장품 회사의 중국 매출이 크게 오를 가능성이 높기 때문이다. 실제로 지난해 화장품 대장주 아모레퍼시픽의 주가가 1년 내내 15만 원선을 밑돌다가 11월 이후 반등하기 시작해 올해 1월 25일 25만4000원으로 최고점을 찍었다.

화장품주 최선호주로는 업계 1, 2위를 다투는 LG생활건강과 아모레퍼시픽 보다는 세계 최대 화장품 ODM(제조자개발생산) 기업인 코스맥스가 꼽힌다. 지난해 최대 실적을 기록한 코스맥스는 최근 상하이와 광저우 법인의 주문 수량이 두 자릿수로 급증하며 주가 상승을 떠받치고 있다. 한한령 해제 움직임 속에서 화장품 업계가 회복세를 보이는 와중에도 코스맥스의 주가는 대형 브랜드사 대비 저평가돼 있음을 기억해 둘 필요가 있다.

5%룰

단 1%라도 지분 변동이 발생하면 공시하라!

'5%룰'은 상장기업의 의결권 있는 주식을 5% 이상 보유하게 된 자는 지분 변동 상황을 금융위원회와 한국거래소에 5일 이내에 보고하고 공시하도록 의무화한 제도다. '대량 보유 보고 의무'라고도 한다. 5% 이상 지분을 보유한 상태에서 1% 이상의 지분 변동이 생기면 5일 이내에 신고 공시를 해야 한다. 5%룰에 따른 공시는 '주식 등의 대량 보유 상황 보고서'라는 제목으로 하게 된다. 적대적 M&A(90쪽) 세력 같은 투기 목적의 자금 유입을 방어하고, 경영권에 대한 투명성을 확보하며, 투자자를 보호할 목적으로 5%룰을 마련했다. 5%룰 신고 지분은 특수관계인이나 공동보유자 지분을 합산한다. 특수관계인은 6촌 이내의 부계혈족 등 친인척과 30% 이상 출자 법인, 공동보유자는 공동으로 지분을 취득·처분하기로 약정을 맺었거나 의결권을 행사하기로 약속한 관계자들을 말한다. 내부 정보를 얻기 쉬운 위치에 있는 회사 임원들도 지분 공시 의무가 있다. 임원이 된 자는 보유 지분을 5일 이내에 신고 공시해야 하며, 이후 단 1주라도 변동이 발생하면 5일 이내에 신고 공시해야 한다.

2020년 개정 '자본시장법시행령'은 국민연금 등 기관투자자의 5%룰 적용을 완화했다. 기관투자자가 투자기업의 의사결정에 적극적으로 개입하는 스튜어드십 코드(360쪽)를 정착시키고, 기관투자자의 지분 변동 공시에 따른 추종 매매로 시장이 혼란해지는 문제를 해결하기 위해서다. 개정 '자본시장법'은 배당 요구, 지배구조 개선을 위한 정관 변경 추진, '상법' 상 위법행위 금지 청구권 등을 '경영권에 영향을 주기 위한 행위'에서 제외했다. 이에 따라 기관투자자는 지분 변동 상황을 지분 변동이 있었던 달의 다음 달 10일까지 공시할 수 있게 됐다.

오리온

모든 업종 통틀어 영업이익률 1위 회사

국내 제과 업계 1등자리를 두고 롯데제과와 경쟁해오고 있다. 지난해 오리온의 매출액은 전년 대비 10.2% 상승한 2조2450억 원을 기록해 2조1504억 원을 거둔 롯데제과를 근소하게 앞섰다. 영업이익은 전년 대비 14% 오른 3967억 원이다. 롯데제과도 전년 대비 25% 올랐지만 1404억 원에 그쳤다.

오리온의 실적 가운데 돋보이는 것은 영업이익률 부문이다. 오리온은 영업이익률이 17%를 웃돈다. 롯데제과와의 영업이익률이 5%에도 미치지 못하는 것과 비교된다. 영업이익률만 놓고 보면 모든 업종을 통틀어 국내 1위다. 최고 영업이익률을 자랑하는 삼성전자(15.5%)와 SK하이닉스(15.7%)도 넘어섰다. IT 기업이나 고부가가치 산업의 경우 영업이익률이 높은 편이다. 애플이나 구글은 20~30%의 영업이익률을 유지하고 있다. 오리온은 고부가가치 산업이 아닌 식품 산업에서 높은 영업이익률을 기록했다는 점에서 더 주목 받는다. 식품 산업에서는 영업이익률이 5%만 나와도 양호하기 때문이다.

오리온의 놀라운 영업이익률 비결은 효율적인 재고관리에 있다. 판매량을 실시간으로 파악해 생산에 반영하여 재고량이나 반품을 최소화한다. 통상 제과 업계 반품률은 2~3% 수준이지만 오리온은 0.5~0.6%선에 그친다. 해외 사업을 확대하는 과정에서 원재료 구입을 일원화한 점도 중요하다. 오리온은 해외 법인이 각각 원재료를 구매하지 않고 국내 법인이 한꺼번에 구입한다. 경쟁사에서 찾아보기 힘든 영업전략 역시 주목을 끈다. 제과 업계는 '1+1 할인행사'가 일상화되어 있지만 오리온은 할인행사를 없애면서 판촉비를 크게 줄였다. 높은 영업이익률은 종종 주가 상승으로 이어진다. 증권가에서 오리온의 평균 목표주가를 17만 원대로 상향 조정하는 것은 결코 지나치지 않다.

항체치료제

투자에 신중해야 하는 이유

인체가 세균이나 바이러스 등에 감염된 후 이에 대항하여 만들어낸 항체 중 특정 병원체를 가장 효과적으로 무력화할 수 있는 것을 선별하여 만든 치료제를 가리킨다. 전염병, 자가면역질환, 류머티즘, 암 등 다양한 질병 치료에 쓰인다. 우리 몸은 세균이나 바이러스 등 외부물질(항원)이 침투하면 면역체계가 항원에 대응하기 위해 항체를 만들어 내는데, 이 항체를 외부에서 만들어 투입해주는 게 항체치료제의 원리다. 항체는 항원(인체에 침입하여 면역 반응을 일으키게 하는 물질)에 대항하기 위해 혈액에서 생성된 단백질이다.

항체치료제가 유명해진 건 코로나19 때문이다. 코로나19 항체치료제의 경우, 중화항체(실제 바이러스를 무력화할 만한 힘을 가진 항체)를 바이러스의 표면(스파이크 단백질)에 결합시켜, 바이러스가 세포 내로 침입하지 못하도록 한다. 식약처에서 코로나19 치료제를 개발하기 위한 임상시험을 허가 받은 국내 기업은 14곳에 이르지만, 품목허가를 받은 국내 개발 치료제는 셀트리온의 항체치료제 '렉키로나주' 뿐이다. 렉키로나주는 3상 임상시험 결과 제출을 전제로 조건부 품목허가를 받았는데, 개발부터 허가까지 1년이 걸렸다.

하지만 렉키로나주에 기대어 셀트리온 주식을 살 거라면 좀 더 신중해질 필요가 있다. 변이바이러스의 등장으로 항체치료제에 대한 부정적인 견해들이 나오고 있기 때문이다. 하나의 항체는 특정 항원에만 정확하게 결합한다. 항체가 붙어야 하는 자리에 돌연변이가 생기면 중화항체는 제대로 작용하기 어려워지고, 오히려 증상을 악화시킬 수도 있다는 것이다. 2월 11일에 중앙방역대책본부는 렉키로나주의 효능평가 결과를 발표했는데, 영국 변이 바이러스에는 효과가 있는 반면, 남아공 변이 바이러스에는 효과가 거의 없다고 발표했다.

지정폐기물

진입장벽이 매우 높아 장기 투자처로 유리

폐기물 가운데 인체에 유해성이 있는 폐기물을 가리켜 지정폐기물이라 한다. 감염 위험이 높은 의료폐기물, 규모가 큰 건설폐기물 등이 대표적인 지정폐기물이다.

지정폐기물은 기술적인 이유로 일반폐기물에 비해 처리 단가가 높다. 더불어 님비현상*이 극심해 진입장벽이 매우 높다. 결국 늘어나는 수요에도 불구하고 처리업체는 한정적이다. 앞으로도 이러한 현상은 줄지 않을 것으로 보인다. 특히 쓰레기를 땅 속에 묻는 매립업의 경우 토지인수 절차가 까다로워 최소 5년의 기간이 소요되기 때문에 당장 신규 지정폐기물 업체의 시장 진입을 기대하기가 쉽지 않다.

결국 한동안 지정폐기물 처리에 있어서 수요와 공급의 불균형이 예상됨에 따라 처리단가가 하락하는 일은 좀체 벌어지지 않을 전망이다. 투자적 관점에서 지정폐기물 처리업체를 유심히 살펴봐야 할 이유다.

지정폐기물 업계에서 시장점유율을 판단하는 기준은 매립물 중 잔여용량인데, 티와이홀딩스의 계열사인 TSK코퍼레이션(비상장)이 국내 시장점유율 1위 업체로 주목을 끈다. 건설폐기물 중에서 지정폐기물이 적지 않기 때문에 건설사와 밀접한 관계를 형성하고 있는 업체가 시장주도권 경쟁에서 유리하다. 티와이홀딩스의 지배구조 안에 태영건설과 함께 포진한 TSK코퍼레이션의 성장성이 높게 평가 받는 이유다.

---

* NIMBY : 지역이기주의 가운데 하나로, 산업 폐기물이나 쓰레기 따위의 수용·처리 시설이 필요하다는 것을 알면서도 자기가 사는 지역에 이러한 시설이 들어서는 데에는 반대하는 현상.

주식양도세

재테크로 재산을 불렸다면, 다음 차례는 세테크

주식을 거래할 때는 증권거래세를 내야 한다. 증권거래세는 2020년 0.25%에서 2021년 1월 1일부터 0.02% 내리고(0.23%), 2023년 1월 1일부터는 추가로 0.08%(0.15%)를 인하한다. 2023년에는 농어촌특별세 0.15%를 제외하면 증권거래세가 사실상 제로(0%) 세율에 가까워진다. 증권거래세를 낮추는 이유는 증권시장을 활성화하기 위해서다.

앞으로 투자자들은 증권거래세 외에 양도소득세를 부담해야 할 수도 있다. 2023년부터 주식, 채권, 펀드, 파생상품 등의 금융투자 상품을 통한 양도차익이 연간 5000만 원을 넘으면, 소액주주와 대주주 구분 없이 과세 대상이 된다. 기본공제로 5000만 원을 빼준 뒤 나머지 이익에 대해 3억 원 이하 구간에는 20%, 3억 원 초과 구간에는 25%의 세율을 매긴다.

금융투자소득은 소득과 손실을 합산해 과세하며, 손실을 보면 5년까지 이월공제가 허용된다. A주식에서 3000만 원 이익, B주식에서 5000만 원 손해를 봤다고 가정하면 손익을 모두 합쳐 총 2000만 원 손해가 돼 양도세를 내지 않아도 된다. 다음 해 C주식으로 6000만 원의 이익을 봤을 경우 지난해 손해본 2000만 원을 이월해 공제할 수 있다.

가상자산에 대한 소득세도 도입됐다. 2022년 1월부터는 비트코인 등 가상화폐로 연 250만 원을 초과한 소득을 올리면 20%의 세금을 내야 한다. 만약 비트코인에 투자해 1000만 원을 벌면, 250만 원을 제외한 750만 원에 대한 20%인 150만 원의 기타소득세를 추가로 납부해야 한다. 과세 기준이 되는 가상자산의 시가는 국세청장이 고시한 가상자산사업자들이 거래일 전후 1개월간 공시한 일평균가격의 평균액이다.

달걀모형

주식은 언제 사고팔아야 하는가?

달걀모형은 헝가리 출신의 전설적인 투자가 앙드레 코스톨라니가 정립한 주식 투자법칙을 다이어그램으로 구현한 것이다. '유럽의 워런 버핏'이라 불리는 코스톨라니는, '실패하지 않는 투자전문가', '주식투자를 예술의 경지에 올려놓은 사람'으로 평가 받는다.

코스톨라니 달걀모형의 핵심은, 사람들이 주식에 관심이 없을 때 주식을 사고 사람들이 주식에 관심을 가질 때 주식을 팔아야 한다는 것이다. 즉, 살 사람이 다 사고 팔 사람이 다 팔고나면 증시는 폭락하기 시작한다. 주식을 더 비싸게 살 사람이 없기 때문이다. 코스톨라니는, 아무리 봐도 주린이인데 그 사람이 주식으로 큰 돈을 벌었다면 바로 그때가 호황기의 끝자락이므로 주식을 팔아 현금을 확보하거나 채권을 사라고 했다.

코스톨라니가 달걀을 6개 국면으로 나눠 설명한 투자모형은 다음과 같다.

A_1 : 상승국면으로 주식 거래량과 보유자수가 적은 이때가 주식을 사야 할 시기다.

A_2 : 거래량과 보유자수가 늘어나는 시기로, 투자자는 보유한 주식을 팔지 말고 가격이 오르길 기다려야 한다.

A_3 : 주식 거래량이 급증하면서 주가가 가장 높아지는 시기로, 이때 주식을 팔면 매도차익을 누릴 수 있다.

B_1 : 주식 거래량이 감소하는 시기로, 이때도 투자자는 가급적 주식을 팔아야 한다.

B_2 : A_3에서 주식을 산 투자자들이 주식을 대거 파는 시기로, 거래량이 늘어나는 상황을 지켜봐야 한다.

| 앙드레 코스톨라니의 달걀모형 |

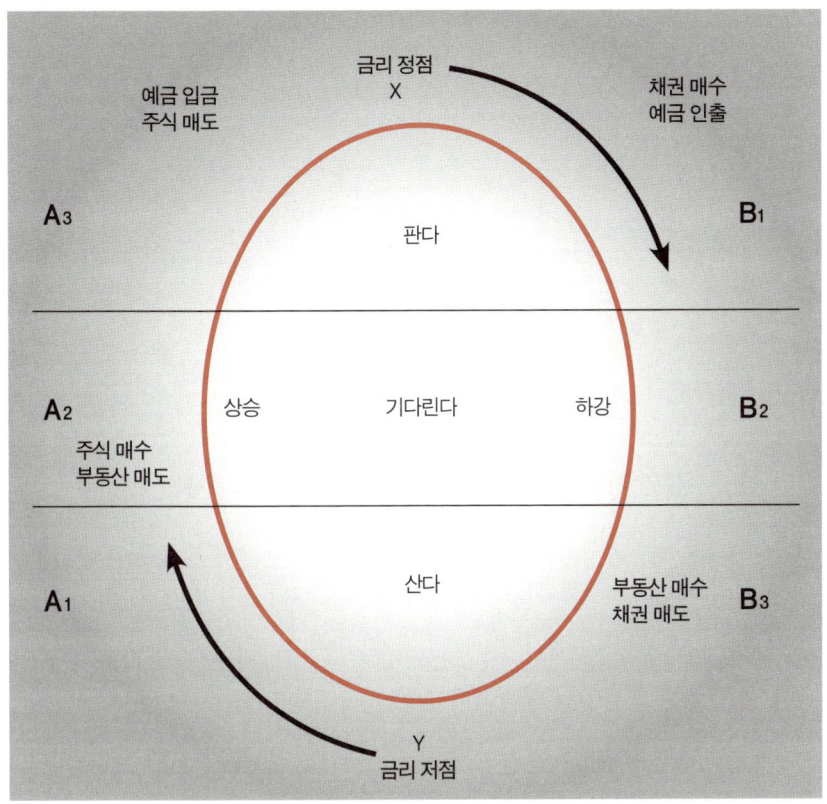

B_3 : 주가 하락장의 막바지로, 투매로 인해 거래량이 폭증하는 시기다. 이때 다시 가격이 싸진 주식을 사야 한다.

" 2×2=4이지만 주식시장에서는 2×2=5-1의 형태로 나타나는 경우가 훨씬 흔하다. 결과는 항상 자기가 기대했던 것과는 다르게 나타나고, 나중에 '마이너스 1'을 기다릴 수 있는 인내를 가진 사람만이 4라는 수익을 거두는 승자가 된다."

_앙드레 코스톨라니

패션주

스포츠웨어와 방호복 및 중국 사업에 강한 업체 주목

패션주는 증권가에서 투자 추천을 꺼리는 업종 가운데 하나다. 계절과 유행에 민감해 시장을 전망하는 게 쉽지 않고, 상장사도 다른 업종에 비해 적은 편이다. 엎친 데 덮친 격으로 코로나19 여파로 지난해 국내 대부분의 패션 회사들이 영업적자를 기록했다. 외출이 줄어드니 전체적인 의류 소비도 감소할 수밖에 없는 노릇이다. 이를 방증하듯 지난해 삼성물산 패션부문은 -360억 원의 영업손실을 기록했다. 삼성물산 패션부문이 영업적자를 낸 것은 2016년 이후 약 4년 만이다. 코오롱FnC도 지난해 -107억 원의 영업손실을 입었다. 대기업 계열 패션 회사들이 이 정도이니 영업환경이 열악한 중소기업들의 상황은 더욱 좋지 못했다.

다만 모든 패션 회사들의 실적이 부진한 것은 아니다. 투자적 관점에서는 스포츠웨어 관련 OEM(주문자상표부착생산) 업체와 중국향 영업에 강점이 있는 기업을 중심으로 관심을 가져 볼 필요가 있다.

스포츠웨어 관련 OEM 업체 중에는 영원무역이 돋보인다. 영원무역은 코로나19로 홈트레이닝 열풍이 불면서 애슬레저 수요 폭증으로 인한 수혜를 톡톡히 누렸다. 한세실업은 지난해 방호복과 마스크 등의 방역 제품 수주가 크게 증가하면서 코로나19 특수를 누린 몇 안 되는 OEM 업체로 꼽힌다. 한세실업의 주요 고객사는 미국 대형마트 등으로, 미국의 소매업 경기상황과 연동성이 크다. 'MLB', '디스커버리' 브랜드를 보유한 F&F는 중국향 영업에 강점이 있는 회사다. 'MLB'가 중국에서 방영된 인기 예능 프로그램 〈런닝맨〉에 소개된 이후 판매가 폭발적으로 증가하자 현재 70개인 중국 내 'MLB' 매장을 최대 250개로 늘리기로 했다.

3%룰

대주주 목소리는 낮추고, 소액주주 목소리는 높이고

2021년 3월 사조산업이 '캐슬렉스CC 서울'과 '캐슬렉스CC 제주'의 합병안을 철회하기로 결정했다. 사조산업은 한 달 전에 두 골프장의 합병안을 공시했다. 하지만 소액주주들은 합병이 사실상 오너 회사인 '캐슬렉스CC 제주'의 손실을 사조산업에 전가하는 것이라며 합병에 강하게 반발했다. 결국 사조산업은 합병 반대 움직임을 의식해 합병안을 철회하기에 이르렀다. 하지만 합병 철회 배경에는 3%룰이 있었다.

3%룰의 내용은 크게 두 가지다. 첫째, 상장사의 감사위원을 대주주가 뽑은 이사 중에서 선출하지 않고, 감사위원을 별도로 선임하는 것이다. 대주주로부터 감사위원의 독립적인 지위를 보장하기 위함이다. 둘째, 상장사의 감사를 선임할 때 모든 주주가 의결권이 있는 주식의 최대 3%만 행사할 수 있도록 제한하는 것이다. 그동안 대기업은 총수 일가와 가까운 사외이사를 선임해 이사진을 구성하고, 그 가운데 한 명을 감사위원으로 선출했다. 3%룰은 대주주의 전횡을 막아 경영의 투명성을 확보하기 위해 도입한 제도다.

2020년 12월 국회는 3%룰을 완화하는 내용의 '상법' 개정안을 의결했다. 초기 정부안은 감사위원을 선출할 때 최대주주와 특수관계인의 지분을 합산해 3%까지만 의결권을 인정하는 것이었으나, 이를 완화해 최대주주와 특수관계인의 지분을 합산하지 않고 개별적으로 3% 의결권을 행사할 수 있게 했다.

사조산업은 주진우 회장과 특수관계인 지분이 56.1%에 달한다. '상법' 개정 전이라면, 주주총회에서 합병안이 순조롭게 통과됐을 것이다. 하지만 3%룰이 적용되면 감사위원 선임에서 대주주 지분이 3%로 제한되고 소액주주들도 감사위원을 제안할 수 있어, 표 대결을 피할 수 없게 된다.

하이트진로

백신 효과가 커질수록 실적 상승 기대

국내 주류 산업을 양분하는 소주와 맥주 시장의 대장주다. 물론 맥주의 경우 '카스'의 OB맥주(시장점유율 50% 이상)가 '테라'의 하이트진로(시장점유율 30% 이상)에 앞서지만, OB맥주는 벨기에 주류회사 AB인베브가 대주주로 있는 비상장사다. 따라서 국내 증시에서 하이트진로의 대장주 지위는 견고하다. 소주의 경우 '처음처럼'의 롯데칠성음료가 있지만, '참이슬'과 '진로이즈백'의 하이트진로에는 턱 없이 못 미친다.

하이트진로는 지난해 코로나19 여파에도 불구하고 실적 방어에 성공했다. 사회적 거리두기 및 회식 금지 등으로 유흥·외식 판매 채널이 크게 위축됐지만, 가정용 채널 공략으로 영업이익이 전년 대비 무려 125% 증가한 1985억 원을 기록했다. 순이익도 866억 원을 거둬 흑자전환에 성공했다.

하이트진로의 호실적은 '테라'와 '진로이즈백' 그리고 생수 시장에서의 선전 덕분이다. '테라'는 아직 '카스' 아성을 무너트리지 못했지만, OB맥주가 충분히 두려워 할 정도로 성장세가 가파르다. '참이슬'은 국내 소주 시장 부동의 1위를 지키고 있고, '진로이즈백'의 판매도 돋보인다.

향후 주류 시장은 백신에 거는 기대가 크다. 하반기로 갈수록 감염재생산지수가 감소할 경우 유흥 판매채널이 되살아나면서 주류 소비가 회복세에 접어들 것으로 보인다. 증권가에서는 올해 하반기부터 내년 상반기에 걸쳐 주류 시장의 반등세를 예상하면서 하이트진로의 주가 상승여력이 충분하다는 분석이 지배적이다. 2019년 4%대였던 영업이익률이 2배 이상 오른 것도 매력적이다. 주류회사의 경우 과도한 마케팅비 부담으로 영업이익률이 취약한 점을 감안하면, 하이트진로의 영업이익률 상승세는 매우 고무적이다.

신약재창출

혈장치료제 '렘데시비르'가
코로나19 치료제로도 활용

이미 다른 질병 치료에 쓰이고 있거나 개발 중인 약물의 용도를 바꿔 새로운 질병 치료제로의 가능성을 타진하는 전략을 가리킨다. 신약 개발에 드는 비용과 기간을 크게 줄일 수 있기 때문에 제약사에게는 수익 창출을 위한 중요한 비즈니스 모델로 꼽힌다. 이를테면 말라리아 치료제인 '하이드록시클로로퀸'이나 에볼라 치료제로 개발된 '렘데시비르'에서 코로나19의 치료 효과를 찾는 전략이 대표적인 신약재창출이다.

최근에는 인공지능(AI) 기술을 신약 개발 및 신약재창출 과정에 적용할 경우 시간과 비용을 줄이는 것은 물론 성공 확률도 크게 높일 수 있다는 연구결과가 발표되면서 제약사마다 신약재창출 사업에 적극 나서고 있다.

신약 개발 과정은 크게 후보물질 발굴, 전임상시험, 임상시험, 시판 후 안전성 검사 등 네 단계를 거친다. 여기에는 평균 15년이라는 긴 시간이 소요되고 1조2000억 원 정도의 비용이 든다. 하지만 AI를 도입할 경우 시간은 3년으로 단축되고 비용 또한 6000억 원으로 절감될 수 있다는 것이다.

무엇보다 AI는 데이터 마이닝(data mining, 대용량의 데이터 속에서 유용한 정보를 찾아내는 기술)을 통해 이미 안전성이 증명된 약들로, 신약을 재창출하는 과정에 유용하게 활용될 수 있다. 2020년 초 국내 AI 제약사 디어젠(비상장)은 기존에 혈장치료제로 쓰이던 '렘데시비르'가 코로나 치료제로서 효과가 있을 것으로 예측했는데, 그로부터 얼마 후 '렘데시비르'는 미국 FDA에서 정식 치료제로 승인을 받았다. 이후 디어젠은 SK케미칼, 대웅제약, 한독 등 대형 제약사들과 AI 신약재창출 관련 공동 연구개발 계약을 잇달아 체결하면서 주목을 받고 있다.

스마트시티

정부 주도 사업인 만큼 실현가능성 높아

스마트시티는 교통, 환경, 안전, 주거 등 도시 인프라에 AI, 사물인터넷, 자율주행, 빅데이터, 클라우드, 5G 등 4차 산업혁명을 선도하는 기술을 적용하는 사업을 가리킨다.

스마트시티는 정부가 추진하는 디지털뉴딜 사업의 일환이다. 정부는 포스트 코로나 시대에서 디지털뉴딜의 핵심 과제 중 하나로 스마트시티 사업을 선정했다. 정부는 스마트시티에서 효과가 검증된 IT 솔루션을 전국으로 확산하기로 했다. 이를테면 스마트 에너지 관리, 수요응답형 대중교통 등을 시작으로 해마다 1~2개 사업을 선정해 전국에 보급하기로 한 것이다.

정부는 지난 2018년 1월 '스마트시티 추진 전략'을 발표하면서 스마트시티 건설에 본격 나섰다. 이미 세종과 부산을 스마트시티 시범도시로 선정한 데 이어, 70여 개 지자체가 정부의 지원을 받아 자체적으로 스마트시티 구축을 준비 중이다. 정부는 2024년까지 모두 100곳 이상의 지자체를 대상으로 스마트시티 사업을 추진하겠다고 밝혔다.

스마트시티는 정부 차원의 사업이기 때문에 실현가능성이 높다. 관련 기업들에게는 직접적인 호재가 될 만 하다. 롯데그룹은 종속회사 롯데정보통신을 통해 베트남 호치민시 내 일부 지역을 스마트시티로 진화시키는 프로젝트 계약을 체결했다. 여의도의 약 2배 크기의 지역에 1조 원의 사업비가 투입될 예정이다. 한글과컴퓨터는 지난 2018년부터 스마트시티를 차세대 주력사업으로 삼고 있다. 전주시의 스마트시티 소방안전 플랫폼 구축 사업에 참여하면서 스마트시티 수혜주로 부상하고 있다.

윈도드레싱

기관투자자들의 벼락치기 수익률 관리

가구업체 이케아의 핵심 경쟁력 중 하나는 쇼윈도를 확장한 개념의 '쇼룸'이다. 이케아 제품을 이용해 실제 집처럼 꾸며놓은 쇼룸은 소비자의 구매욕을 한껏 자극한다. 이처럼 쇼윈도나 진열대를 멋지게 꾸미는 일을 '윈도드레싱(window-dressing)'이라고 부른다. 주식시장에도 모양새를 보기 좋게 꾸미는 윈도드레싱이 있다.

주식시장에서 윈도드레싱은 기관투자자들이 결산기를 앞두고 보유 종목의 주가를 인위적으로 올려 운용펀드의 수익률을 개선하는 행위다. 실적이 좋은 종목은 집중적으로 매입하고, 저조한 종목은 처분해 투자수익률을 최대한 끌어올린다. 잘 꾸며 놓은 쇼윈도가 구매율을 높이듯이, 운용펀드의 수익률이 높을수록 기관투자자는 더 많은 자금을 유치할 수 있기 때문이다. 윈도드레싱은 결산을 앞둔 분기말, 반기말, 연말에 주로 나타난다.

시세 조종 윈도드레싱은 시가총액이 작은 종목을 골라 장 마감 직전에 대량으로 매수 주문을 넣어 종가를 끌어올리는 행위다. 기관투자자가 대량 매수를 하면 주가가 상승한다. 이어 이를 추종하는 투자자들이 매수에 뛰어들어 주가가 상승하면, 결과적으로 운용펀드의 수익률이 개선된다. 한국거래소는 기관투자자들이 종가 형성에 개입하는 것을 시장 교란 행위로 보고 집중단속하고 있다.

대개 결산기를 앞두고 대형 우량주가 강세를 보이는데, 윈도드레싱에 따른 주가 상승효과라면 일시적일 수 있다. 기관투자자가 윈도드레싱에 나서면 기업가치와 주가가 왜곡된다. 개인투자자들이 윈도드레싱에 따른 주가 상승을 추종해 추격 매수했다가는 큰 손해를 볼 수 있다.

브렉시트

해외증시에서 영국 기업들 투자 비중 늘어나

브렉시트(Brexit)란 영국을 뜻하는 Britain과 탈퇴를 의미하는 exit의 합성어로, 영국의 EU 탈퇴를 가리킨다. 영국은 2016년 6월 23일 유럽연합(EU)을 탈퇴할지를 두고 국민투표를 실시했는데, 투표 결과 탈퇴 51.9%, 잔류 48.1%가 나와 지난 43년간 몸담았던 EU와 결별하게 되었다.

브렉시트는 2008년 글로벌 경제위기로 촉발된 유럽 재정위기가 하나의 계기가 됐다. EU의 재정 악화가 심각해지자 영국이 내야 할 EU 분담금 부담이 커졌고, 이에 영국 보수당을 중심으로 EU 잔류 반대 움직임이 확산됐다.

영국은 2016년 브렉시트 국민투표를 마치고 4년 6개월 동안의 긴 조정기를 거쳐 2021년 1월부터 EU와 완전히 결별하면서 외교, 통상, 안보, 금융, 사법, 어업, 문화 등 다양한 분야에서 새로운 길을 가게 됐다. 브렉시트는 당장 글로벌 자본시장에도 적지 않은 영향을 끼칠 전망이다. 뉴욕 증권가에서는 영국 주식과 파운드화 비중을 높여야 한다는 주장이 이어지고 있다. 특히 파운드화의 통화가치가 중국 위안화, 한국 원화, 대만 달러 등 아시아 통화보다도 저평가 됐음을 강조한다.

주식시장에서는 영국 기업들에 대한 관심이 부쩍 늘었다. 다국적 투자은행 골드만삭스는, 영국 기업들의 주가가 EU 기업들에 비해 10~15% 저평가되어 있다는 분석을 내놓기도 했다. 해외주식 투자자들 사이에서도 브렉시트로 인해 영국 기업들의 투자 가치를 재조명해야 한다는 목소리가 커지고 있다. 유니레버, 디아지오, 브리티시아메리칸토바코 등 소비재주와 아스트라제네카, 글락소스미스클라인 등 코로나19 관련 제약주 등이 특히 주목도가 높다.

제지(종이)주

온라인쇼핑 활황으로 박스와
포장용 백판지 수요 폭증

종이는 식물의 섬유를 물에 풀어 얇고 평평하게 엉기도록 한 뒤 물을 빼서 말려 생산한다. 그런데 제지 업계에서는 모든 지류를 종이로 통칭하지 않고 '종이(paper)'와 '판지(cardboard)'를 구분한다. 인쇄와 출판 등에 사용하기 위해 얇게 만들면 종이, 포장재로 쓰기 위해 두껍게 만들면 판지로 보는 식이다. 판지는 보통 평량($1m^2$당 중량)이 180g 이상인 두꺼운 지류를 가리키며, 다시 골판지(container board)와 백판지(duplex board)로 나뉜다. 백판지를 '산업용지'라고도 하는데, 증시에서는 바로 산업용지인 백판지가 중요하다.

백판지 수요는 온라인쇼핑 거래액과 밀접한 관계가 있다. 코로나19 사태로 언택트 거래가 폭증하면서 박스와 포장용 백판지 수요가 크게 늘고 있다. 백판지는 코로나19가 터지기 전부터 꾸준히 증가해왔다. 1인가구 증가로 온라인쇼핑 거래액이 꾸준히 늘면서 백판지 시장도 함께 성장하고 있는 것이다.

국내 백판지 업계는 한솔제지, 깨끗한나라, 세하, 한창제지 등이 주도하고 있다. 투자적 관점에서 판매량 증가에 따른 영업 레버리지 효과를 주목한다면 한솔제지와 깨끗한나라를, 실적 안정성을 중시한다면 세하와 한창제지를 살펴볼 필요가 있다. 깨끗한나라의 경우 지난해 연결기준 영업이익이 무려 전년 대비 900% 넘게 증가하면서 520억 원을 기록했다. 순이익도 382억 원으로 흑자전환했다. 한솔제지는 친환경 신소재 사업 행보가 기대를 모은다. 수성 아크릴계 코팅을 통해 친환경성을 강조한 종이용기, 종이컵, 종이빨대 등의 제품들이 시장에 안정적으로 론칭될 경우 기업의 ESG 가치 창출은 물론, 주가 상승에도 긍정적으로 작용할 전망이다.

Thursday 354

10%룰

경영 참여 주주에 대한 단기매매차익 반환의무

2018년 대한항공은 조양호 회장의 배임 혐의 재판 등 경영진 일가의 일탈 행위로 주가가 폭락했다. 그러자 2019년 국민연금이 '경영 참여'라는 칼을 빼 들었다. 국민연금은 대표이사가 회사 또는 자회사와 관련해 배임, 횡령죄로 금고 이상의 형을 선고 받으면 자동 해임되는 것으로 정관 변경을 제안하기로 했다. 그런데 국민연금은 대한항공에 대해서는 경영 참여 주주권을 행사하지 않고, 한진칼에는 경영 참여 주주권을 행사하기로 했다. 왜 대한항공이 아닌 한진칼이었을까? 대한항공과 한진칼의 운명을 가른 것이 '10%룰'이었다.

'단기매매차익 반환의무'라고도 부르는 10%룰은 지분을 10% 보유한 주요 주주는 '자본시장법' 상 내부자로서, 해당 종목을 매수한 뒤 6개월 이내에 매도 또는 매수로 이익이 발생한 경우 차익을 해당 기업에 반환하도록 한 규정이다. 주요 주주가 경영진으로부터 얻은 미공개 정보를 활용해 부당 이득을 취하는 것을 막기 위해 만든 제도다. A사 주요 주주가 A사 주식 100주를 1만 원에 산 다음, 6개월이 지나지 않아 1만2000원에 팔았다. 이때 발생한 20만 원의 매매차익은 10%룰에 따라 A사에 반환해야 한다.

국민연금은 대한항공 주식을 11.56%, 한진그룹의 지주사 한진칼 주식을 7.37% 보유하고 있었다. 국민연금이 10% 이상 지분을 보유한 대한항공에 대해 경영 참여를 하면 6개월 이내 발생한 매매차익을 반환해야 하는데, 이 금액이 400억 원대로 추산됐다. 2020년 2월 증권선물위원회는 '국민연기금에 대한 단기매매차익 반환의무 예외 인정안'을 의결했다. 이에 따라 국민연금은 10% 이상 지분을 보유한 기업에 대해 경영 참여 등 주주활동을 하더라도 6개월 이내 발생한 매매차익을 반환하지 않아도 된다.

롯데칠성음료

기관투자자들이 매수에 나선 이유

국내 음료 업계 대장주인 롯데칠성음료(이하 '롯데칠성')는 탄산음료(칠성사이다, 펩시콜라)에서 주스, 에너지음료, 생수, 커피에 이르기까지 다양한 음료 사업에 진출해 있다. 아울러 소주와 맥주 등 주류사업도 함께 영위하고 있다. 음료가 73%, 주류가 23%로 음료사업 매출 비중이 3분의 2 이상을 차지한다. 주류사업의 경우 OB맥주와 하이트진로에 뒤쳐져 있기 때문에, 롯데칠성의 투자적 메리트는 음료사업에서 찾는 게 타당하다.

올해 들어 기관투자자들을 중심으로 롯데칠성의 주식을 매수하는 이유는, 탄산음료의 가격 인상과 무관하지 않다. 롯데칠성이 지난 2월부터 칠성사이다와 펩시콜라 등 일부 음료의 제품가격을 평균 4.7% 인상한다고 발표한 직후 주가가 3거래일 동안 8.6% 뛰었다. 롯데칠성이 가격 인상에 나선 것은 2015년 이후 6년 만이다.

증권가에서는 롯데칠성이 음료 가격 인상과 생산 확대로 향후 강한 실적 개선세를 보일 것이란 분석이 지배적이다. 기관투자자들이 올해 초 롯데칠성 주식을 200억 원 어치 가량 순매수한 것도 실적 향상 가능성을 높게 평가했기 때문이다.

2021년 롯데칠성의 연결기준 예상 매출액은 전년 대비 5% 내외 상승한 2조 3000억 원 수준에 이를 것으로 추산된다. 돋보이는 건 영업이익이다. 2021년 연결기준 영업이익이 전년 대비 50% 이상 오를 것으로 예상되기 때문이다. 이는 백신 효과로 인해 하반기로 갈수록 코로나19 감염재생산지수가 줄어들 경우 유흥 판매채널 회복에 힘입어 음료와 주류 소비가 늘어날 것에 대한 기대치가 반영된 것이다.

마이크로바이옴

임상 성과가 나오면
개발사 주가 급등

마이크로바이옴(microbiome)은 인간의 몸에 서식하며 공생하는 미생물인 '마이크로바이오타(microbiota)'와 '게놈(genome)'의 합성어로, 인간의 몸속에 있는 미생물 군집의 유전정보를 뜻한다. 최근 글로벌 바이오 업계에서 마이크로바이옴에 대한 관심이 뜨거운 이유는, 신약후보 물질뿐 아니라 화장품 등으로 활용 폭이 커지고 있기 때문이다.

국내 바이오 업체 지놈앤컴퍼니는 마이크로바이옴을 활용한 면역항암제(351쪽)를 개발하고 있다. 머크와 화이자 등 글로벌 제약사와의 협업을 통해 비소세포폐암, 두경부암, 요로상피암 등에 대한 치료제를 연구 중이다. 주력 파이프라인인 'GEN-001'의 경우 국내 식약청과 미국 FDA의 승인을 받아 임상1상에 돌입했다. 고바이오랩은 국내 마이크로바이옴 치료제 연구 기업 중 개발 속도가 가장 빠른 회사다. 건선 치료제 'KBL697'은 글로벌 임상2상을 FDA로부터 승인 받았다. 건선뿐 아니라 천식, 아토피 피부염, 염증성 장질환, 간 질환 치료제 등 다양한 파이프라인을 보유하고 있다.

마이크로바이옴은 화장품 시장에서도 각광 받고 있다. 2019년 코스맥스는 세계 최초로 마이크로바이옴을 화장품에 접목했다. 젊은 여성의 피부에서 많이 발견되는 'Strain CX' 계열의 상재균을 닥터자르트 제품에 녹여낸 것이다. 마이크로바이옴 화장품은 국내에 출시되자마자 곧바로 올리브영 에센스 부문 판매 1위에 올랐다.

마이크로바이옴의 효능은 화장품 시장의 경우 어느 정도 검증을 마친 것으로 판단된다. 제약·바이오 시장에서 가시적인 임상 성과가 나오면 개발 회사의 주가에 적지 않은 영향을 미칠 전망이다.

디지털트윈

K-뉴딜의 핵심과제 가운데 하나

디지털을 활용해 현실세계의 시스템을 가상세계에 마치 쌍둥이(twin)처럼 구현하는 기술을 가리킨다. 사업에 들어가기에 앞서 디지털트윈 기술을 이용한 시뮬레이션을 통해 앞으로 발생할 수 있는 문제점들을 파악하는 데 실익이 있다.

디지털트윈의 선두기업은 GE로 알려져 있다. GE는 2016년 세계 최초 산업용 클라우드 기반 오픈 플랫폼 프레딕스(Predix)를 공개한 뒤 2017년 약 80만 개의 디지털트윈을 개발했다. GE의 APM(자산성과관리) 솔루션을 통해 제트엔진, 풍력발전, 해양석유굴착 등 120만 건의 디지털트윈 고객들이 약 150억 달러의 비용을 절약할 수 있었다. 이후 글로벌 시장조사기관 가트너는 디지털트윈을 '차세대 유망기술 트렌드 톱10'에 선정했다.

국내에서는 정부가 2020년 7월 14일 발표한 '한국판 뉴딜'의 10대 대표 과제 가운데 디지털트윈을 포함했다. 10대 대표 과제는 디지털뉴딜(3개), 그린뉴딜(3개), 융복합(4개)으로 구성돼 있는데, 디지털트윈은 융복합 분야에 속해 있다.

증시에서 디지털트윈은 아직 생소한 개념이다. 하지만 정부 주도의 K-뉴딜 정책 과제에 포함된 이상 유망 투자처로 부상할 가능성이 높다. GE의 사례가 방증하듯 글로벌 디지털트윈 시장은 2017년 78.5억 달러(9조 원)에서 연평균 25%씩 성장하여 2023년 295.6억 달러(34조 원)로 커질 전망이다. 디지털트윈 수혜주로는 현대자동차그룹 계열의 IT서비스 업체 현대오토에버가 꼽힌다. 현대오토에버는 초고층 빌딩 현대자동차 글로벌비즈니스센터(총 건설비 약 3.7조 원) 건설 과정에 디지털트윈 기술을 적용할 예정이다.

산타랠리

연말·연초 주가를 끌어올리는 산타

주식시장에서 12월은 기관투자자들이 '돈 보따리'를 풀어 주가를 끌어올리는 시기로 통한다. 결산기를 앞두고 기관투자자들이 운용펀드의 수익률을 높이기 위해 포트폴리오를 조정하는 윈도드레싱(375쪽)에 나서기 때문이다. 더불어 12월이 되면 주식시장에 주가를 끌어올리는 '산타'가 찾아온다.

'산타랠리(Santa rally)'는 미국에서 생긴 용어로, 크리스마스 시즌과 신년 초를 맞아 매년 마지막 5거래일과 신년 2거래일을 합친 총 7거래일 동안 주가가 강세를 보이는 현상이다. 미국은 크리스마스를 앞두고 가족이나 지인을 위한 선물 구입이 늘면서 내수가 활성화되고 관련 기업의 매출도 증가한다. 그리고 기업의 보너스도 크리스마스를 전후한 연말에 집중되어 있어, 주식시장으로 많은 자금이 유입된다. 기업들은 연말을 맞아 대규모 할인 행사 등을 마련해 재고 소진과 매출 증대를 위해 노력한다. 따라서 이 시기에는 주가가 상승하고 주식 매수자가 늘어나는 등 전반적으로 주식시장이 강세를 보인다. 산타랠리는 윈도드레싱과 함께 해마다 일정한 시기에 따라 주가 흐름이 좋아지거나 나빠지는 현상인 '캘린더 효과(calendar effect)'의 일종으로 볼 수 있다.

우리나라 주식시장에서도 높은 확률로 산타랠리가 나타났다. 2000년 이후 국내 주식시장의 산타랠리 확률은 60% 내외다(코스피가 약 68%, 코스닥이 62~63%). 산타랠리로 인한 주가 상승효과는 이듬해 1월까지 이어지기도 한다. 새해를 맞아 전문가들이 주식시장을 낙관적으로 전망하면 다른 달에 비해 상대적으로 주가가 높게 나타나는 '1월 효과(January effect)'로 이어지기 때문이다.

정보비대칭

기업 내부자의 내밀한 정보로 주가가 출렁

Tuesday 359

시장참여자들의 정보가 서로 다른 상황을 가리킨다. 시장에서 나타나는 정보비대칭 문제는, 가장 바람직하지 않은 상대방과 거래를 하는 '역선택' 및 정보를 잘 알고 있는 상대방의 도덕적 해이(137쪽)로 인한 손해 등을 초래한다. 정보비대칭은 주식시장에서도 다양한 형태로 나타난다. 그 가운데 특히 기업의 주요 주주와 임원 등 내부자가 주식을 팔면 주가가 내리고 매수하면 오르는 현상으로 나타나곤 한다. 실제로 지난해 6월경 금융감독원은 기업의 내부자가 주식을 매수해 평가차익을 거둔 상장사 가운데 실적이 오른 곳이 다수 있었다고 밝혔다. 예를 들어 미래에셋캐피탈 자신이 최대주주인 미래에셋대우의 주식을 두 차례에 걸쳐 470만 주 매입했는데, 바로 직후 미래에셋대우는 동학개미운동 수혜주로 지목되면서 주가가 크게 반등했다. 동국제강의 어떤 이사는 자사주 3만3000주를 사들였는데, 얼마 지나지 않아 동국제강은 지난 4년 내 분기 최대 영업이익을 달성했다는 실적을 발표했다. 물론 실적 발표 직후 동국제강의 주가는 크게 올랐다.

주식시장의 정보비대칭 논란은 어제오늘 불거진 얘기가 아니다. 심지어 증권가에서는 기업 경영진 등 내부자의 매매 현황을 투자 전략으로 활용해야 한다는 분석이 나올 정도다. 일반 개인투자자들이 회사에서 발표하는 공시와 증권사 애널리스트들의 리포트, 언론보도 등 한정된 정보에 기대어 투자 여부를 결정하는 것과 달리 기업의 내부자들은 경영상 내밀한 정보를 감안하여 주식을 사고파는 경우가 적지 않기 때문이다. 경영진 등 내부자의 매수는 해당 기업 주가에 긍정적인 시그널로, 매도는 그 반대 신호로 받아들이라는 얘기는 정보비대칭이 난무하는 증권가의 불편한 진실이다.

집콕탈출주

Wednesday 360

코로나19 직격탄을 맞은 종목의 반격

전 세계를 뒤흔든 코로나19는 주식시장에도 엄청난 영향을 끼쳤다. 비대면이 일상화되면서 업종과 종목마다 희비가 교차했다. 이른바 언택트주로 분류된 IT와 인터넷, 게임, 진단기기, 백신, HMR(간편가정식), 택배 관련 종목들이 호실적을 앞세워 주식시장에서 '코로나19 수혜주' '집콕주' 등으로 불리며 고공행진을 이어갔다. 반면, 여행, 면세점·카지노, 항공, 식자재, 주류, 외식 관련 업종은 보릿고개를 넘어야 했다.

하지만 전 세계에 백신이 보급되면서 주식시장의 판도는 다시 한 번 급변할 전망이다. 코로나19에 직격탄을 맞았던 업종과 종목들이 이른바 '집콕탈출주'로 분류되면서 반등을 예고하고 있다.

가장 기대를 모으는 집콕탈출주는 여행주가 꼽힌다. 그만큼 코로나19 타격이 가장 컸다. 백신 접종이 어느 정도 마무리되는 내년 봄을 기점으로 해외여행 수요가 기지개를 펴고, 항공권 가격 인상에 따른 패키지 상품 매출 상승효과로 여행사들의 실적이 반등할 경우 주가도 오를 것이란 전망이 제기되고 있다. 증권가에서는 내년을 기약하고 쌀 때 미리 (여행주를) 사두자는 분위기가 조심스럽게 일어나고 있다. 여행과 한 배를 탄 면세점과 카지노도 주목을 끈다. 실제로 국내에서 백신 접종을 앞두고 면세점과 카지노 주가가 오랜만에 올랐다. 면세점 대장주인 신세계와 호텔신라 및 대표적인 카지노주인 GKL, 파라다이스 등이 여기에 속한다.

식자재주도 관심을 가져볼 만 하다. 코로나19가 진정되어 등교가 정상화되면 그동안 막혔던 급식 수요가 되살아나기 때문이다. CJ프레시웨이와 신세계푸드 등이 수혜주로 꼽힌다.

차등의결권

창업주의 피·땀·눈물을 인정해주는 제도

Thursday 361

온라인유통업체 쿠팡이 2021년 3월 11일 뉴욕증권거래소(NYSE)에 상장했다. 쿠팡이 NYSE행을 결정하게 된 배경 가운데 하나로 '차등의결권'이 꼽히고 있다. 기본적으로 주식회사의 주식은 주주 평등의 원칙에 따라 1주당 의결권도 1개다. 차등의결권은 '1주 1의결권' 원칙의 예외를 인정해 1주에 2개 이상의 의결권을 부여하는 것이다. 1주에 그보다 많은 가치(의결권)를 부여해 창업주의 경영권을 보장하고, 적대적 M&A 세력으로부터 경영권을 방어해 회사를 안정적으로 운영할 수 있게 하는 데 목적이 있다.

기업이 외부에서 자금을 조달하는 가장 보편적인 방법이 상장을 통한 '증자'다. 그러나 증자 과정에서 창업주는 외부 투자자에게 경영권을 뺏길 수도 있다. 발행주식수가 늘어날수록 창업주의 지분율이 떨어지기 때문이다. 차등의결권으로 창업주가 보유한 주식에 다수의결권을 부여하면, 대규모 투자를 받더라도 지분율 희석을 막아 경영권을 지킬 수 있다. 물론 차등의결권에는 창업주의 방만한 경영을 견제하기 어렵다는 단점도 존재한다. 우리나라는 '상법' 제369조에 따라 차등의결권을 허용하지 않고 있다(2020년 벤처기업 육성 방안의 하나로 차등의결권 도입 관련 입법안이 국회에 제출된 상태). 미국, 영국, 프랑스, 일본, 중국 등은 차등의결권을 허용하고 있다. 2014년 알리바바가 NYSE에 상장한 이유도 당시 홍콩증권거래소에 차등의결권 제도가 없었기 때문이다.

쿠팡이 NYSE에 제출한 신고서에 따르면 쿠팡은 1주당 1표의 의결권을 가진 '클래스A'와 1주당 29표의 의결권을 갖는 '클래스B' 두 가지 주식이 있다. 클래스B는 김범석 이사회 의장이 보유한 주식으로, 김 의장은 지분율 2%로 58%의 의결권을 행사할 수 있게 된다.

넷플릭스

콘텐츠 기업들의 돈줄이 되다

OTT(110쪽) 글로벌 시장점유율 1위 넷플릭스는 코로나19 여파로 집콕족이 늘면서 엄청난 성장세를 기록했다. 2020년 기준 전 세계 유료가입자수가 전년 대비 3700만 명 늘어난 2억360만 명으로 집계됐다. 연간 순증 규모인 3700만 명은 역대 최대 성적이다. 넷플릭스는 한국에서도 급성장했다. 넷플릭스가 한국에서 벌어들인 결제수입은 2020년 한 해 기준 5173억 원이다. 전년 대비 2배를 웃돈다. 국내 넷플릭스 유료 가입자는 2020년 말 기준 758만 명으로 2위 웨이브(269만 명)와 격차가 크다.

넷플릭스의 2020년 글로벌 매출은 전년 대비 24% 증가한 250억 달러, 영업이익은 76% 늘어난 46억 달러다. 82억 달러의 현금, 7억5000만 달러의 미사용 신용공여를 기반으로 향후 외부자금의 조달 없이도 기업 경영에 숨통이 트였고, 2021년부터는 현금 흐름이 손익분기점을 돌파할 전망이다.

하지만 넷플릭스는 수많은 후발주자의 도전에 직면하면서 지금까지와 같은 성장은 앞으로 쉽지 않아 보인다. 넷플릭스 경영진은 경쟁력을 키우기 위해 여전히 콘텐츠 확보에 사활을 걸고 있다. 드라마, 영화, 웹툰 등 콘텐츠 기업들에게 이 보다 좋은 호재는 없다. 한국의 콘텐츠 기업 스튜디오드래곤과 합작한 오리지널 콘텐츠 〈스위트홈〉은 공개 후 첫 4주간 전 세계 2200만 유료가입자의 선택을 받았다. 덕분에 스튜디오드래곤은 당시 10% 가까운 주가상승률을 보였다. 심지어 〈킹덤〉의 제작사 에이스토리의 2021년 1월 한 달간 주가상승률은 20%를 넘겼다. 굳이 미국 시장에 상장된 넷플릭스에 직접 투자하지 않더라도, 국내 콘텐츠 제작사 가운데 넷플릭스 수혜주를 주목해야 하는 이유다.

전자약

국내에서는 아직 블루오션인 유망 투자처

뇌와 신경에 전기자극을 줘 중추신경계 질환(CNS)이나 우울증, 면역 및 대사 관련 질환을 치료하는 의료기기를 말한다. 전자약은 전자(electronic)와 약품(pharmaceutical)을 결합해 'electroceutical'로 표기하는 데, 말 그대로 전자기장 기술을 제약 분야에 응용한 것이다.

전자약의 대표적인 예로는, 몸이 마비된 사람이 두뇌 활동을 할 때 발생하는 전기신호를 컴퓨터에 입력하여 팔이나 다리 등을 움직일 수 있게 해주는 '뇌-컴퓨터 인터페이스', 통증이 나타나면 적절한 전기신호를 이용해 통증을 없애주는 '통증 완화 의료기기' 등이다. 최근에는 전자약의 치료 영역이 비만, 당뇨, 심혈관 질환은 물론 항암에 이르기까지 넓어지는 추세다.

전자약은 해외와 달리 국내 제약·바이오 업계에서는 아직 블루오션에 속한다. 글로벌 전자약 시장 규모가 2016년 20조 원에서 2021년 29조 원으로 연평균 8%씩 꾸준히 증가하고 있지만, 국내 대형 제약·바이오 업체들은 당장 돈이 되는 비즈니스 모델에서 전자약의 순위를 뒤로 미뤄둔 듯하다. 하지만 전 세계 굴지의 빅파마(거대 제약사)들은 미래 먹거리 중 하나로 디지털치료제(288쪽)와 함께 전자약을 지목했다.

투자적 관점에서 전자약 관련 종목으로 리메드가 꼽힌다. 리메드는 국내 최초로 전자약 개발에 뛰어든 업체로, 뇌재활, 만성통증, 에스테틱 분야에 강점이 있다. 특히 뇌재활 전자약 TMS는 자기장으로 뇌의 특정 부위를 자극해 신경세포를 활성화시키는 전문기기로, 지난 2013년부터 국내 병원용 TMS 장비 상업화로 실적을 내고 있으며, 중국과 일본, 유럽 등 해외시장에서도 판매허가와 인증을 마친 상태다.

가상발전소

테슬라가 진출한 차세대 에너지 관리 시스템

가상발전소(virtual power plant)는 태양광과 풍력 등 소규모 신재생에너지 분산전원을 클라우드 기반의 인공지능 소프트웨어를 이용해 하나의 발전소처럼 통합·관리하는 시스템을 말한다. 지역사회의 각 가정에서 생산된 전력을 한곳에 모은 뒤 원격 조종하는 방식이다.

독일이나 미국의 캘리포니아와 하와이, 호주 남부 등 신재생에너지 활용도가 높은 지역을 중심으로 가상발전소 시스템 도입이 증가하고 있다. 세계적인 전기차 회사 테슬라는 이미 지난 2018년경 호주 남부지역 5만 가구에 설치된 태양광패널과 ESS 등을 이용해 가상발전소 사업을 시작했다. 즉, 5만 가구에 설치된 태양광패널과 ESS(에너지저장장치, 128쪽) 등을 한데 묶어 250MW, 650MWh 규모의 거대 가상발전소를 만든 것이다. 호주의 지방정부는 가상발전소 사업비 충당을 위해 정부지원금 및 신재생 관련 기금 등 3200만 달러를 출연했고, 그 밖에 부족한 비용은 전력판매 대금으로 충당하게 된다. 가상발전소를 활용하면 전력비용을 30%가량 절약할 수 있다.

국내에도 가상발전소 시스템을 적용한 사례가 등장했다. 스타트업 회사 브이젠은 자체 개발한 K-VPP 시스템으로 한국남동발전에서 보유하고 있는 신재생발전소 58곳을 통합·관리하는 국내 최대 규모의 가상발전소 솔루션 공급계약을 체결했다. 한국남동발전은 향후 2025년까지 4000억 원을 투자해 가상발전소 통합·관리 규모를 현재의 198MW에서 4GW 규모까지 확대할 계획이다. K-VPP을 이용하면 분산된 발전소를 하나의 가상발전소에 연결해 에너지 데이터를 수집하고 분석할 수 있다. 이를 활용해 전력 수급과 공급 변수를 사전에 예측해 효율적으로 에너지를 공급할 수 있게 된다.

유사투자자문업

유동성 장세에서 주린이를 노리는 하이에나

코스피지수를 3000선으로 끌어올린 일등 공신은 개인투자자들이었다. 주식시장 활황에 초저금리와 집값 급등에 불안해하던 2030세대까지 대거 주식투자에 뛰어들었다. 그러다 보니 SNS, 유튜브 등 밀레니얼세대에게 익숙한 채널을 통해 투자 정보를 제공하는 '유사투자자문서비스'가 성행이다. 하지만 유사투자자문업체 가운데 일부는 과장·허위 광고로 투자자들을 울리고 있다.

'자본시장법'에 따르면 유사투자자문업은 불특정 다수를 대상으로 일정한 대가를 받고 간행물·출판물·통신물·방송 등을 통해 투자 정보를 제공한다. 대개 '주식 리딩방', '주식 유튜브' 등의 이름으로 인터넷에서 투자 자문 서비스를 제공한다. 유사투자자문업은 별도의 설립 요건이 없고, 금융위원회에 신고만 하면 설립할 수 있다는 점에서, 일정한 설립 요건을 충족한 뒤 금융위원회에 등록해야 서비스를 할 수 있는 투자자문업과는 차이가 있다. 유사투자자문업은 '자본시장법' 적용을 받지 않고 금융 당국의 감시 대상이 아니므로, 피해가 발생해도 구제 받는 게 불가능하다.

유사투자자문업체 채널에 들어가면 '100% 수익 약속', '급등주 추천' 등의 홍보 문구가 즐비하다. 유사투자자문업체가 1:1 투자 자문이나 개인투자자들로부터 일임 받아 투자를 대행하는 것은 불법이다. 이들은 상승 종목을 찍어주겠다며 회원으로 가입시킨 뒤에 자문료 명목으로 비싼 수수료를 챙긴다. 또 회원들을 선동해 특정 주식을 매입하게 한 뒤 시세차익을 올리기도 한다. 이 과정에서 개인투자자들은 운영진의 매매 지시에 따랐다가 의도치 않게 주가 조작 범죄에 연루되기도 한다. 투자 권유를 받는 경우 '금융소비자 정보포털 파인'에서 해당 업체가 제도권 금융사인지 반드시 확인해야 한다.

분야별 365 키워드 찾아보기

가나다 순

주식투자

키워드	페이지
가치투자	283
거래량	052
공매도	262
공모주 청약	192
공모주 청약 기회 확대	199
관리종목	297
기관투자자	143
기준일	059
매매 체결 원칙	073
매매주문	066
미국 3대 주가지수	311
미국 주식시장	318
반대매매	080
배당	269
버핏지수	276
보통주·우선주	024
봉차트	087
사이드카	325
산타랠리	382
상장폐지	290
서킷브레이커	332
소수점 거래	346
스몰캡	255
스튜어드십 코드	360
시가총액	045
역헤드앤숄더	122
연결봉	094
오버슈팅·언더슈팅	353
윈도드레싱	375
유사투자자문기업	389
이동평균선	101
인버스·곱버스	241
주가	031
주가지수	038
주식양도세	367
추세선	108
컨센서스	339
코스피·코스닥	129
콜옵션·풋옵션	206
테마주	248
투자위험 종목	304
프로그램 매매	150
헤드앤숄더	115
ELS(주식연계증권)	220
ELW(주식워런트증권)	234
EPS(주당순이익)	157

ETF(상장지수펀드) ········· 213
ETN(상장지수증권) ········· 227
K-OTC ··················· 136
PBR(주가순자산비율) ······· 171
PER(주가수익비율) ········· 164
ROA(총자산이익률) ········· 178
ROE(자기자본이익률) ······· 185

국내외 경제

경기선행지수 ············· 200
경상수지 ················· 263
골디락스 ················· 235
광군제 ··················· 207
구독경제 ················· 361
국가채무 ················· 158
국채 ····················· 193
기저효과 ················· 305
뉴 노멀 ·················· 081
달걀모형 ················· 368
더 큰 바보이론 ············ 249
도덕적 해이 ·············· 137
디커플링 ················· 172
디폴트·모라토리엄 ········· 347
랩어카운트 ··············· 228
레버리지 ················· 291
모멘텀 ··················· 116
므두셀라 투자법 ··········· 333

밸류에이션 ··············· 102
변동성지수 ··············· 221
불마켓·베어마켓 ··········· 270
브렉시트 ················· 376
블루웨이브 ··············· 067
사모펀드 ················· 186
선물거래 ················· 025
스톡옵션 ················· 298
승자의 저주 ·············· 095
시장점유율 ··············· 060
실적장세 ················· 074
양적완화 ················· 053
어닝쇼크·어닝서프라이즈 ··· 046
엔젤산업 ················· 242
영업비밀 ················· 151
유동성 ··················· 032
인덱스펀드 ··············· 088
인플레이션 ··············· 123
정보비대칭 ··············· 383
출구전략 ················· 319
테슬라 요건 ·············· 165
테슬라네어 ··············· 312
테이퍼링 ················· 214
통화스와프 ··············· 039
팻핑거 ··················· 277
퍼플오션 ················· 354
펀더멘털 ················· 109
포모증후군 ··············· 340
폰지사기 ················· 144

풀필먼트	256	스마트폰주	089
핫머니	284	시멘트주	145
헤지펀드	179	식품주	327
K자형 회복	326	엔터주	061
MSCI	130	유틸리티주	215
		은행주	264
		음료주	348

업종전망

		이커머스주	222
		자동차부품주	075
건설기계주	131	자동차주	068
건설주	124	전기차주	082
건자재주	138	정유주	159
게임주	033	제과주	341
광고주	320	제지(종이)주	377
교육주	257	조선주	187
대형마트주	236	종합상사주	285
디스플레이주	103	주류주	355
라면주	334	증권주	271
바이오주	040	집콕탈출주	384
반도체주	026	철강주	194
방산주	208	타이어주	313
방송·미디어주	117	택배주	292
백화점주	243	통신주	047
보험주	278	패션주	370
부동산리츠주	299	편의점주	250
비철금속주	201	항공주	173
석유화학주	152	해운주	180
소부장주	054	홈쇼핑주	229
스마트폰부품주	096	화섬주	166

화장품주	362
IT서비스주	306
OTT주	110

회계 · 공시

감가상각	062
감사의견	300
공개매수	097
공시	034
교환사채(EB)	251
권리락	216
기업공개(IPO)	027
대손충당금	118
리픽싱	272
메자닌 채권	244
무상감자	230
무상증자	209
물적분할	132
부채비율	160
분식회계	342
손상차손	111
스팩(SPAC)	314
신주인수권부사채(BW)	265
신주인수권증서	202
액면병합	076
액면분할	069
연결재무제표	048
영업이익	041
올빼미 공시	349
우회상장	307
유동비율	153
유상감자	237
유상증자	195
유형자산 · 무형자산	055
인적분할	139
자기자본비율	146
자본잠식	293
자사주 매입	174
자사주 소각	188
자사주 처분	181
적대적 M&A	090
전환사채(CB)	258
주식매수청구권	328
주식배당	223
지분법 회계	335
지주회사	321
차등의결권	385
충당부채	125
콜옵션	279
풋옵션	286
흑자도산	356
흡수합병	104
EV/EVITDA	167
M&A	083
3%룰	371
5%룰	363

10%룰 ... 378

유망종목

네이버 ... 035
넷플릭스 ... 386
농심 ... 350
대한항공 ... 273
두산중공업 ... 259
두산퓨얼셀 ... 203
롯데칠성음료 ... 379
빅히트 ... 175
삼성물산 ... 224
삼성바이오로직스 ... 063
삼성에스디에스 ... 294
삼성전기 ... 119
삼성전자 ... 028
삼성화재 ... 245
삼성SDI ... 147
셀트리온 ... 049
엔씨소프트 ... 098
오리온 ... 364
유한양행 ... 154
이마트 ... 329
카카오 ... 056
카카오뱅크 ... 196
쿠팡 ... 182
키움증권 ... 238

하이트진로 ... 372
한국전력 ... 308
한국조선해양 ... 287
한화솔루션 ... 252
한화에어로스페이스 ... 301
현대건설 ... 210
현대모비스 ... 091
현대자동차 ... 042
효성첨단소재 ... 266
CJ대한통운 ... 315
CJ제일제당 ... 343
CJENM ... 168
GS건설 ... 217
HMM ... 280
KB금융 ... 231
KT ... 077
KT&G ... 357
LG그룹 ... 189
LG상사 ... 336
LG생활건강 ... 322
LG유플러스 ... 084
LG이노텍 ... 112
LG전자 ... 105
LG화학 ... 133
SK바이오사이언스 ... 161
SK이노베이션 ... 140
SK텔레콤 ... 070
SK하이닉스 ... 126

언택트 · 바이오

가상현실 · 증강현실	064
건강기능식품	281
덴탈 · 임플란트	169
디지털세	316
디지털치료제	288
라이브커머스	239
라이선스아웃	141
로봇	113
마이데이터	204
마이크로바이옴	380
마일스톤	134
메타버스	267
면역항암제	351
미니LED-TV	162
미디어렙	260
미용성형	197
바이오CDMO	092
바이오CMO	085
바이오베터	302
바이오시밀러	043
보복소비	323
사물인터넷	050
사이버보안	337
세포치료제	358
신약재창출	373
에듀테크	225
에지 컴퓨팅	148
원격의료	190
웹툰	218
음성인식	246
의료용 로봇	120
인공지능(AI)	099
인터넷은행	036
임상시험	029
전자약	387
진단키트	071
카메라모듈	127
코스메슈티컬	183
코요테모멘트	295
클라우드게임	057
트래픽	155
핀테크	078
항체치료제	365
황의 법칙	309
ARPU	176
HMR	274
K-주사기	232
MCN	253
mRNA	344
NFT	330
O2O	211
5G	106

K-뉴딜

가상발전소	388
게임퍼블리셔	310
그래핀	352
그린스완	254
낸드플래시	170
데이터센터	359
드론	331
디지털트윈	381
빅데이터	044
삼불화질소	261
수소경제	037
수소발전의무화제도	121
수소연료전지	093
수소차	065
수소충전소	107
수전해	114
스마트그리드	289
스마트시티	374
스마트팜	275
스마트팩토리	338
스마트홈	282
시스템반도체	142
우주항공	324
원전 해체	226
인터넷플랫폼	135
자율주행차	072
전고체배터리	100
지능형 메모리반도체	156
지열에너지	240
지정폐기물	366
커넥티드카	079
탄소배출권	191
탄소섬유	345
탄소중립	198
태양광	219
텔레매틱스	086
파운드리	177
판호	317
팹리스	184
폴더블	303
풍력	212
프로그래매틱 광고	268
해수담수화	233
화이트바이오	247
CCS · CCU	205
D램	163
ESG	051
ESS	128
K-뉴딜	030
OLED	149
2차전지	058
3D프린터	296

365 키워드별 수혜주 찾아보기

가나다 순(비상장사 포함)

가 · 나 · 다 · 라

| **가상발전소** | 브이젠 388
| **가상현실·증강현실** | 이랜텍, 아이엠, 드래곤플라이, 한빛소프트, 팅크웨어, 나노캠텍,
　　　　　　　　　위지웍스튜디오 064
| **건강기능식품** | 에이치엘사이언스, 노바렉스, 서흥 281
| **건설기계주** | 두산인프라코어, 두산밥캣, 현대건설기계, 현대중공업지주 131
| **건설주** | 현대건설, GS건설, 대우건설 124
| **건자재주** | KCC, LG하우시스, 아이에스동서, 동화기업, 한샘, 현대리바트 138
| **게임주** | 엔씨소프트, 넷마블, 위메이드, 펄어비스 033
| **광고주** | 제일기획, 이노션 320
| **광군제** | LG생활건강, 아모레퍼시픽 207
| **교육주** | 웅진씽크빅, 멀티캠퍼스, 대교, 메가스터디교육, 디지털대성 257
| **구독경제** | SK네트웍스, 코웨이 361
| **낸드플래시** | 삼성전자, SK하이닉스 170
| **넷플릭스** | 스튜디오드래곤, 에이스토리 386
| **대형마트주** | 이마트 236
| **덴탈·임플란트** | 오스템임플란트, 덴티움, 디오, 네오바이오텍, 메가젠임플란트
　　　　　　　　　... 169
| **드론** | 제이씨현시스템, 휴니드 331
| **디스플레이주** | 덕산네오룩스, 실리콘웍스, 일진디스플레이 103
| **디지털치료제** | 라이프시맨틱스, 빅씽크테라퓨틱스(케이피에스) 288

| 디지털트윈 | 현대오토에버 ………………………………………… 381
| 라면주 | 농심, 오뚜기, 삼양식품, 팔도 ……………………………… 334
| 라이브커머스 | 아프리카TV ……………………………………… 239
| 라이선스아웃 | 유한양행 ………………………………………… 141
| 로봇 | 현대자동차, 로보스타, 유진로봇, 러셀로보틱스(러셀), 미래컴퍼니, 큐렉소 ……… 113

마·바·사·아

| 마이데이터 | 카카오페이, 핑거 …………………………………… 204
| 마이크로바이옴 | 지놈앤컴퍼니, 고바이오랩, 코스맥스 ………………… 380
| 메타버스 | 자이언트스텝 ……………………………………………… 267
| 면역항암제 | 에이비엘바이오 …………………………………………… 351
| 미니LED-TV | 서울반도체, 루멘스 ……………………………………… 162
| 미디어렙 | 나스미디어, 인크로스 …………………………………… 260
| 미용성형 | 휴젤, 메디톡스 …………………………………………… 197
| 바이오CDMO | 삼양바이오팜(삼양홀딩스), 에스티팜(동아쏘시오홀딩스), 차바이오텍 ……… 092
| 바이오CMO | 삼성바이오로직스, SK바이오사이언스 …………………… 085
| 바이오베터 | 셀트리온 …………………………………………………… 302
| 바이오시밀러 | 삼성바이오로직스, 셀트리온 ………………………… 043
| 바이오주 | 삼성바이오로직스, SK바이오사이언스, 녹십자 ……………… 040
| 반도체주 | 솔브레인, 동진쎄미켐, 에스에프에이, 원익IPS ……………… 026
| 방산주 | LIG넥스원 …………………………………………………… 208
| 방송·미디어주 | CJENM, 제이콘텐트리, SBS ………………………… 117
| 백화점주 | 롯데백화점(롯데쇼핑), 신세계, 현대백화점 ………………… 243
| 보복소비 | 현대백화점, 한섬 ………………………………………… 323
| 보험주 | 삼성화재, 삼성생명 ………………………………………… 278

| 부동산리츠주 | 이리츠코크렙, 신한알파리츠, 롯데리츠 299
| 블루웨이브 | LG화학, SK이노베이션, 삼성SDI, 씨에스윈드, 효성중공업, 한화솔루션
.... 067
| 비철금속주 | 고려아연, 영풍, 풍산, 대창, 이구산업 201
| 빅데이터 | 이수페타시스, 오픈베이스, 소프트센 044
| 사물인터넷 | 가온미디어, 블루콤, HDC아이콘트롤스, 코콤, 솔루에타 050
| 사이버보안 | 아톤, 윈스 337
| 삼불화질소 | SK머티리얼즈, 효성화학 261
| 석유화학주 | 금호석유화학, 효성화학, 롯데케미칼 152
| 세포치료제 | 녹십자랩셀, 엔케이맥스, 앱클론 358
| 소부장주 | SK머티리얼즈, 원익머트리얼즈, 한솔케미칼, 덕산네오룩스, 서울반도체,
　　　　　 비에이치, 원익IPS, AP시스템, 테크윙, 유니셈 054
| 수소경제 | 현대자동차, 상아프론테크 037
| 수소발전의무화제도 | 두산퓨얼셀 121
| 수소연료전지 | 두산퓨얼셀, 에스퓨얼셀 093
| 수소차 | 상아프론테크 065
| 수소충전소 | 효성중공업, 이엠솔루션(이엠코리아) 107
| 수전해 | 이엠코리아, SK(SKE&S) 114
| 스마트그리드 | LS일렉트릭, 효성, 포스코ICT, 일진전기, 누리텔레콤, 옴니시스템,
　　　　　　 피에스텍 289
| 스마트시티 | 롯데정보통신, 한글과컴퓨터 374
| 스마트팜 | 그린플러스 275
| 스마트팩토리 | 포스코ICT, 현대오토에버, 티라유텍, 영림원소프트랩 338
| 스마트폰부품주 | 삼성전기, LG이노텍, 파트론, 동운아나텍, 대덕전자, 와이솔
.... 096
| 스마트홈 | 제일전기공업 282
| 시멘트주 | 한일시멘트, 아세아시멘트 145

| **시스템반도체** | DB하이텍, 실리콘웍스, 테스나, SFA반도체, 네패스 ············ 142
| **식품주** | CJ제일제당, 대상 ··· 327
| **신약재창출** | 디어젠 ··· 373
| **에듀테크** | 천재교육, 비상교육, 미래엔, 웅진씽크빅, 교원, 대교, 멀티캠퍼스 ······· 225
| **엔젤산업** | 아가방컴퍼니, 삼성출판사, 예림당, 대교, 오로라, 캐리소프트 ············ 242
| **엔터주** | 빅히트, SM, YG, JYP ··· 061
| **우주항공** | 한화에어로스페이스, 쎄트렉아이, 한국항공우주(KAI), LIG넥스원,
          AP위성 ··· 324
| **원격의료** | 비트컴퓨터 ··· 190
| **원전 해체** | 한전기술, 한전KPS, 두산중공업 ·· 226
| **웹툰** | 디앤씨미디어 ··· 218
| **유틸리티주** | 한국전력, 한국가스공사 ··· 215
| **은행주** | KB금융, JB금융지주 ··· 264
| **음료주** | 롯데칠성음료, 빙그레, 광동제약 ··· 348
| **음성인식** | 브리지텍, 알에프세미, 미디어젠 ·· 246
| **의료용 로봇** | 미래컴퍼니, 큐렉소, 엔젤로보틱스, 헥사휴먼케어
          ··· 120
| **이커머스주** | 다날, 동방, KCTC, 대영포장 ··· 222
| **인공지능(AI)** | 알체라, 라온피플, 뷰노 ··· 099
| **인터넷은행** | 카카오뱅크 ··· 036
| **인터넷플랫폼** | 네이버파이낸셜, 카카오뱅크, 카카오페이 ···························· 135
| **인플레이션** | S-Oil, SK이노베이션(SK에너지), GS(GS칼텍스), 고려아연, 풍산
          ··· 123

자 · 차 · 카 · 타 · 파 · 하

| 자동차부품주 | 현대모비스, 현대위아, 만도, LG전자 ... 075
| 자율주행차 | 현대모비스, 라닉스, 파인디지털, 칩스앤미디어, 팅크웨어, 켐트로닉스,
　　　　　　　텔레칩스 ... 072
| 전고체배터리 | 삼성SDI, 씨아이에스, 아바코 ... 100
| 전기차주 | LG화학, 삼성SDI, SK이노베이션, LG전자 ... 082
| 전자약 | 리메드 ... 387
| 정유주 | S-Oil, SK이노베이션(SK에너지), GS(GS칼텍스), 현대중공업지주(현대오일뱅크)
　　　　　... 159
| 제과주 | 오리온, 롯데제과, 해태제과, 빙그레 ... 341
| 제지(종이)주 | 한솔제지, 깨끗한나라, 세하, 한창제지 ... 377
| 조선주 | 한국조선해양 ... 187
| 종합상사주 | LG상사 ... 285
| 주류주 | 하이트진로 ... 355
| 증권주 | 한국금융지주(한국투자증권) ... 271
| 지능형 메모리반도체 | 삼성전자 ... 156
| 지열에너지 | 이더블유케이, 지엔원에너지 ... 240
| 지정폐기물 | 티와이홀딩스(TSK코퍼레이션) ... 366
| 진단키트 | 씨젠, 나노엔텍, 녹십자엠에스, 셀트리온, 젠바디 ... 071
| 집콕탈출주 | 신세계, 호텔신라, GKL, 파라다이스, CJ프레시웨이, 신세계푸드
　　　　　　　... 384
| 철강주 | 코스코, 현대제철 ... 194
| 카메라모듈 | 삼성전기, LG이노텍, 파트론, 엠씨넥스, 동운아나텍 ... 127
| 카카오 | 카카오게임즈, 카카오페이, 카카오뱅크, 카카오페이지, 카카오M,
　　　　　카카오모빌리티, 카카오엔터프라이즈 ... 056
| 커넥티드카 | 모트렉스, 투비소프트 ... 079

| 코스메슈티컬 | 동국제약, 동아제약(동아쏘시오홀딩스), 종근당 183
| 쿠팡 | 다날, KCTC 182
| 클라우드게임 | 엔씨소프트 057
| 타이어주 | 한국타이어, 금호타이어, 넥센타이어 313
| 탄소섬유 | 효성첨단소재 345
| 탄소중립 | 롯데케미칼 198
| 태양광 | 한화솔루션 219
| 택배주 | CJ대한통운 292
| 텔레매틱스 | LG전자, 삼성전자 086
| 통신주 | 다산네트웍스, 오이솔루션, 쏠리드, 케이엠더블유, 에이스테크 047
| 트래픽 | 다산네트웍스, 오이솔루션, 케이엠더블유, 이노와이어리스 155
| 파운드리 | DB하이텍, SFA반도체, 네패스, 시그네틱스 177
| 패션주 | 영원무역, 한세실업, F&F 370
| 팹리스 | 실리콘웍스 184
| 편의점주 | BGF리테일, GS리테일 250
| 폴더블 | KH바텍 303
| 풀필먼트 | CJ대한통운, 동방 256
| 풍력 | 씨에스윈드, 씨에스베어링, 삼강엠앤티 212
| 프로그래매틱 광고 | 와이더플래닛 268
| 핀테크 | 카카오페이, 네이버파이낸셜 078
| 한화에이로스페이스 | 쎄트렉아이 301
| 항공주 | 대한항공 173
| 항체치료제 | 셀트리온 365
| 해수담수화 | 두산중공업, GS건설 233
| 해운주 | HMM, 팬오션, 대한해운, KSS해운 180
| 홈쇼핑주 | GS홈쇼핑, 현대홈쇼핑 229
| 화섬주 | 효성티앤씨, 효성첨단소재, 코오롱인더스트리 166

| 화이트바이오 | CJ제일제당 ·· 247
| 화장품주 | LG생활건강, 아모레퍼시픽, 코스맥스 ······················· 362

숫자 · 알파벳

| 2차전지 | 포스코케미칼, 엘앤에프, 에코프로비엠 ····················· 058
| 3D프린터 | HDC현대EP, 코오롱플라스틱, TPC ····························· 296
| 5G | 케이엠더블유, 오이솔루션, 서진시스템, 이노와이어리스, 다산네트웍스 ······ 106
| CCS · CCU | 그린케미칼, KC코트렐 ·· 205
| D램 | 삼성전자, SK하이닉스 ·· 163
| ESG | SK, 롯데, 네이버, 카카오, KT&G, 현대제철 ······················ 051
| ESS | 삼성SDI ··· 128
| HMR | CJ제일제당 ··· 274
| IT서비스주 | 삼성에스디에스 ··· 306
| K-뉴딜 | 솔브레인, 일진머티리얼즈, 엘앤에프 ······························ 030
| K-주사기 | 효성화학, 롯데케미칼, GS칼텍스 ································ 232
| LG그룹 | LG상사 ·· 189
| LG화학 | LG에너지솔루션 ··· 133
| MCN | CJENM ··· 253
| mRNA | 에스티팜(동아쏘시오홀딩스) ··· 344
| O2O | NHN한국사이버결제 ··· 211
| OLED | 에스에프에이, AP시스템, 덕산네오룩스, 이녹스첨단소재 ·········· 149
| OTT주 | 에이스토리, 스튜디오드래곤, 키다리스튜디오, 디앤씨미디어, 대원미디어
··· 110
| SK텔레콤 | 원스토어 ·· 070

| 어바웃어북의 경제·경영 스테디셀러 |

한국의 자본시장은 어떻게 반복되는가
시장의 기억
| 이태호 지음 | 392쪽 | 18,000원 |

"역사는 예측의 강력한 도구다!"

시장은 놀라울 정도로 반복된다. 그렇다면 과거의 타임라인에서 현재 우리에게 필요한 좌표를 찾아낼 수 있지 않을까. 이 책은 일제강점기 쌀 선물시장의 흥망부터 2020년 3월 기준금리 0%대 인하에 이르기까지 지난 100년 동안 한국 자본시장이 겪은 사건들을 추적하며 시장의 기억에 새겨진 경제위기의 패턴을 되짚는다. 우리는 잊었지만 시장은 기억하는 역사 속 생존 전략은 무엇일까?

영원불멸할 것인가, 먼지처럼 사라질 것인가
달러의 부활
| 폴 볼커, 교텐 토요오 지음 | 안근모 옮김 | 584쪽 | 33,000원 |

**달러의 운명을 바꾼 역사상 가장 위대한 중앙은행장!
'폴 볼커'의 역작, 국내 최초 발간!**

'세계의 경제대통령'이자 달러의 운명을 바꾼 역사상 가장 위대한 중앙은행장! 인플레이션 괴물을 물리친 '인플레 파이터'로써 케네디, 닉슨, 카터, 레이건, 오바마 등 역대 미국 대통령들이 가장 신임했던 이코노미스트! 전대미문의 코로나19 쇼크 이후 제로금리에서 마이너스금리로 넘어가는 시대에, 이 책은 통화의 미래를 가장 정확하게 통찰한다!

세계 경제패권의 미래를 포착하다
중국 경제권력 지도
| 김재현 지음 | 360쪽 | 18,000원 |

중국과 미국, 세계 경제大戰의 승자는 누가 될 것인가?

중국 대륙을 중심으로 글로벌 경제지형이 바뀌고 있다. 이 책은 수많은 산업을 넘나드는 중국의 거침없는 행보를 지도와 인포그래픽을 그려 추적했다. 책 속 100장이 넘는 지도와 인포그래픽을 가만히 살펴보면, 중국의 경제권력이 어떻게 성장해왔는지 그리고 앞으로 어떻게 바뀔지가 읽힌다.

| 어바웃어북의 경제·경영 스테디셀러 |

기업 경영에 숨겨진 101가지 진실
| 김수헌 지음 | 462쪽 | 20,000원 |

개정 증보판

공시의 효율성을 일깨운 국내 최고의 '공시 교과서' 최신 사례와 경영의 새로운 흐름을 담아내며 진화!

기업이 주식시장에 데뷔(상장)해서 퇴장(상장폐지)하는 일련의 흐름 속에서 자금 조달, 구조 조정, 경영권과 지배 구조 개편, 이익 분배 등에 관한 주요 공시를 분석한다. 반도체 회로 보다 복잡한 롯데의 출자 구조 정리법, '대한전선이 같은 날 무상감자와 유상증자라는 상반된 두 개의 공시를 낸 이유' 등 흥미롭고 중요한 140개의 사례를 통해 공시를 쉽게 설명한다.

경영 전략과 투자의 향방이 한눈에 보이는
기업공시 완전정복
| 김수헌 지음 | 494쪽 | 20,000원 |

'경영의 축소판' 공시 속에 기업의 행로가 있다!
베일에 싸인 경영 전략과 의사 결정의 핵심부를 낱낱이 분석

기업의 경영 활동에 대한 가장 빠르고 정확한 정보를 얻을 수 있는 채널 '공시'! 공시에는 경영 전략과 주가의 향방을 알려주는 알토란 정보가 담겨 있다. 이 책은 최신 사례를 바탕으로 기업 공시에 담긴 정보의 무게와 파급력을 가장 명확하게 전달하고 있다.

투자처가 한눈에 보이는
2020·2021 업계지도
| 한국비즈니스정보 지음 | 394쪽 | 28,000원 |

2020년대 New Golden Age의 시작,
어디에 투자해야 할까?

국내외 거의 모든 산업을 40업종으로 나누어 해당 업종마다 '최우선 투자기업'을 선별해 300개에 이르는 우량주들의 투자가치를 면밀히 분석했다. 아울러 주식시장의 명운을 가르는 핫이슈들을 『업계지도』 특유의 세련되고 유니크한 인포그래픽으로 구현했다.

| 어바웃어북의 경제 · 경영 스테디셀러 |

그림으로 쉽게 이해하는
1일 3분 1회계
| 김수헌, 이재홍 지음 | 287쪽 | 16,800원 |

하루 딱 3분이면 재무제표가 보이고 돈의 흐름이 읽힌다!

재무제표는 회사의 재정 건전성, 현금흐름, 영업능력, 성장 가능성 등을 담고 있는 이른바 '기업의 건강진단서'이다. 아울러 비즈니스맨에게는 생생한 경영 교과서이며, 투자자에게는 나침반 역할을 하는 것이 바로 재무제표다. 이 책은 하나의 주제를 한 페이지의 글과 그림으로 압축해 보여준다. 하나의 주제를 완독하는 시간은 3분이면 충분하다. 낙숫물이 댓돌을 뚫듯이, 하루 3분이 쌓이면 어느새 회계를 정복하게 될 것이다.

그림으로 쉽게 이해하는
1일 3분 1공시
| 김수헌 지음 | 297쪽 | 16,800원 |

하루 딱 3분이면 경영 흐름과 주가의 향방이 보인다!

투자자에게 가장 중요하고 신뢰할 수 있는 정보가 담긴 '기업공시'. 투자 가치가 높은 기업, 주가의 향방, 매수 시점 등 투자자들이 궁금해하는 모든 정보가 기업공시 안에 있다. 이 책은 하나의 주제를 한 페이지의 글과 한 페이지의 그림으로 압축해 보여준다. 하나의 주제를 완독하는 시간은 3분이면 충분하다. 낙숫물이 댓돌을 뚫듯이, 하루 3분이 쌓이면 어느새 기업공시를 정복하게 될 것이다.

기초에서 고급까지 한 권으로 끝내는
이것이 실전회계다
| 김수헌, 이재홍 지음 | 475쪽 | 20,000원 |

**비즈니스의 흐름이 읽히고 투자의 맥이 짚이는
실전회계 수업이 시작된다!**

이 책은 회계입문서이자 중고급 회계로 도약할 수 있는 디딤돌 역할을 한다. 금융자산, 지분법, 스톡옵션, 리스, 환율, 연결재무제표와 같은 어려운 주제들도 저자들의 탁월한 직관과 명쾌한 언어로 가공되어 완벽한 실전회계, 감칠맛 나는 썰전(舌戰)회계로 다시 태어났다!

_고려대학교 경영대학 이한상 교수의 추천사